JN241986

四訂版

入試頻出漢字＋現代文重要語彙

TOP 2500

谷本 文男＝著

いいずな書店

はしがき

『TOP2500』の四訂版をお届けします。初版を出したのは十四年前のことになります。私自身が作成している、さらに厚みを増した大学入試漢字の分析データをもとに全面的な見直しを行った結果、出題頻度上位の最頻出漢字は、相変わらずよく出題されていることが確認されました。下位の漢字は、前回改訂をした五年前から今までの出題傾向により、一割強の語が入れ替わっています。

漢字編では、レファレンス機能を充実させています。漢字編の語が語彙編でも採用されていれば、語彙編で収録されている頁数と問題番号を解答の下に示しています。また、脚注では類義語と対義語を必要に応じて問題にし、さらに既出語を復習できるようにしました。脚注の中で取り上げられている語で、本冊に収録されている語も索引を引かなくてもたどり着けるようになっています。もちろん、索引にも載っています。

本書の特長とも言える**語彙編**は、現代文単語の本と比べても遜色ない質と量を備えています。前回の改訂で新設した現代のキーワードの語数を10語増やして60語にし、重要語の例題を30題増やして130語にしたのをはじめ、他の語彙もすべて精査し、例文と意味も吟味して一から見直しました。ハイブリッド参考書としてさらに進化しています。

漢字・語彙の知識は国語の基礎です。基礎を固めるために努力をするのは当然のことですが、アプローチの方法が間違っていては何にもなりません。しっかりとしたデータに基づく良書が必要とされる所以《ゆえん》です。漢字の出題で重要なものは、繰り返し繰り返し出題されるので、過去の傾向は未来を映す鏡となります。どうか本書を手にとって見てほしい。受験生の皆さんを合格へと導く道標《みちしるべ》となるにちがいありません。

谷本文男

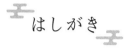

目次

本書の構成と特長・本書の使い方 4

漢字編

第1章 最重要語（五〇〇語） 7
書き取り（四〇〇語） 8
読み取り（一〇〇語） 40
最重要語のまとめ 48

第2章 重要語（一五〇〇語） 51
A 書き取り（四〇〇語） 52
A 読み取り（一〇〇語） 84
重要語Aのまとめ 92
B 書き取り（四〇〇語） 94
B 読み取り（一〇〇語） 126
重要語Bのまとめ 134
C 書き取り（四〇〇語） 136
C 読み取り（一〇〇語） 168
重要語Cのまとめ 176

第3章 似形・同音・同訓（三〇〇語） 179
1 似形（五〇語） 180
2 同音（一五〇語） 182
3 同訓（一〇〇語） 188

語彙編

第4章 評論語（三五〇語＋六〇語） 193
1 対義語（一二〇語） 194
2 重要語（一三〇語） 204
3 カタカナ語（一〇〇語） 220
現代のキーワード（六〇語） 232

第5章 慣用句・和語・四字熟語（五〇〇語） 245
1 慣用句（二〇〇語） 246
2 和語（一〇〇語） 270
3 四字熟語（二〇〇語） 282

コラム 6・50・178・192・244・298
索引 299
書き／読みベスト100チェック 巻末折込み

本書の構成と特長

大学入試で出題された漢字や実際の用例、客観式問題の選択肢もデータ化しています。その膨大なデータから頻出の漢字と語彙を厳選しています。

漢字編

〈**第1章 最重要語**〉では超頻出漢字を頻度順、〈**第2章 重要語**〉は**A**～**C**の3ランク方式で頻出語を頻度順に収録しています。また、〈**第3章 似形・同音・同訓**〉では同訓異字・同音異義語を学習できます。そして、**第1章末・第2章**の各ランク末の「**まとめ**」では書き取り・読み取りとは違う問題形式で学習することができます。

語彙編

〈**第4章 評論語**〉では評論でよく使用される三五〇語（誤答選択肢を含めると五八〇語）を「**対義語**」「**重要語**」「**カタカナ語**」として収録しました。また、現代社会の課題につながる重要な六〇語を「**現代のキーワード**」として収録しています。

〈**第5章 慣用句・和語・四字熟語**〉は一問一答形式の設問になっていますので、効率よく学習できます。

見返しと折込み

前見返しに「**書き取りTOP20**」、後ろ見返しに「**読み取りTOP50**」を掲載しています。頻出漢字の中でも上位に入る漢字と、出題された大学名が確認できます。折込みには「書き取り」「読み取り」それぞれ上位一〇〇語を掲載しており、付属の赤シートで隠して学習できます。

本書の使い方

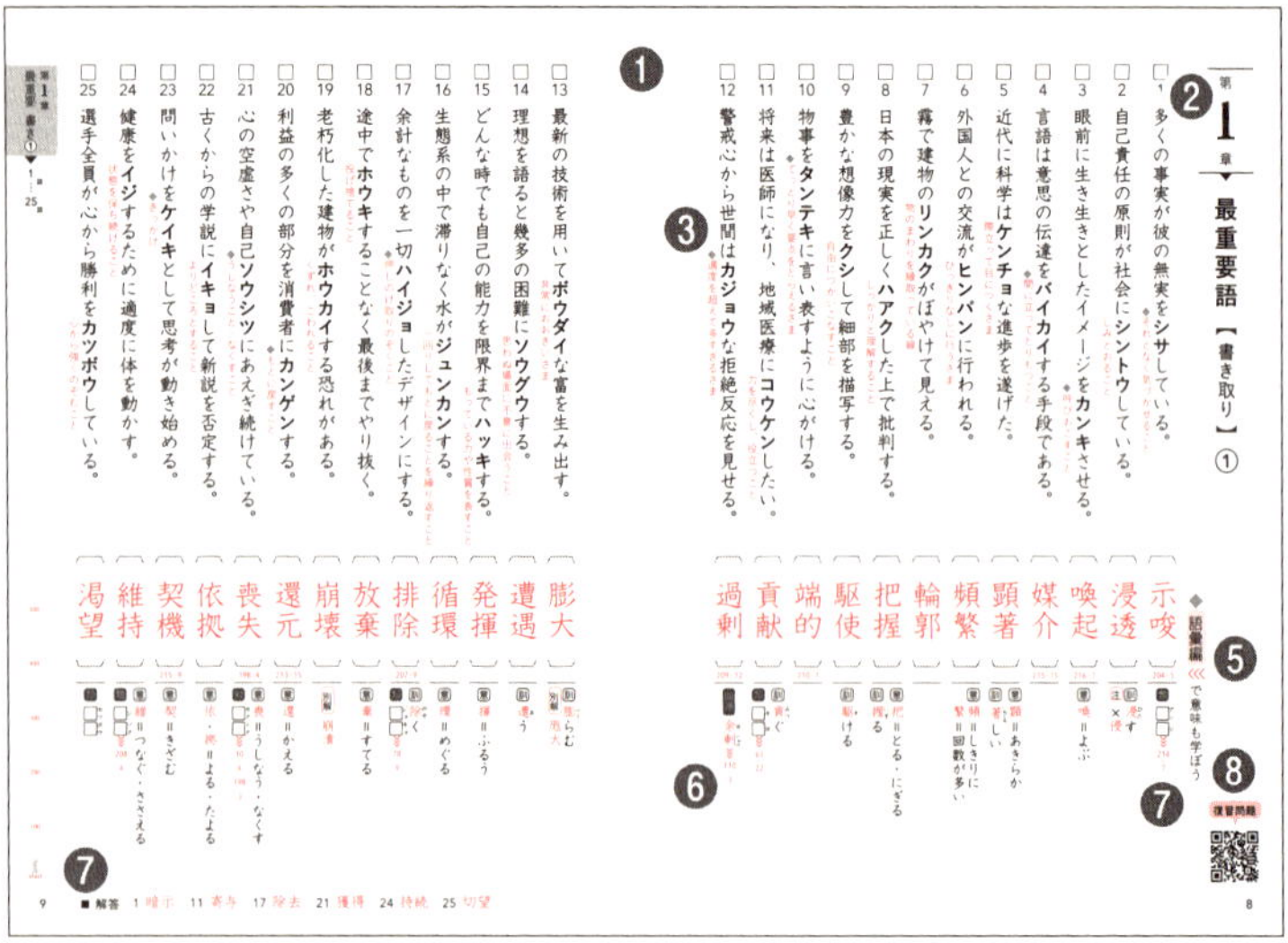

❶**構成**…本書は全回、見開きでの構成になっています。

❷**例文**…上段の例文は、入試でよく使用される用法を意識した二〇字前後のやや長めの文になっています。

❸**意味**…「漢字編」ではすべての語についてすぐ横に意味を載せています。「語彙編」にも収録されている語の意味には文頭に「◆」を付けています。

❹**常用漢字以外の漢字**…入試では、常用漢字以外の漢字も出題されることがあります。本書では書き取りで出題されている語で、常用漢字以外の漢字を含む語には「＊」を、解答の該当の漢字には「……」（破線）を付けています。

❺**語のリンク**…「漢字編」の第**1**章と第**2**章、「語彙編」の第**4**章「評論語」では解答の下にリンクを示す段と脚注を載せています。リンクの段の左側の数字は頁数を、右側の数字は問題番号を示しています。「漢字編」では「語彙編」のリンクを、「語彙編」では「漢字編」のリンクを示しています。

❻**脚注のリンク**…本書に収録されている語が脚注で取り上げられている場合は、「»」で収録されている頁と問題番号を載せています。上の数字が頁数を、下の数字が問題番号を示しています。

❼**脚注の設問**…脚注の「意味」と「音読み」では既出語を、また「類義語」「対義語」を設問化しています。設問の解答は見開きの左側のページの下で確認できます。

❽**QRコード**…様々な角度から漢字を復習できるワークシートが収録されています。

❾**コラム**…漢字の理解が深まる内容を掲載しています。

❿**どれかな？**…第**4**章・第**5**章では、見開きの左側のページ下の余白に同音同訓の漢字の使い分けの問題を設けています。解答は次のページにあります。

★語のリンク

204・5

↑問題番号

↑頁数

★脚注のリンク

»

63・22

頁数→ 63

問題番号→ 22

★脚注

訓…訓読み。

音…音読み。［ ］内は該当漢字の音読みを含む熟語です。

意…漢字の意味。［ ］内は該当漢字の意味を含む熟語です。

類…類義語。

対…対義語。

関連…合わせて覚えておきたい語。

表現…その語でよく使われる表現。
※例文でその表現が使用されている場合は「……」を例文の左に付けています。

注…間違えやすい字や補足など。

別解…別の解答例。

コラム

記述形式の書き取り問題が全体の六割

◆漢字問題の出題形式別割合

ここ二十一年分の入試問題を集約した。おおよそ、**記述形式の書き取り問題が六割、記述形式の読み取り問題が二割、選択肢形式の書き取り問題が二割**である。つまり記述形式の問題が全体の八割、漢字の力を見るには実際に書かせてみるのが、最も簡単で手っ取り早い方法なのだ。

なお、選択肢形式の書き取り問題は、大学入学共通テストをはじめ多くの私立大学に出題される重要な形式である。さらに、限られた大学ではあるが、選択肢形式の読み取り問題がわずかながら出題されている。また、書き取りの方が、読み取りよりも圧倒的に多く出題されている。全体では四分の三強が、書き取りの出題となっている。

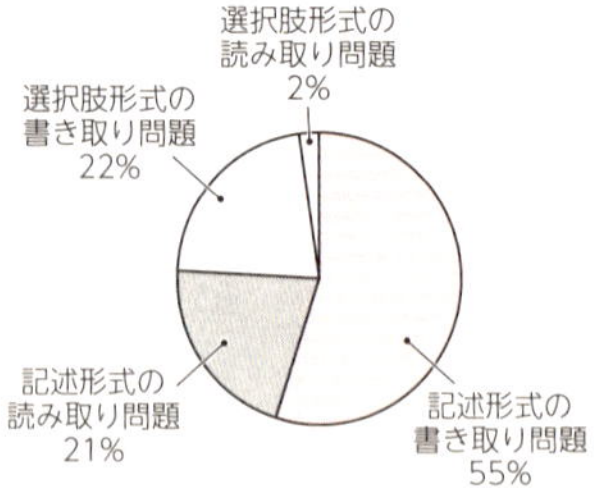

◆書き取りと読み取りの両方で要注意の漢字二〇

さて、知っているか否かが得点に直結する漢字であるが、巻末の折込みに「書きベスト100」と「読みベスト100」のチェックをそれぞれ掲載しているので是非参考にしてほしい。漢字によって書き取りと読み取りのどちらに多く出題されるかの傾向があることが多いが、**次の二十例は書き取りと読み取りの両方で要注意の漢字**である。

語	読み	書き出題	読み出題	合計
示唆	しさ	58	15	73
頻繁	ひんぱん	42	6	48
膨大	ぼうだい	37	8	45
覆う	おおう	25	17	42
厄介	やっかい	29	11	40
絡む	からむ	20	14	34
享受	きょうじゅ	25	8	33
脅かす	おびやかす	19	12	31
潜む	ひそむ	18	12	30
培う	つちかう	21	7	28
遂行	すいこう	15	12	27
破綻	はたん	12	15	27
交錯	こうさく	21	6	27
忌避	きひ	20	7	27
駆逐	くちく	18	8	26
担う	になう	12	14	26
隔たり	へだたり	18	8	26
痕跡	こんせき	18	8	26
曖昧	あいまい	17	7	24
携わる	たずさわる	11	12	23

◆漢字を忘れないコツ

きちんと書けること正しく読めることはもちろん、**意味も一緒に覚えるのが漢字を忘れないコツ**である。熟語の読みはほとんど音読みだが、**漢字の訓読みも覚えると意味とつながり記憶に残る**。一単語について多角的に覚えるのがよい。覚えることが多くなると思ってはいけない。記憶は再生できなければ意味がない。**多角的に覚えることは再生するための手がかりをたくさん手に入れることなのだ**。

漢字編

第1章

最重要語 500語

この章では、最新データに基づく超頻出漢字500語を出題回数が多めのものから少なめのものの順に並べています。超頻出の漢字ばかりですので、繰り返し学習することをお勧めします。取り組み、覚えた分がそのまま得点力アップにつながるこの章からさっそく学習を始めましょう。

第1章

最重要語【書き取り】①

□ 1 多くの事実が彼の無実を**シサ**している。
◆それとなく気づかせること

□ 2 自己責任の原則が社会に**シントウ**している。
しみとおること

□ 3 眼前に生き生きとしたイメージを**カンキ**させる。
◆呼びおこすこと

□ 4 言語は意思の伝達を**バイカイ**する手段である。
◆間に立ってとりもつこと

□ 5 近代に科学は**ケンチョ**な進歩を遂げた。
際立って目につくさま

□ 6 外国人との交流が**ヒンパン**に行われる。
ひっきりなしに行うさま

□ 7 霧で建物の**リンカク**がぼやけて見える。
物のまわりを縁取っている線

□ 8 日本の現実を正しく**ハアク**した上で批判する。
しっかりと理解すること

□ 9 豊かな想像力を**クシ**して細部を描写する。
自由につかいこなすこと

□ 10 物事を**タンテキ**に言い表すように心がける。
◆てっとり早く要点をとらえるさま

□ 11 将来は医師になり、地域医療に**コウケン**したい。
力を尽くし、役立つこと

□ 12 警戒心から世間は**カジョウ**な拒絶反応を見せる。
◆適度を超えて多すぎるさま

◆語彙編 ≪≪≪で意味も学ぼう

1. 示唆
   - 204・5
   - 類 □□《アンジ》 ≫214・7
2. 浸透
   - 訓 浸《ひた》す
   - 注 ×侵
3. 喚起
   - 216・7
   - 意 喚＝よぶ
4. 媒介
   - 215・15
5. 顕著
   - 意 顕＝あきらか
   - 訓 著《いちじる》しい
6. 頻繁
   - 意 頻＝しきりに
   - 繁＝回数が多い
7. 輪郭
8. 把握
   - 意 把＝とる・にぎる
   - 訓 握《にぎ》る
9. 駆使
   - 訓 駆《か》ける
10. 端的
    - 210・1
11. 貢献
    - 訓 貢《みつ》ぐ
    - 類 □《キ》□《ヨ》 ≫63・22
12. 過剰
    - 209・12
    - 関連 余剰《ヨジョウ》 ≫110・3

復習問題

□ 13 最新の技術を用いて**ボウダイ**な富を生み出す。
非常におおきいさま
膨大
訓 膨《ふく》らむ 別解 厖大
207・9

□ 14 理想を語ると幾多の困難に**ソウグウ**する。
思わぬ場面に不意に出会うこと
遭遇
訓 遭《あ》う

□ 15 どんな時でも自己の能力を限界まで**ハッキ**する。
もっている力や性質を表すこと
発揮
意 揮＝ふるう

□ 16 生態系の中で滞りなく水が**ジュンカン**する。
一回りしてもとに戻ることを繰り返すこと
循環
意 環＝めぐる

□ 17 余計なものを一切**ハイジョ**したデザインにする。
◆押しのけ取りのぞくこと
排除
訓 除《のぞ》く 類 □□《ジョキョ》 ≫78・9

□ 18 途中で**ホウキ**することなく最後までやり抜く。
投げ捨てること
放棄
意 棄＝すてる

□ 19 老朽化した建物が**ホウカイ**する恐れがある。
くずれ、こわれること
崩壊
別解 崩潰

□ 20 利益の多くの部分を消費者に**カンゲン**する。
◆もとに戻すこと
還元
213・15
意 還＝かえる

□ 21 心の空虚さや自己**ソウシツ**にあえぎ続けている。
◆うしなうこと・なくすこと
喪失
198・4
意 喪＝うしなう・なくす 対 □□《カクトク》 ≫10・4／198・3

□ 22 古くからの学説に**イキョ**して新説を否定する。
よりどころとすること
依拠
意 依・拠＝よる・たよる

□ 23 問いかけを**ケイキ**として思考が動き始める。
◆きっかけ
契機
215・9
意 契＝きざむ

□ 24 健康を**イジ**するために適度に体を動かす。
状態を保ち続けること
維持
意 維＝つなぐ・ささえる 類 □□《ジゾク》 ≫208・4

□ 25 選手全員が心から勝利を**カツボウ**している。
心から強くのぞむこと
渇望
類 □□《セツボウ》

■ 解答 1 暗示 11 寄与 17 除去 21 獲得 24 持続 25 切望

第1章

最重要語【書き取り】②

□ 1 法の精神は**フヘン**的な価値を持っている。
◆すべてのものに当てはまること

□ 2 **ヤッカイ**な問題がやっと解決しそうだ。
面倒で手間のかかるさま

□ 3 基本を**テッテイ**するのが上達の近道である。
最後まで貫き通すこと

□ 4 生きていくために必要な知識を**カクトク**する。
◆手に入れること

□ 5 浮かぬ気持ちで黙って景色を**ナガ**めている。
遠くを見渡す

□ 6 明日のために今日を**ギセイ**にはしたくない。
ある目的のために大切なものをささげること

□ 7 現代人は豊かな生活を**キョウジュ**している。
◆うけ取って味わい楽しむこと

□ 8 昔の書物だが、今なお通用する**ドウサツ**を含む。
◆よく見通すこと

□ 9 ある現象を一つの**テンケイ**的な特徴で表す。
最もよくその特徴を表したもの

□ 10 独裁者の横暴から立憲政治を**ヨウゴ**する。
かばい守ること

□ 11 地域社会での助け合いを**ショウレイ**する。
すすめはげますこと

□ 12 営々と**チクセキ**してきた富を戦争で失う。
たくわえためること

◆語彙編 <<< で意味も学ぼう

1 普遍 194・3
対 □□《トクシュ》 >>78・1／194・4

2 厄介
類 □□《メンドウ》 >>72・3

3 徹底
注 ×撤

4 獲得 198・3
訓 獲《え》る
対 □□《ソウシツ》 >>9・21 198・4

5 眺
音 眺《チョウ》［眺望《チョウボウ》］ >>56・3

6 犠牲
意 犠・牲＝いけにえ
注 ×儀・×性

7 享受 210・3
意 享＝うける
類 □□《ジュヨウ》

8 洞察 213・13
訓 洞《ほら》

9 典型
意 型＝てほん
注 ×形

10 擁護
意 擁＝たすける・護＝まもる

11 奨励
意 奨＝すすめる
訓 励《はげ》ます

12 蓄積
訓 蓄《たくわ》える
注 ×畜

復習問題

□13 全部を捨ててしまいたい**ショウドウ**にかられる。
心をつきうごかすこと
衝動
意 衝＝心がうごく

□14 はしなくも本心が**ロテイ**してしまっている。
◈隠れているものが現れ出ること
露呈
216・4
意 露＝あらわれる

□15 地球全体で資源が**コカツ**しつつあるのは事実だ。
尽き果ててなくなること
枯渇
訓 枯《か》れる・渇《かわ》く

□16 市場からの撤退という**キョウイ**にさらされる。
強い力や勢いでおびやかすこと
脅威
注 訓 脅《おど》す・脅《おびや》かす
×驚異≫63・21

□17 **センサイ**な感性で自然の美しさを詠み上げた。
感情がこまやかであるさま
繊細
類 デリケート

□18 多くの人のさまざまな思惑が**コウサク**する。
いくつかのものが入りまじること
交錯
意 訓 交《ま》じる・交《まじ》わる
錯＝まじる

□19 労働は時折否定的にとらえられ、**キヒ**される。
嫌ってさけること
忌避
訓 忌《い》む

□20 成功してもも**ケンキョ**さを失ってはいけない。
◈控えめで素直なこと
謙虚
196・10
類 □□《ケンソン》

□21 植物も生物という概念に**ホウセツ**される。
一つの事柄をより大きな範囲の中につつみ入れること
包摂
訓 包《つつ》む

□22 歴史的**ケイイ**も含めて事件を考え直す。
事のいきさつ
経緯
意 経＝縦糸・緯＝横糸

□23 **イゼン**として問題は解決されないままである。
もとのままであるさま
依然
類 □□《キュウタイ》依然《イゼン》≫285・25

□24 塀によって外部からの侵入を**シャダン**する。
さえぎり止めること
遮断
訓 遮《さえぎ》る

□25 何事をするにも前例を**トウシュウ**する。
今までのやり方をうけ継ぐこと
踏襲
意 訓 襲《おそ》う
襲＝うけつぐ

■解答 1 特殊 2 面倒 4 喪失 7 受容 20 謙遜 23 旧態

第1章 最重要語【書き取り】③

□1 通信インフラは社会発展の**キバン**である。
物事の土台

□2 **バクゼン**とした「没落」の雰囲気を感じていた。
ぼんやりしてはっきりしないさま

□3 政治によって現実の戦争を**カイヒ**してきた。
危険や面倒をさけること

□4 環境破壊により生態系も激変を**ヨギ**なくされた。
他の方法

□5 科学が万能であるかのように**サッカク**する。
思い違い

□6 私たちはさまざまな制度に**コウソク**されている。
◆行どうの自由を制限すること

□7 習慣は長い時間をかけて**ツチカ**われてきた。
能力や性質を養い育てる

□8 ねばり強く練習して弱点を**コクフク**した。
努力を重ね困難に打ち勝つこと

□9 **ガンチク**に富む文章を読んで心が震えた。
深い意味をふくみ持っていること

□10 革命が起こって王や貴族の**ケンイ**は失墜した。
他をふく従させる力

□11 最新の電子機器が瞬く間に**フキュウ**する。
広く一般に行き渡ること

□12 形《けい》而《じ》上《じょう》学は科学の世界から**クチク**された。
追い払うこと

◆語彙編 ≪≪で意味も学ぼう

1 〔基盤〕 類 □□《キソ》 ≫36・1

2 〔漠然〕

3 〔回避〕 訓 避《さ》ける

4 〔余儀〕 表現 余儀《ヨギ》ない＝それ以外に方法がない ≫249・13

5 〔錯覚〕 訓 覚《おぼ》える・覚《さ》める

6 〔拘束〕 217・9 対 □□《カイホウ》 ≫184・23

7 〔培〕 音 培《バイ》［培養《バイヨウ》］ ≫55・20

8 〔克服〕 意 克＝うちかつ

9 〔含蓄〕 訓 蓄《たくわ》える 注 ×畜

10 〔権威〕

11 〔普及〕 訓 及《およ》ぶ

12 〔駆逐〕 意 逐＝追い払う 注 ×遂

復習問題

13 困難を乗り越えて初志を**カンテツ**する。
つらぬき通すこと
貫徹
注 訓 貫《つらぬ》く ×撤

14 私と兄は双子だが性格は**タイショウ**的だ。
二つのものの違いが際立つこと
対照
注 ×対称 ≫182・2 ×対象 ≫182・3 209・17

15 富の無限の**ゾウショク**が起こると考えられる。
ふえて多くなること
増殖
注 訓 殖《ふ》える ×値

16 彼の**ソボク**な人柄にみんな好感を抱いている。
飾り気がなくしぜんなさま
素朴

17 テレビ番組欄が新聞の最終面に**ケイサイ**される。
新聞や雑誌などにのせること
掲載
訓 掲《かか》げる・載《の》せる

18 **センザイ**的な需要を掘り起こす努力をする。
◆表面に現れず内にひそみ隠れていること
潜在
196・8
対 □□《ケンザイ》 ≫23・19 196・7

19 内面の**ドウヨウ**を顕《あら》わにすることなくしのいだ。
気持ちが不安定になること
動揺
訓 揺《ゆ》れる

20 三つの勢力の**キンコウ**が保たれている。
釣り合いがとれていること
均衡
注 意 衡＝はかり ×衝

21 わずかな**コンセキ**を手がかりに調査を進める。
何事かがあったことを示すあとかた
痕跡
訓 痕《あと》・跡《あと》
類 □□《ケイセキ》

22 日本の社会を考える上で大事な**シテキ**をする。
問題となる事を具体的に取り上げて示す
指摘
訓 摘む

23 **ジョウキ**を逸した行為は周囲に迷惑をかける。
ふ通に行われるやり方
常軌
表現 常軌《ジョウキ》を逸《イッ》する＝常識では考えられない行動をする ≫256・4

24 新理論を**テイショウ**した研究者が注目を集める。
意見や考えなどを示して人々に呼びかけること
提唱
訓 唱《とな》える

25 人のすることに**カンショウ**するべきではない。
口出しして従わせようとすること
干渉
意 干＝おかす
類 □□《カイニュウ》 ≫53・24

■ 解答　1 基礎　6 解放　18 顕在　21 形跡　25 介入

第1章 最重要語【書き取り】④

□1 社会の基準から大きく**イツダツ**している。
◆本筋からそれ外れること

□2 青年の胸に強烈な**ショウゲキ**を与えた。
激しい心の動揺

□3 **フダン**の努力を積み重ねて成功に至る。
絶え間ないこと

□4 地主の**サクシュ**に苦しむ農民が一揆《いっき》を起こす。
しぼりとること

□5 昔の友人のためにいろいろと**ベンギ**を図る。
◆都合のよいこと

□6 **シュウトウ**に準備をした上で実行に移す。
よく行き届いて手抜かりのないさま

□7 与謝蕪村《よさぶそん》は松尾芭蕉《まつおばしょう》に**ヒッテキ**する俳人だ。
同等であること

□8 普遍性を獲得したものが**ケッサク**となる。
非常に優れたさく品

□9 日本各地に残る伝統芸能を**ケイショウ**する。
受けつぐこと

□10 事件についての**コクメイ**な記録が残っている。
細かな点まで念を入れてはっきりとしているさま

□11 よいこととよくないことの**キハン**を示す。
手本・よるべき基準

□12 裁判に備えて**ショウコ**を集める必要がある。
事実認定のよりどころ

◆語彙編 <<< で意味も学ぼう

1 逸脱 214・3
意 逸＝それる

2 衝撃
意 衝＝つく・あたる

3 不断
注 ×普段（いつもの状態）

4 搾取
訓 搾《しぼ》る

5 便宜 218・5
注 意 宜＝都合がよい ×宣

6 周到
注 意 到＝いたる ×倒

7 匹敵
意 敵＝つりあう

8 傑作
対 □《ダ》□《サク》

9 継承
訓 継《つ》ぐ・承《うけたまわ》る

10 克明

11 規範
類 □《モ》□《ハン》 別解 軌範 ≫56・12

12 証拠
意 証＝あかし 拠＝よりどころ

復習問題

□ 13 時代**サクゴ**な考え方にとらわれている。
　サクゴ：あやまり・間違い
　【錯誤】 意 錯=あやまる

□ 14 双方の主張には依然大きな**ヘダ**たりがある。
　ヘダ：距離・離れていること
　【隔】 音 隔《カク》［隔絶《カクゼツ》］≫23・20

□ 15 社会を支えてきた**チツジョ**を保持していく。
　チツジョ：◆望ましい状態を保つための順番や決まり
　【秩序】 196・4
　対 混沌《コントン》≫42・12 196・3
　表現 安寧秩序《アンネイチツジョ》=社会の安全と規律正しさ

□ 16 考える力や感性の発達が**ソガイ**される。
　ソガイ：さまたげること
　【阻害】 訓 阻《はば》む

□ 17 会社が事故の**バイショウ**責任を負っている。
　バイショウ：損がいをつぐなうこと
　【賠償】 意 賠=つぐなう 訓 償《つぐな》う

□ 18 歴史上、自由と強制は必ずしも**ムジュン**しない。
　ムジュン：◆つじつまが合わないこと
　【矛盾】 205・9

□ 19 科学技術がもたらす**オンケイ**を享受する。
　オンケイ：めぐみ
　【恩恵】 訓 恵《めぐ》む

□ 20 **ゲンミツ**な分析によって課題をあぶり出す。
　ゲンミツ：細かい点まできびしく行うさま
　【厳密】 訓 厳《きび》しい

□ 21 失敗した者に対して**カンヨウ**な態度で接する。
　カンヨウ：広い心で受け入れるさま
　【寛容】 類 □□《カンダイ》≫34・3 対 □□《ゲンカク》≫67・18

□ 22 彼女は**ヨクヨウ**をつけた独特な話し方をする。
　ヨクヨウ：調子をたかくしたり低くしたりすること
　【抑揚】 訓 抑《おさ》える・揚《あ》げる

□ 23 徳川氏は大名間の反目を**コウミョウ**に利用した。
　コウミョウ：◆たくみであるさま
　【巧妙】 200・1 訓 巧《たく》み 対 □□《チセツ》≫45・23

□ 24 俗に染まらぬ**コウショウ**な精神が求められる。
　コウショウ：◆程度がたかく上品であるさま
　【高尚】 203・15 対 □□《テイゾク》≫203・16

□ 25 目前の課題に**シバ**られて視野が狭くなった。
　シバ：自由を制限する
　【縛】 音 縛［呪縛《ジュバク》］≫130・7

■ 解答　8 駄作　11 模範（摸範）　21 寛大・厳格　23 稚拙　24 低俗

第**1**章

最重要語【書き取り】⑤

□1 紛争や戦争などの暴力の**レンサ**を断ち切る。
◆次々につながっていること

□2 苦労のかいあって仕事が**キドウ**に乗った。
みちすじ・経路

□3 破損した商品の**ダイタイ**物を受けとった。
他のものでかえること

□4 **ガイネン**は言葉によって作り上げられる。
◆事物の本質をとらえる思考の形式

□5 完全に解析することは**トウテイ**不可能である。
どうしても

□6 社会的弱者のための税制優遇**ソチ**を実施する。
とりはからって始末をつけること

□7 サンプルを**チュウシュツ**して調査する。
抜きだすこと

□8 科学への盲信がもたらす**ヘイガイ**に気付いた。
◆がいとなる悪いこと

□9 省略や**ヒヤク**の多い文章は読みにくい。
正しい順序を踏まずに進むこと

□10 税務局から情報提供が**ヨウセイ**されている。
強く願い求めること

□11 深呼吸は精神の**キンチョウ**をほぐす効果がある。
◆はりつめてゆるみのないこと

□12 迷信が科学への目覚めを**ソシ**している。
はばみとどめること

◆語彙編≪で意味も学ぼう

番号	答え	語彙編	解説
1	連鎖	211・9	訓 鎖《くさり》
2	軌道		表現 軌道《キドウ》に乗《の》る＝順調にいく
3	代替		訓 替《か》える
4	概念	205・10	注 ×慨
5	到底		注 ×倒 意 到＝いたる
6	措置		
7	抽出		意 抽＝ひく・ぬく
8	弊害	218・6	注 ×幣
9	飛躍		訓 躍《おど》る
10	要請		訓 要《い》る・請《う》ける・請《こ》う
11	緊張	197・17	対 弛緩《シカン》≫89・17／197・18
12	阻止		訓 阻《はば》む

復習問題

□13 解決への手がかりが全くなくて**トホウ**に暮れる。（手段・筋道）
途方
表現 途《ト》方《ホウ》に暮《く》れる＝方法がなくてどうしようもない

□14 議事を**エンカツ**に進めることに気を配る。（なめらかなさま・滞りのないさま）
円滑
訓 滑《なめ》らか

□15 過去の研究成果が**ホウカツ**的に示される。（一つにまとめること）
包括
訓 包《つつ》む
表現 包括的《ホウカツテキ》＝個別ではなく全体的なさま

□16 順を追って**テイネイ**に事情を説明する。（注意深く行き届いているさま）
丁寧
意 寧＝ねんごろ
類 □□《タンネン》≫23・16

□17 人間の技術は自然を**モホウ**していると言われる。◆まねをすること
模倣
194・10
対 □□《ソウゾウ》≫194・9
注「摸倣」とも書く

□18 外来文化を**セッシュ**して国内産業を育成する。（とり入れて自分のものとすること）
摂取
意 摂＝とる

□19 新人賞受賞後の作品は**ボンヨウ**なものばかりだ。◆特に優れたところがなく、ありきたりであるさま
凡庸
200・7
類 □□《ヘイボン》

□20 無常**ジンソク**な時の移ろいを実感する。（すみやかであるさま）
迅速
表現 無《ム》常《ジョウ》迅速《ジンソク》＝人の世の移り変わりが非常に速い

□21 大勢の聴衆を前に得意の歌を**ヒロウ**する。（広く発表すること）
披露
意 露＝あらわす

□22 その相関関係には科学的**コンキョ**がない。（言動や議論のよりどころ）
根拠
意 拠＝よりどころ

□23 言葉の**ショウヘキ**を乗り越えて友達になる。（へだて・さまたげ）
障壁
訓 障《さわ》る
注 ×璧

□24 猛勉強をして知識量で他人を**アットウ**する。（段違いの力で他を抑えること）
圧倒

□25 科学者が環境問題について**ケイショウ**を鳴らす。（危険を知らせるために鳴らすかね）
警鐘
訓 鐘《かね》
表現 警鐘《ケイショウ》を鳴《な》らす＝事態が悪い方に向かっていることを指摘する≫255・9

■解答 16 丹念 17 創造 19 平凡

第1章

最重要語【書き取り】⑥

□1 新しい思想の生まれる可能性は**カイム**に等しい。
全くないこと

□2 「花といえば桜」という**アンモク**の了解がある。
口に出しては言わないこと

□3 想像力を働かせて**カクウ**の物語を創出する。
想像上のもの・事じつでないもの

□4 真夏の太陽が大地を**ヨウシャ**なく照りつける。
◆手加減すること・ゆるすこと

□5 社会が強固なイデオロギーに**ソクバク**される。
制限を加えて自由にさせないこと

□6 作者の心情が一言に**ギョウシュク**されている。
ばらばらなものがまとまって密度が高くなること

□7 茶の湯は最も**センレン**された芸術の一つだ。
あかぬけたものにすること

□8 軍と官憲の悪を明るみに出して**キュウダン**した。
罪状を調べ上げて非難すること

□9 **ダラク**した生活から立ち直ることが大切だ。
身を持ちくずすこと・不健全になること

□10 人間の知に関する**タクエツ**した理論を構築した。
◆抜きん出て優れていること

□11 社会は対立と**ダキョウ**を繰り返して発展する。
◆折りあいをつけてまとめること

□12 美術館で世界の名画を**カンショウ**する。
芸術作品を理解し味わうこと

◆語彙編≪で意味も学ぼう

No.	答え	参照	語彙
1	皆無		類 絶無《ゼツム》
2	暗黙		
3	架空		訓 架《か》ける 対 実在《ジツザイ》
4	容赦	212・3	別解 用捨
5	束縛		訓 束《たば》・縛《しば》る 関連 桎梏《シッコク》≫175・15／213・14
6	凝縮		訓 凝《こ》る 対 □□《カクサン》≫59・17
7	洗練		対 □□《ソヤ》≫33・19・□□《ヤボ》≫132・3 別解 洗錬
8	糾弾		類 □□《ダンガイ》≫88・5
9	堕落		意 堕＝おちる
10	卓越	207・15	意 卓＝ぬきんでる
11	妥協	210・4	意 妥＝おさまる
12	鑑賞		意 鑑＝みわける

復習問題

□ 13 明治の文学者は言文一致を**モサク**していた。
◆試みながら手探りでさがし求めること
模索
213・10
注 意 索＝もとめる 「摸索」とも書く

□ 14 水素からヘリウムへの核**ユウゴウ**反応が起こる。
とけあって一つになること
融合
意 融＝とける

□ 15 一族の**ケイフ**をたどると革命家につらなる。
物事や一族代々のつながり
系譜

□ 16 日本に**クンリン**してきた財閥を解体する。
強い力を持って他を圧倒すること
君臨
訓 臨《のぞ》む

□ 17 常に何かをしていないと不安に**オチイ**る。
良くない状態にはまり込む
陥
音 陥《カン》［陥落《カンラク》］≫115・22／219・10

□ 18 行事の宗教的意味付けが**キハク**になった。
◆うすいこと・気持ちや意欲が弱いこと
希薄
202・7
対 □□《ノウコウ》≫70・6／202・8
別解 稀薄

□ 19 混迷の時代を**ショウチョウ**する出来事が起こる。
◆抽しょう的な事を具体物で示すこと・代表的なしるし
象徴
204・4
類 □□《ヒョウショウ》≫37・25／211・12 シンボル≫224・7

□ 20 作品の主題の変化は、作者の心の**キセキ**である。
ある人や物事がたどってきたあと・生活や行為のあと
軌跡
注 訓 跡《あと》 ×奇跡（普通ではない不思議なこと）

□ 21 新しいものには常に**ケイカイ**の目を向ける。
注意し用心すること
警戒
訓 戒《いまし》める

□ 22 理論を**ジッセン**に移す環境がようやく整った。
じっ際に行うこと
実践
意 践＝ふみ行う

□ 23 夏の高温多湿の気候には**ガマン**がならない。
耐え忍ぶこと
我慢
注 意 慢＝おごる ×漫

□ 24 受験会場にただならぬ緊張感が**タダヨ**っている。
気配や雰囲気があたりに満ちている
漂
音 漂《ヒョウ》［漂流《ヒョウリュウ》］≫181・37

□ 25 国家の体制があっという間に**クズ**れ去った。
乱れる・くだけ壊れる
崩
音 崩《ホウ》［崩壊《ホウカイ》］≫9・19

■ 解答 6 拡散 7 粗野・野暮 8 弾劾 18 濃厚 19 表象

第1章 最重要語【書き取り】⑦

□ 1 経済活動の量から質への転換が**ソクシン**される。
うながしすすめること

□ 2 紛争地の人道危機を**カンカ**することはできない。
◆見すごすこと・大目に見ること

□ 3 問題の**カクシン**を私なりに読み解いた。
物事の最も大切なところ

□ 4 言語**バイタイ**を用いて情報を世界に拡散させる。
伝達の仲立ちをする手段

□ 5 古典にはくめども尽きぬ**ミリョク**がある。
人のこころをひきつけるちから

□ 6 多くの人は**ケンメイ**に毎日を送っている。
精一杯・ちからを尽くすさま

□ 7 あの人から受けた恩は**ショウガイ**忘れられない。
この世にいきている間

□ 8 思索をする上で先入観が**ジャマ**になる。
さまたげ・障害

□ 9 自学自習の場として図書館を**スイショウ**する。
優れていることを挙げて人にすすめること

□ 10 彼女の持ち味が**イカン**なく発揮された役柄だ。
思い通りでなく、残念なこと

□ 11 あまりに**キョクタン**な例は参考にならない。
甚だしく偏っていること

□ 12 人は損得**カンジョウ**のみで動くものではない。
計算をすること・考慮

1 〔促進〕
2 〔看過〕
3 〔核心〕
4 〔媒体〕
5 〔魅力〕
6 〔懸命〕
7 〔生涯〕
8 〔邪魔〕
9 〔推奨〕
10 〔遺憾〕
11 〔極端〕
12 〔勘定〕

◆語彙編《《で意味も学ぼう

1 訓 促《うなが》す　関連 推進《スイシン》≫160・8
2 218・4　意 看＝みる
3 類 □□《チュウカク》≫141・19　関連 正鵠《セイコク》を射《い》る＝核心を突く≫257・10
4 関連 メディア≫223・14
5 意 魅＝心をひきつける
6 表現 一所懸命《イッショケンメイ》＝いのちがけ
7 意 涯＝はて
8 意 邪＝よこしま　関連 水《みず》を差《さ》す＝邪魔をする≫257・9
9 意 奨＝すすめる
10 表現 遺憾《イカン》なく＝十分に
11 訓 端《はし》
12 表現 損得勘定《ソントクカンジョウ》＝損失と利益を計算する

復習問題

□13 南国では太陽の光が**ジュンタク**に降り注ぐ。
充分にあるさま

□14 歴史の解釈は、**イセイ**者の意向を強く反映する。
世の中を治めること

□15 世の中の悪に対して**カカン**に戦いを挑む。
大胆に物事を行うさま

□16 両者の間に**カイザイ**する障壁を除去する。
間に挟まってあること

□17 事件を伝えるときにはつい**コチョウ**が混じる。
大げさに表現すること

□18 時のたつのも忘れて音楽に**トウスイ**する。
◆うっとりとよいしれること

□19 目標の達成まで一週間の**ユウヨ**が与えられた。
期日を延ばすこと・ぐずぐずすること

□20 役者はいつも**カンペキ**な演技を目指している。
欠点や不足が全くないさま

□21 幼児の**ジュンスイ**な気持ちは大切にしたい。
まじりけのないさま

□22 歌の**ボウトウ**から甘く切ない雰囲気が漂う。
物事や文章の始め

□23 自分の考えに**コシュウ**して人の話を聞かない。
自分の意見を曲げないこと

□24 微妙な違いを**シャショウ**して一般化する。
◆共通性を取り出し他をすてること

□25 便利な電気製品が**モウレツ**な勢いで普及した。
勢いが激しいさま

13 潤沢
類 □《ホウ》□《フ》

14 為政
意 為＝おこなう

15 果敢
意 敢＝あえてする
類 □□《カンゼン》 ≫120・8

16 介在

17 誇張
訓 誇《ほこ》る

18 陶酔 216・3
意 陶＝うっとりする
注 ×淘

19 猶予
意 猶＝のばす

20 完璧
意 璧＝宝玉のように立派なもの
注 ×壁

21 純粋

22 冒頭
意 冒＝はじまり

23 固執
注 「コシツ」とも読む

24 捨象 211・12
訓 捨《す》てる

25 猛烈
意 猛＝たけだけしい・はげしい

■解答 3 中核 13 豊富 15 敢然

第1章

最重要語【書き取り】⑧

□1 戦後の言語政策で方言は一気に**スイタイ**した。
おとろえて勢いを失うこと

□2 私は今まさに人生の**ブンキ**点に立っている。
わかれ目

□3 給与は毎日の労働に対する**ホウシュウ**である。
労働の対価として給付される金銭

□4 人間は言語という体系を**コウチク**した。
組み立てて作り上げること

□5 教科書に**ジュンキョ**した問題集を解く。
よりどころとして従うこと

□6 世間の**ヘンケン**をはねかえして生きていく。
根拠のない、かたよったもののみ方

□7 俗世から離れて哲学的**シサク**を楽しむ。
◆筋道を立てて深く考えること

□8 責任を**テンカ**するのは恥ずべき行為だ。
罪などを他人になすりつけること

□9 傾きかけた家業を立て直すことに**フシン**した。
◆こころを痛め悩ますこと

□10 モーツァルトの音楽が人々を**ミリョウ**した。
人をひきつけて夢中にさせること

□11 過ぎた日々を回想し、**カンガイ**にふける。
身にしみてかんじること

□12 粘り強い**コウショウ**によって譲歩を引き出した。
取引のために話し合うこと

◆語彙編<<<で意味も学ぼう

1 衰退
訓 衰《おとろ》える

2 分岐
意 岐＝わかれる

3 報酬
訓 報《むく》いる

4 構築
訓 構《かま》える・築《きず》く

5 準拠
意 準＝なぞらえる

6 偏見
訓 偏《かたよ》る

7 思索 213・10
関連 思惟《シイ》

8 転嫁
意 嫁＝罪や責任をなすりつける
注 ×転化（移り変わること）

9 腐心 210・5
類 □《ク》□《シン》

10 魅了
関連 魅惑《ミワク》≫53・20

11 感慨
注 ×概

12 交渉
訓 交《か》わす・交《まじ》わる
意 渉＝かかわる

復習問題

□13 **トクメイ**性を利用したいたずらを防止する。
名前をかくすこと

□14 散歩をしているとトウトツに考えが浮かぶ。
不自然なほど急なさま・出し抜け

□15 例外や幅のある解釈を許す**ユウズウ**性がある。
臨機応変に事を処理すること

□16 用例を**タンネン**に集めて国語辞典を作る。
細かいところまで注いするさま

□17 跳躍は**センカイ**とともに舞踊の主要な動きだ。
ぐるぐるまわること

□18 ある事実が**ガンイ**していることを考察する。
◈表面には現れない味内容

□19 実現可能性の限界が**ケンザイ**化してくる。
◈はっきりと外に現れること

□20 現代美術は社会から**カクゼツ**した芸術ではない。
遠くかけ離れていること

□21 あらゆる社会は**ケイヤク**で成り立っている。
法律上の責任を負う取り決め

□22 彼女は人混みに**マギ**れて姿を消してしまった。
入りまじって区別がつかなくなる

□23 多くの**ケッカン**を修正して論文を仕上げる。
◈不足・不備

□24 仮設ではなく**コウジョウ**的な施設を建てる。
定まっていて変わらないこと

□25 記号論の新たな**チョウリュウ**が生まれた。
世の中のながれ

13 匿名 ［意］匿＝かくす

14 唐突 ［類］□□《トツゼン》・□□《フイ》

15 融通 ［表現］融通無碍《ユーズウムゲ》＝決まった考えにとらわれないようす »294・12

16 丹念 ［類］□□《テイネイ》 »17・16

17 旋回 ［意］旋＝まわる

18 含意 213・9 ［訓］含《ふく》む

19 顕在 196・7 ［対］□□《センザイ》 »13・18 196・8

20 隔絶 ［訓］隔《へだ》てる

21 契約 ［訓］契《ちぎ》る

22 紛 ［音］紛《フン》［紛失《フンシツ》］ »153・13

23 欠陥 206・1 ［訓］陥《おちい》る

24 恒常 ［関連］恒久《コウキュウ》 »82・1

25 潮流 ［訓］潮《しお》

■ 解答　9 苦心　14 突然・不意　16 丁寧　19 潜在

第1章

最重要語【書き取り】⑨

□1 学問にはチュウショウ的な概念が重要である。
共通した性質を抜き出すこと

□2 信頼関係をジョウセイするには、時間を要する。
機運や状態を次第につくり出すこと

□3 熱のこもった議論のオウシュウがあった。
互いにやりあうこと

□4 通説に対しカイギ的な視点を持つことが必要だ。
◆うたがいを持つこと

□5 調査のショウサイなレポートを提出する。
くわしくこまかいさま

□6 使節を派遣し、条約のヒジュン書を交換した。
◆条約に同意すること

□7 画中に神仙郷のイメージがトウエイされている。
ある物のえい響が他の物の上に現れ出ること

□8 SNSのリュウセイは止《とど》まるところを知らない。
勢いがさかんなこと

□9 いくつかの選択肢を比較ケントウして決定する。
くわしく調べ考えること

□10 今のところ彼の意見が最もダトウである。
◆適切であること

□11 読者の期待が作者の意図とショウトツする。
ぶつかること・対立すること

□12 友人の言葉にショクハツされて創作を始めた。
◆刺激して行動意欲などを誘起すること

◆語彙編<<<で意味も学ぼう

1 抽象
対 □□《グショウ》
表現 抽象的《チュウショウテキ》＝一般化して考えるさま≫194・2

2 醸成
訓 醸《かも》す

3 応酬
意 酬＝こたえる・むくいる

4 懐疑 209・15
訓 懐《ふところ》

5 詳細
関連 委細《イサイ》≫94・1

6 批准 205・9
意 准＝ゆるす

7 投影
訓 影《かげ》
注 ×投映(スライドなどで映すこと)

8 隆盛
意 隆＝さかん
訓 盛《さか》ん

9 検討
意 討＝たずねる

10 妥当 210・4
類 □□《テキトウ》

11 衝突
訓 突《つ》く

12 触発 211・15

復習問題

□13 格差社会が**シンコク**な問題となっている。
切実で重大であるさま
【深刻】
訓 刻《きざ》む

□14 辞書的な意味を組み合わせた**チンプ**な表現。
◆ありふれて古くさく平凡であるさま
【陳腐】 195・20
対 □□《ザンシン》 ≫39・24／195・19

□15 **カヘイ**に換算できない価値を持つものもある。
お金・商品交換の仲立ちをするもの
【貨幣】
意 幣＝おかね・ぜに
注 ×弊

□16 志望校合格が**シャテイ**内に入ってきた。
力の及ぶ範囲
【射程】

□17 ピアノの音色の**ビミョウ**な違いを聞き分ける。
複雑で言い表しにくいさま
【微妙】

□18 入学試験を間近に**ヒカ**えて緊張してきた。
近い将来に予定されること
【控】
音 控《コウ》［控訴《コウソ》］

□19 口承文学を**レンメン**と伝え受けついできた。
途切れずにながく続くさま
【連綿】
訓 連《つら》なる・綿《わた》

□20 自分の進むべき道筋が**メイリョウ**になった。
◆はっきりしていること
【明瞭】 197・14
意 瞭＝あきらか
対 □□《アイマイ》 ≫44・9／197・13

□21 **ユウチョウ**なことをしているゆとりはない。
ゆったりと構えて気がながいさま
【悠長】
意 悠＝のんびり

□22 誰にも言えなかったつらい胸の内を**トロ**する。
◆思いを隠さず述べること
【吐露】 216・4
訓 吐《は》く

□23 時の権力者が仏教の大衆への浸透を**サマタ**げた。
邪魔をする
【妨】
音 妨《ボウ》［妨害《ボウガイ》］ ≫62・7

□24 **クウソ**な議論を続けても時間の無駄である。
形だけで内容が乏しいさま
【空疎】
意 疎＝まばら・あらい

□25 住民の力で郷土の**カンキョウ**保全に努める。
まわりを取り巻く状況や様子
【環境】

■解答 1 具象 10 適当 14 斬新 20 曖昧

最重要語【書き取り】⑩

◆語彙編 ≪で意味も学ぼう

□ 1 機械が更新されるたびに**ソウサ**を覚え直す。
あやつって働かせること
操作
訓 操《あやつ》る

□ 2 大成功に**コウフン**さめやらぬ様子だった。
感情がたかまること
興奮
訓 興《おこ》る・奮《ふる》う

□ 3 細かい規則がたくさんあって**キュウクツ**だ。
束縛され思うままにできないさま
窮屈
意 訓 窮《きわ》める・窮《きわ》まる
屈＝かがむ

□ 4 きちんと説明して住民に**ナットク**してもらう。
なるほどと了解して認めること
納得
訓 納《おさ》める・得《え》る

□ 5 職場の**ドウリョウ**とハイキングに出かける。
職場や役目、地位などがおなじである人
同僚

□ 6 念を入れて学生の文章を**テンサク**する。
他人の文章を改め直すこと
添削
訓 添《そ》える・削《けず》る

□ 7 大きなミスをして落ち込む友達を**ナグサ**める。
相手の心をいたわり、元気づける
慰
音 慰《イ》［慰労《イロウ》］

□ 8 食糧増産により飢えの恐怖が**カンワ**された。
ゆるめること・やわらげること
緩和
訓 緩《ゆる》める・和《やわ》らげる

□ 9 帝国主義者の植民地支配の**キト**を見抜く。
くわだて・もくろみ
企図
訓 企《くわだ》てる

□ 10 **シンチョウ**な思考と行動が必要とされる。
◆注意深く軽はずみでないさま
慎重
201・14
訓 慎《つつし》む

□ 11 私は先人の書から**ケイハツ**を受けている。
人が気づかない点について教え示して理解を深めさせるようにすること
啓発
類 □《ケイ》□《モウ》 ≫80・9／205・12

□ 12 新たに**フニン**した土地にすぐになじんだ。
仕事を命じられた土地へ行くこと
赴任
訓 赴《おもむ》く

復習問題

□ 13 朝早く収穫した促成**サイバイ**の野菜を出荷する。
植物を植え育てること

□ 14 厭世《えんせい》的な思想の**キケツ**として出家する。
議論や行動などが最後に落ち着くこと・そのけっ果

□ 15 栄冠の**ダイショウ**に平穏な日々を失った。
目標を達成するために払う犠牲

□ 16 研究者は専門領域の中に**マイボツ**しがちである。
うもれて隠れること

□ 17 **テイタイ**している景気を回復することが急務だ。
はかどらずにとどこおること

□ 18 **ゲンシュク**な雰囲気で、咳《せき》をするのも憚《はばか》られる。
おごそかであるさま

□ 19 民話にはその土地の生活が**コクイン**されている。
きざみつけること

□ 20 人間の自然支配が環境**ハカイ**をひき起こした。
打ちこわすこと

□ 21 森林を**バッサイ**して畑に変えてしまう。
山や森の木などをきり取ること

□ 22 あらゆる可能性に**ゲンキュウ**しつつ説明する。
話の中で、関係のある物事にも触れること

□ 23 憂うべき学力低下の**チョウコウ**が出る。
はっきりそれとわかるしるし

□ 24 既成概念にとらわれず**ジュウナン**に対応する。
やわらかなさま・しなやかなさま

□ 25 士気を**コブ**するための工夫をさまざまに凝らす。
◈励ましてやる気を起こさせること

---

13 栽培
注 訓 培《つちか》う ×裁

14 帰結
類 □《キ》□《チャク》 ≫122・10

15 代償
訓 償《つぐな》う

16 埋没
訓 埋《う》まる

17 停滞
対 □□《シンチョク》 ≫171・18
訓 滞《とどこお》る

18 厳粛
意 訓 厳《おごそ》か 粛＝つつしむ

19 刻印
訓 印《しるし》・印《しる》す

20 破壊

21 伐採
意 伐＝きる

22 言及
訓 及《およ》ぶ

23 徴候
別解 兆候

24 柔軟
対 □□《コウチョク》 ≫149・15

25 鼓舞 217・12
関連 鼓吹《コスイ》 ≫90・4 217・12

500
400
300
200
100
start

■ 解答 11 啓蒙 14 帰着 17 進捗 24 硬直

第1章

最重要語【書き取り】⑪

□1 悲しみの感情がますます**ゾウフク**される。
物事の程度を強め拡大すること

□2 多くの宗教では偶像が**スウハイ**されている。
あがめ敬うこと

□3 食物**センイ**を摂取することは体にとって大切だ。
細い糸状の物質

□4 日々の**エイイ**の一つ一つをおろそかにしない。
人間が日々行う仕事や暮らしなど

□5 **エイビン**な感覚で時代の最先端を行く。
感覚が甚だするどいようす

□6 他者に対する行き届いた**ハイリョ**が要求される。
心をくばること

□7 晩婚化が少子化に**ハクシャ**をかけている。
馬の腹部を刺激して速度を加減する道具

□8 石油の使用を**ヨクセイ**するべき時にきている。
おさえとどめること

□9 集中を高めると、作業の**コウリツ**がよくなる。
使った労力から見たその成果の程度

□10 人間の欲望が限りなく**ボウチョウ**し続ける。
ふくれひろがること

□11 たんなる悪い**ジョウダン**ではすまされない。
ふざけていう話・無駄口

□12 大手資本の横暴に対し、団結して**テイコウ**する。
外からの力に逆らうこと

◆語彙編 ≪ で意味も学ぼう

1〔増幅〕 訓 幅《はば》

2〔崇拝〕 注 訓 拝《おが》む 「拝」の横棒は四本

3〔繊維〕 意 繊＝ほそい糸

4〔営為〕 訓 営《いとな》む

5〔鋭敏〕 訓 鋭《するど》い

6〔配慮〕 訓 意 配《くば》る 慮＝思いめぐらす

7〔拍車〕 表現 拍車《ハクシャ》をかける＝事の進行にいっそう力を加える≫258・3

8〔抑制〕 訓 抑《おさ》える

9〔効率〕 類 □□《ノウリツ》

10〔膨張〕 注 「膨脹」とも書く

11〔冗談〕

12〔抵抗〕 注 ×坑

復習問題

□13 誤差のないように**セイミツ**に測定する。
細部に至るまで行き届いているさま

□14 産業の**シンコウ**を図る政策を立案する。
物事を盛んにすること

□15 国家の安全**ホショウ**が最優先課題である。
損害のないよう守ること

□16 短歌の三十一文字に自分の思いを**タク**す。
あずける・ことよせる

□17 読者の存在を**ネントウ**に置いて執筆する。
心・胸の内

□18 言語により意思の**ソツウ**が可能になった。
さまたげなくつうじること

□19 異論を差しはさむ**ヨチ**のない説得力がある。
事を成し得るゆとり

□20 **カンリョウ**主導の政治を改めて民意を尊重する。
行政の執行をする上級の役人

□21 小鼓の複雑なリズムが**フンイキ**を盛り上げる。
その場を満たしている感じ

□22 一点を**ギョウシ**し続けて微動だにしない。
目をこらしてじっと見つめること

□23 マルクスは資本主義の本質を**カンパ**した。
◆隠れている物事を見やぶること

□24 相手からの申し出を即座に**ショウダク**する。
◆聞き入れること・受け入れること

□25 一部の有名俳優に出演**イライ**が殺到する。
用件を人にたのむこと

---

13 精密
意 精＝くわしい
対 □《ソ》□《ザツ》 ≫100・1

14 振興
訓 振《ふ》るう・興《おこ》す

15 保障
意 障＝へだて・しきり
注 ×保証 ≫37・22

16 託

17 念頭
表現 念頭《ネントウ》に置《お》く＝常に心にかける

18 疎通
意 疎＝とおる
関連 コミュニケーション≫221・14

19 余地

20 官僚
類 □《カン》□《リ》 ≫137・19
表現 官僚的《カンリョウテキ》＝役人にありがちな、権威や形式を重んじる傾向

21 雰囲気

22 凝視
訓 凝《こ》らす

23 看破
218・4

24 承諾
202・9
訓 承《うけたまわ》る
意 諾＝ひきうける

25 依頼
訓 頼《たの》む・頼《たよ》る

■解答 9 能率 13 粗雑（疎雑） 20 官吏

第1章 最重要語【書き取り】⑫

□1 思う存分活動するためにキョテンを設ける。
（活動のよりどころになる所）

□2 ヒサンな事故を防ぐために努力を重ねる。
（痛ましいさま・みじめなさま）

□3 巧みなデザインと色彩で客のシンビ眼に訴える。
（うつくしさと醜さを識別すること）

□4 弱肉強食の世の中は、弱者にはカコクである。
（厳しすぎるさま）

□5 日本語には動詞からハセイした名詞が多い。
（同じ源から分かれてできること）

□6 最初からムボウな計画だと思っていた。
（深い考えのないさま）

□7 世界情勢のチミツな分析を国王に進講する。
（詳しく細かいところまで行き届いているさま）

□8 キガの極限状況にかつて置かれた人の話を聞く。
（食物がなくてひどく空腹であること）

□9 不動産をタンポに銀行から融資を受ける。
（将来与えるかもしれない不利益に対して補いとなるもの）

□10 伝染病の拡大を防ぐために患者をカクリする。
（別の場所にへだてはなすこと）

□11 頂上に近づくと、道のケイシャは大きくなった。
（かたむき）

□12 住職は寺宝のユイショについて詳しく述べた。
（いわれ・来歴）

◆語彙編 ≪≪ で意味も学ぼう

1 拠点　意 拠＝よる

2 悲惨　注 「悲酸」とも書く

3 審美　意 審＝つまびらか

4 過酷　意 酷＝きびしい　別解 苛酷

5 派生　意 派＝わかれる

6 無謀　訓 謀《はか》る

7 緻密　類 □□《セイチ》 ≫44・1　対 杜撰《ズサン》

8 飢餓　関連 飢饉《キキン》

9 担保　訓 担《かつ》ぐ・担《にな》う

10 隔離　訓 隔《へだ》てる

11 傾斜　訓 傾《かたむ》く

12 由緒　訓 由《よし》　音 由《ユウ》［理《リ》由《ユウ》］

復習問題

□13 私たちは国家存亡の**キロ**に立っている。
分かれ道

□14 日付が変わった**トタン**、電話が鳴り響いた。
あることが行われたその時・そのすぐ後

□15 ライバルと互いに**シゲキ**しあって向上する。
外から働きかけて何らかの反応を起こさせること

□16 神は**ユイイツ**絶対的で他に比べるものがない。
ひとつだけで他にないこと

□17 古来、剛力の武将は**マイキョ**にいとまがない。
ひとつひとつ数え上げること

□18 関与する利害関係者を**モウラ**した名簿を作る。
残らずおさめ入れること

□19 退く方が**ケンメイ**だと考えられる場合もある。
かしこくて道理にあきらかなこと

□20 さまざまな**ケネン**や妄想を頭の中から追い払う。
気にかかってしんぱいなこと

□21 哲学書は**トウテツ**した論理で貫かれている。
区別がはっきりしている

□22 マルチ商法やネット**サギ**に対し警戒する。
だまして損害を与えること

□23 親しかった友といつのまにか**ソエン**になった。
行き来がと絶えがちになること

□24 人々には、**キゾク**する社会に対する責任がある。
所ぞくし、従うこと

□25 不合格の報を聞いてひどく**ラクタン**した。
がっかりすること

13 岐路
意 岐=わかれる

14 途端
類 ～や□《いな》や

15 刺激
訓 刺《さ》す

16 唯一
表現 唯一無二《ユイイツムニ》=ただ一つだけで二つと無いこと》291・14

17 枚挙
表現 枚挙《マイキョ》にいとまがない=数が多いことのたとえ》249・10

18 網羅
注 ×綱

19 賢明
対 □□《アングウ》

20 懸念
訓 懸《か》かる

21 透徹
注 ×撤
訓 透《す》く

22 詐欺
意 詐=いつわる
訓 欺《あざむ》く

23 疎遠
訓 疎《うと》い

24 帰属
意 帰=あるべき所に落ち着く

25 落胆
意 胆=きも
類 □□《シツボウ》

■ 解答 7 精緻 14 否 19 暗愚 25 失望

第1章 最重要語【書き取り】⑬

□1 両者間の対立は**ソショウ**に持ち込まれた。
法律を適用して裁判所が行う手続き
【訴訟】 訓 訴《うった》える

□2 青春時代の一時期は太宰治《だざいおさむ》に**ケイトウ**した。
◆心を寄せること・熱中すること
【傾倒】 216・8 注 ×到

□3 教師が生徒の自発的学習への**ショクバイ**となる。
◆自身は変化せず他の反応を進める物質
【触媒】 215・15 訓 触《さわ》る・触《ふ》れる 意 媒＝なかだち

□4 **キソン**の言葉を使って新しい思想を語る。
前からあること
【既存】 注 「キゾン」とも読む

□5 過ぎ去った青春への**キョウシュウ**を感じる。
ふるさとや過去を懐かしく思う気持ち
【郷愁】 訓 愁《うれ》い 類 ノスタルジー≫228・1

□6 何気ない一言が問題解決の**タンショ**を開いた。
◆物事の始まり・糸口
【端緒】 206・8 類 □□《ホッタン》≫53・19 注 「タンチョ」とも読む

□7 経済力を**コジ**するために高価な買い物をする。
自慢げにみせつけること
【誇示】 訓 誇《ほこ》る

□8 利益第一の考え方が人間**ソガイ**をもたらす。
人間が作った物や制度に支配され、人間らしさを失うこと
【疎外】 訓 疎《うと》い・疎《うと》む 注 ×阻害≫15・16／183・46

□9 豚を食べるのを**キンキ**とする宗教がある。
いむべきものとしてきんじること
【禁忌】 訓 忌《い》む 類 タブー≫223・17

□10 子どものころを思い出し、**カイコ**録を書く。
昔を振り返ること
【回顧】 訓 顧《かえり》みる

□11 後継者が成長したので自分の地位を**ユズ**る。
自分のものを他に与える
【譲】 音 譲《ジョウ》［譲渡《ジョウト》］≫39・18

□12 多くの科学的**チケン**を総合して解決にあたる。
実際にみて得たちしき
【知見】

◆語彙編≪で意味も学ぼう

復習問題

13 新しい政策がコウハンな支持を獲得した。（はん囲がひろいさま）
14 戦後の日本はめざましい発展をトげた。（最後の結果としてそうなる）
15 思い切りが悪く心が常にユれ動いている。（不安定な状態になる）
16 打てば響くようなキンミツな連帯感があった。（関係が非常にみっ接であるさま）
17 世間の常識をクツガエす十分な根拠を提出する。（根本からひっくり返す）
18 混迷した事態のシュウシュウに努める。（◆混乱をおさめること）
19 日本にはソヤな振る舞いを嫌う文化が育った。（言動が荒々しいさま）
20 研究上のコウセキに対し賞が授与された。（手柄）
21 友を裏切ったというカイコンを一生忘れない。（くやんで残念に思うこと）
22 宮中恒例のギシキが厳かに執り行われる。（規則に従って行う行事）
23 親の言動が子どもにジンダイな影響を与える。（程度が極めておおきいさま）
24 因習を打ち破るにはカクゴと戦略が不可欠だ。（重大な事柄を目前にして心構えをすること）
25 いずれ両者が衝突することはサけられない。（遠ざける・逃れる）

13 広範　意 範＝わく・かた　別解 広汎
14 遂　音 遂《スイ》［完遂《カンスイ》］≫69・21　注 ×逐
15 揺　音 揺《ヨウ》［動揺《ドウヨウ》］≫13・19
16 緊密
17 覆　音 覆《フク》［覆水《フクスイ》］≫109・25
18 収拾　213・12　訓 収《おさ》める・拾《ひろ》う
19 粗野　対 □□《センレン》≫18・7
20 功績　意 績＝てがら・仕事の成果　注 ×積
21 悔恨　訓 悔《く》いる・恨《うら》む
22 儀式　意 儀＝作法・手本　注 ×議・×義
23 甚大　訓 甚《はなは》だ
24 覚悟　訓 悟《さと》る
25 避　音 避《ヒ》［避難《ヒナン》］≫166・2

■ 解答　6 発端　19 洗練（洗錬）

第1章

最重要語【書き取り】⑭

□1 平家一族の**ハンエイ**を歴史書で調べる。
（さかえること）

□2 情報を**シュシャ**選択して適切に判断する。
（よいものをとり、悪いものをすてること）

□3 情状を酌量して**カンダイ**な判決を下す。
（心が広くおおらかであるさま）

□4 限りある資源を**ロウヒ**し続けてはならない。
（無駄づかい）

□5 神が人間の姿を借りて民衆の前に**ケンゲン**する。
（はっきりとあらわれること）

□6 何の**シショウ**もなく日常生活を営んでいる。
（差しつかえること）

□7 近代科学の**センク**者たちの業績を称《たた》える。
（さきがけ）

□8 産業廃棄物が山のように**タイセキ**されていく。
（うず高くつむこと）

□9 革命は価値観の**テンカン**による混乱を伴う。
（物事の傾向や方針を変えること）

□10 関係者全員に正しい情報を**シュウチ**する。
（広くしらせること）

□11 経営にはトップの迅速な決断が**カンヨウ**である。
（非常にたいせつであること）

□12 武士は**シンボウ**強く敵討ちの機会を待った。
（つらいことを我慢すること）

◆語彙編 <<< で意味も学ぼう

1 繁栄
訓 栄《さか》える

2 取捨
表現 取捨選択《シュシャセンタク》＝必要な物を選び取り不要な物をすてること >> 296・8

3 寛大
類 □□《カンヨウ》 >> 15・21

4 浪費
対 □□《ケンヤク》 >> 57・17

5 顕現
意 顕＝あきらか
訓 現《あらわ》れる

6 支障
訓 障《さわ》る

7 先駆
訓 駆《か》ける

8 堆積
意 堆＝うずたかい

9 転換
訓 換《か》える

10 周知
意 周＝あまねく
注 ×衆知（多くの人の知識）

11 肝要
類 □□《ジュウヨウ》・□□《カンジン》 >> 63・19

12 辛抱
訓 辛《つら》い・抱《いだ》く

復習問題

□13 誤った常識がしばしば**エンヨウ**される。
主張の助けのために引ようすること
援用
意 援＝たすける

□14 人の一生は**グウゼン**の出来事に左右される。
◆予期しない出来事が起こること
偶然
194・12
対 □□《ヒツゼン》 ≫194・11

□15 科学者たちが**チュウスウ**部にいて原動力となる。
◆主ようとなるたい切な部分
中枢
209・9
意 枢＝かなめ
類 中核《チュウカク》 ≫141・19

□16 社会の**コンカン**を揺るがす事件が起こった。
物事のおおもと
根幹
訓 幹《みき》

□17 冬場は**カンソウ**するので火の元に注意する。
湿り気がなくなること
乾燥
訓 乾《かわ》く

□18 彼の書く文章は**ジョウチョウ**でまとまりがない。
ながたらしく無駄のあるさま
冗長

□19 金融恐慌により国内経済が**ヒヘイ**する。
つかれ弱ること・経済が窮乏すること
疲弊
注 ×幣
訓 疲《つか》れる

□20 人間は物質的に他者に**イソン**している。
◆他のものを頼りにすること
依存
198・5
注 「イソン」とも読む

□21 損得を**チョウエツ**した態度で事に臨む。
◆はるかにこえること・抜きん出ること
超越
207・15
訓 超《こ》える・越《こ》える

□22 対立する両国の間にも**カンショウ**地帯がある。
しょう突の際のしょう撃を和らげること
緩衝
注 ×干渉 ≫13・25 183・38
訓 緩《ゆる》い

□23 祖父の**ショウゾウ**が客間に飾ってある。
人物の姿を写しとったもの
肖像
意 肖＝にる

□24 **キョギ**の申し立てであることが発覚した。
◆うそいつわり
虚偽
201・21
訓 偽《いつわ》る・偽《にせ》

□25 人の身勝手なふるまいに**フンガイ**する。
ひどく腹を立てること
憤慨
注 ×概
訓 憤《いきどお》る

■解答　3 寛容　4 倹約　11 重要・肝心(肝腎)　14 必然

第1章 最重要語【書き取り】⑮

□1 **キソ**的な知識をおろそかにしてはならない。
もとになる土台

□2 人類の欲望は**サイゲン**なく膨らんでいく。
最後のところ・果て・かぎり

□3 **カンキュウ**を自在に操って楽器を演奏する。
遅いことと速いこと

□4 宗教の役割が**ショウメツ**することはない。
きえてなくなること

□5 ポストに大**キボ**分譲住宅地の広告が入っていた。
物事の仕組みの大きさ・広がり

□6 敵の城壁は**ケンゴ**で、簡単には破れない。
かたくしっかりしているさま

□7 現実的に可能な対応策を**シンケン**に考える。
まじめ・本気であるさま

□8 何の**ミャクラク**もない会話がひとしきり続いた。
物事のつながりや筋道

□9 若者の**オウセイ**な食欲を満たす食糧を準備する。
非常にさかんなさま

□10 人情の**キビ**をしみじみと描いた映画を見る。
◆び妙なおもむきや事情

□11 仰ぎ見る御《み》仏《ほとけ》の顔は**スウコウ**な美しさだった。
気だかく偉大なさま

□12 実に寛大で相互**フジョ**の精神に富んだ者たち。
たすけること

◆語彙編 <<< で意味も学ぼう

1 〔基礎〕 訓 礎《いしずえ》 類 □《キ》□《バン》 ≫12・1
2 〔際限〕 訓 際《きわ》・限《かぎ》り
3 〔緩急〕 訓 緩《ゆる》い
4 〔消滅〕 訓 滅《ほろ》びる
5 〔規模〕 意 模＝かた・ひながた
6 〔堅固〕 類 堅牢《ケンロウ》
7 〔真剣〕 訓 剣《つるぎ》
8 〔脈絡〕 訓 絡《から》む
9 〔旺盛〕 意 旺＝さかん
10 〔機微〕 213・17
11 〔崇高〕
12 〔扶助〕 訓 助《すけ》・助《たす》ける

復習問題

□13 食べ物を**ソマツ**にするなと教えられた。
おろそかに扱うこと
粗末
訓 粗《あら》い

□14 近代科学の功罪を多角的に**ソウカツ**する。
まとめて締めくくること
総括
意 括＝くくる

□15 **トロウ**に似た行為を愚かにも繰り返している。
◆無駄な骨折り
徒労
206・7
意 徒＝むだに

□16 オリンピックの**ユウチ**に国を挙げて取り組む。
さそい寄せること
誘致
訓 誘《さそ》う

□17 調査の**カテイ**でさまざまな出会いがあった。
通りすぎた道筋
過程
訓 過《あやま》ち・過《す》ぎる
類 プロセス ≫221・16

□18 難解な文を**カンゲン**して分かりやすくする。
いいかえること
換言

□19 文字を使いこなすことは実は**ヨウイ**ではない。
◆たやすいこと・やさしいこと
容易
212・3
対 □□《コンナン》 ≫140・8

□20 迷信は非科学的なものとして**ヨクアツ**される。
無理矢理おさえつけること
抑圧
訓 抑《おさ》える

□21 自動でドアが開くように**ソウチ**を設計する。
ある目的のための仕掛け
装置

□22 彼女は芸能界で成功すると私が**ホショウ**する。
確かだと請け合うこと
保証
意 証＝あかし

□23 作家の**リレキ**を年代順にたどってみる。
現在までの学業や職業の記録
履歴
訓 履《は》く

□24 ことの**カチュウ**にある時は周りが見えない。
もめごとのまっただなか
渦中
訓 渦《うず》

□25 流行歌は時代の精神を**ヒョウショウ**している。
◆抽しょう的な物事を、別のより具体的な物事によってあらわすこと
表象
211・12
類 □□《ショウチョウ》 ≫19・19 180・1 204・4
注 ×表彰 ≫74・6

■ 解答 1 基盤 19 困難 25 象徴

第1章 最重要語【書き取り】⑯

□ 1 **ダイタン**な仮説を提唱して議論を巻き起こす。
（恐れずに思いきってするさま）

□ 2 労働者が雇用主に**タイグウ**改善を要求する。
（職場での地位・給与などのとり扱い）

□ 3 **ジメイ**の理とされることを改めて考え直す。
◆（しょうめいの必要がなくあきらかなこと）

□ 4 トレーニングによって**カクダン**の進歩を遂げた。
（甚だしく程度の異なること）

□ 5 救急車出動の要請があれば**ソクザ**に対応する。
（すぐその場）

□ 6 **ムダ**な出費を省いて、赤字から黒字に転換した。
（役に立たないさま・しただけのかいがないさま）

□ 7 予算の**ワク**の中でできることを考える。
（範囲・制約）

□ 8 高性能な望遠鏡が人工衛星に**トウサイ**される。
（船や車や航空機に機器や設備を組み込むこと）

□ 9 外国との貿易**マサツ**が深刻な問題となる。
（あつれきや不和・すれあうこと）

□ 10 世の中が安定して生活に**ヨユウ**ができた。
（ゆとり・ゆったりしていること）

□ 11 一つ一つの可能性を**ケンショウ**していく。
（実際に調べてあきらかにすること）

□ 12 地球温暖化は人類にとって**セッパク**した課題だ。
（非常に差しせまること）

◆ 語彙編 ≪≪≪ で意味も学ぼう

1 大胆
表現 大胆不敵《ダイタンフテキ》＝敵を敵とも思わず恐れないこと ≫286・11
対 臆病《オクビョウ》 ≫149・17

2 待遇
意 遇＝もてなす

3 自明
207・14
表現 自明《ジメイ》の理《り》＝証明するまでもなく明らかな道理

4 格段

5 即座
類 □□《カンパツ》を容《い》れず ≫250・8

6 無駄
意 駄＝ねうちがない

7 枠

8 搭載
訓 載《の》せる

9 摩擦
訓 擦《す》る

10 余裕
表現 余裕綽綽《ヨユウシャクシャク》＝落ち着き払っているさま

11 検証
意 検＝しらべる

12 切迫
類 □□《キンパク》

復習問題

13 想定の**ハンイ**を出ない議論をしている。（特定の限度の中）
範囲
意 囲

14 ファッションの**ヘンセン**は時代を映す鏡だ。（移りかわり）
変遷
意 遷=うつる
類 □□《スイイ》 ≫52・10

15 古寺のたたずまいに**ユウキュウ**の歴史を感じる。（果てしなく長く続くさま）
悠久
意 悠=はるか

16 彼女は、亡くなった私の母に**コクジ**している。（きわめてよくにていること）
酷似
訓 似《に》る

17 書類を早く提出するように**サイソク**される。（早くするように求めること）
催促
訓 催《もよお》す・促《うなが》す

18 会社再建のために不動産の**ジョウト**を提案する。（ゆずりわたすこと）
譲渡
訓 譲《ゆず》る

19 彼は当代随一の**ハクシキ**を誇っている。（広く物事を知っていること）
博識
意 博=ひろい

20 国王に対して**キョウジュン**の意を表する。（謹んで従うこと）
恭順
訓 恭《うやうや》しい

21 努力に見合う**シュウカク**があるとは限らない。（何かをすることで得られた成果）
収穫
意 穫=とりいれる
注 ×獲

22 人生の**キュウキョク**の目的は何かと問い続ける。（物事のきわまったところ）
究極
別解 窮極

23 社長はあくまでも辞任を**コバ**むつもりだ。（承諾せず断る）
拒
音 拒《キョ》「拒否《キョヒ》」≫56・2 202・10

24 すぐれた表現者は**ザンシン**な隠喩を見いだす。（◆趣向が際立ってあたらしいさま）
斬新
195・19
対 □□《チンプ》 ≫25・14 195・20

25 **モウマク**に光を取り戻すために手術をした。（眼球の視神経が分布しているまく）
網膜
訓 網《あみ》
注 ×綱

■解答　5 間髪　12 緊迫　14 推移　24 陳腐

第1章 最重要語【読み取り】①

◆語彙編《で意味も学ぼう

復習問題

□1 欧米では遡ってお礼を言う習慣はない。
遡って：過去などに立ち返る
［さかのぼ］
音 遡《ソ》［遡及《ソキュウ》］

□2 既存の体制の上に別の秩序を覆いかぶせる。
覆い：全体を包み込む・ふさぐ
［おお］
音 覆《フク》［覆面《フクメン》］

□3 論理が破綻していて全く説得力を持たない。
破綻：物事が修復できないほど行き詰まること
［はたん］
訓 綻《ほこ》びる
注「綻」は「テイ」と読まない

□4 情が絡んで問題の解決を難しくしている。
絡んで：関係し合っている
［から］
音 絡《ラク》［籠絡《ロウラク》］

□5 現代方言は、共通語とは違った役割を担う。
担う：自分の責任として引き受ける
［にな］
音 担《タン》［担当《タントウ》］
注「荷う」とも書く

□6 感冒が流行して任務の遂行に支障がでた。
遂行：成しとげること
［すいこう］
訓 遂《と》げる

□7 労働者が解雇の危機に脅かされている。
脅かされて：危うくする・存続しがたくする
［おびや］
訓 脅《おど》す
音 脅《キョウ》［脅迫《キョウハク》］》124・3

□8 満足の裏にぼんやりと不快が潜んでいた。
潜んで：外から見えず隠れている
［ひそ］
訓 潜《もぐ》る
音 潜《セン》［潜伏《センプク》］

□9 政治に携わる人すべてが能弁とは言えない。
携わる：ある事柄に従事する・関わる
［たずさ］
音 携《ケイ》［提携《テイケイ》］》81・15

□10 十年前にくらべると町は著しく賑《にぎ》やかになった。
著しく：はっきりとわかるさま・目立つさま
［いちじる］
音 著《チョ》［顕著《ケンチョ》］》8・5

□11 何事も前例に倣うというやり方に慣れている。
倣う：手本としてまねをする
［なら］
表現 顰《ひそ》みに倣《なら》う＝むやみに人のまねをして失敗する》269・11

□12 人は皆自分自身の物語を紡いで生きている。
紡いで：いろいろな素材を組み合わせてつくる
［つむ］
音 紡《ボウ》［混紡《コンボウ》］

□13 家族への安心と信頼感の中に身を**浸**す。
ある状態の中にすっぽりと入れる・液体の中につける
〔ひた〕
音 浸《シン》［浸水《シンスイ》］》181・34
注 ×得す》91・16 189・28

□14 国会における大臣の発言が物議を**醸**した。
ある状態や雰囲気をつくり出す
〔かも〕
表現 物《ブツ》議《ギ》を醸《かも》す＝世間の議論を引き起こす

□15 私は理想と現実との**乖離**に苦しんでいる。
◆そむきはなれること
〔かいり〕
215・12
類 □□《ハイリ》

□16 事実に基づかない**恣意**的な解釈はよくない。
◆自分勝手な考え
〔しい〕
213・9
意 恣＝ほしいまま
表現 恣意的《シイテキ》＝自分勝手なさま》204・2

□17 メディアを通してイメージのみが**流布**する。
世の中に広まること
〔るふ〕
意 布＝しく
注 ×流《リュウ》と読まない

□18 疑惑を**払拭**するために捜査に協力する。
すっかり取り除くこと
〔ふっしょく〕
注 「ふっしき」とも読む

□19 自分に不利な状況を見て前言を**翻**した。
これまでの態度や意見などを急に変える
〔ひるがえ〕
音 翻《ホン》［翻訳《ホンヤク》］》62・3

□20 欧米から文物を取り入れて己の**糧**としてきた。
食糧・活動の源
〔かて〕
音 糧《リョウ》［食糧《ショクリョウ》］・糧《ロウ》［兵糧《ヒョウロウ》］

□21 興味の**赴**くままに本を読むのが至福の時だ。
向かって行く
〔おもむ〕
音 赴《フ》［赴任《フニン》］》26・12

□22 悪天候のため**否応**なく旅行は中止となった。
不承知と承知
〔いやおう〕
音 否《ヒ》［否定《ヒテイ》］》196・12

□23 日本は今**未曽有**の経済的危機に直面している。
今まで起こったことがないこと
〔みぞう〕
注 ×曽・曽・曽
×有《ユウ》と読まない

□24 教育問題を社会全般まで**敷衍**して論じる。
◆意味を押し広げて説明すること
〔ふえん〕
205・11
意 衍＝のばし広げる

□25 創業間もない若い会社は、活力に**溢**れている。
満ち満ちている
〔あふ〕

■解答 15 背離

最重要語【読み取り】②

◆語彙編 <<< で意味も学ぼう

□1 親の背中で寝た頃の微《かす》かな記憶の痕跡を辿る。
辿る：さがしながら行く
（たど）

□2 権力者の意向で史実が歪曲して伝えられる。
歪曲：事実をわざとゆがめること
（わいきょく）
意 歪＝ゆがめる

□3 報告文書と活動実態との間には齟齬がある。
齟齬：◆食い違い・行き違い
（そご）208・1
意 齟＝上下の歯が食い違う　齬＝食い違う

□4 他人の迷惑を顧みる余裕をもって生活する。
顧みる：気にかける・振り返る
（かえり）
音 顧《コ》［回顧《カイコ》］ 32・10 183・48

□5 日本人は和洋折衷の生活様式で暮らしている。
折衷：取捨して適当なものをとること
（せっちゅう）
注「折中」とも書く

□6 窓外の景色を眼《め》を凝らしてじっと見つめる。
凝らす：一か所に集中させる
（こ）
音 凝《ギョウ》［凝視《ギョウシ》］ 29・22

□7 専門家だけでなく素人の意見も時には役に立つ。
素人：ある物事の専門家ではない人
（しろうと）
対 □□《くろうと》

□8 アマチュアであるが美術に造詣が深い。
造詣：◆学問や芸術についての深い知識や理解
（ぞうけい）208・6
意 詣＝高い所にいたる

□9 人は誰でも社会に対する責任を免れられない。
免れる：逃れる
（まぬか）
音 免《メン》［免責《メンセキ》］
別解 まぬが（れる）

□10 法律を遵守する精神を養わねばならない。
遵守：決まりなどをよく守ること
（じゅんしゅ）
対 □□《イハン》 121・19
注「順守」とも書く

□11 ごみを荒らすカラスに多大な迷惑を被っている。
被る：身に受ける
（こうむ）
音 被《ヒ》［被害《ヒガイ》］ 147・18
注「蒙る」とも書く

□12 勝負の行方は混沌として予測がつかない。
混沌：◆物事の区別や成り行きがはっきりしないさま
（こんとん）196・3
対 □□《チツジョ》 15・15 196・4
注「渾沌」とも書く

復習問題

□13 情熱と献身は愛の**範疇**の中に入れて語られる。
同じ種類のものの属する部門
（はんちゅう）
意 疇＝たぐい
類 カテゴリー ≫223・13

□14 一人で悪《あ》しき因習に**抗**い続けるのは困難だ。
外から加わる力に従わず争う
（あらが）
音 抗［抵抗］≫28・12

□15 **暫**く打ち合わせをした後に作業を開始した。
少しの間
（しばら）
音 暫［暫時］≫218・8
注 ×「漸く」と混同しない

□16 伝統文化と**対峙**する前衛的な芸術を生み出す。
向き合って立つこと
（たいじ）
意 峙＝そばだつ

□17 日本は大陸文化の強い影響に**晒**されてきた。
ある状態に置かれたままになる
（さら）
注 「曝す」とも書く

□18 **拮抗**する二大勢力が闘いに備えて力を蓄える。
力がほぼ等しく互いに屈しないこと
（きっこう）
意 抗＝張り合う

□19 単純な外国人**排斥**の論調には与《くみ》しない。
◆押しのけ退けること
（はいせき）
204・8
意 斥＝しりぞける

□20 新しい技術の発明が産業の発展を**促**す。
物事を進める方向に誘導する
（うなが）
音 促［促進］≫20・1

□21 同じ**所作**を何度も繰り返して身につけた。
身のこなし・振る舞い
（しょさ）
関連 動作
注 ×作と読まない

□22 十分に**吟味**した材料を使って料理を作る。
物事を詳しく調べること
（ぎんみ）
意 吟＝よくたしかめる

□23 庶民の暮らしは時代の波に**翻弄**される。
思うままにもてあそぶこと
（ほんろう）
訓 翻る・弄ぶ

□24 **市井**の片隅で居候《いそうろう》として日々を過ごしている。
まち・世間
（しせい）
意 井＝人が集まっている場所
注 ×井と読まない

□25 機会の平等をこそ**真摯**な目標として設定する。
まじめでひたむきなさま
（しんし）
意 摯＝まじめ

■ 解答 7 玄人 10 違反 12 秩序

第1章 最重要語【読み取り】③

◆語彙編《 で意味も学ぼう

復習問題

□1 精緻な分析に基づく報告書を提出する。
細かいところまで詳しく、正確であるさま
〔せいち〕
類 □□《チミツ》 》30・7

□2 正岡子規《まさおかしき》は明治時代に俳句の本質を喝破した。
誤った説を退けて、確信を持って真理を説き明かすこと
〔かっぱ〕

□3 傲慢な人間が自然からしっぺ返しを受けている。
◆おごり高ぶって人を見下すさま
〔ごうまん〕 196・9
意 傲＝おごる
類 □□《オウヘイ》 》57・23

□4 彼女は些末なことは気にしない性質だ。
わずかなことで取るに足らないさま
〔さまつ〕
意 些＝いささか
注「瑣末」とも書く

□5 三人の話題は趣味の話へと収斂していった。
◆しゅう束すること・一点に集まること
〔しゅうれん〕 213・12
注「斂」を「剣《ケン》」と混同しない

□6 大衆の嗜好にうまく合わせて作品を制作する。
このみ
〔しこう〕
意 嗜＝たしなむ

□7 誤謬に満ちた書物が世間で読まれている。
◆あやまり・まちがい
〔ごびゅう〕 215・14
訓 誤《あやま》る
意 謬＝まちがえる

□8 改革を断行すると大なり小なり軋轢が生じる。
◆仲が悪くなること・不和
〔あつれき〕 217・13
意 軋・轢＝きしむ・ひく

□9 誤解を招きやすい曖昧な表現を改める。
◆はっきりしないさま
〔あいまい〕 197・13
対 □□《メイリョウ》 》25・20 197・14

□10 動物の中で人間だけが言葉を操ることができる。
うまく扱う
〔あやつ〕
訓 操《あやつ》
音 操《ソウ》［操作《ソウサ》］ 》26・1

□11 武士道精神を日本人の生活の根本に据える。
場所を定めて置く
〔す〕

□12 世情に疎い未熟者として軽くあしらわれる。
よく知らないようす・無関心なようす
〔うと〕
音 疎《ソ》［疎外《ソガイ》］ 》32・8 183・47

□13 恋はありふれた人間を詩人に**変貌**させる。
姿や様子の変わること
（へんぼう）
意 貌＝顔かたち

□14 信号を守る行為の中に公共性の**萌芽**が見られる。
物事の始まり・きざし
（ほうが）
関連 胚胎

□15 独裁の**終焉**は驚きをもって国民に迎えられた。
おわり
（しゅうえん）

□16 敵を切り崩すための**常套**手段を用いる。
決まり切ったこと
（じょうとう）
表現 常套手段＝同じような場合にいつも決まって使う手段

□17 春は木々の生命力が**横溢**してくる季節だ。
◆みなぎり、あふれるほど盛んなこと
（おういつ）
216・5
意 溢＝あふれる

□18 都会に出てくる前の二人は人も**羨**む仲だった。
人の幸せを見て自分もそうなりたいと思う
（うらや）

□19 働いても働かなくても同じだと**揶揄**される。
◆からかうこと・あざけること
（やゆ）
206・5
意 揶・揄＝からかう

□20 虎と狼《おおかみ》が互いの隙を**窺**って睨《にら》み合っている。
そっと様子を探る
（うかが）

□21 一度衰退した伝統工芸が現代に**蘇**った。
いったん衰えたものがまた盛んになる
（よみがえ）
注「甦る」とも書く

□22 一言の文句も言わず黙って**頷**いていた。
承諾のしるしに首を縦に振る
（うなず）
意 頷＝あご

□23 技術の進歩が**稚拙**な段階に止《とど》まっている。
幼く未熟でへたであるさま
（ちせつ）
対 □□（コウミョウ） ≫15・23 200・1
意 稚＝おさない・拙＝つたない

□24 細部に**拘泥**せず大局に立って物事を考える。
◆こだわること
（こうでい）
217・9
意 拘・泥＝こだわる

□25 僕らは当時無気力で**怠惰**な生活を送っていた。
◆なまけてだらしないさま
（たいだ）
203・14
対 □□（キンベン） ≫109・17 203・13

■解答 1 緻密 3 横柄 9 明瞭 23 巧妙 25 勤勉

第1章 最重要語【読み取り】④

□ 1 主人公の心理的葛藤が見事に描かれている。
◆心中に相反するものがあって迷っている状態

□ 2 人権と自由の思想を遮るものは何もない。
さまたげる・邪魔をする

□ 3 成功に導くためにいろいろな策を施す。
実行する

□ 4 社会全体の秩序が瓦解寸前の危機にある。
◆一部の崩れから全体が崩れること

□ 5 就労中の事故や疾病に対して保障する。
病気

□ 6 舞台の主役に選ばれて羨望の的となった。
うらやましく思うこと

□ 7 交通システムが滞りなく動作している。
順調に進まないこと

□ 8 額の汗が彼の緊張感を如実に物語っている。
ありのままであること

□ 9 世の中には軽い内容の本が氾濫している。
あふれるほど出回っていること

□ 10 都合の悪い事実は意図的に隠蔽されてきた。
人目につかないようにかくすこと

□ 11 昨日遭遇した稀有な出来事を語って聞かせた。
めったにないさま

□ 12 事態が錯綜して全く収拾がつかなくなった。
◆複雑に入り組むこと

◆語彙編《《《で意味も学ぼう

1 〔かっとう〕 207・12 訓 葛《かずら》・藤《ふじ》 注「葛」と書いてもよい
2 〔さえぎ〕 音 遮《シャ》［遮断《シャダン》］》11・24
3 〔ほどこ〕 音 施《シ》［施設《シセツ》］》70・9 施《セ》［施主《セシュ》］
4 〔がかい〕 219・11 意 瓦＝かわら
5 〔しっぺい〕 類 □□《シッカン》》71・20
6 〔せんぼう〕 意 羨＝うらやむ
7 〔とどこお〕 音 滞《タイ》［渋滞《ジュウタイ》］》61・13
8 〔にょじつ〕 意 如＝～のようだ 注 ×如《ジョ》と読まない
9 〔はんらん〕 意 氾・濫＝あふれる
10 〔いんぺい〕 訓 隠《かく》す
11 〔けう〕 意 稀＝まれ 注「希有」とも書く
12 〔さくそう〕 209・10 意 錯＝まじわる

復習問題

□13 成功のそばに思わぬ**陥穽**が待ち受けている。
◆落とし穴・人をおとしいれるはかりごと
かんせい
206・1
訓 意 陥《おちい》る・陥《おとしい》れる 穽＝おとしあな

□14 俳句や短歌の革新運動として写生を**唱**える。
主張する・声に出して言う
とな
類 □□《テイショウ》 ≫13・24

□15 上京する**都度**立ち寄る行きつけの店がある。
そのたびごと
つど
意 都＝すべて

□16 大陸横断鉄道の**敷設**という大事業を成し遂げる。
◆装備や設備などを設置すること
ふせつ
205・11
訓 注 敷《し》く 「布設」とも書く

□17 条件の**些細**な違いによって実験結果が異なる。
取るに足りないほどわずかであるさま
ささい

□18 適応できないものは否応なく**淘汰**される。
◆不要のものを除き去ること
とうた
216・2

□19 国を愛する心を**育**む教育が実践されている。
養い育てる
はぐく
音 育《イク》［育成《イクセイ》］

□20 工業製品は均質を**旨**として大量生産される。
主とすること・考え
むね
音 旨《シ》［主旨《シュシ》］ ≫182・8

□21 近代の西洋文明が広く世界に**伝播**している。
伝わり広まること
でんぱ
意 注 播＝まきちらす ×播《ハン》と読まない

□22 彼の風景画には**静謐**さと透明感がある。
◆静かでおだやかなこと
せいひつ
216・5
対 □□《ソウゼン》

□23 迷惑を省みない自分勝手な人には**憤**りを覚える。
怒り・腹立ち
いきどお
音 憤《フン》［憤慨《フンガイ》］ ≫35・25

□24 純真**無垢**な子どもとは、大人の空想の産物だ。
◆けがれのないさま
むく
214・6
意 垢＝けがれ・あか

□25 冷たい**時雨**に濡《ぬ》れて体が冷えてしまった。
晩秋から初冬にかけて、通り雨のように降る小雨
しぐれ

■解答 5 疾患 14 提唱 22 騒然

第**1**章

最重要語のまとめ

1 間違えやすい漢字

赤で示した箇所に注意して、正確に書こう。

漢字	注意点	参照
喪	①縦に貫く ②「衣」ではない	»9・21「喪失」
傑	①「夕」ではない ②「井」ではない	»14・8「傑作」
凝	①「氵」ではない ②突き抜けない	»18・6「凝縮」 »29・22「凝視」 »42・6「凝らす」
魅	①下の横画の方が上の横画より長い ②「ム」必要	»20・5「魅力」 »22・10「魅了」
拝	①突き抜けない ②横画は四本	»28・2「崇拝」
刺	①「束」ではない ②ハネ必要	»31・15「刺激」
賢	①「巨」ではない ②「月」ではない	»31・19「賢明」
即	①「丶」不要 ②「艮」ではない ③「阝」ではない	»38・5「即座」

2 形が似ている漢字

次の文から漢字の誤りを一つずつ探して――を付け、正しい漢字に直そう。

□ 1 言葉は意思の伝達を謀介する。 »8・4 〔媒〕

□ 2 対外感情の悪化は幣害をもたらす。 »16・8 〔弊〕

□ 3 世の中に完壁な人間などいない。 »21・20 〔璧〕

□ 4 外国との信頼関係を譲成する。 »24・2 〔醸〕

□ 5 二国間に緩衡地帯を設ける。 »35・22 〔衝〕

3 語句の意味

次の意味を表す語を［　　］の語群からそれぞれ選び、正しい漢字に直そう。

□ 1 力を尽くし、役立つこと ≫8・11 〔貢献〕

□ 2 もとのままであるさま ≫11・23 〔依然〕

□ 3 広く一般に行き渡ること ≫12・11 〔普及〕

□ 4 大胆に物事を行うさま ≫21・15 〔果敢〕

［イゼン　カカン　コウケン　フキュウ］

□ 5 事のいきさつ ≫11・22 〔経緯〕

□ 6 都合のよいこと ≫14・5 〔便宜〕

□ 7 手柄 ≫33・20 〔功績〕

□ 8 まち・世間 ≫43・24 〔市井〕

［ケイイ　コウセキ　シセイ　ベンギ］

4 表現

次の各文の〔　〕に当てはまる語句を、漢字を使って書こう。

□ 1 彼の〔常軌〕を逸した行動は、周囲の人を驚かせた。≫13・23

□ 2 世界の安寧〔秩序〕を保つために、各国の首脳が集まり協議する。≫15・15

□ 3 医師の働き方改革が遅々として進まない現状に〔警鐘〕を鳴らす。≫17・25

□ 4 狭い世界の中で働く同調圧力が生きづらさに〔拍車〕をかけている。≫28・7

□ 5 古《いにしえ》より有能な家臣によって国が救われた例は〔枚挙〕にいとまがない。≫31・17

コラム

送り仮名は亀の手足

◆訓読みが出題されるときの問われ方

大学入試で出題されるのは、書き取りにせよ読み取りにせよ、圧倒的に二字の熟語で音読みのものが多い。その場合には送り仮名の問題は発生しないが、訓読みを出題するときはどのような問われ方になっているだろうか。ほとんどの場合は、次の例のように送り仮名の部分は省いて、漢字で表記する部分のみに傍線を引いて指定してある。

カマえる　正解　構

操る　正解　あやつ　［東北大学］

答え方としては明解で、誤解の余地はない。しかし、中には次のように送り仮名も含めて答えさせることがある。

問　**片仮名を漢字に改めよ。必要に応じて送り仮名をつけよ。**

クワダテ　正解　企て　［福岡教育大学］

「必要に応じて」というところが、答える側の判断を要求した言い方となっている。このややこしい物言いの中には、「送り仮名が必要な漢字の読みは、その送り仮名も含めてその漢字の読みである」という重要なメッセージがある。回りくどくて何を言っているか分かりにくいだろうか。

では、口頭で漢字の問題を出題するとして、「操」を書かせたいとすればどう発問するだろうか。「『あやつる』という漢字を書いてください。」と言うだろう。「『あやつ』という漢字を書いてください。」という人は誰もいない。つまり、「操」の読みは「あやつる」であって「あやつ」ではない。言われた人は「送り仮名も書くのですか？」と質問するかもしれない。これは、表記の仕方を質問しているのである。

◆漢字の読みとその表記は全く次元が異なる別のもの

「竹下登」という名の首相がかつて日本にいた。当然その読みは「たけしたのぼる」である。「たけしたのぼ」とは読まない。送り仮名は亀の手足である。外に見えていなくても甲羅の中にあるのだ。だから、「のぼ」ではなく「のぼる」なのだ。

亀が歩いて移動するときには手足を外に出して動かす。曲げたり伸ばしたりいろいろするだろう。「登」という動詞も、通常の文章の中で使用されるときは「る」を外に出して、「ら」になったり「り」になったり「れ」になったりいろいろ変化する。亀の手足も「登」の「る」もたいていは外に出ている。でも、少しであるが中にある場合もあるのだから無視してはいけない。

漢字編

第2章

重要語 1500語

この章では、第１章に次ぐ頻出漢字1500語を効率よく学べるようにA・B・Cの３ランクに分けています。まずはランクAの漢字をしっかり学習しましょう。第１章とランクAを合わせると全入試出題回数の７割を網羅することになります。次にランクB、さらにランクCと学習を進めれば入試漢字は万全です。

第2章

重要語 ランクA 【書き取り】①

□1 正義と秩序に基づく国際平和を**キキュウ**する。（願いもとめること）

□2 日本語の**コウハイ**は何に起因しているのか。（あれ果てること）

□3 雨の中をスポーツカーが**シッソウ**してゆく。（非常に速くはしること）

□4 **ドジョウ**を改良して作物の収量が大幅に増えた。（作物を育てるつち）

□5 家の周辺を**フシン**な人物がうろついている。（疑わしいさま）

□6 西洋では結婚は長らく教会の**カンカツ**であった。（権限によって支配の及ぶ範囲）

□7 時代遅れにならないかと**ショウソウ**にかられる。（いら立ちあせること）

□8 捕らわれた武将が地下牢《ろう》に**ユウヘイ**された。（とじ込めること）

□9 **キバツ**ないでたちが周囲の人々を驚かせた。（極めて風変わりで人の意表をつくさま）

□10 時の**スイイ**や場所の変化によって条件が異なる。（うつり変わること）

□11 改修により室内の**ソウショク**が一新された。（美しくよそおいかざること・かざり）

□12 計画の目的や実現の可能性を**カンアン**する。（あれこれ考えあわせること）

◆語彙編 ≪≪で意味も学ぼう

1 〔希求〕 意 希＝ねがう

2 〔荒廃〕 訓 廃《すた》れる

3 〔疾走〕 意 疾＝はやい

4 〔土壌〕 注 ×譲

5 〔不審〕 意 審＝つまびらか【□《シン》□《ビ》】 ≫30・3

6 〔管轄〕 意 轄＝とりしまる

7 〔焦燥〕 訓 焦《あせ》る・焦《こ》げる

8 〔幽閉〕 訓 閉《し》める・閉《と》ざす

9 〔奇抜〕 関連 突飛《トッピ》

10 〔推移〕 意 推＝うつりかわる

11 〔装飾〕 訓 装《よそお》う・飾《かざ》る

12 〔勘案〕 意 勘＝考える・くらべる

復習問題

□13 この曲のセンリツは難しくて歌いにくい。
メロディー・音の流れ
旋律
注 意 旋＝めぐる ×施

□14 新制度についてトウガイ官庁から指示が出た。
そのことにあたること・そのもの
当該

□15 職務タイマンをとがめられて反省した。
なまけおこたること
怠慢
注 訓 怠《おこた》る・怠《なま》ける ×漫

□16 社会への怒りが変革の活力へとショウカする。
◈より高度な状態に高められること
昇華
215・10
訓 昇《のぼ》る

□17 批評性のケツジョは日本人全般に共通する。
かけていること・足りないこと
欠如
意 如＝状態を表す語に添える字

□18 ゴールのシュンカンに選手の顔がほころんだ。
ちょうどその時・きわめてわずかなじかん
瞬間
訓 瞬《またた》く

□19 事件のホッタンは感情的な行き違いである。
物事の始まり
発端
意 端＝はじまり 〔□□《タンショ》〕 32・6 206・8

□20 美しい音色に聴衆の誰もがミワクされた。
人を引きつけまどわすこと
魅惑
訓 惑《まど》う

□21 悪を作り出すオンショウを今度こそ根絶する。
ある（よくない）ことが生まれ育ちやすい環境
温床
訓 温《あたた》かい・床《とこ》・床《ゆか》

□22 思いがけずトウライした好機をのがさない。
やってくること
到来
注 意 到＝いたる 〔□□《シュウトウ》〕 14・6 ×倒

□23 山から見下ろすとソウゴンな礼拝堂が見える。
おごそかでいかめしいさま
荘厳
意 厳＝おごそか 〔□□《ゲンシュク》〕 27・18

□24 国連のカイニュウによって一時休戦が実現した。
第三者が割り込んで関わること
介入
意 介＝はさまる 〔□□《カイザイ》〕 21・16

□25 農村のカソ化を食い止める方法を考える。
人口が少なすぎること
過疎
意 疎＝まばら・あらい 〔□□《クウソ》〕 25・24

■解答 5 審美 19 端緒 22 周到 23 厳粛 24 介在 25 空疎

重要語 ランク A【書き取り】②

- 1 裁判のバイシン員を引き受けることになった。（一般市民が裁判に参与すること）
- 2 独特の宇宙観を持つ思想にキョウメイする。（他人のい見や思想に同感すること）
- 3 目を閉じれば故郷の情景がノウリに浮かぶ。（頭の中）
- 4 休日だというのに町の中はカンサンとしている。（静かでひっそりとしているさま）
- 5 現場の状況をショウアクしなければならない。（我がものにすること）
- 6 世論というものがゲンゼンとして存在する。（いかめしく動かしがたいさま）
- 7 「官から民へ」というスローガンをカカげる。（人目に付くように示す）
- 8 他人の思いなど一切コリョしないという態度だ。（気にかけること）
- 9 格差社会では機会の平等がソコなわれる。（傷付ける・悪い状態にする）
- 10 目標に向かって全員の士気がコウヨウする。（精神や気分などがたかまること）
- 11 毎日欠かすことなく運動して体をキタえる。（練習をして強固にする）
- 12 現代美術にとってカッキテキな作品が生まれた。（新しく時代を区切るほどめざましいさま）

◆語彙編≪で意味も学ぼう

- 1 陪審　意 陪＝つきそう　注 ×倍
- 2 共鳴
- 3 脳裏　意 裏＝うち・うちがわ　注「脳裡」とも書く
- 4 閑散　意 閑＝ひま
- 5 掌握　訓 握《にぎ》る
- 6 厳然　訓 厳《おごそ》か　意 厳＝おごそか [□□]《ソウゴン》 ≫53・23
- 7 掲　音 掲《ケイ》[□□]《ケイサイ》 ≫13・17
- 8 顧慮　訓 顧《かえり》みる
- 9 損　音 損《ソン》[損害《ソンガイ》]
- 10 高揚　注「昂揚」とも書く
- 11 鍛　音 鍛《タン》[鍛練《タンレン》] ≫65・14
- 12 画期的　意 画＝くぎる

復習問題

□13 汚濁を嫌って**ケッペキ**さを追い求める。
不けつや不正を極端に嫌うさま

□14 事件の経緯をありのままに**ジョジュツ**する。
順を追ってのべること

□15 目標に**トウタツ**するために努力を重ねる。
行き着くこと

□16 普段は**カモク**な人が今日は雄弁を振るった。
◆ほとんど物を言わないさま

□17 母の形見の大事な家具を**シュウゼン**する。
つくろい直すこと

□18 **キョウリョウ**な小人物が重要な地位につく。
人を受け入れる心がせまいさま

□19 恩師の**クントウ**を受けて一人前の科学者になる。
◆人徳によって影響を与え、よい方に導くこと

□20 研究のために病原菌を**バイヨウ**している。
人工的に育て、増殖させること

□21 裁判所は原告を法廷に**ショウカン**する。
裁判所が出頭を命ずること・人を呼びだすこと

□22 科学の最先端の**リョウイキ**で研究を行う。
学問研究などの対象となる範囲・そのものの影響が及ぶ範囲

□23 **イショウ**を凝らした作品を完成させた。
◆物を作る上での工夫

□24 事態は予想外の**ヨウソウ**を呈している。
ありさま

□25 社長が営業の陣頭に立って**シキ**をする。
さし図すること

13 潔癖
訓 潔《いさぎよ》い

14 叙述
訓 述《の》べる

15 到達
注 ×倒

16 寡黙
195・21
訓 黙《だま》る
対 饒舌《ジョウゼツ》≫86・9 195・22

17 修繕
訓 繕《つくろ》う

18 狭量
訓 狭《せま》い・狭《せば》める

19 薫陶
216・3
訓 薫《かお》る

20 培養
訓 培《つちか》う・養《やしな》う

21 召喚
訓 召《め》す
注 ×召還（呼び戻すこと）

22 領域
表現 意匠《イショウ》を凝《こ》らす＝デザインに工夫を施す

23 意匠
212・2
注 Y 衣装≫184・14

24 様相

25 指揮
意 揮＝ふるう［□《ハッ》□《キ》］≫9・15

■解答 6 荘厳 7 掲載 25 発揮

第2章 重要語 ランクA【書き取り】③

□1 **キフク**に富む人生を送った革命家の伝記を読む。
高低に変化のあるさま・盛衰の変化のあるさま

□2 熟慮を重ねた結果、申し入れを**キョヒ**した。
◆聞き入れることなくはねつけること

□3 山頂に到達すると急に**チョウボウ**が開けた。
遠く見渡したながめ

□4 明治維新後に混乱と**フンキュウ**が生じた。
物事が乱れもつれること

□5 恵まれた**キョウグウ**ですくすくと成長する。
立場・身の上

□6 突如得体のしれない不安に**オソ**われる。
脅かす・不意にせめる

□7 モニュメントという語はラテン語に**ユライ**する。
事のおこり・始まり

□8 びっくり**ギョウテン**して尻もちをついた。
非常に驚くこと

□9 第一人者としての**ジフ**が無惨にも崩壊した。
◆じぶんの能力などにじ信を持つこと

□10 話題が**タキ**にわたって、聞いていても飽きない。
おおくの方面に分かれていること

□11 歯並びの**キョウセイ**は子どものうちにしておく。
欠点などを直しただしくすること

□12 師は長い年月にわたって人々の**モハン**となった。
見習うべき手本

◆語彙編《《《で意味も学ぼう

1 起伏
訓 伏《ふ》す

2 拒否 202・10
訓 拒《こば》む

3 眺望
訓 眺《なが》める

4 紛糾
訓 紛《まぎ》れる

5 境遇
注 ×隅・×偶

6 襲
音 襲《シュウ》［襲撃《シュウゲキ》］

7 由来
関連 由緒《ユイショ》《《30・12

8 仰天
訓 仰《あお》ぐ

9 自負 208・8
意 負＝たのむ
類 プライド

10 多岐
意 岐＝えだみち

11 矯正
訓 矯《た》める

12 模範
類 □□《キハン》《《14・11
注 「摸範」とも書く

復習問題

□13 禁欲の時代の次に**キョウラク**の時代がくる。
存分にたのしみにふけること

□14 私の祖母はいつも明るく**キゲン**がいい。
気分・気持ち・思惑

□15 **サバク**を緑化する計画が進行中である。
岩石やすなで覆われた乾燥した広野

□16 目次や**サクイン**を手がかりに調べ物をする。
書物の中の字句などを配列した表

□17 質素と**ケンヤク**ばかりでは息が詰まりそうだ。
切りつめて無駄づかいしないこと

□18 **キハツ**性の液体の取り扱いには注意を要する。
常温で液体が気化すること

□19 首相の**キョシュウ**に国中の人が注目している。
どのように身を処するかの態度

□20 いくつもの試練を**タク**みに乗り越えてきた。
手際のよいさま・上手なさま

□21 世間の**フウチョウ**に惑わされてはいけない。
世の中の情勢

□22 資本家が**リジュン**を最大化する戦略を練る。
り益・もうけ

□23 **オウヘイ**な客への対応にたいへん気を遣った。
えらそうにしているようす

□24 異変を一番先に**サッチ**するのは動物だ。
推し量ってしること

□25 孔子《こうし》は門人を**イマシ**める言葉を遺《のこ》している。
教えさとす

13 享楽
意 享＝うける ［□□《キョウジュ》］ ≫10・7 183・30 210・3

14 機嫌
注 ×気

15 砂漠
別解 沙漠

16 索引
意 索＝さがす

17 倹約
対 □《ロウ》□《ヒ》 ≫34・4

18 揮発
意 揮＝ふるう ［□《シ》□《キ》］ ≫55・25

19 去就
訓 就《つ》く

20 巧
音 巧《コウ》［□《コウ》□《ミョウ》］ ≫15・23 200・1

21 風潮
訓 潮《しお》

22 利潤
類 利《リ》益《エキ》

23 横柄
意 横＝道理に従わない
類 □□《ゴーマン》 ≫44・3 196・9

24 察知

25 戒
音 戒《カイ》［戒律《カイリツ》］ ≫99・14
関連 訓辞《クンジ》 ≫217・15

■ 解答 12 規範(軌範) 13 享受 17 浪費 18 指揮 20 巧妙 23 傲慢

重要語 ランク A 【書き取り】④

1. 科学者は自然を**セイギョ**できると考えた。
   ◆思うように操ること
   【制御】 209・13
   類 □□《トウギョ》 ≫61・19 コントロール≫224・8
2. 運営委員会の**サイリョウ**で賞状が授与される。
   自分で判断し取り計らうこと
   【裁量】
   訓 裁《さば》く
3. **ヘンキョウ**な価値観を振りかざす者を避ける。
   ◆自分だけのせまい考えにとらわれるさま
   【偏狭】 212・7
   訓 偏《かたよ》る・狭《せま》い
4. **イギ**を申し立てる人がいるかもしれない。
   他と違う考え
   【異議】
   訓 異《こと》なる
5. 心を内なるものとしてとらえる**ケイコウ**が強い。
   性質や状態などのかたむき・そうなりがちなこと
   【傾向】
   訓 傾《かたむ》く
6. 私の母校は多くの人材を**ハイシュツ**してきた。
   才能ある人がぞくぞくと世にでること
   【輩出】
   注 ×排出(外に押し出すこと)
7. 被害**モウソウ**をすぐに取り除くのは難しい。
   根拠のないそう像や考え
   【妄想】
   意 妄＝みだりに
8. 宇宙から地球へ無事**キカン**することができた。
   遠くからかえってくること
   【帰還】
   意 還＝かえる
   【□□《カンゲン》】≫9・20／183・27／213・15
9. 地質の調査のため研究者が**ハケン**された。
   命じていかせること
   【派遣】
   訓 遣《つか》わす
10. **フサイ**をすべて返済して会社が存続できた。
    他から借りた金銭や物資
    【負債】
    訓 負《お》う・負《ま》ける
11. 考古学者が**ヘンキョウ**地帯の遺跡を調査する。
    中央から遠く離れたところ
    【辺境】
    訓 辺《あた》り・境《さかい》
12. 日本の社会全体にごまかしが**オウコウ**している。
    悪事がほしいままにおこなわれること
    【横行】
    意 横＝道理に背くようす

◆語彙編 ≪ で意味も学ぼう

復習問題

□13 空前の規模の侵略と**シュウダツ**がおこなわれた。
強せい的にうばいとること

□14 俳句の表現法は短詩型文学の**キョクチ**である。
この上ないきわみ

□15 村おこしの**イッカン**として農業体験事業をする。
全体の中のいち部分

□16 人を**アザム**いて得た利益は身につかない。
だます

□17 水に落とした墨が**カクサン**して模様を作る。
広がりちること

□18 世論に**ゲイゴウ**した生き方などつまらない。
他人の機嫌をとるため調子をあわせること

□19 資料を**サンショウ**しつつレポートをまとめる。
引き比べてさん考にすること

□20 易しい問題から**ジョジョ**に解いていく。
少しずつ変化するさま

□21 現代社会は多くの問題を**ホウガン**している。
中にふくんでいること

□22 検察は政治家の汚職を厳しく**ツイキュウ**した。
責めたり問いただしたりしておい詰めること

□23 **ガンコ**に昔からのやり方を守っている。
かたくなで意地っ張りであるさま

□24 大自然の**セツリ**にかなった生活をする。
自然界を支配している法則

□25 誰しも秋には**カンショウ**的になりがちだ。
悲しみや寂しさからかんじやすくなること

13 収奪
訓 収《おさ》める・奪《うば》う

14 極致
訓 極《きわ》める
音 極《ゴク》[極上《ゴクジョウ》]

15 一環
注 ×環

16 欺
音 欺《ギ》[□《サ》□《ギ》] ≫31・22

17 拡散
訓 散《ち》る
対 □□《ギョウシュク》 ≫18・6

18 迎合
訓 迎《むか》える

19 参照
訓 照《て》らす

20 徐々
意 徐＝ゆっくり
注 「徐徐」とも書く・×除

21 包含
訓 包《つつ》む・含《ふく》む

22 追及
注 ×追求 ≫182・15 ×追究 ≫167・23 182・14

23 頑固
意 頑＝かたくな
類 頑固一徹《ガンコイッテツ》 ≫287・24

24 摂理

25 感傷
表現 感傷的《カンショウテキ》＝感じやすく涙もろいさま・センチメンタル

■ 解答 1 統御 8 還元 16 詐欺 17 凝縮

第2章 重要語 ランクA 【書き取り】⑤

□1 法律改定に**フズイ**する色々な問題が指摘された。
あることにつき従うこと

□2 生息地により貝殻の形に**ビサイ**な差異がある。
極めてこまかいさま

□3 **トウサク**した感情を持つ人物を演じる。
◆社会的規範に反し異常であること

□4 早く手を打たないと事態が悪化する**キグ**がある。
恐れること・不安

□5 表現力の豊かさに**キョウタン**せざるを得ない。
すばらしいものに接しておどろき感じること

□6 海底に沈んだといわれる財宝を**タンサク**する。
さがしたずねること

□7 昔のことははるか**ボウキャク**の彼方《かなた》にある。
すっかりわすれてしまうこと

□8 将軍は強権を発動して敵対者を**イッソウ**した。
いち度に残らず払いのけること

□9 筋肉に**フカ**を与えることで筋力をつける。
より多くのエネルギーを必要とする作業

□10 地域社会への**ホウシ**活動に継続的に参加する。
つかえること・つくすこと

□11 独立を果たして国民全体が**カンキ**に包まれた。
たいそうよろこぶこと

□12 伯父の**ケンジツ**な生き方を手本にする。
しっかりしてあぶなげのないさま

◆語彙編 <<< で意味も学ぼう

1 （付随）　意 随＝したがう　別解 附随

2 （微細）　意 微＝かすか

3 （倒錯）　216・8　訓 倒《たお》れる

4 （危惧）　意 惧＝おそれ　類 □《ケ》□《ネン》 ≫31・20

5 （驚嘆）

6 （探索）　訓 探《さが》す・探《さぐ》る

7 （忘却）　意 却＝～しおわる・～してしまう

8 （一掃）　訓 掃《は》く

9 （負荷）　訓 負《お》う・荷《に》

10 （奉仕）　訓 奉《たてまつ》る・仕《つか》える

11 （歓喜）　意 歓＝よろこぶ

12 （堅実）　訓 堅《かた》い

復習問題

□13 交通**ジュウタイ**は年々ひどくなる傾向にある。
とどこおって前に進まないこと
渋滞
訓 渋《しぶ》る・滞《とどこお》る

□14 気をつけないと組織はすぐに**ヒダイ**化する。
太っておおきくなること
肥大
訓 肥《こ》える

□15 音の**インエイ**を聞き取る能力を持っている。
平板でなく深みがあること
陰影
訓 陰《かげ》・影《かげ》

□16 いろいろな**カッコウ**でパレードに参加する。
姿や身なり
格好
注「恰好」とも書く

□17 誤訳は、基礎的な知識がないことに**キイン**する。
物事の原いんとなる事柄
起因
別解 基因

□18 気のせいかピアノの音が**ニゴ**って聞こえる。
不透明になる・汚れる
濁
対 □《す》む ≫100・8 189・31

□19 将軍が全軍を**トウギョ**して敵を打ち破った。
まとめ、支配すること
統御
類 統制《トウセイ》

□20 警察官が容疑者に**ニンイ**同行を求める。
思うままにまかせること
任意
訓 任《まか》す

□21 言葉の感性を**ミガ**くために日々苦闘する。
上達させる・きれいにする
磨
音 磨《マ》［研磨《ケンマ》］

□22 荒々しい自然は、安穏とした暮らしを**ハバ**む。
他のものの動きをおさえて邪魔をする
阻
音 阻《ソ》［□《ソ》□《シ》］ ≫16・12 181・40

□23 貿易赤字と財政赤字が両方とも**フク**らむ。
ふくれておおきくなる
膨
音 膨《ボウ》［□《ボウ》□《チョウ》］ ≫28・10

□24 病院の待合室で待たされて**タイクツ**する。
飽きて暇をもてあますこと
退屈

□25 ぎりぎりまで待ったが**ニンタイ**もこれまでだ。
たえしのぶこと
忍耐
類 □《シン》□《ボウ》 ≫34・12 ・ □《ガ》□《マン》 ≫19・23

■解答 4 懸念 18 澄 22 阻止 23 膨張(膨脹) 25 辛抱・我慢

第2章

重要語 ランクA 【書き取り】⑥

□1 コペルニクスは近代科学の**ソセキ**を築いた。
物事の土台

□2 降って湧いたような幸運に**トウワク**する。
処置に迷いとまどうこと

□3 外国文学の享受には良質の**ホンヤク**が必要だ。
ある言語を他の言語に直すこと

□4 出費がかさみ膨大な赤字が**ルイセキ**した。
重なりつもること

□5 敵の**コウゲキ**を受けて兵士が逃げまどう。
敵をせめること

□6 人としての**ソンゲン**を保ち、生をまっとうする。
とうとくおごそかなこと

□7 野次を飛ばして会議の進行を**ボウガイ**する。
さまたげること

□8 逆境にも負けない**キガイ**のある人が望まれる。
困難にくじけない強いこころ

□9 備品と**ショウモウ**品に分けて物品を管理する。
使って減り、なくなること

□10 貿易不均衡について外交**セッショウ**を重ねる。
話しあい・駆け引き

□11 王に不満を持つ者が反乱を**カクサク**していた。
いろいろとたくらむこと

□12 我が国の富は長い歴史的発展の**ショサン**である。
うみ出したもの

◆語彙編 <<< で意味も学ぼう

1 （礎石） 類 □《キ》□《ソ》 >> 36・1

2 （当惑） 訓 惑《まど》う

3 （翻訳） 訓 翻《ひるがえ》す

4 （累積） 意 累＝かさなる

5 （攻撃） 対 守備《シュビ》

6 （尊厳） 訓 尊《とうと》い・厳《おごそ》か

7 （妨害） 訓 妨《さまた》げる

8 （気概） 注 ×概

9 （消耗） 注 「ショウコウ」が本来の読みだが慣用読みの「ショウモウ」がよく使用される

10 （折衝） 意 衝＝つく・あたる［□□《ショウゲキ》］ >> 14・2

11 （画策） 音 画《ガ》［図《ズ》画《ガ》］

12 （所産） 訓 産《う》む

復習問題

□13 美へのあこがれが創作活動の**ゲンセン**である。
物事の生まれてくるもと
〔源泉〕
訓 源《みなもと》・泉《いずみ》

□14 現象を**セイゴウ**的に説明する理論を構築する。
ととのい、いっ致すること
〔整合〕
訓 整《ととの》える

□15 外国からの**ロコツ**な内政干渉を断固はねのける。
むきだしであらわであるさま
〔露骨〕
意 露＝あらわす［□《ヒ》□《ロウ》］≫17・21

□16 偉大な先人から多くの**エイキョウ**を受けている。
他に作用が及ぶこと
〔影響〕
訓 響《ひび》く

□17 彼は終始**イッカン**した態度を保っている。
ひとつの考え方で通すこと
〔一貫〕
訓 貫《つらぬ》く

□18 岸壁にはさまざまな方向に**キレツ**が走っている。
ひびが入ること・さけ目
〔亀裂〕
訓 裂《さ》く

□19 先生の話の**カンジン**なところを聞き逃した。
大切であるさま
〔肝心〕
類 □《カン》□《ヨウ》≫34・11
別解 肝腎

□20 **タンセイ**して育てた盆栽を作品展に出品する。
まごころを込めてすること
〔丹精〕

□21 新製品が**キョウイ**的な売上を記録した。
特別なことに対するおどろき
〔驚異〕
訓 驚《おどろ》く
注 ×脅威 ≫11・16

□22 新しい国際機関の創設は世界の平和に**キヨ**する。
社会や人のために役に立つこと
〔寄与〕
類 貢献《コウケン》≫8・11

□23 **ギコウ**を凝らした作品が多く制作される。
芸術作品をたくみに作るぎ術
〔技巧〕
訓 巧《たく》み
類 テクニック

□24 今までの**ホンポウ**な生活に終止符を打つ。
思うままに振る舞うさま
〔奔放〕

□25 数々の**シンサン**をなめた後に成功した。
つらい苦しみ・苦い経験
〔辛酸〕
意 辛＝つらい［□《シン》□《ボウ》］≫34・12
表現 辛酸《シンサン》をなめる＝つらい苦労をする

■ 解答 1 基礎 10 衝撃 15 披露 19 肝要 25 辛抱

□1 携帯電話会社が**コキャク**の獲得競争を展開する。
ひいきにしてくれるきゃく

□2 小学校の通学路では**ジョコウ**運転をする。
ゆっくりと進むこと

□3 勝利投手を**イクエ**にも取り囲んで取材する。
多くのかさなり

□4 権力者は富裕層の要求を優先して**グゲン**する。
実際に形をもってあらわすこと

□5 語句を**キョウギ**に解釈して内容を把握し損ねる。
◆せまい方の意味

□6 **ザセツ**から学んだことを今後の人生に活《い》かす。
途中でくじけ、だめになること

□7 深海魚には**トクイ**な形態のものが多い。
他のものととくに違っているさま

□8 論文を**シッピツ**するための材料を集める。
文章を書くこと

□9 駅周辺には高層ビルが**リンリツ**している。
多くの物が並びたつこと

□10 大規模な投資の**ハキュウ**効果があらわれる。
だんだんと影響が広がること

□11 歌は世相を見事に**ハンエイ**する鏡である。
影響がおよんであらわれること

□12 **ヒキン**な例を取り上げてわかりやすく説明する。
◆手ぢかでありふれているさま

◆語彙編≪で意味も学ぼう

1 顧客
訓 顧《かえり》みる
類 カスタマー≫230・3

2 徐行
意 徐＝ゆっくり［□□《ジョジョ》］≫59・20

3 幾重
音 幾《キ》［幾何《キカ》］≫107・19

4 具現
訓 現《あらわ》す

5 狭義 203・19
対 □□《コウギ》≫106・7 203・20

6 挫折
類 蹉跌《サテツ》

7 特異
訓 異《こと》なる

8 執筆
訓 執《と》る

9 林立

10 波及
訓 及《およ》ぶ

11 反映
訓 映《うつ》る・映《は》える

12 卑近 214・4
訓 卑《いや》しい

復習問題

□13 この地下鉄は五分**カンカク**で発着している。
あいだの時かん・へだたり
間隔
訓 隔《へだ》てる

□14 日頃の**タンレン**の成果を見せる時が来た。
稽古して心や体や技を磨くこと
鍛錬
別解 鍛練

□15 猫が相手を**イカク**するために背を丸めている。
おどすこと
威嚇
意 嚇＝おどす

□16 **ハクシン**の演技が観衆を感動の渦に巻き込んだ。
表げんされたものがげん実にそっくりであること
迫真
訓 迫《せま》る

□17 外来生物が日本**コユウ**の生物を脅かしている。
そのものだけにあること
固有
意 固＝もとより
注 ×個

□18 職権乱用のかどにより会長を**ヒメン**する。
職務をやめさせること
罷免
類 免職《メン・ショク》

□19 犯罪を**キョウサ**してはならないのは当然だ。
おしえそそのかすこと
教唆
訓 唆《そその》かす

□20 助成金を減らすという**セイサイ**を受けた。
懲らしめのため罰すること
制裁
訓 裁《さば》く
注 ×栽

□21 はるかな国の**キョコウ**の物語を創造する。
◆想像力によって本当のことであるかのように組みたてること
虚構
196・5
類 フィクション≫220・5

□22 本人の気づかぬうちに悪事に**カタン**している。
味方すること
加担
別解 荷担

□23 何の**ヘンテツ**もない景色になぜか心がひかれる。
かわっていること
変哲
表現 変哲《ヘンテツ》もない＝ありふれていてつまらない

□24 百科事典のページを**ク**って知識を集めた。
順々に送り動かす
繰

□25 **シュビ**一貫した姿勢で問題解決に当たっている。
始めと終わり・事のてん末
首尾
表現 首尾《シュビ》一貫《イッカン》＝始めから終わりまで変わらず筋が通っているさま≫292・6

■ 解答　2 徐々（徐徐）　5 広義

第2章

重要語 ランク A 【書き取り】⑧

□1 恋人のわがままを**キョヨウ**することもある。（ゆるすこと）

□2 夜を徹して行方不明者の**ソウサク**が行われた。（さがし求めること）

□3 組織拡大に**ズイハン**する問題がいろいろある。（ある事にともなって他の事が起こること）

□4 特別措置法は国会で**ケイゾク**審議となった。（引きついでつづけること）

□5 終身**コヨウ**制度や年功序列型賃金制度が崩れた。（やとうこと）

□6 気のあった仲間と**ユカイ**な時間を過ごす。（楽しく心地よいさま）

□7 国民の支持率が高いので、政権は**アンタイ**だ。（やすらかなこと・無事なこと）

□8 論文執筆のために広く文献を**ショウリョウ**する。（調査研究のために多くの文書を読みあさること）

□9 子どもの探究心や**ボウケン**心を育てたい。（成功するかわからないことをすること）

□10 友人をテニスサークルに**カンユウ**する。（すすめさそうこと）

□11 **ギジ**体験を繰り返して宇宙飛行の訓練をする。（本物とよくにていること）

□12 言語の**イソウ**は、地域や職業などにより異なる。（◆変化する物が特定の場面でとる姿）

◆語彙編 ≪で意味も学ぼう

1 許容　訓 許《ゆる》す　意 容＝ゆるす

2 捜索　訓 捜《さが》す

3 随伴　訓 伴《ともな》う

4 継続　訓 継《つ》ぐ

5 雇用　対 □《カイ》□《コ》 ≫183・49

6 愉快　訓 快《こころよ》い

7 安泰　意 泰＝やすらか

8 渉猟　意 渉＝歩き回る

9 冒険　訓 冒《おか》す

10 勧誘　訓 勧《すす》める・誘《さそ》う

11 擬似　別解 疑似

12 位相　218・1　訓 位《くらい》

復習問題

□13 正式な手順を経て貴重な書物を**エツラン**する。
書物を調べ読むこと
閲覧
意 閲＝よくみる・覧＝みる

□14 身分制の**テッパイ**が国家の隆盛をもたらす。
取り除きやめること
撤廃
注 ×徹 類 廃止《ハイシ》 »98・6

□15 成功するためには努力が**ヒッス**である。
なくてはならないこと
必須
意 須＝～しなければならない・すべからく～べし

□16 クジラは水棲《すいせい》の大型**ホニュウ**類である。
母にゅうを飲ませて子を育てること
哺乳
意 哺＝はぐくむ

□17 提案を**キョゼツ**するのは得策とは思えない。
こばむこと・受けつけないこと
拒絶
訓 拒《こば》む

□18 気むずかしくて**ゲンカク**な父親に育てられた。
きびしくいい加減にしないさま
厳格
訓 厳《きび》しい 対 □《カン》□《ヨウ》 »15・21

□19 年の節目を祝う**シュウゾク**は今も残る。
社会のならわし
習俗
類 風習《フウシュウ》

□20 自然の**モウイ**の前には、人間は弱いものだ。
たけだけしい勢い
猛威
意 威＝強いいきおい ［□《ケ》□《イ》］ »12・10

□21 時流に遅れないよう常に情報を**コウシン**する。
古いものをあたらしく改めること
更新
意 更＝かえる・あらためる

□22 **シュウセキ**回路の設計を担当している。
あつまり重なっていること
集積

□23 **キョウキン**を開いてよく話し合うことが肝要だ。
心の中
胸襟
訓 襟《えり》 表現 胸襟《キョウキン》を開《ひら》く＝心中を隠すことなく打ち明ける

□24 自由な時間は図書館で読書に**ボットウ**する。
ある物事に熱中すること
没頭

□25 「負けるが勝ち」とは**ギャクセツ**的な表現だ。
◆矛盾するようで真理を含むせつ
逆説 204・1
注 ×逆接（前の内容に対して反対の意味の内容が接続すること）

■解答 5 解雇 18 寛容 21 権威

第2章

重要語 ランクA 【書き取り】⑨

□1 畑を荒らす獣を**ホカク**する仕掛けを作った。
とらえること・生けどること

□2 音の**ラレツ**がしだいにリズムを帯びてくる。
連なり並べること

□3 気分のよいときは公園を気ままに**サンサク**する。
ぶらぶらと歩くこと

□4 **センレツ**な印象は今なお薄らぐことはない。
あざやかではっきりしているさま

□5 人を不幸にする技術は**ハキ**されるべきと考える。
やぶりすてること

□6 日本各地に**ヘンザイ**する伝説を研究する。
広くあちこちにあること

□7 法律学の**コウギ**で種々の理論を教える。
学説の説明・大学の授業

□8 若年層に**ショウジュン**を合わせて宣伝をする。
狙いを定めること

□9 建築資材の**タイキュウ**性を向上させる。
長くもちこたえること

□10 意見が衝突して**ケンアク**な雰囲気になった。
状況がけわしくわるいさま

□11 新しい**キカク**を会合で自信満々に披露した。
計かくをたてること・たてた計かく

□12 目下の状況では予算の**サクゲン**もやむなしだ。
けずりへらすこと

◆語彙編 ≪ で意味も学ぼう

1 捕獲
注 ×穫
訓 捕《つか》まえる・捕《と》らえる・獲《え》る

2 羅列
意 羅・列＝つらねる

3 散策
類 散歩《サンポ》

4 鮮烈
訓 鮮《あざ》やか

5 破棄
訓 破《やぶ》る

6 遍在
注 ×偏在
≫123・17／185・37

7 講義
注 ×議

8 照準
訓 照《て》らす

9 耐久
訓 耐《た》える・久《ひさ》しい

10 険悪
訓 険《けわ》しい

11 企画
訓 企《くわだ》てる

12 削減
訓 削《けず》る・減《へ》る

復習問題

□13 **ソゼイ**を軽くして人民の生活を楽にする。
国などが人民から法に基づき集めるお金
【租税】
意 租＝年貢

□14 新政党が国政選挙に新人を**ヨウリツ**する。
支持し高い地位につかせようとすること
【擁立】
意 擁＝たすける［□《ヨウ》□《ゴ》］≫10・10

□15 反対運動があまりに**センエイ**的で手に負えない。
思想や行動などが過激、急進的であること
【先鋭】
注「尖鋭」とも書く

□16 有名人の**イツワ**が世の中に知れわたる。
◈世間にあまり知られていないはなし
【逸話】 204・6
類 エピソード≫227・16

□17 きわめて**セイコウ**な複製本が刊行された。
細工が細かくたくみなこと
【精巧】
対 □《ソ》□《ザツ》≫100・1

□18 書物を速読するには黙読が**ゼンテイ**になる。
◈基礎となる判断・物事をなす土台
【前提】 208・7
訓 提《さ》げる

□19 港町には**ジョウチョ**あふれる街並みがある。
◈人に感慨をもよおさせる独特の味わい
【情緒】 206・8
注「ジョウショ」とも読む

□20 彼の作品は独創的で、他の**ツイズイ**を許さない。
後をおいかけること
【追随】
意 随＝したがう

□21 任務を**カンスイ**しなければ国には帰れない。
やりとげること
【完遂】
注 ×逐

□22 自分の**カラ**に閉じこもって心を開かない。
外界から自己を守る外壁
【殻】

□23 すぐに決めないで回答を**リュウホ**する。
すぐ行わないで一時差し控えること
【留保】
訓 留《と》める　類 保留《ホリュウ》

□24 国際問題の**チュウサイ**役を買って出る。
争いの間に入って和解させること
【仲裁】
訓 裁《さば》く

□25 事態を**トウカン**視した結果、大事故に至った。
物事をいい加げんにすること
【等閑】
表現 等閑視《トウカンシ》＝いい加減におろそかに扱うこと

■ 解答　14 擁護　17 粗雑（疎雑）

第2章 重要語 ランクA

【書き取り】⑩

□1 本件に**カンヨ**した人物は複数存在する。
ある物ごとにかかわりを持つこと

□2 深刻味を**オ**びた暗い表情が印象的である。
含む・身に付ける

□3 **ケッシュツ**しているが故に理解されない。
飛び抜けて優れていること

□4 水は長い年月の間に岩を**シンショク**する。
水、氷、風などが地表面を削ること

□5 街頭演説を聞いて深い**カンメイ**を受けた。
忘れられないほど心に深くかんじること

□6 民謡には地方色が**ノウコウ**にでている。
◆こいさま

□7 新しい武器の**イリョク**を見せつけられた。
他を押さえつけ服じゅうさせる強いちから

□8 株価暴落により**キョウコウ**が引き起こされる。
経済が混乱した最悪の状態

□9 都市近郊に娯楽のための**シセツ**を作る。
ある目的のための建物やせつ備

□10 十九世紀ロマン派は芸術**シジョウ**主義を掲げた。
このうえもないこと

□11 早く手を打たないと組織の**フハイ**が進む。
くさること・堕落すること

□12 条件に**ガイトウ**する物件は意外に少ない。
条件や資格などにあてはまること

◆語彙編《で意味も学ぼう

1 【関与】 意 与＝くみする 注 「干与」とも書く
2 【帯】 音 帯《タイ》［帯同《タイドウ》］
3 【傑出】 意 傑＝すぐれている ［□《ケッ》□《サク》］》14・8
4 【浸食】 訓 浸《ひた》す 別解 侵食
5 【感銘】 注 「肝銘」とも書く
6 【濃厚】 202・8 対 □《キ》□《ハク》》19・18／202・7
7 【威力】 意 威＝おどす［□《キョウ》□《イ》］》11・16
8 【恐慌】 訓 慌《あわ》てる
9 【施設】 訓 施《ほどこ》す・設《もう》ける
10 【至上】 訓 至《いた》る
11 【腐敗】 訓 腐《くさ》る・敗《やぶ》れる
12 【該当】 意 該＝あてはまる

復習問題

問題	意味	解答	解説
□13 ドローンを**ソウジュウ**する腕を競い合う。	思うままにあやつりうごかすこと	操縦	訓 意 操《あやつ》る 縦＝ほしいまま
□14 旧通貨とユーロの**コウカン**には期間を定める。	とりかえること・やりとりすること	交換	訓 換《か》える
□15 彼の発想は一人だけ抜きんでて**シュウイツ**だ。	取り分けてすぐれていること	秀逸	訓 秀《ひい》でる
□16 地下にあった空洞が崩れて土地が**カンボツ**した。	落ち込むこと	陥没	訓 陥《おち》る・陥《おとしい》れる 対 □□《リュウキ》 ≫103・22
□17 猛特訓のかいあって**キュウダイ**点を取れた。	試験などに合格すること	及第	対 落第《ラクダイ》
□18 郷土が生んだ偉人の**ケンショウ**碑を建立する。	明らかにあらわすこと	顕彰	意 顕＝あきらか［□□《ケンチョ》］≫8・5
□19 悪路には四輪**クドウ**の車が最適である。	◆ちからを伝えてうごかすこと	駆動	219・9 訓 駆《か》ける
□20 季節により特定の**シッカン**が多発する。	病気	疾患	類 □□《シッペイ》 ≫46・5
□21 産業の発展に**トモナ**い、人々が都会に移住した。	同時に生じる・連れ立つ	伴	音 伴《ハン》［随伴《ズイハン》］≫66・3 伴《バン》［伴走《バンソウ》］
□22 日本の農家は稲作に**ジュウジ**している者が多い。	仕ごとにたずさわること	従事	訓 従《したが》う
□23 **キセイ**のやり方にこだわらず柔軟に対処する。	すでにできあがっていること	既成	表現 既成《キセイ》事実《ジジツ》＝既に起きて変えられない事実
□24 権利を**コウシ**することに何のためらいもない。	ちからを実際につかうこと	行使	
□25 人生の先輩の忠告は**ケイチョウ**に値する。	耳をかたむけて熱心に聞くこと	傾聴	表現 傾聴《ケイチョウ》に値《あたい》する＝耳を傾ける値打ちがある

500 400 300 200 100 start

■ 解答 3 傑作 6 希薄（稀薄） 7 脅威 16 隆起 18 顕著 20 疾病

重要語 ランクA 【書き取り】⑪

□1 ショウガイを乗り越えて事業を成功させた。
差しさわり・さまたげ

□2 一度表明されたテッカイされる。
一旦提出した物を取り下げること

□3 小さいころから妹のメンドウを見てきた。
世話

□4 商品の注文がサットウしてさばききれない。
どっと一時に押しよせること

□5 法のアミをかいくぐり悪事を働いてはいけない。
こまかに張り巡らしたもの

□6 年に何度も日本とアメリカをオウカンする。
◆行ったり来たりすること

□7 心の内にクウキョな部分をかかえている。
内容のないさま・むなしいさま

□8 壊れかかった関係のシュウフクに手間取る。
つくろい直すこと

□9 彼の言い分は事実と全くショウオウしない。
二つが互いに対おうすること

□10 僻地《へきち》の村に出かけてムショウで住民を診察する。
ただ・見返りを要求しないこと

□11 弾圧を強めたことが却《かえ》って内乱をユウハツした。
◆原因となり、さそい起こすこと

□12 先生の話は途切れることなくユウベンに続いた。
説得力をもって力強く話すさま

◆語彙編 «で意味も学ぼう

1 【障害】 意 障＝さしつかえる【□《ショウ》□《ヘキ》】 »17・23 注 ×傷害（傷つけること）

2 【撤回】 注 ×徹

3 【面倒】 表現 面倒《メンドウ》を見《み》る＝世話をする

4 【殺到】 注 ×倒

5 【網】 音 網《モウ》【□《モウ》□《ラ》】 »31・18 注 ×綱

6 【往還】 213・15 意 往＝いく

7 【空虚】 意 虚＝むなしい

8 【修復】 訓 修《おさ》める

9 【照応】 訓 照《て》らす

10 【無償】 類 無料《ムリョウ》

11 【誘発】 211・15 訓 誘《さそ》う

12 【雄弁】 訓 雄《おす》

復習問題

□13 日常生活は家庭や**キンリン**の中で営まれる。
となりきん所

□14 匠《たくみ》は高度な**ジュクレン**のわざを持っている。
◆慣れていてじょうずなこと

□15 教科書に色刷りの図版が**ソウニュウ**される。
さし込むこと

□16 **グウゾウ**視された偉人の伝記を読んだ。
あこがれや崇拝の対象となるもの

□17 **コイ**に勝ちを譲られてもうれしくはない。
わざとすること

□18 **ショウタイ**された祝賀会の会場へと向かった。
客をまねいてもてなすこと

□19 国によって国民性に**トクチョウ**がある。
◆他と異なって目だつしるし

□20 **アイサツ**することが人間関係の第一歩だ。
人と顔を合わせたり別れたりする時の社交的な言葉やどう作

□21 なんの援護もなく**コリツ**した状態にある。
ひとり離れていること・助けがないこと

□22 一度失敗したのにまた新たな**クワダ**てをする。
もくろみ・計画

□23 親は子を**フヨウ**する義務を負っている。
生活の面倒を見てやしなうこと

□24 本番直前の極度の緊張から**キョドウ**不審になる。
たち居振る舞い

□25 新製品の評価を研究所に**イショク**する。
外部の人にゆだね頼むこと

13 近隣
類 近所《キンジョ》

14 熟練 203・23
訓 熟《う》れる・練《ね》る

15 挿入
訓 挿《さ》す

16 偶像
注 ×隅・×遇

17 故意
意 故＝ことさらに

18 招待
意 待＝もてなすこと

19 特徴 204・4
意 徴＝しるし［□□《チョウコウ》］≫27・23
注 ×特長（特別な長所）

20 挨拶

21 孤立
対 連帯《レンタイ》
関連 隔絶《カクゼツ》≫23・20

22 企
音 企《キ》［□□《キト》］≫26・9

23 扶養
意 扶＝たすける［□□《フジョ》］≫36・12
訓 養《やしな》う

24 挙動

25 委嘱
意 嘱＝たのむ
注 ×属

500 400 300 200 100 start

■ 解答 1 障壁 5 網羅 19 徴候 22 企図 23 扶助

第2章 重要語 ランクA 【書き取り】⑫

- □ 1 飲み水の確保が**セツジツ**な問題となっている。（身にしみて感じるさま）
- □ 2 工場の**カドウ**率は低い水準のままである。（機械を動かしてはたらかせること）
- □ 3 物価が**コウトウ**して国民の生活が苦しくなった。（物価などがたかくあがること）
- □ 4 終戦記念日には毎年平和を**キガン**する。（いのりねがうこと）
- □ 5 転んでけがをした友人を**カイホウ**する。（病人などのせ話をすること）
- □ 6 永年会社に貢献したので**ヒョウショウ**された。（成績を明らかにし、ほめること）
- □ 7 部長を**ホサ**するのが副部長の役目である。（人についてその仕事を助けること）
- □ 8 地震の大きさを示す**シヒョウ**には二種類ある。（見当をつける目印）
- □ 9 全産業の中で農業の**シ**める割合は低下した。（全体の中のある部分を有する）
- □ 10 わざと**チョウハツ**的な言い方をして怒らせる。（事が起こるように刺激すること）
- □ 11 プロジェクトに関するすべての権限を**フヨ**する。（◆授けあたえること）
- □ 12 息をつく**ヒマ**もないほど忙しい日々を過ごす。（仕事のない時間・ゆっくりすること）

◆語彙編《《で意味も学ぼう

1. 切実
   意 切＝せまる［□□《セッパク》］》38・12
2. 稼働
   注 「稼動」とも書く
3. 高騰
   意 騰＝あがる
   注 「昂騰」とも書く
4. 祈願
   訓 祈《いの》る
5. 介抱
   訓 抱《いだ》く・抱《かか》える・抱《だ》く
6. 表彰
   意 彰＝あきらか［□□《ケンショウ》］》71・18
7. 補佐
   訓 補《おぎな》う
8. 指標
   意 標＝しるし
9. 占
   音 占《セン》［占領《センリョウ》］
10. 挑発
    訓 挑《いど》む
11. 付与
    209・16
    対 □□《ハクダツ》》91・23
    別解 附与
12. 暇
    音 暇《カ》［休暇《キュウカ》］

復習問題

13 **ギレイ**的な挨拶を済ませ、本題にはいった。
形式を整えて行うれいぎ

14 政府の方針に**コウギ**するデモが行われた。
反対の意見を言うこと

15 人に勧められて健康食品を**コウニュウ**する。
買いいれること

16 無批判に通説を**シンポウ**するのは考えものだ。
ある考えをしんじて尊ぶこと

17 古くて役に立たなくなった資料を**ハイキ**する。
いらないものとして捨てること

18 **トボ**しい食糧をめぐる争いが引き起こされる。
足りないさま・少ないさま

19 不正を見ると**ギフン**にかられて制止しようとする。
不公正なことに対するいきどおり

20 幼児は身の回りの物に**シュウチャク**を示す。
一つのことにとらわれること

21 訓練によって身体的能力を**カクチョウ**する。
広げて大きくすること

22 留学費用を自分で**フタン**することにした。
身に引き受けること

23 事情に精通した**センモン**家の意見を尊重する。
細かく分かれた特ていの分野

24 生得的な言語というものがあると**ソウテイ**する。
状況や条件を仮に思い描くこと

25 昔と今では流行に**カクセイ**の感がある。
◈時代やせ代がへだたっていること

---

13 儀礼
注 ×義

14 抗議
注 ×義

15 購入
対 売却《バイキャク》 類 □□《コウバイ》 ≫94・3

16 信奉
訓 奉《たてまつ》る

17 廃棄
訓 廃《すた》れる

18 乏
音 乏《ボウ》［欠乏《ケツボウ》］

19 義憤
訓 憤《いきどお》る

20 執着
注 「シュウジャク」とも読む

21 拡張
意 拡＝ひろげる［□□《カクサン》］ ≫59・17

22 負担
訓 負《お》う・担《にな》う

23 専門
訓 専《もっぱ》ら 注 ×問

24 想定

25 隔世
217・16
表現 隔世《カクセイ》の感《カン》＝変化が急で、すっかり時代が変わったという感じ

■解答 1 切迫 6 顕彰 11 剝奪（剥奪） 15 購買 21 拡散

第2章

重要語 ランク A 【書き取り】⑬

□1 運悪く敵の攻撃の**ヒョウテキ**となった。（攻撃などのまと）

□2 表現の自由を奪う**ケンエツ**に反対する。（そのままでよいか調べ改めること）

□3 売り上げの落ちた雑誌の誌面を**サッシン**する。（悪い点を除去してあたらしくすること）

□4 度しがたい**ヨウチ**な行動が非難された。（考え方や行動などがみ熟であるさま・おさないさま）

□5 手術をして病巣をすべて**テキシュツ**する。（つまみだすこと）

□6 雑誌に**トウコウ**した文章が編集者の目にとまる。（雑誌やしん聞などに掲載してもらうことを願って原こうを送ること）

□7 先輩から仕事をこなす**ヨウリョウ**を教わった。（物事をうまく処理する手順やこつ）

□8 絶滅危惧種の鳥を保護し、**ハンショク**させる。（動物や植物が生まれてふえること）

□9 傷口の血液は赤黒く**ギョウコ**している。（液体や気体がこ体になること）

□10 情勢はますます**コンメイ**の度を増している。（こんらんして訳がわからないこと）

□11 日誌をつけるのが**シュウカン**となった。（日常の決まりきった行い）

□12 多くの人に期待されてはフ**ンキ**せざるを得ない。（気力をふるいたたせること）

◆語彙編 ≪で意味も学ぼう

1 〔標的〕 意 的＝まと

2 〔検閲〕 意 閲＝よくみる・調べる

3 〔刷新〕 訓 刷《す》る

4 〔幼稚〕 訓 幼《おさな》い

5 〔摘出〕 訓 摘《つ》む

6 〔投稿〕 意 稿＝したがき・わら

7 〔要領〕 意 要＝かなめ

8 〔繁殖〕 訓 殖《ふ》える

9 〔凝固〕 対 融解《ユウカイ》

10 〔混迷〕 訓 迷《まよ》う

11 〔習慣〕 意 習＝ならわし・ならい

12 〔奮起〕 訓 奮《ふる》う

復習問題

□13 お金を**カセ**ぐためだけに仕事をするのではない。
働いて収入を得る
稼
音 稼《カ》 稼働《カドウ》 ≫74・2

□14 過ぎ去った青春には何の**ミレン**もない。
心のこり・諦めきれないこと
未練
訓 練《ね》る

□15 余りにも**ザンコク**な運命に打ちのめされる。
慈悲がなくむごたらしいこと
残酷
意 酷＝むごい ［□□《カコク》］≫30・4

□16 狩猟採集で得られる食物は**チョゾウ**しにくい。
たくわえておくこと
貯蔵
意 貯＝たくわえる

□17 人生で幾度も**クジュウ**の選択を迫られた。
うまくいかずくるしみ悩むこと
苦渋
訓 渋《しぶ》い
注 ×苦汁（つらい経験）

□18 応募資格の**シンサ**は特に厳しく行われた。
詳しく調べて適否や優劣を決めること
審査
意 審＝つまびらか ［□□《フシン》］≫52・5／182・4

□19 十七時になると社員が**イッセイ**に帰宅していく。
いちどき・同時
一斉
意 斉＝ととのえる

□20 同窓会で懐かしい友の**ショウソク**を尋ねる。
動静や安否・事情
消息

□21 桂離宮《かつらりきゅう》の**カンソ**なたたずまいがすばらしい。
無駄なくつつましいさま
簡素
意 素＝飾り気がない
対 □□《ゴウカ》 ≫100・5

□22 文学賞の有力な**コウホ**作品が二つある。
ある地位につく見込みのあること
候補

□23 区域内の事業所を**トウカツ**する任についた。
多くのものをまとめること
統括
訓 統《す》べる
別解 統轄

□24 **ギキョク**という文学は日本人に馴染《なじ》みがうすい。
演劇の脚本、またその形式で描かれた文芸作品
戯曲

□25 生き生きと**ジュウオウ**無尽の活躍を見せている。
たてとよこ・自由自在
縦横
表現 縦横《ジュウオウ》無尽《ムジン》＝思う存分に行うこと

■解答 15 過酷（苛酷） 18 不審 21 豪華

第2章

重要語 ランクA【書き取り】⑭

□1 叔父は**トクシュ**な非日常的体験を語った。
◆一部のものだけに当てはまること

□2 個別の事例から**キノウ**的に考えて法則を見出《みいだ》す。
◆個々の具体的な事実から一般的な法則を導き出すこと

□3 「鳥獣戯画」には**ギジン**化された動物が描かれる。
ひとでないものをひとに見立てること

□4 反論を受け入れない**ハイタ**的な社会に決別する。
ほかのものを退けること

□5 シミュレーションにより実践不足を**ホカン**する。
足りないところをおぎなうこと

□6 幼い子どもが**ムジャキ**にほほえんでいる。
悪ぎのないさま・かわいらしいさま

□7 官房長官が政府の見解を**カンケツ**に説明する。
手短かで要領を得ているさま

□8 短期間で工事を終えるのは**シナン**のわざだ。
この上なくむずかしいこと

□9 障害物を**ジョキョ**する手段を考えあぐねる。
とりのぞくこと

□10 仏教**ハッショウ**の地はガンジス川流域とされる。
物事が初めてあらわれること

□11 大々的に物産展を**カイサイ**することが決定した。
会や行事を行うこと

□12 民心の退廃ぶりは実に**ガイタン**に堪えない。
憂いなげくこと

◆語彙編<<<で意味も学ぼう

1 特殊（194・4） 対 □《フ》□《ヘン》 >>10・1／194・3
2 帰納（195・16） 対 演繹《エンエキ》 >>195・15
3 擬人 意 擬＝なぞらえる
4 排他 注 ×俳
5 補完 訓 補《おぎな》う
6 無邪気 意 邪＝よこしま［□《ジャ》□《マ》］ >>20・8
7 簡潔 訓 潔《いさぎよ》い
8 至難 訓 至《いた》る
9 除去 訓 除《のぞ》く 類 □《ハイ》□《ジョ》 >>9・17／207・9
10 発祥 意 祥＝きざし・さいわい
11 開催 訓 催《もよお》す
12 慨嘆 注 ×概

復習問題

□13 知識ばかり振り回すのは**キケン**でさえある。
あぶないこと
危険
訓 危《あぶ》ない・険《けわ》しい

□14 美術館でギリシア時代の**チョウコク**を鑑賞する。
石や金属などに物の形をほりきざむ芸術
彫刻
訓 彫《ほ》る・刻《きざ》む

□15 計画全体の**コウソウ**に疑問が投げかけられる。
組み立て・考え
構想
訓 構《かま》える

□16 国際**フンソウ**の原因はさまざまである。
◆もめごと・もつれてあらそうこと
紛争
234・5
訓 紛《まぎ》れる・争《あらそ》う

□17 指揮**ケイトウ**の乱れは致命的な瑕疵《かし》である。
一定の順序に従って機能するようにまとめたもの
系統
訓 統《す》べる

□18 仕事を休んでけがの**チリョウ**に専念する。
病やけがをなおすこと
治療
訓 治《なお》す

□19 新しい年の初めに各自の**ホウフ**を述べる。
心中の考えや決意
抱負
意 訓 抱《いだ》く 負＝たのむ

□20 交通事故防止のための**ホウサク**を練る。
やろうと計画すること
方策

□21 関連事項の**ケンサク**が極めて容易にできる。
必要な事項をさがすこと
検索
意 検＝しらべる［□□《ケンショウ》］≫38・11 索＝さがす［□□《サクイン》］≫57・16

□22 政界と財界の**ユチャク**が問題となっている。
好ましくない状態で強く結びついていること
癒着

□23 映画の**サツエイ**所を見学することができた。
写真や映画をとること
撮影
注 訓 撮《と》る≠映る

□24 表現の**コウセツ**よりも内容が問題である。
◆じょうずなこととへたなこと
巧拙
210・6

□25 情報を**エンカク**地に誤りなく伝達する。
とおくへだたっていること
遠隔
表現 遠隔操作《エンカクソウサ》＝遠く離れて操ること

■解答 1 普遍 6 邪魔 9 排除 21 検証・索引

第**2**章 重要語 ランク **A**

【書き取り】⑮

□1 新鮮な食材の**ジュヨウ**が急速に増えている。
◆必ようとして求めること

□2 車の排出ガスによる大気**オセン**を防ぐ。
よごすこと

□3 二種類の文献を**ヒカク**検討して論じる。
くらべること

□4 木綿の産地にある**ボウセキ**工場で仕事を得た。
糸をつむぐこと

□5 登場人物の**ヨウシ**が詳しく描写された小説。
すがた・顔かたち

□6 役人が民衆に**イアツ**的な態度で臨んだ。
力で押さえつけること

□7 若手に重い地位を与えたのは**エイダン**だった。
思い切りの良い優れた決だん

□8 仕事の合間に**キュウケイ**室で仲間とくつろぐ。
仕事などを一時止めてやすむこと

□9 民衆を**ケイモウ**することが社会の変革を導く。
◆正しい知識を与えて教え導くこと

□10 ならず者が**トトウ**を組んで村を荒らし回る。
あることをたくらんで集まった仲間

□11 大都市郊外の**カンセイ**な住宅地に引っ越す。
しずかでひっそりとしたさま

□12 家から学校まではかなりの**キョリ**がある。
へだたり

◆語彙編 <<< で意味も学ぼう

1 需要（202・4）
対 □□《キョウキュウ》 ≫ 144・9／202・3

2 汚染
訓 汚《きたな》い・汚《けが》す・汚《よご》す

3 比較
訓 比《くら》べる

4 紡績
訓 紡《つむ》ぐ
意 績＝糸をつむぐ

5 容姿
訓 姿《すがた》

6 威圧
意 威＝おどす［□□《イリョク》］≫ 70・7

7 英断
意 英＝すぐれる・断＝きめる

8 休憩
訓 憩《いこ》う

9 啓蒙（205・12）
類 □□《ケイハツ》 ≫ 26・11

10 徒党
意 党＝なかま・やから

11 閑静
意 閑＝しずか

12 距離
訓 離《はな》れる

復習問題

□13 風味のよい地ビールを**ジョウゾウ**する。
◆酵母や細菌の働きで酒などをつくること
醸造 (218・2)
訓 醸《かも》す

□14 自転車の並走は道路交通法に**テイショク**する。
差しさわりがあること・決まりに違反すること
抵触
意 抵＝あたる

□15 業務**テイケイ**によって事業の存続を図る。
協同して仕事をすること
提携
訓 携《たずさ》わる

□16 **オウオウ**にして思いと反対のことを口走る。
しばしばあるさま
往々
注 意 往＝のち・おり 「往往」とも書く

□17 問題の**コンゲン**がどこにあるかをつきとめる。
物事の大もと・こん本
根源
別解 根元

□18 失敗しないように**ジュウゼン**の準備を整える。
完ぜんなこと・欠点のないこと
十全
訓 全《まった》く

□19 目立たない隠れた善い行いを**ショウヨウ**する。
ほめたたえること
称揚
注 訓 揚《あ》げる 「賞揚」とも書く

□20 電車の**シンドウ**に身をまかせて眠りについた。
揺れうごくこと
振動
訓 振《ふ》る

□21 政治的対立によるテロが**ヒンパツ**している。
短期間につぎつぎと起こること
頻発
意 頻＝しきりに [□□《ヒンパン》] ≫8・6

□22 新聞や書籍の出版は**ホウワ**状態のようだ。
いっぱいに満ち、それ以上増やせない状態
飽和
訓 飽《あ》きる

□23 繁華街の**ザットウ**の中で孤独を感じる。
大ぜいで混みあうこと・人混み
雑踏
訓 踏《ふ》む

□24 誰もが**ケイエン**する課題に意欲的に取り組む。
わざと避けること・うやまうふりをしてとおざけること
敬遠
訓 敬《うやま》う

□25 軽はずみな答弁によって思わぬ**サイヤク**を招く。
わざわい
災厄
類 災難《サイナン》

■解答 1 供給 6 威力 9 啓発 21 頻繁

第2章 重要語 ランクA

【書き取り】⑯

- □1 全世界の人々が**コウキュウ**的な平和を願う。
  ある状態がいつまでも変わらないこと
- □2 **テンテキ**により人体に必須の栄養を補う。
  栄養分の補給や輸血のために行う静脈注射の一種
- □3 細かいちりが部屋の中に**フユウ**している。
  ふわふわ漂うこと
- □4 **リフジン**な要求を持ち出す人を敬遠する。
  道りに合わないさま
- □5 話し合いの過程で他者との**サイ**に気づく。
  他と比較しての違い
- □6 新しい販路の開拓を**ネラ**った商品を企画する。
  ある目標を決め、それをめざす
- □7 水温が上がると物質の**ヨウカイ**度は大きくなる。
  とけること
- □8 ひいきの役者の性格や**クセ**をよく知っている。
  偏った好みや習慣
- □9 無関心は、ある意味**レイコク**さを意味する。
  思いやりが無くむごいこと
- □10 **エイリ**なかみそりの切れ味を試してみる。
  とがっていて、するどくよく切れるようす
- □11 蔵にしまってある骨董《こっとう》品を**カンテイ**する。
  物の真贋良否などを見分けること
- □12 世間の**ケイハク**な風潮に染まらずに生きる。
  思慮がなくうわついているさま

語彙編 <<< で意味も学ぼう

1 恒久　類 永久《エイキュウ》
2 点滴　訓 滴《しずく》・滴《したた》る
3 浮遊　訓 浮《う》く・遊《あそ》ぶ
4 理不尽　訓 尽《つ》きる
5 差異　別解 差違
6 狙　音 狙《ソ》［狙撃《ソゲキ》］
7 溶解
8 癖　音 癖《ヘキ》［□□《ケッペキ》］ ≫55・13
9 冷酷　訓 冷《つめ》たい
10 鋭利　対 なまくら
11 鑑定　意 鑑《カン》＝みわける［□□《カンショウ》］ ≫18・12／183・39
12 軽薄　対 重厚《ジュウコウ》

復習問題

□13 彼はわなわなと**フル**える手でドアノブを握った。
恐怖、寒さ、緊張などのために体が細かく動く

□14 政治と官僚組織の**トウメイ**性を高める。
すきとおって濁りのないこと

□15 植民地は独立し、**レイゾク**的地位から脱した。
他の統治下にあること・従ぞく

□16 社長にはリーダーとしての**キリョウ**がある。
立場にふさわしい才能や人柄

□17 師匠の言葉は神の**ケイジ**のように思えた。
◆神が人知の及ばない真りをしめすこと

□18 こまめに**ソウジ**をして部屋を清潔な状態に保つ。
ごみやほこり、汚れなどを取り去ること

□19 放置された畑には雑草が**ハンモ**している。
草木がおいしげること

□20 権力の前に**ヒクツ**になるのはごめんだ。
◆いじけて自分をいやしめるさま

□21 **ボウカン**者の立場で無責任な発言をする。
◆直接関わらずそばで見ること

□22 会社設立当初の意気込みを**ソウキ**する。
以前のことを思いおこすこと

□23 彼が忘れものをするのは日常**サハン**のことだ。
日常ありふれていること

□24 新興勢力が**タイトウ**して力関係が変化する。
勢いを増してくること

□25 武士の面目**ヤクジョ**たる振る舞いを称揚する。
目の前にありありと現れるさま

13 震
音 震《シン》[震動《シンドウ》]

14 透明
訓 透《す》く

15 隷属
意 隷＝つく・したがう・しもべ

16 器量
訓 器《うつわ》

17 啓示
205・12
意 啓＝教え導く
[啓発《ケイハツ》] ≫26・11

18 掃除
訓 掃《は》く

19 繁茂
訓 繁《しげ》る・茂《しげ》る

20 卑屈
214・4
訓 卑《いや》しい

21 傍観
212・5
訓 傍《かたわ》ら

22 想起

23 茶飯
表現 日常茶飯《ニチジョウサハン》＝ありふれて珍しくないこと

24 台頭

25 躍如
表現 面目躍如《メンボクヤクジョ》＝いかにもその人に似つかわしく立派であるようす ≫202・12

■解答 8 潔癖 11 鑑賞 17 啓発

第2章 重要語 ランク A 【読み取り】①

1. 思わぬ敗北を喫して呆然とするしかなかった。
あっけにとられ、ぼんやりするさま
2. 無事の知らせを聞いて安堵の胸をなでおろした。
安心すること
3. 新製品の熾烈な販売競争が繰り広げられた。
勢いが盛んで激しいさま
4. 無邪気な好奇心というものは稀である。
めったにないこと
5. 恋を成就させるためにあらゆる手段を講じる。
願いがかなうこと・なし遂げること
6. 不祥事を起こした大臣がすぐに更迭された。
その役にある人を代えること
7. 壮大な自然の力に対する畏敬の念が強い。
かしこまり敬うこと
8. 浅薄な知識しか持ち合わせていなかった。
学問や思慮が足りず、あさはかであるさま
9. 現場の判断に委ねる方が事はうまく運ぶ。
人に任せる
10. 閉塞感が指摘されている今日の日本社会。
とじふさがれて先行きが見えないこと
11. その場をなんとかうまく繕ってごまかした。
過失を隠してその場をとりなす
12. むやみに外国の真似をするのは滑稽である。
面白おかしいさま

◆ 語彙編 で意味も学ぼう

1. ぼうぜん　意 呆=あきれる　注「茫然」とも書く
2. あんど　類 安心《アンシン》
3. しれつ　意 熾=火の勢いが盛んである
4. まれ　注「希」とも書く
5. じょうじゅ　訓 就《つ》く
6. こうてつ　意 更=あらためる　注 ×送
7. いけい　対 □□《ケイベツ》 ≫101・14
8. せんぱく　訓 浅《あさ》い・薄《うす》い
9. ゆだ　音 委《イ》[委任《イニン》] ≫153・18
10. へいそく　訓 閉《し》める・閉《と》ざす
11. つくろ　音 繕《ゼン》[□□《シュウゼン》] ≫55・17
12. こっけい　訓 滑《すべ》る・滑《なめ》らか

復習問題

□13 あることないこと言いふらされて**甚**だ迷惑だ。
普通の程度をはるかに超えているさま
（はなは）
音 甚《ジン》［□□《ジンダイ》］ ≫33・23

□14 小説が売れて作家の生活に**潤**いを与えた。
金銭的な余裕・適度な湿り気
（うるお）
音 潤《ジュン》［□□《ジュンタク》］ ≫21・13

□15 成果を出しても報われないと不満が**募**る。
ますます激しくなる
（つの）
音 募《ボ》［募《ボ》集《シュウ》］

□16 頭から叱りつけずに親身になって**諭**す。
言い聞かせて納得させる
（さと）
音 諭《ユ》［説《セツ》諭《ユ》］

□17 この絵は**不朽**の名作として人心をとらえてきた。
くちずに後世まで残ること
（ふきゅう）
訓 朽《く》ちる
注 ×普及 ≫12・11 183・32

□18 わざと人を**貶**めるような言い方をする。
劣ったものとして見下す
（おとし）

□19 作家の日常生活における**挿話**を読んで楽しむ。
本筋と直接関係ない短い話
（そうわ）
訓 挿《さ》す
類 エピソード ≫227・16

□20 日々生産される**夥**しい量の商品を出荷する。
◆非常に多いさま
（おびただ）
281・10

□21 学問的な根拠のない**偏**った俗説を信じる。
片方へ寄る・不公平になる
（かたよ）
音 偏《ヘン》［□□《ヘンケン》］ ≫22・6
注 「片寄る」とも書く

□22 矛盾を**孕**んだ主張には誰も耳を貸そうとしない。
内に含んでいる
（はら）

□23 外来語が日本語の**語彙**の中に流入してくる。
ある言語で用いられる語の総体
（ごい）
意 彙＝たぐい
類 ボキャブラリー

□24 大空に**屹立**する富士山を遠くから仰ぎ見る。
高くそびえ立つこと
（きつりつ）

□25 矛盾する思想が**渾然**として存在している。
異なった物が混じり合っているさま
（こんぜん）
表現 渾然一体《コンゼンイッタイ》＝全体が溶け合って一つになること ≫286・4
注 「混然」とも書く

■解答 7 軽蔑 11 修繕 13 甚大 14 潤沢 21 偏見

第2章

重要語

ランク A

【読み取り】②

◆語彙編《で意味も学ぼう

□1 社会の**趨勢**を押しとどめることはできない。
◆動向・なりゆき
〔すうせい〕 217・10
意 趨＝おもむく

□2 つまらない**代物**に芸術の名を与えてはならない。
人や物（悪い意味で用いる）
〔しろもの〕
訓 代《か》わる・代《よ》

□3 頭の中の**鋳型**にはめて世の中の現象を解釈する。
物事をはめ込む一定の枠・決まりきった形
〔いがた〕
音 鋳《チュウ》［鋳造《チュウゾウ》］

□4 朝日に照らされた木の葉から朝露が**滴り**落ちる。
しずくになって垂れ落ちる
〔したた〕
音 滴《テキ》［水滴《スイテキ》］

□5 武道の修練を通じて人格の**陶冶**をめざす。
◆性質や才能を鍛えて育てること
〔とうや〕 216・2
意 冶＝ねりあげる

□6 心の**和**む光景を目の当たりにして微笑する。
気持ちがやわらいで落ち着く
〔なご〕
訓 和《やわ》らぐ

□7 会を運営する費用はすべて寄付で**賄**われている。
費用や人手などを用意し、やりくりする
〔まかな〕
音 賄《ワイ》［賄賂《ワイロ》］

□8 第三者的立場から全体の流れを**俯瞰**する。
◆ある視点から全体を見渡すこと・高いところから見下ろすこと
〔ふかん〕 206・6
類 鳥瞰《チョウカン》

□9 彼女といる時の彼はいつになく**饒舌**だった。
◆口数の多いさま
〔じょうぜつ〕 195・22
対 □《カ》□《モク》 》55・16／195・21

□10 関心は**専ら**日常生活の領域に絞られている。
そのことばかり・それを主として
〔もっぱ〕
音 専《セン》［□□《センモン》］ 》75・23

□11 国家の基盤はいまだ**脆弱**なままである。
もろくてよわいさま
〔ぜいじゃく〕
意 脆＝もろい・こわれやすい

□12 不遇の賢者に対し尊敬と**憐憫**の情を持った。
あわれむこと・情けをかけること
〔れんびん〕
意 憐・憫＝あわれむ

復習問題

□13 刹那の快楽を追い求めるのは虚《むな》しいと知る。
極めて短い時間
（せつな）
類 □□《イッシュン》 ≫122・9

□14 殺戮兵器の製造に断固として反対する。
多くの人をむごたらしく殺すこと
（さつりく）
意 戮＝ころす

□15 トイレの落書きは誰の仕業かわからない。
したこと・行い
（しわざ）
音 業《ゴウ》［因業《インゴウ》］

□16 王は優れた資質を持ち宰相は知略に長けている。
ある方面に慣れていてじょうずである
（た）

□17 社員の競争心を煽って成果を出させる。
刺激してある行動をするように仕向ける
（あお）
対 □《しず》める ≫127・20

□18 都市緑化の必要性が声高に叫ばれている。
声が高く大きいさま
（こわだか）

□19 日曜日には教会で敬虔な祈りを捧《ささ》げる。
神仏を敬い、つつしんで仕えるさま
（けいけん）
訓 敬《うやま》う
意 虔＝つつしみ深い

□20 恩師の言葉を何度も胸の中で反芻する。
一つのことを繰り返し考えよく味わうこと
（はんすう）

□21 何とも言えない寂寥感が忍び寄ってくる。
ものさびしいさま
（せきりょう）
訓 寂《さび》しい
意 寥＝さびしい

□22 自然は人間が予想するよりずっと強靱である。
強くてねばりのあるさま
（きょうじん）

□23 今でも階級社会の残滓が残っているようだ。
のこりかす
（ざんし）
意 滓＝かす
注 「ザンサイ」は慣用読み

□24 方言の言葉の響きに心が強く惹かれた。
ひきつける
（ひ）

□25 倦まず弛《たゆ》まず努力してついに成功した。
飽きる・嫌になる
（う）
表現 倦《う》まず弛《たゆ》まず＝飽きたり気を緩めたりしないで

■ 解答　9 寡黙　10 専門　13 一瞬　17 鎮（静）

第2章

重要語 ランクA 【読み取り】③

◆語彙編 <<< で意味も学ぼう

□1 五穀**豊穣**を願って神々に祈りを捧《ささ》げる。
穀物がゆたかに実ること
（ほうじょう）
類 豊作《ホウサク》 ≫186・6

□2 警察犬の**嗅覚**は捜査に非常に役立っている。
においを感じる感覚
（きゅうかく）
訓 嗅《か》ぐ

□3 上司に提出する企画書の**体裁**を整える。
外から見た形
（ていさい）
注 ×体《タイ》と読まない

□4 **尋常**の方法では解決することが難しい。
普通・当たり前
（じんじょう）
意 尋=ふつう・なみ

□5 大臣の不正を**弾劾**すべく立ち上がった。
罪を調べ、責任を追及すること
（だんがい）
訓 弾《たま》・弾《はず》む・弾《ひ》く
類 □□《キュウダン》 ≫18・8

□6 組織が**惰性**で動くようになってはおしまいだ。
今までの習慣
（だせい）
注 ×堕

□7 子孫は代々先祖の**供養**を欠かさずに行う。
死者の霊にそなえ物をして冥福を祈る
（くよう）
訓 供《そな》える

□8 祖父からもらったお守りが**懐**の中にある。
着物と胸の間
（ふところ）
音 懐《カイ》［懐中《カイチュウ》］ ≫147・24／181・46

□9 神社や寺の**境内**は子どものよい遊び場だ。
社寺の領域の中
（けいだい）
訓 境《さかい》

□10 改革に賛同する者が**漸次**増加しつつある。
◆次第に・だんだん
（ぜんじ） 218・8
意 漸=ようやく・だんだん
注 「暫時《ザンジ》」と混同しない

□11 妹の**奏**でるピアノの音が階下から聞こえる。
音楽を演奏する
（かな）
音 奏《ソウ》［演奏《エンソウ》］

□12 入念に調整して**盤石**の備えで試合に臨む。
安定していて動かないこと
（ばんじゃく）
注 ×石《セキ》と読まない

復習問題

□13 貴重な書物が床に**無造作**に積まれている。
無造作：手軽にするようす
（むぞうさ）
注「無雑作」とも書く

□14 趣味のために時間を**割**くのは苦にならない。
割く：一部を分けて他の用途に当てる
（さ）
音 割《カツ》[分割《ブンカツ》]

□15 **緩**い上り坂で車が立ち往生してしまった。
緩い：なだらか・厳しくない
（ゆる）
音 緩《カン》[□□] » 26・8／180・3

□16 少し休憩してから夕食の**支度**にとりかかる。
支度：用意・準備
（したく）
訓 支《ささ》える・度《たび》
注「仕度」とも書く

□17 現場での規律の**弛緩**を目の当たりにする。
◆弛緩：ゆるむこと
（しかん）
197・18
対 □□《キンチョウ》 » 16・11／197・17

□18 **煩**わしい手続きを簡略化することを考える。
煩わしい：こみいって複雑であるさま・気が重く面倒であるさま
（わずら）
音 煩《ハン》[煩雑《ハンザツ》]

□19 台風の日には**所詮**傘など役に立たない。
所詮：つまるところ・結局
（しょせん）
意 詮＝あきらかにする
類 畢竟《ヒッキョウ》 » 126・3／207・13

□20 宮沢賢治《みやざわけんじ》は短い生涯の中で**珠玉**の作品を書いた。
珠玉：美しく優れた詩や文章
（しゅぎょく）
意 珠＝たま

□21 病気が**重篤**な状態になってから入院した。
重篤：病状が非常におもいさま
（じゅうとく）
訓 篤《あつ》い

□22 歴史の**相貌**を示すひとこまを見事に描き出す。
相貌：物事のようす
（そうぼう）
類 容貌《ヨウボウ》

□23 人間は常に自己変革を**怠**ってはならない。
怠る：なまける
（おこた）
訓 怠《なま》ける
音 怠《タイ》[□□《タイマン》] » 53・15

□24 平安朝の貴族は深く仏道に**帰依**していた。
帰依：神や仏などを信仰し、その力を信じてすがること
（きえ）

□25 古い考えにとらわれず自由**闊達**に振る舞う。
自由闊達：広い心で物にこだわらないさま
（かったつ）
意 闊＝ひろい
表現 自由闊達《ジユウカッタツ》＝心が大らかで物事にこだわらないさま » 293・24

■ 解答　5 糾弾　15 緩和　17 緊張　23 怠慢

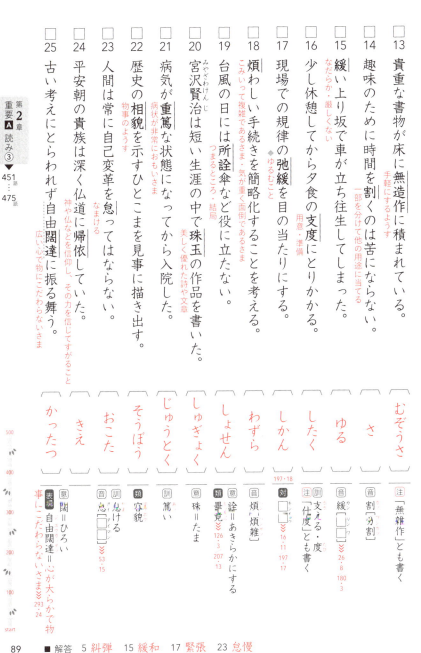

第2章 ▼

重要語 ランクA 【読み取り】④

◆語彙編 <<< で意味も学ぼう

□1 倫理が厳しく問われるのは必定である。
そうなるのが確かであること
〔ひつじょう〕
注 ×定《テイ》と読まない

□2 彼女は軽く会釈をして部屋から出て行った。
うなずく・軽くおじぎをする
〔えしゃく〕

□3 敵対者からは悪の権化のように言われる。
抽象的特質を具体化したもの
〔ごんげ〕
注 ×権《ケン》・×化《カ》・化《ケ》と読まない

□4 過去には軍国主義が鼓吹された時代があった。
◆意見を盛んに主張し、広めようとすること
〔こすい〕
217・12
訓 鼓《つづみ》・吹《ふ》く

□5 祖母はいつも私を優しく慈しんでくれた。
愛する・大切にする
〔いつく〕
音 慈《シ》［慈《ジ》愛《アイ》］

□6 最初に必要な費用を大雑把に計算してみる。
おおづかみにとらえるさま
〔おおざっぱ〕

□7 少しでも侮れば、どの対戦相手にも敗北する。
相手をばかにする
〔あなど〕
音 侮《ブ》［侮《ブ》辱《ジョク》］
≫118・11／180・5

□8 よい師に巡り会えた喜びが湧いてくる。
考えや感情が生じること
〔わ〕

□9 ポケットからハンカチを出して汗を拭う。
ふいてきれいにする
〔ぬぐ〕
訓 拭《ふ》く

□10 変革は漸進的に行われて成功を収めた。
順を追って少しずつすすむこと
〔ぜんしん〕
意 漸＝少しずつ

□11 あらゆる機会を捉えて新製品の売り込みを図る。
しっかりと自分のものにする
〔とら〕
音 捉《ソク》［捕《ホ》捉《ソク》］

□12 師匠の人柄を慕って全国から人が集まる。
あこがれ近づきたいと思う
〔した〕
音 慕《ボ》［敬《ケイ》慕《ボ》］

復習問題

□13 他者への無関心が蔓延する現代に警鐘を鳴らす。
はびこること
〔まんえん〕
意 蔓=はびこる

□14 新キャプテンがチームをよく牽引している。
◆大きな力でひっぱること
〔けんいん〕 214・1
意 牽=ひっぱる

□15 和歌には雪を花にたとえたものが際立って多い。
区別がはっきりとして目立つ
〔きわだ〕
音 際《サイ》[□□《サイゲン》] ≫36・2

□16 侵すべからざる権威が厳然として存在する。
他人の権利を損なう行為をする
〔おか〕
音 侵《シン》[侵略《シンリャク》]
注 ×浸《ひた》す ≫41・13

□17 渾身《こんしん》の処女作が辛辣な批判にさらされた。
極めて手厳しいさま
〔しんらつ〕
訓 辛《から》い

□18 問題をわざと矮小化してとらえようとする。
小さいこと
〔わいしょう〕
意 矮=短い・背丈が低い
表現 矮小化《ワイショウカ》=小さく見せるようにすること ≫217・11

□19 最短の道を行くのが無理なら迂回もやむなしだ。
回り道をすること
〔うかい〕
意 迂=遠い・まわりくどい

□20 人間関係をつなぐ精神的紐帯を重視する。
結びつけるもの
〔ちゅうたい〕
注 「ジュウタイ」とも読む

□21 成果をあげることもなく虚しく時間が過ぎる。
内容が無く無駄であるさま
〔むな〕
音 虚《コ》[□□《クウキョ》] ≫72・7

□22 疲労のあまり頭が朦朧とした状態になった。
意識が不確かなさま
〔もうろう〕

□23 何代にもわたって保持してきた特権を剥奪する。
無理に取り上げること
〔はくだつ〕
対 □《フ》□《ヨ》 ≫74・11 209・16
注 「剝奪」とも書く

□24 全知全能の神がこの世界を統べている。
支配する
〔す〕

□25 固唾を呑《の》んで試合の成り行きを見守る。
緊張したときに口の中にたまるつば
〔かたず〕
表現 固唾《かたず》を呑《の》む=事の成り行きを見守って緊張しているようす ≫261・14

■ 解答 15 際限 21 空虚 23 付与（附与）

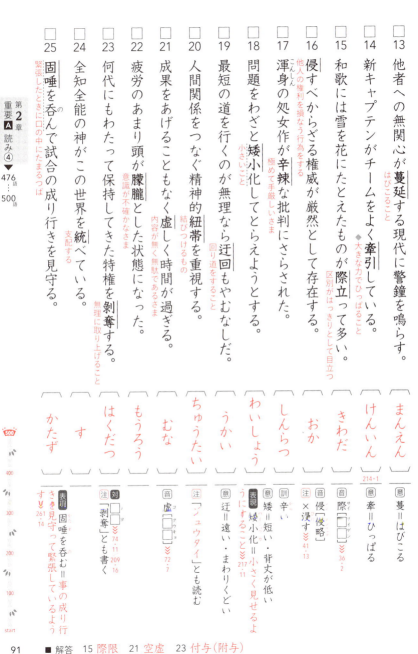

第2章 重要語 ランクAのまとめ

1 間違えやすい漢字

赤で示した箇所に注意して、正確に書こう。

漢字	注意点	参照
疎	①「正」で五画 ②「レ」ではない	≫53・25「過疎」
掌	「⺍」ではない	≫54・5「掌握」
罷	①「西」や「而」ではない ②「⺣」は不要	≫65・18「罷免」
捜	「田」や「由」ではない	≫66・2「捜索」
閲	①「丷」必要「兄」ではない ②「ハ」ではない	≫67・13「閲覧」
獲	①「扌」ではない ②「乃」ではない	≫68・1「捕獲」
茂	「戊」や「成」ではない	≫83・19「繁茂」
彙	横画を忘れない	≫85・23「語彙」

2 形が似ている漢字

次の文から漢字の誤りを一つずつ探して――を付け、正しい漢字に直そう。

□ 1 国際情勢について学生に講議する。≫68・7 〔義〕

□ 2 誤りを認めて前言を徹回した。≫72・2 〔撤〕

□ 3 イスラム教は隅像崇拝を禁じている。≫73・16 〔偶〕

□ 4 第三者委員会に調査を委属する。≫73・25 〔嘱〕

□ 5 夢や目標もなく堕性で生きている。≫88・6 〔惰〕

3 語句の意味

次の意味を表す語を［　］の語群からそれぞれ選び、正しい漢字に直そう。

□ 1 物事が乱れもつれること ≫56・4 〔紛糾〕

□ 2 まとめ、支配すること ≫61・19 〔統御〕

□ 3 おどすこと ≫65・15 〔威嚇〕

□ 4 勢いを増してくること ≫83・24 〔台頭〕

［イカク　タイトウ　トウギョ　フンキュウ］

□ 5 物事の始まり ≫53・19 〔発端〕

□ 6 ありさま ≫55・24 〔様相〕

□ 7 話し合い・駆け引き ≫62・10 〔折衝〕

□ 8 わざわい ≫81・25 〔災厄〕

［サイヤク　セッショウ　ホッタン　ヨウソウ］

4 表現

次の各文の〔　〕に当てはまる語句を、漢字を使って書こう。

□ 1 若い頃から〔辛酸〕をなめてきた彼女は、人の気持ちのわかる人間である。≫63・25

□ 2 彼は〔首尾〕一貫して社会的弱者の味方であるという態度だった。≫65・25

□ 3 数々の苦労を重ねてついに成功した人の言葉は〔傾聴〕に値する。≫71・25

□ 4 はるか昔に私が学生であった頃を思えばまさに〔隔世〕の感がある。≫75・25

□ 5 全員が〔固唾〕を呑《の》んで彼女の行動を見守っていた。≫91・25

第2章 重要語 ランク B 【書き取り】①

□ 1 **イサイ**は本人と面談の上決定することにする。
詳しくこまかいこと・詳しい事情

□ 2 銀行などの**キンユウ**関係の仕事に就きたい。
おかねが世の中に行き渡ること・貸借

□ 3 新製品が消費者の**コウバイ**意欲をかきたてる。
かい入れること

□ 4 試合が始まって間もなく勝利を**カクシン**した。
固くしんじて疑わないこと

□ 5 発言の裏に何か**コンタン**があるように思える。
心の中にあるたくらみ・策略

□ 6 業績が長い間**テイメイ**している原因を探る。
上がらず悪いありさまが続いていること

□ 7 長時間かけて険しい登山道を**トウハ**した。
長くつらい道のりを歩きとおすこと

□ 8 国道が都市の中心部を**カンツウ**している。
中をつらぬいて反対側に抜けること

□ 9 文壇の**キョショウ**の手による作品を読み味わう。
芸術などの分野で非じょうに優れている人

□ 10 年末**コウレイ**の餅つき大会を挙行する。
いつも決まって行われること

□ 11 貿易港としてにぎわった**セキジツ**の面影が残る。
むかし

□ 12 彼とはいずれ**シユウ**を決する時がくる。
勝ち負け・優劣・めすとおす

◆ 語彙編 《《 で意味も学ぼう

1	委細	意 委=くわしい 訓 細《こま》かい
2	金融	意 融=とおる
3	購買	意 購=あがなう [□□]《コウニュウ》 ≫75・15
4	確信	訓 確《たし》か
5	魂胆	訓 魂《たましい》
6	低迷	意 迷=まよう [□□]《コンメイ》 ≫76・10
7	踏破	訓 踏《ふ》む
8	貫通	訓 貫《つらぬ》く
9	巨匠	意 匠=たくみ
10	恒例	意 恒=つね [□□]《コウキュウ》 ≫82・1
11	昔日	訓 昔《むかし》
12	雌雄	表現 雌《シ》雄《ユウ》を決《ケッ》する=戦って勝敗を決める

復習問題

□13 新製品の独占販売契約を**テイケツ**する。
契約などを取り決めること
締結
訓 締《し》める

□14 京都は歴史と文化を**ホコ**る国際観光都市だ。
名誉に感じる・自慢する
誇
音 誇《コ》［誇示《コジ》］≫32・7

□15 **カイコン**した荒れ地が、見事な農地になった。
山や野を耕して田畑にすること
開墾
意 墾＝たがやす

□16 独自性を求めて大企業の傘下から**リダツ**する。
所属している所から抜け出ること
離脱
訓 離《はな》れる・脱《ぬ》ぐ

□17 遊びとは**エン**のない人生を送ってきた。
関係・人との関わり
縁
訓 縁《ふち》

□18 車の**オウライ**が激しいので事故に気をつける。
行ったりきたりすること
往来
意 往＝いく［□□《オウカン》］≫72・6／213・15

□19 食べ過ぎで消化**キカン**の調子が悪くなる。
身体の部分的組織
器官
意 器＝特定の働きをする構造体
注 ×機関（仕掛けがある機械）

□20 過ちを認めて**クい**改めようとしている。
してしまったことについて、誤りに気づき反省する
悔
音 悔《カイ》［後悔《コウカイ》］≫121・25／180・6

□21 敵対する団体が**コウソウ**を繰り広げる。
張り合いあらそうこと
抗争
訓 争《あらそ》う

□22 若手の議員グループが旗幟《きし》を**センメイ**にした。
あざやかではっきりしていること
鮮明
対 □□《アイマイ》≫44・9／197・13
表現 旗幟《キシ》を鮮明《センメイ》にする＝立場や意見をはっきりさせること

□23 長時間労働の**ジョウタイ**化を危惧する。
いつものようす
常態
訓 常《つね》

□24 ボランティアの**シュシ**を理解して参加する。
目的や理由・述べようとする事柄
趣旨
訓 趣《おもむき》・旨《むね》

□25 難しい質問をされて返答に**キュウ**する。
行き詰まって困る
窮
表現 窮鼠《キュウソ》猫《ねこ》を嚙《か》む＝弱者が追い詰められて、思わぬ力で強者に勝つこと

■解答 3 購入 6 混迷 10 恒久 18 往還 22 曖昧

【書き取り】②

語彙編

□1 いわれのないチュウショウに困っている。
根拠のないことを言って人の名誉をきずつけること

□2 本番前の調整にかなりの時間をツイやした。
使ってなくす

□3 道路工事に関する談合事件をテキハツする。
悪事を暴いて公表すること

□4 昨今の不況で会社のギョウセキが悪化する。
成し遂げた仕事やそのできばえ

□5 西洋音楽ではバッハにシンスイしている。
こころから感服し尊敬すること

□6 古いビルのコンクリートの壁をクダく。
壊してこなごなにする

□7 遠景に雪を被《かぶ》った山をいれて写真をトる。
カメラなどでうつす

□8 会議の場を重苦しいチンモクが支配していた。
だまっていること

□9 ユウワクに負けてつい勉強がおろそかになる。
こころを迷わせ悪にさそい込むこと

□10 面白そうな本を大きな声でロウドクする。
十分に声を出してよむこと

□11 どのような批判もカンジュする覚悟を決めた。
やむを得ないものとしてうけいれること

□12 キオクがあやふやで確かなことは言えない。
過去に経験したことを忘れずに覚えていること

◆語彙編 ≪≪≪ で意味も学ぼう

	解答	解説
1	中傷	意 中＝あたる 表現 誹《ヒ》謗《ボウ》中傷《チュウショウ》＝でたらめな悪口を言って相手を傷つけること
2	費	
3	摘発	訓 摘《つ》む 類 □《バク》□《ロ》 ≫129・15
4	業績	注 ×積
5	心酔	訓 酔《よ》う
6	砕	音 砕《サイ》［砕身《サイシン》］
7	撮	音 撮《サツ》［□□《サツエイ》］ ≫79・23
8	沈黙	訓 沈《しず》む・黙《だま》る
9	誘惑	訓 誘《さそ》う・惑《まど》わす
10	朗読	訓 朗《ほが》らか
11	甘受	訓 甘《あま》い
12	記憶	意 憶＝おぼえる

復習問題

□ 13 難民**キュウサイ**の寄付を送ることに賛同する。
すくい助けること
救済
訓 済《す》む

□ 14 人々は梅雨の季節に、また雨かと**タンソク**する。
なげいてためいきをつくこと
嘆息
訓 嘆《なげ》く

□ 15 町並み保存のため派手な**カンバン**を規制する。
宣伝や広告のために店の屋号や商品などを掲げたもの
看板
意 看＝みる [□《カン》□《カ》] ≫20・2／218・4

□ 16 流れに身を任せるという**シセイ**で世を渡る。
事に当たる態度
姿勢
訓 姿《すがた》　勢《いきお》い

□ 17 薬が効いて体調が**ゲキテキ**に回復した。
◆演げきを観ているように変化に富み、感動などを起こすさま
劇的
210・1

□ 18 学生時代の**キョウミ**深いエピソードがある。
こころひかれること
興味
訓 興《おこ》す　音 興《コウ》 [□《コウ》□《フン》] ≫26・2

□ 19 故郷に残した恋人のことが常に頭の**スミ**にある。
ちゅう央ではない端や奥の方・目立たないところ
隅
注 ×偶

□ 20 **シンニュウ**者を防犯カメラで監視する。
はいってはいけない所に無理にはいること
侵入
訓 侵《おか》す　注 ×浸

□ 21 話の**ショウテン**をどこに合わせるかが難しい。
人々の注意やきょうみの集まるところ
焦点
訓 焦《あせ》る・焦《こ》がす

□ 22 わき目もふらず研究に**ショウジン**している。
一生懸命に努力すること
精進
音 精《セイ》 [□《タン》□《セイ》] ≫63・20

□ 23 人生の大半を**ヒョウハク**の旅に過ごす。
さすらうこと・流れただようこと
漂泊
訓 漂《ただよ》う

□ 24 **リンセツ**したビルで解体工事が始まった。
となりあってつづくこと
隣接
訓 接ぐ

□ 25 競争社会をしぶとく勝ち抜いて**ハケン**を握る。
競争者を抑えて得た力
覇権
意 覇＝力で天下をおさえた者
表現 覇権《ハケン》を握《にぎ》る＝他を支配する

■解答　3 暴露　7 撮影　15 看過　18 興奮　22 丹精

第2章 重要語 ランク B 【書き取り】③

□1 私が潔白であることの**ショウサ**を示す。
事実であることをしょう明するあかし

□2 作者の**クッセツ**した感情が表現されている。
おれ曲がること・素直に表さないこと

□3 映画の世界を再現した**ゴラク**施設が開業した。
仕事や勉強を離れた余暇にする遊びやたのしみ

□4 社会の**フジョウリ**を正そうと奮闘する。
筋道が通らないこと・道りに合わないこと

□5 足の**コショウ**でやむを得ず選考会を欠場した。
正常なき能が損なわれること

□6 **ハイシ**になった鉄道路線を訪ねて歩く。
制度や習慣などをやめること

□7 将来に大きな**カコン**を残す結果となった。
わざわいの起こるもと

□8 **ケイガイ**化した制度を維持する必要はない。
かたちだけを残して実質的な意味を失っているもの

□9 納税のための配偶者**コウジョ**の計算をする。
差し引くこと

□10 領主に対し**ジュウジュン**な態度を装う。
素直でひとに逆らわないさま

□11 **セキネン**の願いがようやく叶《かな》えられそうだ。
長いとし月

□12 カエルは強い後脚の力で**チョウヤク**する。
◆とび上がること

◆語彙編 <<< で意味も学ぼう

1 〔証左〕 意 左＝しるし・あかし 類 □□《ショウコ》 ≫14・12

2 〔屈折〕

3 〔娯楽〕 意 娯＝たのしむ

4 〔不条理〕 意 条理＝すじみち・ことわり

5 〔故障〕 訓 障《さわ》る

6 〔廃止〕 訓 廃《すた》れる

7 〔禍根〕 意 禍＝わざわい

8 〔形骸〕 意 骸＝むくろ 表現 形骸《ケイガイ》化《カ》＝形だけ残っているさま ≫211・10

9 〔控除〕 訓 控《ひか》える・除《のぞ》く

10 〔従順〕 類 素直《すなお》

11 〔積年〕 訓 積《つ》む

12 〔跳躍〕 208・5 訓 跳《と》ぶ・跳《は》ねる・躍《おど》る

復習問題

13 フカヒレは食材として**チンチョウ**されてきた。
めずらしいとして大切にすること
（珍重）
訓 珍《めずら》しい

14 寺の**カイリツ**を守って修行に励んでいる。
修行者の生活の規りつ
（戒律）
訓 戒《いまし》める

15 新入生を**カンゲイ**して盛大なパーティーを催す。
好意をもってむかえること
（歓迎）
訓 迎《むか》える
意 歓＝よろこぶ［□□《カンキ》］≫60・11

16 接触プレーによる負傷者を**タンカ**で運ぶ。
負傷者や病にんを運搬する道具
（担架）
訓 担《かつ》ぐ・担《にな》う

17 土器の表面に文様が**キザ**みこまれている。
刃物で物を細かく切る・物のかたちを彫りつける
（刻）
音 刻《コク》［□□《チョウコク》］≫79・14

18 民主主義と資本主義は**シンワ**性が強い。
二つの物がよくなじむこと
（親和）
訓 和《なご》む

19 細心の注意を払って入学試験の**カントク**を行う。
見張りなどをして取り締まること
（監督）

20 **キセン**を制するのが勝負に勝つ秘訣《ひけつ》である。
物事が起きる直前・前兆
（機先）
表現 機先《キセン》を制《セイ》する＝先に行動して有利になる

21 現実から**トウヒ**してひとりで妄想している。
困難をさけてにげること
（逃避）

22 **ジギ**を得た企画で、商品は大ヒットした。
ちょうどよい頃合い
（時宜）
表現 時宜《ジギ》を得《え》た＝発言や行いなどがその場の状況にふさわしいこと

23 今は亡き恩師の教えを心に**メイキ**する。
深く心にきざみつけて忘れないこと
（銘記）
意 銘＝しるす

24 自然環境への**ジンイ**的負荷が非常に増える。
ひとの力で行うこと
（人為）

25 **ダンカイ**の世代は高度成長期に青春を過ごした。
たくさんの物が集まってできたかたまり
（団塊）
表現 団塊《ダンカイ》の世代《セダイ》＝昭和22～24年のベビーブーム時に生まれた世代
注 ×魂

■解答 1 証拠 15 歓喜 17 彫刻

【書き取り】④

□1 彼の書く文章には**ソザツ**な点が少しもない。
あらくてぞんざいであるさま

□2 万物は**ルテン**するという東洋思想がある。
移り変わること

□3 漏れ落ちがないよう**シサイ**に点検する。
詳しいさま

□4 メロスは**シシ**を投げだしてまどろんでしまった。
両手と両足

□5 久しぶりの**ゴウカ**な食事を心ゆくまで堪能《たんのう》した。
はなやかで立派なさま

□6 退屈だった物語がようやく**カキョウ**に入る。
話や物語などの面白いところ

□7 地元のチームが**アザ**やかな優勝を遂げた。
見事なさま

□8 都会とは違って山の空気は**ス**んでいる。
濁りなくすきとおる

□9 詩と日常会話は**タイキョク**にあるように見える。
正反たいの二つの事柄

□10 企業は消費者の声に**ビンカン**に応じる。
少しの変化でもすぐかんじ取るさま

□11 幼児が**ア**きることなく積み木で遊んでいる。
同じことが長く続いて嫌になる

□12 人類は伝染病を**ボクメツ**しようと努力している。
ほろぼし絶やすこと

◆語彙編 ≪で意味も学ぼう

1 〔粗雑〕 対 □□《セイミツ》 ≫29・13 別解 疎雑

2 〔流転〕

3 〔子細〕 類 □□《ショウサイ》 ≫24・5 注「仔細」とも書く

4 〔四肢〕

5 〔豪華〕 対 貧弱《ヒンジャク》・□□《カンソ》 ≫77・21

6 〔佳境〕 意 佳＝よい

7 〔鮮〕 音 鮮《セン》［□□《センレツ》］ ≫68・4

8 〔澄〕 音 澄《チョウ》［清澄《セイチョウ》］

9 〔対極〕 訓 極《きわ》める

10 〔敏感〕 対 鈍感《ドンカン》

11 〔飽〕 音 飽《ホウ》［□□《ホウワ》］ ≫81・22

12 〔撲滅〕 注 ×僕

復習問題

□13 正義と秩序を**キチョウ**とする国際平和を目指す。
一貫してある根本的傾向

□14 権力になびく風《かざ》見《み》鶏《どり》のような人を**ケイベツ**する。
かろんじばかにすること

□15 大国に**ジュウゾク**することで延命を図る。
中心となるものにしたがうこと

□16 人類は**タイコ**にアフリカの大地で生まれた。
大昔

□17 人生のあらゆる可能性に**チョウセン**する。
たたかいをいどむこと

□18 委員の見解が**ガッチ**するのに時間を要した。
ぴったりあうこと

□19 気持ちが乱れていると注意が**サンマン**になる。
ちらばってしまりのないさま

□20 パーティーで**ソッキョウ**の歌を披露する。
その場で思ったことをすぐに詩歌や歌につくること

□21 自宅**タイキ**を命じられてしばらく経《た》つ。
準備を整えてまつこと

□22 寺のご本尊は国宝館に**チンレツ**されている。
見せるために並べておくこと

□23 正当**ボウエイ**が認められて無罪となった。
他からの攻撃をふせぎ守ること

□24 事態は思わぬ方向に**テンカイ**していった。
くりひろげること

□25 理想が高いほど現実との**ソウコク**に悩む。
◆互いに勝とうとして争うこと

13 基調 〔訓〕基《もと》
14 軽蔑 〔訓〕蔑《さげす》む 〔対〕□《イ》□《ケイ》 ≫84・7
15 従属
16 太古 〔意〕太＝はなはだ
17 挑戦 〔訓〕挑《いど》む
18 合致 〔訓〕致《いた》す
19 散漫 〔訓〕散《ち》る 〔注〕×慢
20 即興 〔訓〕興《おこ》す
21 待機 〔訓〕待《ま》つ
22 陳列 〔意〕陳＝ならべる
23 防衛 〔意〕衛＝まもる・ふせぐ
24 展開
25 相克 215・11 〔意〕克＝うちかつ 〔注〕「相剋」とも書く

■解答 1 精密 3 詳細 5 簡素 7 鮮烈 11 飽和 14 畏敬

第**2**章

重要語 ランク **B** 【書き取り】⑤

□1 **キョセイ**を張って背伸びし続けるのは辛《つら》い。
◆上辺ばかりのいきおい・からい張り

□2 都市の**キンコウ**はほとんど開発しつくされた。
都市の周辺部

□3 社内の機構改革について議論が**フットウ**する。
わき立つようにさかんになること

□4 取引会社の法令違反を厳しく**シダン**する。
非難すること・つまはじきにすること

□5 異教徒を**ハクガイ**する事件は歴史に散見される。
◆苦しめ虐げること

□6 調査のため辺境の地に長期間**タイザイ**する。
よそに行ってある期間留まること

□7 日常から**ユウリ**した議論をしても仕方がない。
他とはなれて存ざいすること

□8 作者が何を**イト**しているのか読みとれない。
何かをしようと考えること

□9 浦島太郎は竜宮城で乙姫に**カンタイ**された。
心を込めて手厚くもてなすこと

□10 木漏れ日が地面に斑《まだら》の**モヨウ**を描きだす。
装飾のために施す種々の形

□11 人力車のゆれの**ヨイン**にぼんやりと浸っている。
物事が終わった後に残るあじわい

□12 小学校の教科書の**カンシュウ**に携わっている。
本などの著述や編集をかん督すること

◆語彙編 ≪ で意味も学ぼう

1 虚勢 217・10
表現 虚勢《キョセイ》を張《は》る＝実力がないのに上辺だけの威勢を示す

2 近郊

3 沸騰
訓 沸《わ》く 意 騰＝高くあがる［□□《コウトウ》］≫74・3

4 指弾
訓 弾《たま》・弾《はず》む・弾《ひ》く

5 迫害 218・6
訓 迫《せま》る

6 滞在
意 滞＝とどまる［□□《ジュウタイ》］≫61・13 類 逗留《トウリュウ》

7 遊離
意 遊＝さまよう［□□《フユウ》］≫82・3

8 意図
訓 図《はか》る

9 歓待
訓 歓《よろこ》ぶ

10 模様
訓 様《さま》

11 余韻
意 韻＝ひびき

12 監修
訓 修《おさ》める

復習問題

□13 国の経済を支える**キカン**産業を援助する。
物事の一番中心となるもの

□14 **シュコウ**を凝らした作品を競って作り上げる。
おもむき・工夫

□15 **ショウミ**期限切れの食品を棚から撤去する。
食物をおいしくあじわうこと

□16 商売**ハンジョウ**を願って絵馬を奉納する。
にぎわいさかえること

□17 仇敵《きゅうてき》であるかのように**レイタン**に接する。
気にかけないさま・不親切であるさま

□18 国家の**イシン**をかけたプロジェクトに挑む。
畏敬される厳かさとしん用

□19 経済的な**コンキュウ**の度合いが増している。
貧乏で苦しむこと

□20 神仏に額《ぬか》ずき、国際平和を**キネン**する。
心をこめていのること

□21 大都会の**イチグウ**でひっそりと生きていく。
片すみ

□22 地殻変動によって地盤が**リュウキ**する。
高くもり上がること

□23 新しい国にふさわしい文化を**ソウシュツ**する。
新しく作りだすこと

□24 私は読書から多くのものを**カントク**してきた。
深い道理などを悟り知ること

□25 度重なるいたずらに**カンニン**袋の緒が切れた。
怒りを抑えて、人の過ちを許すこと

13 基幹
訓 基《もと》・幹《みき》

14 趣向
類 □《イ》□《ショウ》 ≫55・23／184・13／212・2

15 賞味
意 賞＝ほめる

16 繁盛
訓 盛《さか》ん

17 冷淡
対 親切《シンセツ》

18 威信
意 威＝おごそか

19 困窮
訓 困《こま》る・窮《きわ》まる

20 祈念
訓 祈《いの》る

21 一隅
訓 隅《すみ》
注 ×一遇（一度出会うこと）

22 隆起
意 隆＝たかい
対 陥没《カンボツ》 ≫71・16

23 創出
意 創＝はじめる

24 感得

25 堪忍
表現 堪忍袋《カンニンぶくろ》の緒《お》が切《き》れる＝もうこれ以上我慢できなくて怒りが爆発する

■解答 3 高騰（昂騰） 6 渋滞 7 浮遊 14 意匠

第2章 重要語 ランクB 【書き取り】⑥

□1 懸命の努力によってようやく**キキ**を脱した。
あぶない状態

□2 何事も**カンレイ**に従っておけば角が立たない。
しきたり・ならわし

□3 両チームは実力が**ハクチュウ**している。
非常によく似ていて優劣がないこと

□4 成功とは**ムエン**の苦難の人生を送ってきた。
えんのないこと

□5 送られてきた**セイキュウ**書の金額に驚いた。
あることをするように相手にもとめること

□6 **タマシイ**を揺さぶられるような体験をする。
心・精神・人体に宿る精気

□7 毎朝神社に参詣するとは**シュショウ**な心掛けだ。
◆けなげであるさま

□8 祖父の**カンレキ**を祝う会を盛大に催した。
数え年で六十一歳のこと

□9 時の**ケイカ**をしみじみと感じる出来事だった。
物事の変化の状態・成り行き

□10 オリンピックの**ショウチ**運動が実を結んだ。
まねき寄せること

□11 不毛の砂地を**ヒヨク**な農地にする計画を進める。
土地がこえていて農作物がよくできるさま

□12 開会式で選手を代表して**センセイ**する。
ちかいを述べること

◆語彙編 ≪で意味も学ぼう

1 〔危機〕
訓 危《あぶ》ない・危《あや》うい
表現 危機一髪《キキイッパツ》＝非常に危険な状態 ≫288・1

2 〔慣例〕

3 〔伯仲〕
表現 伯仲《ハクチュウ》の間《カン》＝両者の間で優劣のないこと

4 〔無縁〕

5 〔請求〕
意 訓 請《こ》う
請＝ねがう［□□《ヨウセイ》］≫16・10 184・1

6 〔魂〕

7 〔殊勝〕 218・7
表現 殊勝顔《シュショウがお》＝神妙な顔つき

8 〔還暦〕
訓 暦《こよみ》

9 〔経過〕
訓 経《へ》る

10 〔招致〕
訓 招《まね》く

11 〔肥沃〕
訓 肥《こ》える

12 〔宣誓〕
訓 誓《ちか》う

復習問題

□13 人間の知の営みの**キテイ**には言葉がある。
き礎となる事柄

□14 孵化《ふか》直後には雌雄の区別は**ハンゼン**としない。
はっきりとよくわかるさま

□15 **シュリョウ**民族は動物を敬って生きている。
山野の鳥獣をおい立ててとらえること

□16 定期異動で課長から部長に**ショウカク**した。
地位が上がること

□17 地域間の所得の差を**ゼセイ**する策を講じる。
良くない点を改めること

□18 名優の死去に際し**ツイトウ**番組が組まれた。
死者の生前をしのび、悲しみにひたること

□19 急進的ではない**オンケン**な提案が支持された。
◆おだやかでしっかりしているさま

□20 **カレイ**な衣装を身にまとって舞台に出る。
はなやかで美しいさま

□21 夕暮れの図書館は**セイジャク**が支配している。
物音もせずしんとしていること

□22 業務用ソフトの開発を業者に**イタク**した。
他に任せ頼むこと

□23 今世紀最大と**メイ**打たれた博覧会が開会した。
金石、器物などに事物の功績をたたえて来歴を記したもの

□24 小説の作者と主人公は**コンドウ**されがちである。
区別すべきものを一つに扱うこと

□25 荘重な楽曲が私の心の**キンセン**に触れる。
心の奥の感じやすい心情

---

13 基底
〔訓〕基《もと》

14 判然
〔意〕判＝はっきりさせる

15 狩猟
〔訓〕狩《か》り

16 昇格
〔対〕降格《コウカク》

17 是正
〔意〕是＝ただしい

18 追悼
〔訓〕悼《いた》む

19 穏健
203・22
〔対〕□□《カゲキ》 ≫203・21

20 華麗
〔訓〕華《はな》・麗《うるわ》しい

21 静寂
〔対〕喧噪《ケンソウ》

22 委託
〔別解〕依託

23 銘
〔意〕銘＝しるす［□□《メイキ》］≫99・23 185・46
〔表現〕銘《メイ》打《う》つ＝名目をつける

24 混同

25 琴線
〔訓〕琴《こと》
〔表現〕琴線《キンセン》に触《ふ》れる＝感銘や深い共感を起こすこと≫248・1

■解答　5 要請　19 過激　23 銘記

第2章

重要語 ランクB【書き取り】⑦

- □ 1 自分の案を認めてもらおうと**ヤッキ**になる。（焦ってむきになること）
- □ 2 住民が地方自治に積極的に**サンヨ**する。（あることに関係すること）
- □ 3 恋人と一緒に海辺で波と**タワム**れて過ごす。（遊びふざける）
- □ 4 若い頃の夢を**アキラ**めずに追い続ける。（見込みや希望がないと思ってやめる）
- □ 5 **マンゼン**と毎日を過ごしているように見える。（ぼんやりととりとめのないさま）
- □ 6 しばらくの間自宅**キンシン**を命じられた。（一定の期間登校や出勤を禁じて反省を促す処罰）
- □ 7 ヒトもゴリラも**コウギ**にはサルの仲間だ。（◆ひろい意味）
- □ 8 健康**シコウ**の高まりが消費行動にも影響する。（心がある目標にむかって働くこと）
- □ 9 日々の暮らしはそれなりに**ジュウソク**している。（満ちたりること）
- □ 10 **ハイグウシャ**の権利は法律により保護される。（夫婦の一方から見た他方）
- □ 11 一部の**フユウ**な階層に国の実権が握られた。（財産が多く生活が豊かであるさま）
- □ 12 開業資金を集めるために**ホンソウ**する。（物ごとの実現にむけて努力し、駆け回ること）

◆語彙編《で意味も学ぼう

1. 躍起
   訓 躍《おど》る　意 躍＝はねあがる［□□《ヤクジョ》］ ≫83・25
2. 参与
   意 与＝あずかる
3. 戯
   音 戯《ギ》［遊戯《ユウギ》］ ≫120・6
4. 諦
   音 諦《テイ》［諦観《テイカン》］
5. 漫然
   意 漫＝とりとめのない［□□《サンマン》］ ≫101・19
6. 謹慎
   訓 謹《つつし》む・慎《つつし》む
7. 広義
   203・20
   対 □《キョウ》□《ギ》 ≫64・5／181・42／203・19
8. 志向
   訓 志《こころざし》
9. 充足
   訓 充《あ》てる
10. 配偶者
    意 偶＝つれあい　注 ×隅
11. 富裕
    意 裕＝ゆたか
12. 奔走
    意 奔＝はしる

復習問題

□13 人気の**メイガラ**の米を順番に試してみる。
商品の商標
銘柄
意 銘＝特別な品につく語

□14 粗の目立つ作りに**カンキョウ**を削《そ》がれた。
面白味をかんじること
感興
類 興味《キョウミ》 ≫97・18

□15 映画の主人公に自分との**ルイジ**点を見出《みいだ》す。
にていること
類似
訓 似《に》る

□16 人前に出ると緊張のあまり**イシュク**する。
小さくちぢこまって生気がなくなること
萎縮
訓 萎《な》える

□17 さまざまな統計数値の**カイセキ**を大規模に行う。
理論に基づいて詳しく研究すること
解析
訓 解《と》く

□18 祖母が**キトク**であるという知らせがあった。
病が重く、命があやういこと
危篤
意 篤＝病気が重い
□□《ジュウトク》 ≫89・21

□19 壁面は美しい**キカ**学模様になっている。
図形や空間の性質を研究する数学の分野
幾何
訓 幾《いく》

□20 高齢を理由に会長就任の要請を**コジ**する。
かたくじ退すること
固辞
対 快諾《カイダク》

□21 法廷で裁判長が重々しく有罪を**センコク**した。
つげ知らせること
宣告
訓 告《つ》げる

□22 必要があって昔の**ギジ**録を入念に調査した。
会合で話し合うこと、その内容
議事
意 議＝論じ合う

□23 往時の貴族は身のこなしが**ユウガ**であった。
上品でやさしく美しいさま
優雅
訓 優《すぐ》れる・優《やさ》しい
対 □《ソ》□《ヤ》 ≫33・19

□24 受賞は日々の努力の**ケッショウ**である。
あることがらが積み重なり、立派な形になって現れること
結晶

□25 冬眠中のクマは**タイシャ**が低下している。
必要なものを取り入れ、不要なものを外へ出すこと
代謝
表現 新陳代謝《シンチンタイシャ》＝新旧の入れ替わり

■解答　1 躍如　5 散漫　7 狭義　18 重篤　23 粗野

第2章 重要語 ランク B 【書き取り】⑧

□1 売れ行きが好調で、商品の在庫が**フッテイ**する。
物が非常に乏しいこと

□2 土地売買の**チュウカイ**を仕事にしている。
間に立ってうまく取り持つこと

□3 **マンガ**も近頃では文化の一翼を担っている。
絵にせりふを添えて物語を表現したもの

□4 彼を次期委員長に**スイセン**しようと思う。
人物や物を適当であるとして他人にすすめること

□5 お茶を飲みながら皆で**ダンショウ**する。
うち解けて話しわらうこと

□6 原野を**カイタク**して商品作物を植える。
山野を切りひらいて耕地などにすること

□7 学者になるためには**ガイハク**な知識が必要だ。
学もんなどに広く通じているさま

□8 病気に倒れた妻を**ケンシン**的に看病する。
みをささげて尽くすこと

□9 恩師の**シッセキ**を糧として成長してきた。
しかりとがめること

□10 粘り強く交渉して**ジョウホ**を引き出す。
主張をひっこめて他に従うこと

□11 選挙で政権に対する国民の**シンパン**が下される。
事件をしん理し、はん定すること

□12 会場内では**セツド**ある振る舞いが要求される。
行き過ぎのないちょうどいい程ど

◆語彙編 <<< で意味も学ぼう

1 払底 〔　〕
訓 払《はら》う
類 欠乏《ケツボウ》

2 仲介 〔　〕

3 漫画 〔　〕
注 ×慢

4 推薦 〔　〕
訓 薦《すす》める

5 談笑 〔　〕
訓 笑《わら》う

6 開拓 〔　〕
意 拓＝ひらく

7 該博 〔　〕
意 博＝ひろい 【□□《ハクシキ》】 >> 39・19

8 献身 〔　〕
注 ×心

9 叱責 〔　〕
訓 責《せ》める

10 譲歩 〔　〕
訓 譲《ゆず》る

11 審判 〔　〕
意 判＝はっきりさせる 【□□《ハンゼン》】 >> 105・14

12 節度 〔　〕
意 節＝ほどよい・ひかえめ

復習問題

□13 特異な芸術家の魂の**ヘンレキ**をたどる。
さまざまな経験をすること
遍歴
注 ×偏

□14 証人**カンモン**の要請を巡って議会が紛糾する。
呼び出してといただすこと
喚問
意 喚＝よぶ［□□《ショウカン》］≫55・21

□15 期日の過ぎた図書の返却を**トクソク**される。
約束や債務の履行をうながすこと
督促
訓 促《うなが》す

□16 電車やバスのストライキは通勤に**ヒビ**く。
他に好ましくない変化をもたらす
響
音 響《キョウ》［□□《エイキョウ》］≫63・16

□17 **キンベン**に家業に精を出し、かつ商才にも富む。
◆仕事などにまじめに励むさま
勤勉
203・13
対 □□《タイダ》≫45・25 203・14

□18 民衆の間に不平が**ジュウマン**している。
いっぱいになること
充満
訓 充《あ》てる・満《み》たす

□19 互いの個性の相違を**ズイショ**で思い知った。
至るところ・どこでも
随所
注「随処」とも書く

□20 **ギゼン**的な発言を聞くと憤りを覚える。
よい行いをしているように見せかけること
偽善

□21 独自の技術を持つベンチャー企業に**トウシ**する。
利益を得る目的で事業や証券などに金銭をつぎ込むこと
投資

□22 先生の指摘は、なるほど**シュコウ**できる。
納得し賛成すること
首肯
意 肯＝うなずく
対 頭《かぶり》を振《ふ》る

□23 こまごまとした**キソク**が多くて煩わしい。
決まり・定め
規則

□24 若いうちに外国に留学することを**スス**める。
そうするように誘う
勧
音 勧《カン》［□□《カンユウ》］≫66・10

□25 **フクスイ**盆に返らずのたとえ通り修復は困難だ。
容器からこぼれたみず
覆水
表現 覆水盆《フクスイボン》に返《かえ》らず＝一度したことは取り返しがつかないことのたとえ≫267・15

■解答 7 博識 11 判然 14 召喚 16 影響 17 怠惰 24 勧誘

□ 1 **シュウネン**深く一つのテーマを追い続ける。
一つのことを深く思いつめる心

□ 2 偏りのない**チュウヨウ**の精神で判断する。
◆偏りがなく常に変わらないこと

□ 3 **ヨジョウ**資金が株式市場にどんどん流れ込む。
あまり・残り

□ 4 競技会の開会式には校旗を**ケイヨウ**する。
高くかかげること

□ 5 無駄な**サクリャク**を巡らして資金を浪費した。
はかりごと

□ 6 一歩一歩**フ**みしめながら神社の参道を歩く。
足を地面や床などにおろす

□ 7 思わせぶりな言動に**カンチガ**いしてしまった。
誤って思い込むこと

□ 8 過去の経験が現在の我々の**シシン**となっている。
物事を進めるべき方向

□ 9 変革は社会の**シュウエン**部から始まる。
まわり・ふち

□ 10 久しく無人であった家は**ソンショウ**が激しい。
そこないきずつけること

□ 11 リンカーンは**ドレイ**たちの解放を命じた。
自由を奪われ労働をしいられる人

□ 12 自己と他者との**ノウミツ**な関わりを断ち切る。
こくて細やかなさま

◆ 語彙編 ⋘ で意味も学ぼう

1 執念 　訓 執《と》る

2 中庸 　209・9 　意 庸＝かたよらない

3 余剰 　訓 余《あま》る

4 掲揚 　訓 掲《かか》げる・揚《あ》げる

5 策略

6 踏 　音 踏《トウ》［□《トウ》□《ハ》］ ≫ 94・7

7 勘違

8 指針 　訓 指《さ》す・針《はり》

9 周縁 　対 中核《チュウカク》 ≫ 141・19

10 損傷 　訓 損《そこ》なう

11 奴隷 　類 奴婢《ヌヒ》

12 濃密 　対 □《キ》□《ハク》 ≫ 19・18／202・7

復習問題

□13 今では古い風習はすっかり**スタ**れてしまった。
衰える・だめになる
廃
音 廃《ハイ》［□□］《コウハイ》≫52・2

□14 学生たちの生活ぶりを軽妙な**ヒッチ**で描く。
書画や文章の書きぶり
筆致
意 致＝おもむき

□15 道路**ヒョウシキ**を見やすい場所に設置する。
目印として設けられたもの
標識
意 標＝しるし［□□］《シヒョウ》≫74・8

□16 自白を**キョウヨウ**することがあってはならない。
無理やり求めること
強要
訓 強《し》いる

□17 都市の**コウガイ**で新しい流行が発生する。
市街地に隣接した地域
郊外
注 ×効

□18 賢い消費者は商品の**センタク**に時間をかける。
多くのなかから目的にかなうものをえらぶこと
選択
訓 選《えら》ぶ

□19 高い**ヒンド**でコンピューターが誤作動する。
繰り返し起こるど合い
頻度
意 頻＝しきりに［□□］《ヒンパツ》≫81・21

□20 時間がなかったので**ソクセキ**の料理で済ませた。
手間をかけずにすぐできること
即席
意 即＝すぐに［□□］《ソクザ》≫38・5

□21 写真や動画は記録をするのに**チョウホウ**だ。
使って便利なこと
重宝

□22 民族主義が**ボッコウ**して国民国家が成立した。
急に勢いを得て盛んになること
勃興
意 勃＝急に起こるさま
訓 興《おこ》る

□23 時間の**セイヤク**で納得のいくものができない。
条件をつけて自由にさせないこと
制約

□24 日本人の**ソセン**は農耕生活を営んでいた。
現在のものに発達するもとになったもの
祖先

□25 **エイセイ**都市の住宅地に新居を構える。
あるものをちゅう心として、そのまわりにあって従属関係にあるもの
衛星
表現 衛星《エイセイ》都市《トシ》＝大都市の周辺にある中小都市

■解答 6 踏破 12 希薄（稀薄） 13 荒廃 15 指標 19 頻発 20 即座

第2章 重要語 ランクB 【書き取り】⑩

◆語彙編≪で意味も学ぼう

復習問題

□1 不可能と思われた**イギョウ**を成し遂げる。
優れた立派な仕事
〔偉業〕
訓 偉《えら》い

□2 画期的な着想は同時代の**ヒハン**を浴びがちだ。
よくないところを取り上げて論じること
〔批判〕

□3 **グウハツ**的な事故があちこちで起こった。
思いがけず起こること
〔偶発〕
意 偶＝たまたま［□□《グウゼン》］≫35・14／194・12
注 ×隅

□4 ごみ集積場のカラス対策という難問を**カカ**える。
自分の物として持つ
〔抱〕
音 抱《ホウ》［□□《ホウフ》］≫79・19

□5 苦難を乗り越えて**オダ**やかな日常を送る。
やすらかで落ち着いているようす
〔穏〕
音 穏《オン》［平穏《ヘイオン》］≫165・23

□6 かつての難事件は**イッキョ**に決着がついた。
いち度に事を成すこと
〔一挙〕
訓 挙《あ》げる

□7 **ヘイゼイ**からいざという時の準備を怠らない。
普段・日頃
〔平生〕
類 普段《フダン》
注 ×生《セイ》と読まない

□8 昨日の試合は彼の**カツヤク**により勝利した。
素晴らしいかつ動をして成果を上げること
〔活躍〕
訓 躍《おど》る

□9 心理**ビョウシャ**に優れた小説を執筆する。
見たり感じたりした物をえがきうつすこと
〔描写〕
訓 描《えが》く

□10 政府の方針に対する異論が**フンシュツ**する。
勢いよくふきでること
〔噴出〕
訓 噴《ふ》く

□11 係員が入場者を所定の位置に**ユウドウ**する。
人や物をある状態へさそいみちびくこと
〔誘導〕
訓 誘《さそ》う・導《みちび》く

□12 今日の催しの中では、彼の歌が**アッカン**だった。
◆全体の中で最も優れたもの
〔圧巻〕
207・16
意 巻＝まきもの・書物

□13 記憶が脳のどこかに**カクノウ**されている。
しまっておくこと
格納
訓 納《おさ》める

□14 長く胃腸を患い、手厚い**カンゴ**を受けた。
病人やけが人の手当てや世話をすること
看護
意 看＝みる ［□《カン》□《パ》］ »29・23 218・4

□15 我が国**クッシ**の大学者に直接教えを請うた。
多くの中から特に数え上げるほど優れていること
屈指
類 有数《ユウスウ》

□16 球場の正式な**コショウ**を公募で決める。
よび名・名前
呼称
訓 呼《よ》ぶ

□17 青鞜社《せいとうしゃ》は女性の自我の**カクセイ**を促した。
迷いからさめ過ちに気づくこと・目がさめること
覚醒
意 訓 覚《さ》める 醒＝さめる

□18 **スンカ**を惜しんで働いた結果、成功を収めた。
ほんの少しのひま
寸暇
訓 暇《ひま》

□19 目立たないように**ソクメン**から援助する。
正めんに対して左右のめん・わきの立場
側面
訓 側《がわ》

□20 会社の金を横領したという**ケンギ**をかけられる。
◆罪を犯した事実があるのではないかとうたがうこと
嫌疑
209・15
訓 嫌《きら》う・嫌《いや》

□21 今回の失敗を過剰に**ヒゲ**する必要はない。
自分を実際より劣ったものとしていやしめること
卑下
訓 卑《いや》しい

□22 新たな支配者から**フクジュウ**を求められる。
他の意志や命令にしたがうこと
服従
意 服＝したがう

□23 良き**ハンリョ**を得て暮らしが落ち着いた。
連れだって行く者・配ぐう者
伴侶
訓 伴《ともな》う 類 □《ハイ》□《グウ》□《シャ》 »106・10

□24 **ケイコク**や田園の堂々とした眺めが広がる。
たに・たに間
渓谷

□25 単なる物見**ユサン**ではなく意義のある旅にする。
気晴らしにあそびにでかけること
遊山
表現 物《もの》見《み》遊《ユ》山《サン》＝あちこち見物して遊び楽しむこと

■ 解答　3 偶然　4 抱負　14 看破　23 配偶者

第2章 重要語

ランク **B**

【書き取り】⑪

□ 1 砂上の**ロウカク**のようにもろく崩れてしまう。
重層の建物・たかどの

□ 2 祝勝パレードのために交通**キセイ**が実施される。
決まりによりせい限すること

□ 3 まぶたを閉じると**キョウリ**の光景が目に浮かぶ。
うまれ育った土地・ふるさと

□ 4 **フクシ**の仕事に携わることを希望する。
公的なサービスによって幸せなせい活環境をつくろうとすること

□ 5 高齢者を**カイゴ**する施設で手伝いをする。
病者や高齢者などの日常せい活を助けること

□ 6 ベスビオ山の噴火で、ポンペイは**カイメツ**した。
すっかりこわれほろびること

□ 7 社会に**キセイ**して甘い汁を吸う者を排除する。
他人に頼っていきること

□ 8 自分らしさという**ゲンソウ**を持ち続ける。
実際にないことを思い描くこと

□ 9 被害を受けた町の復興に**ジンリョク**する。
ちからをつくすこと

□ 10 事件の経過を**チクイチ**報告するように指示する。
いちいち詳細に

□ 11 夜の間に気温が下がり路面が**トウケツ**する。
こおりつくこと

□ 12 知人から**ハクライ**の高級品をプレゼントされた。
よその国から海をわたってくること

◆語彙編《《で意味も学ぼう

1 楼閣
表現 砂《サ》上《ジョウ》の楼閣《ロウカク》＝実現不可能な計画のたとえ》》262・5

2 規制

3 郷里

4 福祉
意 祉＝しあわせ

5 介護
意 介＝たすける
［介抱《カイホウ》］》》74・5／184・22

6 壊滅
訓 壊《こわ》れる・滅《ほろ》びる

7 寄生
訓 寄《よ》る

8 幻想
訓 幻《まぼろし》

9 尽力
訓 尽《つ》くす

10 逐一
意 逐＝おう
注 ×遂

11 凍結
訓 凍《こお》る・凍《こご》える

12 舶来
意 舶＝ふね
注 ×船

復習問題

□13 政府関係者は式典の準備に**ボウサツ**（非常にいそがしいこと）された。
忙殺
訓 忙《いそが》しい

□14 事態を**ユウリョ**（心配すること）した人々が立ち上がった。
憂慮
訓 憂《うれ》える

□15 細かい説明は**カツアイ**（惜しいけれど省略すること）し、論点を詳しく記す。
割愛
訓 割《さ》く

□16 専門委員会に今後の方向性を**シモン**（専門知識のある個人や機関に意見を求めること）した。
諮問
訓 諮《はか》る

□17 大学から名誉教授の**ショウゴウ**（呼び名）を与えられた。
称号
意 称＝たたえる〔□《ショウ》□《ヨウ》〕≫81・19

□18 彼の**タンセイ**（きちんと整っているさま）な身のこなしが周囲の目を引いた。
端正
意 端＝ただしい

□19 昨年の優勝チームが大会旗を**ヘンカン**（もとの所へかえすこと）する。
返還
訓 返《かえ》す

□20 母親に**ホウヨウ**（だきかかえること）されて赤ん坊は泣きやんだ。
抱擁
意 擁＝だく

□21 実際にやってみたら**アンガイ**（思いのほか）難しかった。
案外
類 □《イ》□《ガイ》≫140・10

□22 敵の奇襲攻撃により要塞が**カンラク**（◆攻めおとされること）した。
陥落
219・10
訓 陥《おち》いる・陥《おとしい》れる

□23 **サクイ**（ことさらに手を加えること）的に文章を改変した跡が見られる。
作為

□24 飼料価格の高騰が**チクサン**（家ちくを飼育し人間せい活に利用する仕事）に打撃を与えた。
畜産
注 ×畜

□25 前人**ミトウ**（まだ足をふみ入れていないこと）の秘境の地にようやくたどり着く。
未踏
表現 前人《ゼンジン》未踏《ミトウ》＝今まで人が足を踏み入れたことがないこと
別解 未到

■解答 5 介抱 17 称揚 21 意外

第2章 重要語

ランク B

【書き取り】⑫

◆ 語彙編 ≪ で意味も学ぼう

□ 1 気が**キ**いたことを言おうとして言葉を探す。
有効に動き働く
〔利〕
表現 気が利《き》く＝しゃれている・心が行き届く

□ 2 実行不可能な命令を**カ**されて困り果てる。
仕事や責任などを割りあてて負わせる
〔課〕

□ 3 二十歳では生きることの**コドク**はわからない。
◆仲間がなくひとりぼっちであること
〔孤独〕 206・3

□ 4 **イダイ**な祖先を持った子孫は苦労する。
立派であるさま
〔偉大〕
訓 偉《えら》い

□ 5 家族間の激しい葛藤の**ウズ**に巻き込まれる。
激しく動いて入り乱れている状態
〔渦〕
音 渦《カ》［□□］《カチュウ》 ≫37・24

□ 6 馬の調教と**ギャクタイ**を混同してはならない。
弱者に対して強い立ばをり用してむごい扱いをすること
〔虐待〕
訓 虐《しいた》げる

□ 7 常識を**コンテイ**から覆す新説を提唱する。
物事の土台となる部分
〔根底〕
訓 底《そこ》

□ 8 街の通りを歩くと戦争の傷跡が**サンケン**される。
あちらこちらにちらほらとみえること
〔散見〕
訓 散《ち》る

□ 9 **ショミン**のささやかな願いがかなえられた。
世間一般の人々
〔庶民〕
意 庶＝もろもろ

□ 10 日本では、自然は**セイフク**すべき対象ではない。
相手を従わせること
〔征服〕

□ 11 勉学を**ナマ**けたことに後ろめたさを感じる。
労を惜しむ・なすべきことをしない
〔怠〕
音 怠《タイ》［□□］《タイマン》 ≫53・15

□ 12 開門まで週刊誌を読んで時間を**ツブ**す。
空いているところを埋める・形を崩す
〔潰〕
音 潰《カイ》［潰瘍《カイヨウ》］

復習問題

13 以前とは異なった様相を**テイ**している。
ある様子を示す
呈
意 呈＝しめす

14 胸を**シ**めつけられるような痛みを感じる。
周りから強く押さえる
締
音 締《テイ》［□□《テイケツ》］≫95・13

15 野原で**ツ**んだばかりの花を母に持っていく。
つまみとる
摘
音 摘《テキ》［□□《テキシュツ》］≫76・5

16 ヒトは体毛が退化して**ヒフ**が露出した。
体の表面を覆っている層
皮膚
訓 皮《かわ》

17 彼からは**ブベツ**と嘲笑のまなざしを感じた。
人をばかにして軽んじること
侮蔑
訓 侮《あなど》る

18 その説が正しいことを示す事実を**レッキョ**する。
一つ一つ数えあげること
列挙
訓 挙《あ》げる

19 ドアのすきまから部屋の灯りが**モ**れている。
液体、気体、光などがすきまから外へ出る
漏
音 漏《ロウ》［遺漏《イロウ》］≫143・21

20 高ぶった感情を**エイタン**表現を用いて表す。
声に出して感動を表現すること
詠嘆
訓 詠《よ》む・嘆《なげ》く

21 議論を重ね、**オントウ**な結論に落ち着いた。
おだやかで無理のないさま
穏当
訓 穏《おだ》やか

22 けんかをして相手方を口を**キワ**めて罵った。
物事を果てまでおしつめる
極
表現 口《くち》を極《きわ》める＝言葉を尽くす

23 **キュウヘイ**を打破して新しい時代をつくる。
古い習慣や考え方にとらわれること
旧弊
注 ×幣

24 森には多くの**コンチュウ**が棲《す》んでいる。
節足動物門の一綱
昆虫

25 **リンジョウ**感あふれるライブ中継を目にする。
ある所にのぞむこと・出席すること
臨場
表現 臨場感《リンジョウカン》＝あたかもその場にいるような感じ

■解答 5 渦中 11 怠慢 14 締結 15 摘出

第2章 重要語 ランクB 【書き取り】⑬

□ 1 世の中の流れに逆らって旧習を**ボクシュ**する。
固くまもること

□ 2 かぜ薬も副作用を**ハツゲン**する恐れがある。
はっきりとあらわれ出ること

□ 3 精神と肉体は**フカブン**につながっている。
わけることができないこと

□ 4 **ジカイ**の念をこめて己の失敗を紹介する。
◆じぶんでじぶんをいましめること

□ 5 挨拶は人間関係の**ジュンカツ**油として機能する。
うるおいがあって動きのなめらかなこと

□ 6 長期にわたる戦乱により産業が**スイビ**する。
おとろえて弱くなること

□ 7 **ソウジ**した構造の建物が二棟並んでいる。
互いによくにていること

□ 8 心の中にある**ゾウオ**の念を必死に隠し通す。
ひどくにくむこと

□ 9 外部からの苦情に**テキカク**に対応する。
まとをはずれず、たしかなさま

□ 10 後期印象派の**テンラン**会を学級全員で見学した。
作品や資料などを並べて多くの人に見せること

□ 11 **ブジョク**を受けて黙っているわけにはいかない。
軽んじはずかしめること

□ 12 設備が古くなったので工場を**ヘイサ**する。
◆とじること・とざすこと

◆語彙編 ≪≪で意味も学ぼう

1 墨守　類 堅守《ケンシュ》・固守《コシュ》

2 発現　訓 現《あらわ》れる

3 不可分　音 不《ブ》［不《ブ》気《キ》味《ミ》］

4 自戒　214・8　訓 戒《いまし》める

5 潤滑　訓 潤《うるお》う・滑《なめ》らか

6 衰微　類 □□《スイタイ》 ≫22・1

7 相似　訓 似《に》る

8 憎悪　訓 憎《にく》む

9 的確　訓 的《まと》・確《たし》か

10 展覧　意 展＝並べる・のばす

11 侮辱　訓 侮《あなど》る・辱《はずかし》める

12 閉鎖　211・9　対 □□《カイホウ》 ≫184・24

復習問題

□13 高齢者は**マンセイ**の疾患を持つことが多い。
良くない状態が長引くこと
【慢性】
注 対 ×急性《キュウセイ》 ×漫性

□14 過去のデータから選挙の得票率を**ルイスイ**する。
にている点から他の事をおしはかること
【類推】
訓 推《お》す

□15 兵士が交替で国境の**カンシ**をしている。
見張ること
【監視】
意 監＝見る

□16 大学の勉学は決して**カンタン**ではない。
こみいっていないさま
【簡単】
対 □□《フクザツ》 ≫181・26

□17 子ども服用にきれいな布を**サイダン**する。
型にあわせて切ること
【裁断】
訓 裁《た》つ

□18 彼の持つ**シンシュ**の思想は周りに影響を与えた。
すすんで新しいことをしようとすること
【進取】
注 ×新

□19 反乱は軍隊によってただちに**チンアツ**された。
武力を使ってしずめ抑えつけること
【鎮圧】
訓 鎮《しず》める

□20 ごたごた続きで心身ともに**ヒロウ**した。
つかれること
【疲労】
訓 疲《つか》れる

□21 チーターは**キンセイ**のとれた体つきをしている。
釣り合ってととのっていること
【均整】
訓 整《とと》える
別解 均斉

□22 生活にゆとりのある**カイソウ**が文化を作る。
社会的地位が大体等しい人々の集団、その重なり
【階層】

□23 塵《ちり》一つない**セイジョウ**な空間に神を祀《まつ》っている。
きよらかでけがれのないさま
【清浄】
注 対 汚濁《オダク》 「ショウジョウ」とも読む

□24 法に基づいて日本産業**キカク**が制定される。
大きさや品質の定められた標準
【規格】

□25 荷物を配送する車に**ビンジョウ**させてもらった。
他の人ののりものについでにのること・都合よく機会を利用すること
【便乗】
音 便《ベン》 訓 便《たよ》り 【□□《ベンギ》】 ≫14・5 218・5

■ 解答 6 衰退 12 開放 16 複雑 25 便宜

第2章

重要語 ランク B 【書き取り】⑭

□1 **コウリョウ**たる原野に足を踏み入れた。
あれ果ててもの寂しいさま

□2 私の祖母は非常に手先の**キヨウ**な人であった。
細かい仕事をうまく処理するさま

□3 仏《ぶっ》陀《だ》はたいへん**コウケツ**な人柄であった。
精神が気だかく清らかであるさま

□4 利害の対立する多くの意見の**チョウセイ**を図る。
程良くととのえること

□5 道路が**ホソウ**されて歩きやすくなった。
道路の表面をアスファルトなどで固めること

□6 頭脳の**ユウギ**として複雑なパズルに取り組む。
あそびたわむれること

□7 男が犯人であるという**カクショウ**を得た。
たしかなしょう拠

□8 強敵に対しても**カンゼン**と立ち向かった。
危険を恐れず思い切ってするさま

□9 彼の精神力の強さには改めて**ケイフク**する。
感心してうやまい従おうとする気持ちを抱くこと

□10 **ケンジョウ**の美徳を尊ぶという精神を持つ。
へり下りゆずること

□11 本来、**シヘイ**そのものに一万円の価値はない。
かみのお金

□12 学生の頃は下宿して**ジスイ**をしていた。
みずから食事をこしらえること

◆語彙編 《《《 で意味も学ぼう

1 〔荒涼〕 注 訓 荒《あ》れる 「荒寥」とも書く

2 〔器用〕 訓 器《うつわ》

3 〔高潔〕 対 野《ヤ》卑《ヒ》

4 〔調整〕 訓 調《ととの》える・整《ととの》える

5 〔舗装〕 意 舗＝しく

6 〔遊戯〕 訓 戯《たわむ》れる

7 〔確証〕 意 証＝あかし 〔□《ショウ》□《コ》〕 ≫14・12

8 〔敢然〕 意 敢＝あえてする 〔□《カ》□《カン》〕 ≫21・15

9 〔敬服〕 訓 敬《うやま》う

10 〔謙譲〕 類 謙《ケン》遜《ソン》

11 〔紙幣〕 注 ×弊

12 〔自炊〕 訓 炊《た》く

復習問題

□ 13 講演会の中で**シツギ**応答の時間を設ける。
うたがいを問いただすこと
（質疑）
訓 疑《うたが》う

□ 14 現在から過去を**ショウシャ**して問題を発見する。
もの事の内面や隠れた部分を明らかにすること
（照射）
訓 照《て》らす

□ 15 週末の**ハンカ**街は大勢の人でにぎわっている。
人が多く集まりにぎわっていること
（繁華）
意 繁＝しげる

□ 16 粋や**ユウゲン**といった日本古来の美に触れる。
奥深く微妙ではかりしれないさま
（幽玄）
意 玄＝くらい

□ 17 努力のかいあって優勝の**エイカン**に輝いた。
勝利や成こうのしるし・名誉
（栄冠）
訓 栄《は》え

□ 18 鉄棒で**ケンスイ**をして体の鍛練に努める。
両腕で体を支えてひじを屈伸すること
（懸垂）
訓 懸《か》ける・垂《た》らす

□ 19 交通法規に**イハン**した者が罰を受ける。
法律などに背くこと
（違反）
訓 違《ちが》う
対 □《ジュンシュ》 ≫42・10

□ 20 外国への援助は**コウザイ**相半ばするものだ。
◈手柄と過ち・よい点と悪い点
（功罪）
214・2

□ 21 断髪の意味を風習から**ソクブツ**的に研究する。
事ぶつにそくして考えること
（即物）
表現 即物的《ソクブツテキ》＝主観を交えずに実態に即して見極めようとする態度

□ 22 初めに本の中身を大まかに**ショウカイ**する。
取り持ち引き合わせること
（紹介）

□ 23 私の提案は時期**ショウソウ**として却下された。
まだはやすぎること
（尚早）
表現 時期尚早《ジキショウソウ》＝物事をするのにまだ早すぎること

□ 24 **コンイン**は双方の合意に基づいて成立する。
夫婦となること
（婚姻）

□ 25 **コウカイ**先に立たずとはよく言ったものだ。
前にしたことをあとになってくやむこと
（後悔）
表現 後悔先《コウカイさき》に立《た》たず＝後で悔やんでも取り返せない
関連 ほぞを噛《か》む＝後悔する ≫252・7

■ 解答 7 証拠 8 果敢 19 遵守（順守）

第2章

重要語

ランク B

【書き取り】⑮

□1 時代とともに人々の意識が**ヘンヨウ**する。
様子がすっかりかわること

□2 調度品に精巧な**サイク**が施されている。
こまかい部分までく夫をしたもの

□3 重い荷物を持って**コウバイ**の急な坂道を登る。
斜面の傾きの度合い

□4 経験者が**ユウグウ**されるのは世の常だ。
手厚くもてなすこと

□5 権威に**モウジュウ**する民衆の目を覚まさせる。
善悪の判断をせず相手の言うままにしたがうこと

□6 難民キャンプの**エイセイ**状態の悪化を防止する。
清潔に保って健康に留意し、病気の予防や治療に努めること

□7 医師の少ない山村を**ジュンカイ**診療する。
各地をめぐり行くこと

□8 不祥事を起こした人物が**チョウカイ**免職になる。
不正をこらしめ、いましめること

□9 悟りは**イッシュン**のうちにやってくる。
きわめてわずかな間

□10 活気のない討論は、平凡な結論に**キチャク**した。
最終的に論が落ちつくこと

□11 しばしば上司に仕事上の指示を**アオ**ぐ。
教えを求める

□12 誰彼となく話しかけたい衝動に**カ**られた。
せき立てる・ある行動をとらせる

◆語彙編《で意味も学ぼう

1 〔変容〕
意 容＝ようす・かたち〔□□《ヨウシ》〕 ≫80・5

2 〔細工〕

3 〔勾配〕
意 勾＝まがる

4 〔優遇〕
訓 優《すぐ》れる
注 ×偶・×隅

5 〔盲従〕
意 盲＝物事や道理が分からない

6 〔衛生〕
意 衛＝まもる〔□□《ボウエイ》〕 ≫101・23

7 〔巡回〕
訓 巡《めぐ》る

8 〔懲戒〕
訓 懲《こ》らしめる・戒《いまし》める

9 〔一瞬〕
類 刹《セツ》那《ナ》 ≫87・13

10 〔帰着〕
訓 着《つ》く
類 帰《キ》結《ケツ》 ≫27・14

11 〔仰〕
音 仰《ギョウ》〔□□《ギョウテン》〕 ≫56・8

12 〔駆〕
音 駆《ク》〔□□《クドウ》〕 ≫71・19／219・9

復習問題

□13 他人のプライバシーを**シンガイ**してはならない。
他人の権利などをおかすこと
侵害
訓 侵《おか》す

□14 母国の古代からの歴史を**タイケイ**的に学ぶ。
個々別々のものをいっていの原理によって組織しまとめたもの
体系

□15 何人《なんぴと》も他人の権利を**ウバ**うことはできない。
他人の所有物を取り上げる
奪
音 奪《ダツ》［□□《シュウダツ》］≫59・13

□16 冷静に自らを**ナイセイ**するべきだと思う。
自己をかえりみること
内省
訓 省《かえり》みる

□17 富の**ヘンザイ**と格差が現代社会の問題である。
かたよってあること
偏在
訓 偏《かたよ》る
注 ×遍在≫68・6 185・36

□18 臭いものには**フタ**という態度はどうかと思う。
物の口に当ててふさぐもの
蓋
音 蓋《ガイ》［蓋然性《ガイゼンセイ》］≫211・16

□19 ブルジョアジーが**シンコウ**勢力として台頭した。
あたらしくおこること
新興
訓 興《おこ》る

□20 政策の**ゼヒ**を問うために国民投票が実施される。
よいことと悪いこと
是非
意 是＝正しい［是正《ゼセイ》］≫105・17

□21 野菜の収穫量の**タカ**が暮らし向きに直結する。
おおいか少ないか
多寡
意 寡＝すくない［寡黙《カモク》］≫55・16 195・21

□22 怪我《けが》により出場選手登録を**マッショウ**された。
けし除くこと
抹消

□23 **ソッコウ**性のある解決策は思いつかない。
用いるとすぐにこう果があらわれること
即効
意 即＝すぐに［□□《ソッキョウ》］≫101・20
訓 効《き》く

□24 人間は万物の**レイチョウ**であると威張っている。
力を持ち、最もすぐれているもの
霊長

□25 想定されるあらゆる事態に**タイショ**する。
出来事や状況に応じて適切に取り扱うこと
対処
意 対＝むきあう［対峙《タイジ》］≫43・16
処＝とりはからう

■解答 1 容姿 6 防衛 11 仰天 12 駆動 15 収奪 23 即興

重要語 ランクB 【書き取り】⑯

□1 世界には**カッコ**付きの自由しかない国もある。
囲って区別するための記号

□2 先生は温厚な**セイカク**で、怒ったことがない。
感情や意志の面での傾向・ひとがら

□3 **キョウハク**して要求を受け入れさせる。
おどしてあることをさせること

□4 伝統の対抗戦で惜しくも敗北を**キッ**した。
好ましくないことを身にうける

□5 反対派を**カイジュウ**するための策を練る。
◆うまく扱って自分の思う通りに従わせること

□6 落語家の**シュウメイ**披露が盛大に行われる。
師匠や親などの名前を受け継ぐこと

□7 新製品がまたたく間に市場を**セイハ**した。
競争相手を負かすこと

□8 会員から今月分の会費を**チョウシュウ**する。
金銭などを集めること

□9 体調不良のため、決勝戦を**キケン**した。
けん利を使わないこと

□10 退職される先生に花束を**ゾウテイ**する。
人に物を差し上げること

□11 素晴らしい講演に対し聴衆が**ハクシュ**を送った。
てをうち鳴らすこと

□12 長期間の旅行に必要な物をカバンに**ツ**める。
すきまのないように入れる

◆語彙編 <<<で意味も学ぼう

1 括弧
表現 括弧《カッコ》付《つ》き＝特別な意味が含まれること

2 性格

3 脅迫
訓 脅《おど》かす・脅《おど》す・脅《おびや》かす

4 喫
意 喫＝くらう

5 懐柔
213・16
訓 懐《なつ》ける
注 ×従

6 襲名
意 襲＝受けつぐ［□□《トウシュウ》］≫11・25

7 制覇
意 覇＝力で天下をおさえた者

8 徴収
意 徴＝もとめる

9 棄権
意 棄＝すてる［□□《ハイキ》］≫75・17

10 贈呈
訓 贈《おく》る

11 拍手
意 拍＝うつ

12 詰
音 詰《キツ》［詰問《キツモン》］

復習問題

13 困難を打ち破る**ホウト**を模索している。
やりかた・進むべき道

14 高僧は近寄りがたい**イゲン**に満ちている。
堂々としておごそかなこと

15 人間の装いが昔のスタイルに**カイキ**していく。
一周して元へ戻ること

16 鎌倉新仏教が**コウリュウ**した時代を研究する。
勢いが盛んになること

17 楽器の持つ表現能力を**キョクゲン**まで追求する。
物事のげんどぎりぎりのところ

18 不意の来客があっても**アワ**てることはない。
うろたえ騒ぐ

19 経歴を**コウリョ**して役割を分担することになる。
かんがえを巡らすこと

20 説明を聞いてもまだ**シャクゼン**としない。
疑いや迷いが解けてすっきりとするさま

21 コンピューターによる予測の**セイド**が向上した。
せい密さのど合い

22 村人全員が**ケッタク**して代官に抵抗した。
心を合わせて事を行うこと

23 音信不通になっていた友人の消息を**タズ**ねる。
問い聞く

24 高齢者の運動習慣の**ジッタイ**を調査する。
じっ際のありさま

25 **ギリ**堅い人間は近頃では珍しい存在だ。
対人関係において果たすべきつとめ・付き合い

13 方途
類 方法《ホウホウ》

14 威厳
訓 厳《おごそ》か

15 回帰
訓 帰《かえ》る

16 興隆
訓 興《おこ》る

17 極限
訓 極《きわ》まる

18 慌
音 慌《コウ》［□□《キョウコウ》］≫70・8

19 考慮
意 慮＝おもんぱかる［□□《コリョ》］≫54・8

20 釈然
意 釈＝ときほぐす

21 精度
意 精＝くわしい［□□《セイコウ》］≫69・17

22 結託

23 尋
音 尋《ジン》［尋問《ジンモン》］
注「訊ねる」とも書く

24 実態

25 義理
表現 義理《ギリ》を立《た》てる＝付き合いや恩義を重んじ、それに見合う行為ぐ応える

■ 解答 6 踏襲 9 廃棄 18 恐慌 19 顧慮 21 精巧

第2章 重要語

ランク B

【読み取り】①

□ 1 今年の夏の暑さは弱った体に殊にこたえる。
他と比べて際立っているさま

□ 2 外国からの観光客で町は賑わっている。
人が大勢でてにぎやかになる

□ 3 人は畢竟己の身が一番かわいいものである。
◆つまるところ・結局

□ 4 悲しみのあまり顔を歪めて泣き崩れた。
形をねじ曲げる

□ 5 意気込んでいたのに気勢を削がれてしまった。
けずり落とす・弱める

□ 6 弟の病の平癒を掌を合わせて一心に祈る。
手のひら

□ 7 割烹《かっぽう》料理店の入り口に暖簾がかかっている。
屋号などを書き軒先にかける布

□ 8 身勝手に振る舞って同僚から蔑まれる。
自分より劣ったものとして見下す

□ 9 かわいいペットにいつも癒やされている。
苦しみや悲しみなどを和らげる

□ 10 春のよき日に妻と二人で桜を愛でて過ごした。
ほめること

□ 11 不安に苛まれて居ても立ってもいられない。
責め苦しめる

□ 12 天候が俄に急変して大きな雨粒が落ちてきた。
◆物事が急に起こるさま

◆語彙編《《《で意味も学ぼう

1 （こと）
音 殊《シュ》［□□《トクシュ》］ 》78・1／194・4

2 （にぎ）

3 （ひっきょう） 207・13
類 結局《ケッキョク》・□□《ショセン》 》89・19

4 （ゆが）

5 （そ）
音 削《サク》［□□《サクゲン》］ 》68・12

6 （たなごころ）
注「てのひら」とも読む

7 （のれん）
意 簾＝すだれ

8 （さげす）
音 蔑《ベツ》［□□《ケイベツ》］ 》101・14

9 （い）
音 癒《ユ》［治癒《チユ》］ 》137・22

10 （め）
音 愛《アイ》［愛情《アイジョウ》］

11 （さいな）
音 苛《カ》［苛酷《カコク》］

12 （にわか） 271・16
音 俄《ガ》［俄然《ガゼン》］
類 突如《トツジョ》 》163・25

復習問題

□13 誇り高き民族が**頑**なに援助を拒んでいる。
素直でなくがん固であるさま
（かたく）
音 頑《ガン》［□《ガン》□《コ》］ ≫59・23

□14 **巷**では真実味のないうわさが広がっている。
世間・町の中
（ちまた）
注 「港《みなと》」と混同しない

□15 人が人である**所以**はまさにそこにある。
◆ある事柄の理由となること
（ゆえん）
270・5
意 以＝理由

□16 雪の結晶を**象**ったブローチを身につける。
物の形を写しとる・形に似せてつくる
（かたど）
音 象［象形］

□17 毎号雑誌が届くのを待ちかねて**耽読**した。
夢中になってよむこと
（たんどく）
意 耽＝ふける

□18 時代の変化に対応できずに大企業が**凋落**した。
◆おちぶれること
（ちょうらく）
219・10
意 凋＝しぼむ

□19 彼は見事に**彫琢**された表現で論文を完成させた。
文章に磨きをかけること
（ちょうたく）
訓 彫《ほ》る

□20 戦乱の世を**鎮**めて全国を統一する野望を持つ。
騒ぎなどを抑える
（しず）
音 鎮《チン》［□□《チンアツ》］ ≫119・19
注 「静める」とも書く

□21 流麗な文字で**綴**られた母の昔の日記を読む。
文章を書く
（つづ）
意 綴＝つなぎあわせる

□22 母の役に立てるように労を**厭**わずに頑張る。
嫌がる
（いと）

□23 あらゆる情報を**血眼**になって収集する。
夢中になってするようす
（ちまなこ）
音 眼《ガン》［裸眼《ラガン》］・眼《ゲン》［開眼《カイゲン》］

□24 過去の**過**ちを認めて人生をやり直そう。
失敗・偶然犯した罪
（あやま）
音 過《カ》［過失《カシツ》］

□25 **馴染**みの客が何人もいて店は繁盛している。
慣れ親しんでいること
（なじ）
意 馴＝なれる
音 染《セン》［染料《センリョウ》］

■解答 1 特殊 3 所詮 5 削減 8 軽蔑 13 頑固 20 鎮圧

第2章 重要語 ランク B【読み取り】②

語彙編 ≪ で意味も学ぼう

復習問題

1 外資系企業の社員は流暢に英語を話す。
滑らかでよどみなく話すさま
【りゅうちょう】
意 暢＝のびやか
関連 立《た》て板《いた》に水《みず》＝流暢《リュウチョウ》でよどみのないようす ≫252・5

2 林を散歩しながら物思いに耽っている。
没頭する・心を奪われる
【ふけ】

3 相手の気持ちを斟酌するゆとりがなかった。
事情を考慮すること
【しんしゃく】
注 ×「斟」を「勘《カン》」と混同しない

4 彼女の実力は、今では師をはるかに凌いでいる。
能力が他のものより上になる
【しの】

5 性質は慎重と言うよりも寧ろ臆病である。
どちらか一つを選ぶとすれば
【むし】
音 寧《ネイ》［□□《テイネイ》］ ≫17・16

6 散歩がてら古書店を何軒か覗いていった。
かいま見る・ちょっと見る
【のぞ】
意 覗＝うかがう

7 身の程を弁えて控えめな振る舞いをする。
物事の道理をよく知っている
【わきま】
音 弁《ベン》［弁証《ベンショウ》］

8 密かに思いを寄せていた人と恋仲になった。
人に知られないように物事を行うさま
【ひそ】
音 密《ミツ》［秘密《ヒミツ》］ ≫158・3

9 論理は明晰であることが第一の要件である。
あきらかではっきりしているさま
【めいせき】
類 □□《メイリョウ》 ≫25・20／197・14

10 災害に備えて予め非常食の用意をしておく。
まえもって
【あらかじ】
音 予《ヨ》［予兆《ヨチョウ》］

11 放心状態で庭の隅にじっと佇んでいる。
じっとその場所に居る
【たたず】
音 佇《チョ》［佇立《チョリツ》］

12 厖大な記録が未整理のまま残されている。
極めて大きいさま
【ぼうだい】
意 厖＝おおきい
注 「膨大」とも書く

□ 13 何かに憑かれたようなおかしな行動だ。
亡霊などがのりうつる
〔つ〕

□ 14 昔から日本人は火山を畏怖の対象としてきた。
おそれおののくこと
〔いふ〕
意 畏＝おそれる［□《イ》□《ケイ》］ » 84・7

□ 15 隠されていた秘密がとうとう暴露された。
悪事や秘密などをあばきだすこと
〔ばくろ〕
訓 暴《あば》く
類 摘発《テキハツ》 » 96・3

□ 16 人を見下した発言を聞いて嫌悪感を持った。
憎みきらうこと
〔けんお〕
意 悪＝にくむ［□《ゾウ》□《オ》］ » 118・8

□ 17 基礎医学を活用して臨床医学の体系化を図る。
実際に病人を治療すること
〔りんしょう〕
訓 臨《のぞ》む

□ 18 仏の教えを広めるために大寺院が建立される。
寺院などを建設すること
〔こんりゅう〕
訓 建《た》てる

□ 19 苦労して入学金を工面し大学に進学した。
金銭や品物をやりくりして集めること
〔くめん〕
意 工＝たくみ［□《サイ》□《ク》］ » 122・2

□ 20 亀の緩慢な動きを見ていると心が癒やされる。
ゆるやかなさま
〔かんまん〕
対 機敏《キビン》 » 213・17

□ 21 内容の真偽や社会にとっての重要性が問われる。
まことといつわり
〔しんぎ〕
訓 真《ま》・偽《いつわ》る・偽《にせ》

□ 22 この仕事を引き受けるかどうかは条件次第だ。
物事の事情に任せること
〔しだい〕

□ 23 戦地へ赴かずに踵を返してそのまま逃亡した。
かかと
〔きびす〕
表現 踵《きびす》を返《かえ》す＝引き返す
別 くびす

□ 24 若干の不満はあるものの、おおむね満足だ。
いくらか・多少
〔じゃっかん〕

□ 25 どちらの意見にも与するつもりはない。
仲間になる・味方する
〔くみ〕
関連 与党《ヨトウ》＝政党政治において政権を担当している政党

■ 解答　5 丁寧　9 明瞭　14 畏敬　16 憎悪　19 細工

【読み取り】③

ランク B

◆語彙編 ≪で意味も学ぼう

□ 1 凱旋《がいせん》した将軍は**喝采**をもって迎えられた。
ほめそやすこと・その声
〔かっさい〕
表現 拍手喝采《ハクシュカッサイ》＝拍手をしてしきりにほめること

□ 2 **戦慄**すべき凶悪な事件を題材にした小説。
おののきふるえること
〔せんりつ〕
意 戦・慄＝おののく

□ 3 **汎用**性のある新素材の開発に成功した。
広くいろいろな方面に用いること
〔はんよう〕
意 汎＝ひろい

□ 4 伝統工芸の技術を**会得**するために型がある。
意味をよく理解して自分のものとすること
〔えとく〕
訓 会《あ》う

□ 5 今回の処置は**暫定**的に決められたものである。
仮に決めておくこと
〔ざんてい〕
意 暫＝しばらく

□ 6 **漆黒**の闇に人の姿が吸い込まれていった。
つやのある黒色
〔しっこく〕
訓 漆《うるし》

□ 7 近代化の**呪縛**から逃れるのは至難の業だ。
心理的に自由を奪うこと
〔じゅばく〕
訓 縛《しば》る

□ 8 本当に信頼できるのか**否**かが大きな問題だ。
同意しないこと
〔いな〕
音 否《ヒ》 [□《キョ》□《ヒ》] ≫56・2／202・10

□ 9 納税という国民の義務を忠実に**履行**する。
決めたことを実際に行うこと
〔りこう〕
意 履＝実行する [□《リ》□《レキ》] ≫37・23

□ 10 老人がしみじみと自分の人生を**述懐**する。
心中の思いをのべること
〔じゅっかい〕
訓 述《の》べる

□ 11 仏の導きによって**彼岸**に到達すると説いた。
◆迷いを脱した悟りの境地
〔ひがん〕 199・24
対 □《シ》□《ガン》 ≫199・23

□ 12 屋敷を**普請**するために多くの人手が必要である。
建築や土木の工事をすること
〔ふしん〕
訓 請《う》ける・請《こ》う

復習問題

□13 功利主義は近代を**貫**く思考原理である。（端から端まで通す）
【つらぬ】
音 貫《カン》 [□□]《イッカン》 ≫63・17

□14 反逆者を厳しく取り調べて国外に**放逐**する。（追い払うこと）
【ほうちく】
類 追放《ツイホウ》

□15 同じ性能の品物なら**廉価**なほうを購入したい。（値段が安いこと）
【れんか】
類 安価《アンカ》

□16 **為替**相場が急激に変動して企業に打撃を与えた。（交換すること）
【かわせ】
訓 替《か》える・替《か》わる
表現 為替相場《かわせそうば》＝異なる通貨が交換される際の交換比率

□17 あちこちに監視する人の**気配**を感じる。（何となく感じられるようす）
【けはい】

□18 主人公は物静かで落ち着いた**風情**の女性だ。（おもむき・あじわい）
【ふぜい】
訓 情け

□19 伝統を**偏重**せず新しいものも取り入れる。（◆一方ばかりをおもんじること）
【へんちょう】
212・7
訓 偏る

□20 権威を振りかざす者に**軽侮**の目を向ける。（見下してばかにすること）
【けいぶ】
訓 侮る

□21 誤った説が**完膚**なきまでに論破される。（傷のない皮膚）
【かんぷ】
表現 完膚《カンプ》なきまでに＝徹底的に ≫269・5

□22 貴族たちの折り目正しい**挙措**を手本とする。（立ち居振る舞い）
【きょそ】

□23 どこにでもある**無粋**な鉄骨の橋がかけられた。（情緒や面白味がないさま）
【ぶすい】
類 [□□]《ヤボ》 ≫132・3
注 「不粋」とも書く

□24 友人が外国に留学するので送別会を**催**した。（開さいする・仕度する）
【もよお】

□25 幼児の**屈託**のない笑顔がたまらなく好きだ。（くよくよすること）
【くったく】
表現 屈託《クッタク》のない＝心配や気にかかることがない

■ 解答　8 拒否　9 履歴　11 此岸　13 一貫　23 野暮

第2章

重要語

ランク B

【読み取り】④

語彙編 <<< で意味も学ぼう

1 惨めな敗者の姿を人前にさらすのはつらい。
見るに忍びないほどあわれなさま
〔みじ〕
音 惨《サン》[悲惨《ヒサン》] »30・2
惨《ザン》[惨忍《ザンニン》]

2 仕事帰りによく寄席に立ち寄ったものだ。
大衆演芸の興行が行われる場所
〔よせ〕

3 本人に説明を求めるのは野暮というものである。
洗練されていないこと
〔やぼ〕
意 野＝ひなびた
類 無粋《ブスイ》 »131・23

4 ようやく日々の生活の安寧をとりもどした。
穏やかで平和なこと
〔あんねい〕
意 寧＝やすらか

5 反政府勢力の牙城を包囲して攻撃する。
組織や勢力の中心となる所
〔がじょう〕
訓 牙《きば》

6 守備の間隙を突いて巧みなパスを送る。
ひま・すきま
〔かんげき〕
意 隙＝すき
注 「隙」を「隔《カク》」と混同しない

7 死を忌み嫌うことなく自然に受け入れる。
恐れ避ける
〔い〕
音 忌《キ》[忌避《キヒ》] »11・19

8 宮中で厳かに儀式が執り行われている。
とり行う・司る
〔と〕
音 執《シツ》[執務《シツム》]

9 一部の者が大衆を扇動して暴動を起こす。
◆気持ちをあおってある行動をするよう仕向けること
〔せんどう〕
219・9
意 扇＝そそのかす
注 「煽動」とも書く

10 大概は過去のどこかに似た事例があるものだ。
ほとんど
〔たいがい〕
意 概＝おおむね

11 先方の気遣いに対し衷心より感謝する。
まごころ・こころの奥底
〔ちゅうしん〕
意 衷＝まごころ

12 長年研究してきた郷土史について本を著した。
文章や書物を執筆する
〔あらわ〕
訓 著《いちじる》しい
音 著《チョ》[著者《チョシャ》]

復習問題

13 □ 時代が変化する**兆**しを敏感に感じ取る。
物事が起こりそうな気配
（きざ）
音 兆《チョウ》「兆候《チョウコウ》」

14 □ 失敗に**懲**りて以後、心を改めて精進した。
二度とするまいと思う
（こ）
音 懲《チョウ》［□□《チョウカイ》］ ≫122・8

15 □ 事業の完成を見ずに死んだ親友を**悼**む。
人の死を悲しみ嘆く
（いた）
音 悼《トウ》［□□《ツイトウ》］ ≫105・18

16 □ 商店や小さな町工場の多い**界隈**に育った。
そのあたり一帯
（かいわい）

17 □ 前衛芸術は人により**好悪**がはっきりと分かれる。
好むことと憎むこと
（こうお）
意 悪＝にくむ［□□《ケンオ》］ ≫129・16

18 □ **思惑**通りに事が運ぶことはあまりない。
ある意図を持った考え
（おもわく）
音 思《シ》［□□《シサク》］ ≫22・7／213・10

19 □ いくら否定されても**執拗**に自説を主張し続ける。
しつこいようす
（しつよう）
訓 執る

20 □ 困難に果敢に挑んだ先人の業績を**礼賛**する。
ほめたたえること
（らいさん）
注 礼《レイ》と読まない「礼讃」とも書く

21 □ **荘重**な静けさがあたりを支配している。
厳かでおもおもしいさま
（そうちょう）
意 荘＝おごそか［□□《ソウゴン》］ ≫53・23

22 □ 春の**息吹**に触れて全身に力がみなぎるようだ。
◈いきづかい・活気のあること・活動の気配
（いぶき）
276・3
音 吹［□□《コスイ》］ ≫90・4／217・12

23 □ 一度書きあげた作品を**推敲**して仕上げる。
◈詩歌や文章の字句を練り直すこと
（すいこう）
209・11
訓 推す
意 敲＝たたく

24 □ 和歌や**俳諧**といった文学に興味を示す。
はい句や連句、はい文の総称
（はいかい）

25 □ ありあまる時間を**無為**に過ごしてしまった。
何もせずぶらぶらしているさま
（むい）
表現 無為徒食《ムイトショク》＝働かないでぶらぶらと遊び暮らすこと ≫292・11

■ 解答　14 懲戒　15 追悼　17 嫌悪　18 思索　21 荘厳　22 鼓吹

第2章

重要語ランク《ランク》Bのまとめ

1 間違えやすい漢字

赤で示した箇所に注意して、正確に書こう。

漢字	注意点	用例
廃	「广」や「疒」ではない	»98・6「廃止」 »111・13「廃れる」
戒	①必要 ②縦一画だと別字「戎」	»99・14「戒律」 »118・4「自戒」 »122・8「懲戒」
迎	①「卯」ではない ②「阝」ではない	»99・15「歓迎」
佳	①くっついていてもいいが「亅」が一本ではない ②「土」が二つ	»100・6「佳境」
宣	①横画を忘れない ②「且」ではない	»104・12「宣誓」 »107・21「宣告」
卑	①一画ではない それぞれ別の画 ②「ノ」必要	»113・21「卑下」
霊	横画を忘れない	»123・24「霊長」
畏	「衣」ではない	»129・14「畏怖」

2 形が似ている漢字

次の文から漢字の誤りを一つずつ探して――を付け、正しい漢字に直そう。

□ 1 責任を逃れようとする塊胆が見える。 »94・5 〔魂〕

□ 2 議会が証人換問の手続きに入った。 »109・14 〔喚〕

□ 3 対岸に立派な桜閣を建立する。 »114・1 〔楼〕

□ 4 船来の生地で服を新調する。 »114・12 〔舶〕

□ 5 いとも簡単に敵の勢力に壊柔された。 »124・5 〔懐〕

3 語句の意味

次の意味を表す語を［　］の語群からそれぞれ選び、正しい漢字に直そう。

□1 無理やり求めること ≫111・16 〔強要〕

□2 物事の土台となる部分 ≫116・7 〔根底〕

□3 取り持ち引き合わせること ≫121・22 〔紹介〕

□4 穏やかで平和なこと ≫132・4 〔安寧〕

［アンネイ　キョウヨウ　コンテイ　ショウカイ］

□5 はかりごと ≫110・5 〔策略〕

□6 普段・日頃 ≫112・7 〔平生〕

□7 よび名・名前 ≫113・16 〔呼称〕

□8 いくらか・多少 ≫129・24 〔若干〕

［コショウ　サクリャク　ジャッカン　ヘイゼイ］

4 表現

次の各文の〔　〕に当てはまる語句を、漢字を使って書こう。

□1 旗《き》幟《し》を〔鮮明〕にして、多国間の通商交渉に臨む。≫95・22

□2 国際会議で〔機先〕を制する発言をして、議論の主導権を握る。≫99・20

□3 〔時宜〕を得た災害対策が実施され、被災地は落ち着きを取り戻した。≫99・22

□4 久しぶりに見た映画が私の心の〔琴線〕に触れ、涙が止まらなかった。≫105・25

□5 大きな組織を活性化するためには、絶えず新陳〔代謝〕を図るべきだ。≫107・25

第2章 重要語

ランク C

【書き取り】①

□ 1 **ガンメイ**な人は他人の意見を受け入れない。
◆かたくなで正しい判断ができないさま

□ 2 ぽつりぽつりと**ダンペン**的に話し出した。
あるまとまったものの一部・きれぎれになったもの

□ 3 昨今の知識や教養を軽視する風潮を**ナゲ**く。
憂えて憤る

□ 4 家具や**チョウド**品などに特にこだわりはない。
日常身の回りにおいて使う道具類

□ 5 購入したばかりのテレビを壁際に**ハイチ**する。
それぞれの場所に割り当てること

□ 6 少数者が社会の中で**ユウエツ**的な地位を占める。
他のものよりすぐれていること

□ 7 手が足りないが人を**ヤト**う金銭的ゆとりがない。
賃金を払って人を使う

□ 8 文献の**ロンシ**を深く把握して引用する。
議ろんの筋道

□ 9 **インケン**なやり口で領主が民衆を苦しめる。
表面はよく見せかけて心中は悪意を持っているさま

□ 10 勝ち残った者が王者の**エイヨ**を与えられる。
ほまれ

□ 11 家内安全と**ケンコウ**を神仏に祈願した。
身体に悪いところがないこと

□ 12 眼下に**ソウダイ**な寺院がくまなく見渡せる。
規模がおおきくて立派であるさま

◆語彙編 ≪≪≪ で意味も学ぼう

1 頑迷 ［211・13］
表現 頑迷固陋《ガンメイコロウ》＝自分の考えに固執して正しい判断ができないこと ≫295・23

2 断片
訓 断《た》つ

3 嘆
音 嘆《タン》［□□《タンソク》］ ≫97・14

4 調度
訓 調《ととの》える

5 配置
訓 配《くば》る・置《お》く

6 優越
対 劣等《レットウ》 ≫207・12

7 雇
音 雇《コ》［□□《コヨウ》］ ≫66・5

8 論旨
意 旨＝考え［趣旨《シュシ》］ ≫95・24／182・7

9 陰険
類 □□《インシツ》 ≫144・5
対 篤実《トクジツ》

10 栄誉
訓 栄《さか》える・栄《は》える・誉《ほま》れ

11 健康
訓 健《すこ》やか

12 壮大
類 雄大《ユウダイ》

復習問題

□13 近接する諸国を経済的に**トウゴウ**する。
二つ以上のものを一つにあわせること
統合
訓 統《す》べる

□14 難題を解決するには**バンユウ**も時には必要だ。
向こう見ずのゆう気
蛮勇
訓 勇《いさ》む

□15 一時的に失われた**ヘイコウ**感覚が元に戻る。
つりあいがとれていること
平衡
注 意 衡＝はかり［□□《キンコウ》］≫13・20／180・13
Y 衝

□16 過去をないがしろにしてきた**ホウフク**を受ける。
仕返しをすること
報復
訓 報《むく》いる

□17 世界には**レイコン**の存在を信じる民族もいる。
たましい・精神的実体
霊魂
訓 霊《たま》・魂《たましい》

□18 両者の間の**カクシツ**は根深いものがある。
主張を譲らず仲が悪くなること
確執
意 確＝かたい 執＝こだわる［執拗《シツヨウ》］≫133・19

□19 行政を担う**カンリ**の服務規程を制定する。
役人・公務員
官吏
意 官・吏＝役人
類 官僚《カンリョウ》≫29・20

□20 子どもたちは歌手を見て**カンセイ**をあげた。
喜びのあまり発するこえ
歓声
意 歓＝よろこぶ［□□《カンゲイ》］≫99・15

□21 相棒の行動に**ギネン**を抱くようになった。
うたがいの気持ち
疑念
訓 疑《うたが》う

□22 養生のかいあって病気がようやく**チユ**した。
病気やけががなおること
治癒
訓 治《なお》る・癒《い》える

□23 子どもの**ユウカイ**を防ぐために尽力する。
人をだましてさそいだし、連れて行くこと
誘拐
意 訓 誘《さそ》う 拐＝かどわかす

□24 長年持ち続けた**イコン**をやっと晴らした。
忘れられない深いうらみ
遺恨
訓 恨《うら》む

□25 国民国家成立は産業社会の発展と**キ**を一にする。
道筋・車輪の通った跡
軌
表現 軌《キ》を一《イツ》にする＝やり方が同じである≫246・7

■解答 3 嘆息 7 雇用 9 陰湿 15 均衡 20 歓迎

第2章

重要語 ランクC 【書き取り】②

□1 **コウイン**は矢のように流れて誰も気づかない。
時間・月日・年月

□2 なだらかな**キュウリョウ**地帯の草原で羊を飼う。
緩やかなやま状の地形

□3 周到な準備をして大事な決勝戦に**ノゾ**む。
出席する

□4 いくつかの議案を**イッカツ**して採決する。
ひとまとめにすること

□5 難問が**サンセキ**して手の打ちようがない。
やまのようにたくさんたまること

□6 政策をわかりやすく訴えて世間の**シジ**を得た。
考えに賛同して後押しすること

□7 祖父の病状は**ショウコウ**状態が続いている。
悪い状態がおさまりいち時期安ていしていること

□8 戦地から無事**セイカン**した人を祝福する。
危険なところからいきて帰ってくること

□9 新製品の発売に合わせて大々的に**センデン**する。
商品や主張などを多くの人に説明し広めること

□10 **ソウレイ**な大聖堂が秋空にそびえ立っている。
規模が大きくて美しいさま

□11 囲碁は**ジョウセキ**通りに打つのが上達の早道だ。
決まったやり方

□12 仕事の合間に各自の判断で**テキギ**休憩をとる。
状況に合わせて各自がよいと思うようにすること

◆語彙編 <<< で意味も学ぼう

1 〔光陰〕
表現 光陰《コウイン》矢《や》の如《ごと》し＝月日がたつのが早いことのたとえ ≫249・16

2 〔丘陵〕
意 陵＝おか

3 〔臨〕
音 臨《リン》【□□《リンジョウ》】 ≫117・25

4 〔一括〕
意 括＝くくる【□□《カッコ》】 ≫124・1

5 〔山積〕
訓 積《つ》む

6 〔支持〕
訓 支《ささ》える

7 〔小康〕
意 康＝やすらか

8 〔生還〕
意 還＝かえる【□□《ヘンカン》】 ≫115・19

9 〔宣伝〕
訓 伝《つた》える

10 〔壮麗〕
訓 麗《うるわ》しい

11 〔定石〕
訓 定《さだ》める

12 〔適宜〕
意 適＝ふさわしい 宜＝都合がよい【□□《ジギ》】 ≫99・22 218・5

復習問題

13 民衆は新しい国王に**ガンキョウ**に抵抗した。（がんこでつよいさま・手ごわいさま）
【頑強】 意 頑＝かたくな

14 悲願の金メダルを獲得し、皆**ゴウキュウ**した。（大声をあげてなくこと）
【号泣】 訓 泣《な》く

15 **コンセツ**丁寧な説明で非常にわかりやすかった。（きわめてねんごろで親せつなさま）
【懇切】 訓 懇《ねんご》ろ

16 **セッソク**を避けて慎重に取りかかる方がよい。（出来は悪いが、すばやいこと）
【拙速】 対 拙《セッ》遅《チ》

17 農家の**ハンボウ**期は猫の手も借りたいほどだ。（用事が多くていそがしいこと）
【繁忙】 注 「煩忙」とも書く

18 **ゲンショウ**にとらわれて本質を見失う。（◆外面的にあらわれるもの）
【現象】 197・22 注 ×像

19 **カッコ**たる信念をもって果敢に行動する。（しっかりとして動かないさま）
【確固】 注 「確乎」とも書く

20 専門家から詳しい話を聞く**キカイ**を得た。（何かを行うのにちょうどよいとき）
【機会】

21 水運と鉄道の**ケッセツ**点として栄えた商業都市。（むすび合わせること）
【結節】 表現 結節点《ケッセツテン》＝つなぎ合わされた部分・つなぎめ

22 恩師に褒めていただいて**キョウシュク**した。（身もちぢまるほどおそれいること）
【恐縮】 訓 恐《おそ》れる・縮《ちぢ》まる

23 **ハクヒョウ**を踏む思いで毎日を過ごす。（うすく張ったこおり）
【薄氷】 訓 薄《うす》い 表現 薄氷《ハクヒョウ》を踏《ふ》む＝極めて危険な状態に臨むことのたとえ

24 時間と金を**マジュツ**のようにやりくりする。（ま力で行う不思議なじゅつ）
【魔術】

25 無実の罪で投獄された人の**メイヨ**を回復する。（よい評判・社かい的に認められている価値）
【名誉】 訓 誉《ほま》れ 表現 名誉《メイヨ》挽回《バンカイ》＝一度傷ついた名誉を取り戻すこと

500 400 300 200 100 start

■ 解答　3 臨場　4 括弧　8 返還　12 時宜

第2章 重要語 ランクC 【書き取り】③

□1 会社の**ソシキ**を活性化することが大切だ。
各要素が有機的に働く統いつ体

□2 報道機関が情報の**テイキョウ**を要請する。
役だつよう相てに差し出すこと

□3 産地偽装は消費者に対する**ハイシン**行為である。
しん頼や約束を裏切ること

□4 口座が凍結されて**ヨキン**が引き出せない。
きん融機関にあずけているかね

□5 株価の下落が**リンカイ**点に達し、恐慌が始まる。
ある状態の物質が、別の状態に変化する境目

□6 理想の美しさの**イッタン**に触れてみたい。
片はし・いち部分

□7 毎晩決まった時間に**クウシュウ**が繰り返された。
飛行機から爆弾などで地上の目標を攻撃すること

□8 状況は非常に煩雑で、把握が**コンナン**である。
物事をするのがむずかしいこと

□9 名優の訃報に接し**アイセキ**の念に堪えない。
かなしみおしむこと

□10 話は実に**イガイ**性に満ちたものだった。
思いのほか・あんがい

□11 賢人か**グレツ**の輩《やから》かは、俄《にわか》に判断しがたい。
おろかで知恵のおとっていること

□12 後天的に**クンレン**して実践的能力を獲得する。
実際にあることを行って習熟させること

◆語彙編 ≪で意味も学ぼう

1 組織
訓 組《く》む・織《お》る

2 提供
訓 提《さ》げる・供《そな》える

3 背信
訓 背《そむ》く

4 預金
訓 預《あず》ける

5 臨界

6 一端
訓 端《は》・端《はし》・端《はた》

7 空襲
訓 襲《おそ》う

8 困難
対 □《ヨウ》□《イ》 ≫37・19／212・3

9 哀惜
訓 惜《お》しむ

10 意外
意 意＝こころ・おもい ［□《イ》□《ト》］≫102・8

11 愚劣
訓 愚《おろ》か・劣《おと》る

12 訓練
訓 練《ね》る

復習問題

□13 バスの運行**ケイロ**を確認して乗車する。
物事のたどる道筋
経路
訓 経《へ》る

□14 今更のように心臓の**コドウ**が高くなってくる。
心臓のうごき・震えうごくこと
鼓動
訓 鼓《つづみ》

□15 存分に**シュワン**を発揮して問題を解決した。
物事をうまく処理する能力
手腕
類 力量《リキリョウ》

□16 **タサイ**な分野の人々からの協力により完成した。
種類がおおくて変化に富むこと
多彩
対 □□《カクイツ》 ≫197・15

□17 辛《つら》い決断を**セマ**られても感情に流されない。
近づく・強く求める
迫
音 迫《ハク》 [□□《キョウハク》] ≫124・3

□18 **ケンアン**だった後継者選びに決着がついた。
解決しようと思いながら未解決のままの問題
懸案
訓 懸《か》ける

□19 社会の**チュウカク**を担う人材を育てる。
ちゅう央の重要な部分
中核
類 □□《チュウスウ》 ≫35・15/209・9
対 末端《マッタン》

□20 法律により判断するという原則を**カクリツ**する。
しっかりと打ちたてること
確立

□21 責任を認めて記者会見で**チンシャ**する。
事情を述べてあやまること
陳謝
意 陳＝のべる
訓 謝《あやま》る

□22 豊かさを**キテイ**するものはモノやカネではない。
き則や基準をさだめること
規定

□23 あらん限りの**シュウジ**を尽くして文章を書く。
◆言葉を効果的に使うこと
修辞
217・15
訓 修《おさ》める
類 レトリック ≫223・10

□24 誤りは**イサギヨ**く認めて今後の糧にする。
すがすがしい・未れんがない
潔

□25 支持率の低下は内閣にとって**チメイ**的である。
いのちに関わること・重大なこと
致命
表現 致命傷《チメイショウ》＝死因となる傷・再起できない原因

■ 解答 8 容易 10 意図 16 画一 17 脅迫 19 中枢

【書き取り】④

□ 1 敵の**イヒョウ**をつく作戦で見事に勝利した。
（考えていなかったこと）

□ 2 町の中心部は古くからの店が**ノキ**を連ねている。
（屋根の端で壁などから張り出した部ぶん）

□ 3 名誉や**キリツ**といった形式的な価値を重んずる。
（こう為の基準・おきて）

□ 4 難解な語を**ドウギ**の言葉で言い換える。
（い味がおなじであること）

□ 5 工場で安定的に**キンシツ**な商品を作り出す。
（成ぶんや密度などにむらがなく一様なさま）

□ 6 大人にはわからない子どものものの**リョウブン**がある。
（勢力の及ぶ範囲・なわばり）

□ 7 彼のやり方を**ゼニン**することはできない。
（よいとみとめること）

□ 8 極めて精巧な**フクセイ**本が出版された。
（原形そっくりに作ること）

□ 9 伝聞や**オクソク**ばかりで確かな情報がない。
（いい加減におしはかること）

□ 10 故郷の**ナツ**かしい景色を久しぶりに見た。
（思い出されて心ひかれる）

□ 11 災害時に自治体から避難**カンコク**が発令される。
（あるこう動をするように説きすすめること）

□ 12 厳しい修練によって無心の**キョウチ**に至る。
（ある段階に達した心の状態）

◆語彙編 《 で意味も学ぼう

1 意表
表現 意表《イヒョウ》をつく＝相手が思いも寄らないことをして、あっと言わせる

2 軒

3 規律
意 律＝きまり［□□］《カイリツ》 » 99・14
注 「紀律」とも書く

4 同義

5 均質
意 均＝ひとしい［□□］《キンセイ》 » 119・21

6 領分
意 領＝おさめる

7 是認
類 承認《ショウニン》

8 複製

9 憶測
別解 臆測

10 懐
音 懐《カイ》［□《カイ》□《コ》］ » 183・50

11 勧告
訓 勧《すす》める

12 境地

復習問題

13 絹のような**コウタク**をもつ布が発売された。
ひょう面のなめらかなひかり・つや
光沢

14 理性でとらえられないものに**キョウフ**を感じる。
おそろしく感じること
恐怖
訓 恐《おそ》れる・怖《こわ》い

15 電子**ケンビ**鏡でミクロの世界を明らかにする。
きわめて小さいものを明らかにすること
顕微
意 顕＝あきらか

16 最もコストのかからない案が**サイヨウ**された。
適当であると思われるいけん、方法、人物などを取り上げてもちいること
採用
訓 採《と》る

17 盆や正月には**シンセキ**が一堂に会する。
血縁や婚姻を通じて結ばれた、本人の家族以外の人々
親戚
意 戚＝みうち

18 昔の知識人には漢学の**ソヨウ**が必須であった。
普段の学習や練習で身に付けた知識や技
素養
訓 養《やしな》う

19 投資による損失は本業の利益で**ソウサイ**された。
◆反対の要そで差し引きして消すこと
相殺
215・11
注 ×殺《サツ》と読まない

20 **タンジュン**な過ちが大きな事故につながる。
こみいっていないさま
単純
対 □□《フクザツ》 ≫181・26

21 万事**イロウ**のないように周到に準備を整える。
もれ落ちること
遺漏
訓 漏《も》れる

22 **チョウシュウ**が会場いっぱいに集まっている。
音楽や講演などをききに集まった人
聴衆

23 その**セイコウ**な口調に青年の気負いを感じた。
未熟でぎこちないさま
生硬
対 □□《ジュクレン》 ≫73・14 203・23
注 ×精巧 ≫69・17

24 **ユウレイ**が目撃された場所には誰も近づかない。
死んだ人が成仏しないでこの世に姿を現したもの
幽霊

25 他人**ギョウギ**な対応をされて愉快ではなかった。
立ち居振る舞いの作法
行儀
表現 他人《タニン》行儀《ギョウギ》＝親しいはずの相手に、よそよそしい振る舞いをすること

500 400 300 200 100 start

■ 解答 3 戒律 5 均整(均斉) 10 懐古 20 複雑 23 熟練

第2章

重要語　ランクC　【書き取り】⑤

□ 1 自分自身を中途**ハンパ**な存在だと見なす。
全部そろっていないさま

□ 2 生命の宿る**ワクセイ**が幾つあるかはわからない。
恒せいの周囲を公転するほし

□ 3 彼の行動が社会全体に**ハモン**を呼んだ。
次々に及んでいく変化・影響

□ 4 英雄や**イジン**の生涯は冒険に満ちている。
立派な業績を残したひと

□ 5 **インシツ**ないじめを根絶しなければいけない。
いん気で明朗でないさま

□ 6 最新型のテレビに美しい**エイゾウ**が流れている。
えい画やテレビなどの画面にうつるぞう

□ 7 時間がないので**ガイカツ**的な説明に止《と》めた。
要点をまとめること

□ 8 途方に暮れてひとり**コクウ**を見つめている。
何もないくう間・そら

□ 9 都市に電力を**キョウキュウ**する発電所を作る。
◆必要に応じて物を与えること

□ 10 決戦を控えた選手たちを**ゲキレイ**した。
はげまして元気づけること

□ 11 周囲に迎合することなく**ココウ**を貫く。
◆ひとり超然としてたかい理想を保つこと

□ 12 極寒の冬も**コクショ**の夏も研究に没頭している。
厳しいあつさ

◆語彙編 <<< で意味も学ぼう

1 半端
訓 端《はし》

2 惑星
訓 惑《まど》う

3 波紋
訓 波《なみ》

4 偉人
訓 偉《えら》い

5 陰湿
訓 陰《かげ》・湿《しめ》る
類 陰険《インケン》 >> 136・9

6 映像
訓 映《うつ》す・映《は》える

7 概括
意 括＝くくる［□□《イッカツ》］ >> 138・4
注 ×慨

8 虚空
音 虚《キョ》［□□《クウキョ》］ >> 72・7

9 供給 202・3
対 □□《ジュヨウ》 >> 80・1／202・4

10 激励
訓 励《はげ》ます

11 孤高 206・3
意 孤＝ひとり［□□《コドク》］ >> 116・3／206・3

12 酷暑
意 酷＝はなはだしい［□□《コクジ》］ >> 39・16

復習問題

□13 **ジョウヨ**資金が大量に株式市場に流入した。
残り・よ分
剰余
意 剰＝あまり［□□《ヨジョウ》］≫110・3

□14 老朽化した建物が台風で**トウカイ**した。
たおれこわれること
倒壊
訓 倒《たお》れる・壊《こわ》れる
別解 倒潰

□15 政治には権力**トウソウ**はつきものである。
たたかいあらそうこと
闘争
訓 闘《たたか》う・争《あらそ》う

□16 **フソク**の事態に対処するための備えは万全だ。
思いがけないこと
不測
訓 測《はか》る

□17 世情に疎く、わがままな王子に**ヘイコウ**する。
困り果てること
閉口
訓 閉《し》める・閉《と》じる

□18 厳しい運命に**ユウカン**に立ち向かっている。
いさましく思い切りのよいさま
勇敢
訓 勇《いさ》む

□19 **ユエツ**に浸りながら優勝トロフィーを眺める。
心から楽しむこと
愉悦
意 愉＝たのしい 悦＝よろこぶ

□20 来月から父は転地**リョウヨウ**することになった。
病やけがを治すために、体を大事にすること
療養

□21 物心両面での**エンジョ**を必要としている。
たすけること
援助
訓 助《すけ》・助《たす》ける

□22 海水浴に行って肌が**カッショク**に日焼けした。
黒みがかった茶いろ
褐色

□23 有力な豪族の**セイスイ**の歴史をたどる。
さかんになったりおとろえたりすること
盛衰
訓 盛《さか》ん・衰《おとろ》える

□24 彼は慎み深く、生涯**セイヒン**な生活を貫いた。
正しい行いをし、利益を求めないため、生活がまずしいさま
清貧

□25 彼は芸術家としての自己**ケンジ**欲が強い。
わかるようにはっきりしめすこと
顕示
表現 自己顕示《ジコケンジ》＝自分の存在をことさらに目立たせること

■解答 7 一括 8 空虚 9 需要 11 孤独 12 酷似 13 余剰

重要語 ランクC 【書き取り】⑥

◆語彙編《で意味も学ぼう

□1 **ホウヨウ**力のある上司のもとで部下が育つ。
他人をつつみ込むように受け入れること
〔包容〕
表現 包容力《ホウヨウリョク》＝相手を受け入れる心の広さ

□2 医学部の学生は人体の**カイボウ**実習を行う。
生物の体を切りひらいて観察すること
〔解剖〕
意 剖＝さく

□3 真相の**キュウメイ**にはなお時間がかかるようだ。
道理や真理をつきつめてあきらかにすること
〔究明〕
訓 究《きわ》める

□4 援助により経済的な**キュウチ**を脱した。
逃れようのない苦しい立場
〔窮地〕
訓 窮《きわ》める・窮《きわ》まる

□5 仲間の声に**コオウ**して一斉に攻撃が始まる。
片方がよべば相手が答えること
〔呼応〕
訓 呼《よ》ぶ

□6 悲惨な戦争を**コンゼツ**させると心に誓う。
徹底的になくすこと
〔根絶〕
訓 絶《た》やす

□7 観光スポット**シュウヘン**に宿泊施設が立ち並ぶ。
あるもののまわり
〔周辺〕
訓 周《まわ》り・辺《あた》り

□8 領空を**シンパン**しないコースを選んで飛行する。
他人の領土や権利などを不法におかすこと
〔侵犯〕
訓 侵《おか》す・犯《おか》す

□9 全員の協力を得られるかどうかが**セイヒ**の鍵だ。
せい功するかしないかということ
〔成否〕
訓 否《いな》

□10 休日には都会を離れて自然を**マンキツ**する。
心ゆくまで味わうこと
〔満喫〕
意 喫＝くらう

□11 **オンコウ**な性格で人と争うことが全くない。
穏やかで優しく真面目なさま
〔温厚〕
訓 温《あたた》かい

□12 巧みな**カンゲン**にのせられて不利な契約を結ぶ。
相手の心を引きつけるような口先だけのうまいことば
〔甘言〕
訓 甘《あま》い

復習問題

□13 著作権者の**キョダク**（相手の要求を聞き入れてゆるすこと）を得てから使用する。
許諾
意 諾＝ひきうける［□□《ショウダク》］≫29・24 202・9

□14 適切ではない表現が文章から**サクジョ**（けずりのぞくこと）された。
削除
訓 削《けず》る

□15 限りある**シゲン**（生産活動のもとになるもの）は早晩枯渇するだろう。
資源
意 資＝よりどころとなるもの

□16 厳しい寒さの冬山で**ソウナン**（災なんにあうこと）者が相次いだ。
遭難
訓 遭《あ》う

□17 家の外壁を**トソウ**（と料をぬって仕上げをすること）する仕事が残っている。
塗装
訓 塗《ぬ》る・装《よそお》う

□18 ひったくりの**ヒガイ**（損がいをこうむること）を食い止める方策を講じる。
被害
対 加害《カガイ》

□19 華麗な**ブトウ**（まい踊ること）会の場面を描いた曲を演奏する。
舞踏
類 □□《ブヨウ》≫151・20

□20 陥没した道路の復旧作業に**エイイ**（心を励まし努めること）努力する。
鋭意
訓 鋭《するど》い

□21 **カイキ**（ある天体が別の天体の陰に入り光が届かなくなること）日食を見るために南の島へ行く。
皆既
訓 皆《みな》・既《すで》に

□22 予定の時刻に飛行機に**トウジョウ**（船舶や航空機などにのり込むこと）する。
搭乗
意 搭＝のる［□□《トウサイ》］≫38・8

□23 長い年月の間に上下関係が**テントウ**（逆さまになること・ひっくり返ること）した。
転倒
表現 本末《ホンマツ》転倒《テントウ》＝重要なこととつまらないことを取り違えること ≫283・14

□24 祖父の形見に**カイチュウ**（ふところやポケットのうち）時計をもらった。
懐中

□25 帝国の末期に**コウキ**（物事の規律・国家を治めるおおもと）粛正の嵐が吹き荒れた。
綱紀
表現 綱紀《コウキ》粛正《シュクセイ》＝政治のあり方や政治に携わる政治家、役人の態度を正すこと

■解答 13 承諾 19 舞踊 22 搭載

重要語 ランク《ランク》C 【書き取り】⑦

□1 高僧が諸国を**アンギャ**して民衆に仏法を説く。
各地を旅して回ること

□2 主将の**イッカツ**でチームの雰囲気が変わった。
大きくひと声でしかりつけること

□3 告別式で故人を**アイトウ**する言葉を述べる。
人の死をかなしみいたむこと

□4 古代中国では亀の甲羅で**キッキョウ**を占った。
めでたいことと悪いこと

□5 郊外の大型店舗が市街地の**クウドウ**化を招いた。
内部がうつろなこと

□6 中継地を**ケイユ**して所要時間は八時間である。
中間の場所を通ること

□7 資料を引用する際は**テンキョ**を明確にする。
言葉や文章などのよりどころ・しゅってん

□8 農作物を守るために害虫を**クジョ**する。
追い払いとりのけること

□9 日夜新薬を開発する**ケンキュウ**に没頭する。
ふかく考えたり調べたりして真理を明らかにすること

□10 芸能人の年齢**サショウ**が話題になった。
氏名、住所、職業、けい歴などを偽って言うこと

□11 台風の被害に対して適切な**ショチ**を講ずる。
状況を判断して取り扱いを決めること

□12 留学のための**トコウ**準備がようやく完了した。
船や飛こう機で外国へいくこと

◆語彙編 ≪で意味も学ぼう

1 （行脚） 訓 脚《あし》 類 遍歴《ヘンレキ》 ≫109・13
2 （一喝） 意 喝＝しかる
3 （哀悼） 訓 哀《あわ》れむ・悼《いた》む
4 （吉凶） 意 凶＝わざわい
5 （空洞） 訓 洞《ほら》
6 （経由） 訓 経《へ》る 意 由＝よる
7 （典拠） 意 拠＝よりどころ 【根拠《コンキョ》】≫17・22
8 （駆除） 訓 駆《か》ける
9 （研究） 訓 研《と》ぐ・究《きわ》める
10 （詐称） 意 詐＝いつわる【□□《サギ》】≫31・22
11 （処置） 意 処＝とりはからう【□□《タイショ》】≫123・25
12 （渡航） 訓 渡《わた》る

復習問題

13 学校の文化祭でクレープの**モギ**店を開いた。
他の物をまねること
模擬
音 模《ボ》［□《キ》□《ボ》］≫36・5 注「摸擬」とも書く

14 ちょっとした情報が**ケッコウ**役に立った。
かなり・満足ではないがある程度はよいさま
結構
類 相当《ソウトウ》

15 **コウチョク**した組織では危機に対応できない。
考え方などの柔軟性がなくなること
硬直
訓 硬《かた》い 対 柔軟《ジュウナン》≫27・24

16 **イヨウ**な緊張と不思議な穏やかさが同居する。
普通と違っているさま
異様
訓 異《こと》

17 **オクビョウ**なので思い切ったことができない。
ささいな事にも恐れること
臆病
対 大胆《ダイタン》≫38・1

18 炎天下を走り続けたののどが**カワ**いた。
潤いがなくなり水分が欲しくなる
渇
音 渇《カツ》［渇望《カツボウ》］≫9・25

19 契約書の**キサイ**事項を綿密に点検する。
書類や書物などに書きしるすこと
記載
訓 記《しる》す・載《の》せる

20 現在の使用例は言葉の**ゲンギ**から離れている。
言葉の本来もっていた意味
原義
意 義＝意味［□《コウ》□《ギ》］≫106・7／203・20

21 若くして苦い失望や**ゲンメツ**を味わった。
理想が崩れて落胆すること
幻滅
訓 幻《まぼろし》

22 表示された値段は消費税を**フク**んでいる。
成分内容として内に包みもつ
含
音 含《ガン》［含有《ガンユウ》］

23 **アセ**ったところで事態が好転するわけではない。
いら立つ・じりじりする
焦
音 焦《ショウ》［□□《ショウテン》］≫97・21

24 **シンエン**な道理を理解するのに時間を要した。
奥ぶかくて計り知れないさま
深遠

25 二人は**シュウセイ**変わらぬ愛を誓い合った。
命のおわるまでの間
終生
類 畢生《ヒッセイ》≫207・13 注「終世」とも書く

500
400
300
200
100
start

■ 解答 10 詐欺 11 対処 13 規模 20 広義 23 焦点

第2章

重要語 ランク C 【書き取り】⑧

□ 1 シャトルバスが**カンダン**なく運行する。
切れ目・途切れること

□ 2 **ショウメイ**が暗くて人の顔がよく見えない。
光でてらしてあかるくすること

□ 3 日常生活の一コマを**ギガ**化して描き出す。
風刺や滑稽をねらって描いた絵

□ 4 体の不調は自分自身への**ケイコク**と考える。
注意を促し、つげ知らせること

□ 5 彼らの意見はすべて**スイソク**の域を出ない。
ある事柄をもとにしておしはかること

□ 6 入学試験の面接で志望の**ドウキ**を聞かれる。
意志や行どうを決めさせる直接の理由

□ 7 **ドウクツ**の壁に残された絵を調査する。
岩などの中にできた、人が入っていけるような大きさをもった空かん

□ 8 交通事故にあって何針も**ヌ**う大怪《け》我《が》をした。
傷口を針と糸でとじあわせる

□ 9 新しい理論が世界の注目を**ア**びている。
水や光などを全身に受ける・ある作用を受ける

□ 10 人がやらない仕事にも**ソッセン**して取り組む。
人のさきに立って物事を行うこと

□ 11 シンプルな味付けが私の料理の**リュウギ**である。
やり方

□ 12 他の部署と**レンケイ**して作業を進める。
互いにれん絡を取り協力して物事を進めること

◆語彙編《で意味も学ぼう

1 間断
表現 間断《カンダン》なく＝途切れることなく

2 照明
訓 照《て》らす

3 戯画
訓 戯《たわむ》れる

4 警告
意 警＝いましめる
類 □□《ケイショウ》 ≫17・25／183・35

5 推測
訓 推《お》す・測《はか》る

6 動機
意 機＝心のはたらき
［□□《キゲン》］ ≫57・14

7 洞窟
訓 洞《ほら》

8 縫
音 縫《ホウ》［縫合《ホウゴウ》］

9 浴
音 浴《ヨク》［浴槽《ヨクソウ》］

10 率先
訓 率《ひき》いる

11 流儀
注 ×義

12 連携
訓 携《たずさ》わる

復習問題

□13 塩の量を**カゲン**して健康によい料理を作る。
ほどよい状態に調節すること

□14 小説を書くことは原稿用紙との**カクトウ**である。
困難に懸命に取り組むこと

□15 芸道の**シンズイ**に迫るべく修練を重ねる。
物事の最も肝心な点・奥義

□16 敵との**ソウゼツ**な戦いの末に勝利を収めた。
非常に勇ましく激しいさま

□17 社会の底に過去の遺物が**チンデン**している。
底にしずんでたまること

□18 蜘蛛の糸は強い**ネンチャク**力で虫を捕まえる。
ねばりけのあるものがくっつくこと

□19 実用性と美は必ずしも**ハイハン**しない。
道理にそむくこと・相いれないこと

□20 鬼気迫るような**ブヨウ**に強い衝撃を受けた。
おどり・ダンス

□21 複数の村が**ヘイゴウ**して大規模な村になった。
いくつかの物をあわせて一つにすること

□22 私が入賞するとは**ムソウ**だにしなかった。
起こりそうもないことを心に思うこと

□23 社会の中に古くからの**インシュウ**が残存する。
昔から伝えられてきたよくないしきたり

□24 歌姫の声は聴衆にとって**タクセン**のように響く。
かみのおつげ

□25 父は朝から庭の草むしりに**ヨネン**がない。
他の考え

13 加減
訓 加《くわ》える・減《へ》らす

14 格闘
訓 闘《たたか》う

15 神髄
意 髄＝物事の本質
別解 真髄

16 壮絶
意 壮＝さかん［□□］《ソウダイ》 »136・12
絶＝はなはだ・きわめて

17 沈殿
注 「沈澱」とも書く

18 粘着
訓 粘《ねば》る

19 背反
訓 背《そむ》く

20 舞踊
訓 舞《ま》う・踊《おど》る
類 舞《ブ》踏《トウ》 »147・19

21 併合
訓 併《あわ》せる

22 夢想
類 空《クー》想《ソウ》

23 因襲
意 襲＝うけつぐ［□□］《シュウメイ》 »124・6
別解 因習

24 託宣

25 余念
表現 余念《ヨネン》がない＝他のことを考えず一つのことに熱中するさま

■ 解答　4 警鐘　6 機嫌　16 壮大　23 襲名

第2章 重要語 ランク C 【書き取り】 ⑨

□1 後年の彼には大建築家の**オモカゲ**は見られない。
昔を思い起こさせるようなおも差しや姿

□2 社会の**カンヨウ**に逆らわず従う方が生きやすい。
広く世間一般に行われていること

□3 人間は理性的に振る舞う動物だと**ソテイ**する。
ある命題を肯ていされうるものとして示すこと

□4 戦後**フッコウ**で女性の社会進出がすすんだ。
衰えたものが再び盛んになること

□5 雑誌に**レンサイ**されたのちに本になった。
続き物として記事などをのせること

□6 自分の意見をあくまでも**キョウコウ**に主張する。
自分の考えを押しとおすさま

□7 大河が大平原を**ダコウ**して流れている。
曲がりくねっていくこと

□8 業務に必須の基本的な**シカク**を取得する。
あることをするために必要な条件

□9 教会の**ジゼン**事業に多くの人が協力する。
哀れみ助けること・特に恵まれない人びとなどに経済的援助をすること

□10 業界の事情に**ツウギョウ**した人間が必要だ。
◆すみずみまで知っていること

□11 ピアノの**バンソウ**と歌声が一体となっている。
主な旋律や歌に合わせて、他の楽器で補助的に演そうすること

□12 死者を前に**ヒタン**に暮れるしかなかった。
かなしみなげくこと

◆語彙編《《で意味も学ぼう

1 〔面影〕 訓 面《おも》・面《つら》
2 〔慣用〕 訓 慣《な》れる
3 〔措定〕
4 〔復興〕 訓 興《おこ》る
5 〔連載〕 訓 載《の》せる
6 〔強硬〕 対 軟弱《ナンジャク》
7 〔蛇行〕 訓 蛇《へび》
8 〔資格〕 意 資＝よりどころとなるもの [□□《シゲン》] ≫147・15
9 〔慈善〕 訓 慈《いつく》しむ
10 〔通暁〕 216・6 訓 暁《あかつき》 類 精通《セイツウ》・熟知《ジュクチ》
11 〔伴奏〕 訓 伴《ともな》う・奏《かな》でる
12 〔悲嘆〕 訓 嘆《なげ》く

復習問題

□13 大事な未発表作品の原稿が**フンシツ**した。
まぎれて物がなくなること・なくすこと

□14 **ヨカ**を有効に使うことで人生が豊かになる。
仕事の合間のひま

□15 提案が拒否される理由が**カイモク**わからない。
全く・全然

□16 昆虫は**ギタイ**によって天敵から身を守る。
他の物に似せること

□17 **サイバン**で無罪を勝ち取ることができた。
法律に基づいたはん断を行うこと

□18 交渉の全権は現地の法人に**イニン**された。
ゆだねまかせること

□19 技術の**スイジュン**を引き上げる努力をする。
品質や価値などの標じゅん

□20 **フモウ**な話し合いがいつ果てるともなく続く。
成果といえるものがないさま

□21 技術**カクシン**が進んで生産性が向上した。
従来のやり方を変えてあたらしくすること

□22 商売の**ジョウドウ**に従って会社を運営する。
一般の原則にかなった普つうのやり方

□23 役所に提出する書類に**ショメイ**捺印《なついん》する。
文書に自分のなまえを書くこと

□24 好景気が続いたので所得が**バイゾウ**した。
二ばいにふえること

□25 **カン**に頼らず論理的に考えて答えを導き出す。
物事を直感的に感じ取る力

13 紛失
訓 紛《まぎ》れる

14 余暇
訓 暇《ひま》

15 皆目
訓 皆《みな》

16 擬態
注 疑

17 裁判
訓 裁《さば》く
意 判＝はっきりさせる
□□《ハンゼン》 ≫105・14

18 委任
訓 委《ゆだ》ねる・任《まか》せる

19 水準
類 レベル

20 不毛

21 革新
199・19
対 □《ホ》□《シュ》 ≫199・20
意 革＝あらためる

22 常道

23 署名
意 署＝しるす

24 倍増

25 勘
表現 勘所《カンどころ》＝うまくやるために大切なところ

■ 解答　8 資源　17 判然　21 保守

第2章 重要語 ランク C 【書き取り】⑩

□1 耳慣れない表現を聞くと**イワ**感を覚える。
周囲に合わないこと・ちぐはぐ

□2 巧みな**ヒユ**を用いてわかりやすく表す。
◆類似したものを借りて表現すること

□3 彼らには彼らなりの**リクツ**があるはずだ。
物事の筋道

□4 若者は新しい環境に**ジュンノウ**するのが早い。
環境の変化におうじて変わること

□5 決して失敗しないよう**バンゼン**の注意を払う。
少しの手抜かりもないこと

□6 地図を**カクダイ**して見やすく表示する。
◆ひろげておおきくすること

□7 新人選手が野球界に**センプウ**を巻き起こす。
急に起こって社会の反響を呼ぶような出来事

□8 待遇改善を求める話し合いがやっと**ダケツ**した。
対立する二者が折れ合って話がまとまること

□9 健康増進のため早寝早起きを**レイコウ**する。
決めたことをいい加減にしないでその通りにおこなうこと

□10 ヨットが湖面を**ナメ**らかに進んでいる。
よどみなく運ぶさま・すべすべしているさま

□11 生あるものはすべて**クチ**果てていく運命だ。
腐れ壊れる

□12 相手チームの守備の**スキ**をついて攻撃に転じる。
気の緩み・物と物の間

◆語彙編 ≪ で意味も学ぼう

1 違和
注 ×異
表現 違和《イワ》感《カン》＝しっくりこない感じ ≫212・6

2 比喩 214・5
意 喩＝たとえ

3 理屈
意 理＝ことわり ［□□《フジョウリ》］ ≫98・4

4 順応
意 順＝したがう ［□□《ジュウジュン》］ ≫98・10

5 万全
訓 全《すべ》て

6 拡大 203・17
対 縮小《シュクショウ》 ≫203・18

7 旋風
意 旋＝めぐる
注 ×施

8 妥結
意 妥＝おさまる

9 励行
訓 励《はげ》む

10 滑
音 滑《カツ》 ［□□《ジュンカツ》］ ≫118・5

11 朽
音 朽《キュウ》 ［□□《フキュウ》］ ≫85・17／183・33

12 隙
音 隙《ゲキ》 ［□□《カンゲキ》］ ≫132・6

復習問題

□13 野生動物は**ガンライ**臆病で慎重なものだ。
初めからそういう状態や性質であること
（元来）
類 本来《ホンライ》

□14 **シフク**の都合で詳しい説明は省略する。
割り当てられた原稿の量
（紙幅）
訓 幅《はば》

□15 ある種の虫は**セイジュク**すると体の色が変わる。
動植物が十分に発達すること
（成熟）
訓 熟《う》れる

□16 世界の食糧危機について民衆に**ウッタ**える。
強い気持ちで相手に働きかける
（訴）
音 訴《ソ》［□《ソ》□《ショウ》］≫32・1

□17 多くの国が協力して安定した国際関係を**キズ**く。
努力してしっかりしたものを作りあげる
（築）
音 築《チク》［構築《コウチク》］≫22・4

□18 世にも**キカイ**な現象が立て続けに起こる。
不思議であやしいさま
（奇怪）
訓 怪《あや》しい

□19 中途半端な知識を**ツウレツ**に批判する。
非常に手厳しいさま
（痛烈）
意 烈＝はげしい

□20 恋に**オボ**れて仕事が手につかなくなった。
あることに夢中になって心を奪われる
（溺）
音 溺《デキ》［溺愛《デキアイ》］

□21 暑さのせいで食料品がすっかり**ダメ**になった。
よくない状態にあること
（駄目）
表現 駄《ダ》目《め》を出《だ》す＝演劇などで演技上の注意をしてやり直しを求める

□22 固定**カンネン**にとらわれずに判断する。
◆物事に対するとらえ方や考え
（観念）
204・7

□23 新しく開発された製品が**キャッコウ**を浴びる。
舞台前面下方から俳優を照らすひかり
（脚光）
表現 脚光《キャッコウ》を浴《あ》びる＝注目の的となる

□24 世間知らずではあるが**グドン**ではない。
無知で間が抜けていること
（愚鈍）

□25 冷たい切り**コウジョウ**の挨拶を聞いた。
型通りの挨拶・くちで述べること
（口上）
表現 切《き》り口上《コウジョウ》＝形式ばった堅苦しい話し方

■解答　3 不条理　4 従順　10 潤滑　11 不朽　12 間隙　16 訴訟

500 400 300 200 100 start

第**2**章

重要語 ランク C 【書き取り】⑪

□1 地球が**タンジョウ**して以来初めての危機だ。
あたらしくうまれること

□2 **スイトウ**帳をつけて会社の現金を管理する。
金銭や物品をだし入れすること

□3 人々の平和な日常の**イトナ**みが再開された。
せい活の為の仕ごと・行為

□4 お金が関わる**カ**けごとはしてはいけない。
敗者が勝者に金などを渡す取り決めをする

□5 民衆の蜂起により**ドクサイ**政権が倒れた。
特ていの者が絶対的な権力を握って全体を支配すること

□6 時間の厚みの中でアイデアが**ハッコウ**していく。
考えが次第に熟すこと

□7 救命ボートで無人島に**ヒョウチャク**する。
目的地以外の土地へ流されてつくこと

□8 敗因を**ブンセキ**して次の試合に備える。
◆細かくわけて調べること

□9 正当化する**ホウベン**を持ち合わせていない。
ある目的を達するための都合のよい手段

□10 人道主義に**リッキャク**して問題の打開を図る。
たち場やよりどころをさだめること

□11 読む人に**キョウレツ**な印象を刻みこんだ言葉。
つよくはげしいさま

□12 パスカルや芥川《あくたがわ》龍《りゅう》之《の》介《すけ》の**ケイク**を味わう。
真理を簡潔に鋭く表現した言葉

◆語彙編≪で意味も学ぼう

1 〔誕生〕 類 生誕《セイタン》

2 〔出納〕 訓 納《おさ》める・納《おさ》まる

3 〔営〕 音 営《エイ》［□《エイ》□《イ》］≫28・4

4 〔賭〕 音 賭《ト》［賭博《トバク》］

5 〔独裁〕 訓 独《ひと》り

6 〔発酵〕

7 〔漂着〕 訓 漂《ただよ》う

8 〔分析〕 200・3 対 総合《ソウゴウ》≫200・4

9 〔方便〕

10 〔立脚〕 訓 脚《あし》

11 〔強烈〕 意 烈＝はげしい［□□《ソウレツ》］≫155・19

12 〔警句〕 類 アフォリズム≫226・5

復習問題

13 科学は実証なき何物をも**コウテイ**しない。
◆認めること・価値があると判断すること
肯定 196・11
対 否定《テイ》 196・12

14 一日中パソコンに向かって目を**コクシ**する。
こきつかうこと
酷使
意 酷＝むごい［□□］《ザンコク》 77・15

15 消防設備および防火施設の**ササツ**が行われた。
状況を調べ見極めること
査察
意 査＝しらべる［□□］《シンサ》 77・18 察＝あきらか

16 大学で経済学の著名な教授に**シジ**する。
仕えるせんせいとして敬い、教えを受けること
師事
意 事＝つかえる［□□］《ジュウジ》 71・22

17 **ショサイ**にこもって一日中本を読んでいる。
本を読んだりかき物をしたりするための部屋
書斎
注 ✕斉

18 **セイコン**こめて取り組んだ作品が完成した。
たましい・せい神
精魂
訓 魂《たましい》

19 最**センタン**の技術を用いて製品を作る。
時代や流行のせん頭
先端
訓 端《はし》
別解 尖端

20 **メッタ**なことを言って怒らせてはいけない。
思慮の浅いさま
滅多

21 学園の**ソウシ**者の理念が脈々と受け継がれる。
あたらしく物ごとをはじめること
創始
意 創＝はじめる［□□］《ソウシュツ》 103・23
訓 創《つく》る

22 私たちは**キミョウ**な状況に向かい合っている。
珍しいさま・不思議なさま
奇妙

23 詩と哲学は深いところで**ツウテイ**している。
◆表面は異なっているように見えて根ていにおいてつうじていること
通底 216・6
訓 通《かよ》う・通《とお》る

24 不確実な情報は不安を**ジョチョウ**させる。
ある傾向をさらに著しくさせること
助長

25 若者の**シンセン**なアイデアが世間を驚かす。
今までにないあたらしい感覚があるさま
新鮮
意 鮮＝あたらしい
訓 新《あたら》しい・新《あら》た・新《にい》

■ 解答 3 営為 11 痛烈 14 残酷 15 審査 16 従事 21 創出

第2章 重要語

ランク C

【書き取り】⑫

語彙編 ≪ で意味も学ぼう

□ 1 何の**インガ**でこんなひどい目にあうのか。
悪い行いの報い
因果
意 因＝事の起こり【□□《キイン》】 ≫61・17

□ 2 何が善で何が悪かは**イチガイ**には言えない。
おしなべて・いち様
一概
意 概＝おおむね【□□《タイガイ》】 ≫132・10
注 ×慨

□ 3 胸の奥にしまいこんだ**ヒミツ**を大事にする。
隠して人に知らせないこと
秘密

□ 4 共同宣言**キソウ**に向けて協議を開始する。
文章の案を書きおこすこと
起草
意 草＝詩や文章のしたがき

□ 5 歴史の**キョウクン**を生かして失敗を未然に防ぐ。
おしえさとすこと、またその内容や言葉
教訓
意 訓＝おしえ導く

□ 6 仕事のやり方を後輩に**コウシャク**する。
語句の意味、こころ得、自分の考えなどを説いて聞かせること
講釈

□ 7 すべての生物は**サイボウ**から成っている。
生物体を構成する基本単位
細胞
意 胞＝生物体を組織する原形質

□ 8 水溶液が冷えて見事な結晶が**セキシュツ**した。
溶液から結晶が分離してでてくること
析出
意 析＝分けて明らかにする【□□《カイセキ》】 ≫107・17

□ 9 明治の先人たちが近代国家の**イシズエ**を築いた。
物事の土台となる大事なもの
礎
音 礎《ソ》【□□《キソ》】 ≫36・1

□ 10 球場の観客**ドウイン**数の記録が更新された。
ある目的のために人を集めること
動員

□ 11 会の運営は**ソウバン**行き詰まる運命だ。
遅かれはやかれ
早晩
訓 早《はや》い

□ 12 駅前の商店街は再開発の**トジョウ**にある。
事業や計画などが目的に向かって進行していると中
途上
意 途＝みち

復習問題

□13 集落の過疎化によって**ハイオク**が増えた。
住む人がなく荒れた家
廃屋
訓 廃《す》れる

□14 電子翻訳機で中国語を日本語に**ヘンカン**する。
かえること
変換
訓 変える・換《か》える

□15 **ヤバン**で暴力的な振る舞いを社会から取り除く。
きょう養がなく粗暴なこと
野蛮
類 粗野 »33・19

□16 若者は自由で**カソ**性に富んだ存在である。
自由に物の形をつくれること
可塑
意 塑＝土をこねて物の形をつくる
表現 可塑性《カソセイ》＝変形しやすい性質 »208・3

□17 好景気で株式市場は**カッキョウ**を呈している。
商取引が盛んで景気のよい状態
活況
意 況＝ありさま

□18 激しい肉体労働にも堪える**ガンジョウ**な身体。
堅固でじょうぶなさま
頑丈
意 頑＝かたくな
〔□□《ガンメイ》〕 »136・1 211・13

□19 河川が町と町の**キョウカイ**になっている。
◈土地や物事のさかい目
境界
212・1
訓 境

□20 貴重品は常に**ケイタイ**したほうがよい。
身に着けて持つこと
携帯
訓 携える

□21 作家の死後、未発表の**ゲンコウ**が発見された。
印刷や口頭発表するもののもととなる文章
原稿
意 稿＝したがき・わら
〔□□〕 »76・6

□22 孫娘が祖母の**グチ**の聞き役になっている。
仕方のないことを言って嘆くこと
愚痴
訓 愚《おろ》か
関連 かこつ »280・3

□23 長い旅路の終点に近づき、過去を**カイソウ**する。
過去のことに思いを巡らすこと
回想

□24 彼女のけなげな姿に誰もが**カンシン**した。
こころに深くかんじること
感心

□25 兵力の配置を知るため空から**テイサツ**する。
ひそかに様子を探ること
偵察
意 偵＝うかがう

■解答 1 起因 2 大概 8 解析 9 基礎 18 頑迷 21 投稿

第2章

重要語 ランク《ランク》C 【書き取り】⑬

□ 1 この会場内の**オンキョウ**効果は極めてよい。
おとのひびき

□ 2 私の姉は**ソウメイ**で思いやりのある人間だ。
理解力や判断力に優れていること

□ 3 **ツイラク**事故の原因を徹底的に調査する。
高いところからおちること

□ 4 人に頼らず**カツロ**を切り開いて生きていく。
窮地から逃れ出る方法

□ 5 曖昧なものの言い方が結果的に**ギワク**を招いた。
うたがいを持つこと

□ 6 **グウワ**を利用して支配階級を批判する。
教訓や風刺を含んだ内容を、他の事柄にたとえたはなし

□ 7 買い物に行く前に夕食の**コンダテ**を考える。
料理の種類や内容

□ 8 生産性を高めるため合理化を**スイシン**する。
事業や運動が目標を達成できるようおしすすめること

□ 9 仮説を**セイゼン**たる体系をもつ学説にする。
ととのったさま

□ 10 厳選された**ソザイ**で料理をこしらえる。
もとになるざい料

□ 11 見通す力のない人は**タンラク**的発想をする。
手順を踏まずに原因と結果を性急に結び付けてしまうこと

□ 12 読書に**チンセン**して時が経《た》つのを忘れる。
深く没頭すること

◆語彙編<<<で意味も学ぼう

1 〔音響〕 訓 響《ひび》く

2 〔聡明〕 意 聡＝かしこい

3 〔墜落〕 注 ×堕

4 〔活路〕 意 活＝いきる・いかす ［□□《カツヤク》］ >>112・8

5 〔疑惑〕 訓 疑《うたが》う・惑《まど》う

6 〔寓話〕 意 寓＝たとえる・ほのめかす

7 〔献立〕 音 献《ケン》 ［□□《ケンシン》］ >>108・8

8 〔推進〕 訓 推《お》す

9 〔整然〕 対 雑然《ザツゼン》

10 〔素材〕 意 素＝もと ［□□《ソヨウ》］ >>143・18

11 〔短絡〕 意 絡＝つなぐ ［□□《ミャクラク》］ >>36・8 表現 短絡的《タンラクテキ》＝安易に結び付けて考えるさま >>209・14

12 〔沈潜〕 訓 潜《ひそ》む

復習問題

13 洪水の被害を最小化するための**テイボウ**を築く。
水害をふせぐため川岸や海岸に沿って設ける構築物
堤防
訓 堤《つつみ》

14 塀を**テッキョ**すると見通しがよくなった。
取りさること
撤去
注 徹

15 ひとりぼっちで人生の**ヒアイ**をかみしめる。
かなしくあわれなこと
悲哀
訓 哀《あわ》れ

16 目標を達成するために**フントウ**する姿が美しい。
力の限りがんばること
奮闘
訓 奮《ふる》う

17 犯罪の企てが事前に発覚して**ミスイ**に終わる。
まだ成しとげないこと
未遂
注 逐 対 既遂《スイ》

18 **コウシ**戸をくぐり抜けて家の外へ出ていく。
細い角ざいを縦横に組んだもの
格子

19 物事の**ヒソウ**的な部分だけを見て真実を見ない。
◆上辺・表面
皮相
210・7
対 内奥《ナイオウ》 類 表面《ヒョウメン》

20 与えられた**シメイ**を全うするため全力を尽くす。
その人に与えられた責務
使命

21 見方が**ヘンコウ**していて公正な判断ができない。
かたよっていること
偏向
対 □□《コウセイ》≫187・48 訓 偏《かたよ》る

22 二つの民族は古来から**テキタイ**関係にある。
あい手をてきとみなしてたちむかうこと
敵対

23 **アンイ**な考えで会社を退職すると後悔する。
いい加減なさま
安易
音 易《イ》［不易《フエキ》］ 訓 易《やさ》しい

24 事業を民間に**イカン**して経営効率化を図る。
権限を他にうつすこと
移管

25 国家財政の再建が**ショウビ**の急となっている。
事態が非常に切迫していること
焦眉
表現 焦眉《ショウビ》の急《キュウ》＝一刻の猶予もないほど危険が迫っていることのたとえ≫251・14

■解答 4 活躍 7 献身 10 素養 11 脈絡 21 公正

重要語 ランク C 【書き取り】⑭

□1 同世代の人たちで催す**エンカイ**は盛り上がる。
酒や料理を飲み食いしながら楽しむ集まり

□2 民衆にとって**カチク**は大事な財産である。
人間の生活に役立てるために飼う動物

□3 友人と趣味について話すのが私の**シフク**の時だ。
この上ない幸せ

□4 専門医の**シンサツ**を受けて病因が判明した。
医師が患者の体を調べ病状を判断すること

□5 直属の上司に**ゼンプク**の信頼を寄せている。
あるだけすべて

□6 政府が国民に対し**チョチク**を奨励する。
金銭や物品をたくわえること

□7 日本の近代化は明治**イシン**後に始まった。
政治などの体制が改まること

□8 事態を**オンビン**に解決するために奔走する。
事を荒立てないようにするさま

□9 **チッソ**肥料を活用して食糧生産を伸ばす。
無色、無味、無臭で空気の五分の四を占める気体

□10 電車が踏切の手前で**ケイテキ**を鳴らす。
注意を促すために鳴らす音

□11 トラブルの処理を**コモン**弁護士に委ねる。
かい社や団体で相談を受けて助言する人

□12 **シッキ**は日本を代表する伝統工芸品である。
うるしを塗って仕上げた道具

◆語彙編《で意味も学ぼう

1 宴会　意 宴＝うたげ
2 家畜　注 ×蓄
3 至福　訓 至《いた》る
4 診察　訓 診《み》る
5 全幅　訓 全《すべ》て
6 貯蓄　注 訓 蓄《たくわ》える ×畜
7 維新
8 穏便　訓 穏《おだ》やか
9 窒素　意 窒＝ふさぐ
10 警笛　訓 笛《ふえ》
11 顧問　訓 顧《かえり》みる
12 漆器　訓 漆《うるし》

復習問題

□13 **シュウトク**物の保管期限が定められている。
ひろうこと

□14 **スウキ**な運命にもてあそばれた一生だった。
運命がさまざまに変化するさま

□15 国際コンクールで優秀な**セイセキ**を収める。
できばえ・特に学業のできばえ

□16 国際的な**シヤ**をもって物事を判断する。
物事を考えたり判断したりする範囲

□17 希少な**テンネン**記念物を手厚く保護する。
人の手が加わらずにしぜんのままであること

□18 **カクリョウ**人事は総理大臣が主導する。
内かくを構せいする各国務大臣

□19 事件の背景には巨大な**インボウ**があった。
こっそり企てた悪事

□20 事典を**カンコウ**するのは容易なことではない。
書籍を印刷して世間に出すこと

□21 戦争に負けて領土の一部を**カツジョウ**する。
所有物の一部を他にゆずり渡すこと

□22 時代の変化により**シャヨウ**化する産業もある。
勢いのあったものが時代の変化により衰えること

□23 条約は**サイタク**された都市に因《ちな》んで命名された。
いくつかある中から選びとること

□24 大学生の**シュウショク**率の推移をグラフ化する。
仕事につくこと

□25 停止していた車が**トツジョ**動きだした。
前ぶれもなくだしぬけに

13 拾得
訓 拾《ひろ》う

14 数奇
意 奇＝かわっている［□□《キバツ》］≫52・9

15 成績
意 績＝てがら［□□《ギョウセキ》］≫96・4
注 ⅄積

16 視野
表現 視野《シヤ》狭窄《キョウサク》＝視野が欠けて狭くなること

17 天然
対 人工《ジンコウ》

18 閣僚

19 陰謀
意 陰＝ひそかに［□□《インシツ》］≫144・5
訓 謀《はか》る

20 刊行

21 割譲
訓 割《さ》く・譲《ゆず》る

22 斜陽

23 採択
訓 採《と》る
意 択＝えらぶ［□□《センタク》］≫111・18

24 就職

25 突如
類 突然《トツゼン》 俄《にわ》かに ≫126・12 271・16

■解答 14 奇抜 15 業績 19 陰湿 23 選択

重要語 ランク C 【書き取り】⑮

□1 できるだけポイントを**シボ**って報告する。（限定する）

□2 会社を**トウサン**させた経営者の責任を追及する。（企業が事業を継続できなくなること）

□3 一連の手続きを**カンイ**なやり方に改める。（手軽でやさしいさま）

□4 大王は武力をもって自国の**ハント**を拡大した。（一国の領土）

□5 警察が家宅捜索をして証拠品を**オウシュウ**した。（捜査機関が証拠を取り上げること）

□6 初夏の**カイヒン**公園で水遊びを楽しんだ。（うみ辺・はま辺）

□7 仕事中も定期的に部屋の**カンキ**を行う。（室内の空きを入れかえること）

□8 出資者全員に利益を**キントウ**に配分する。（一様に差のないこと）

□9 巧みな話術を買われて**ショウガイ**係になった。（がい部と連絡や交しょうをすること）

□10 ゴールライン直前で追い抜かれ、**セキハイ**した。（少しの差でおしくも負けること）

□11 支持する政党の候補者に**トウヒョウ**する。（選挙や採決で各自の意思ひょう示を行う行為）

□12 過去の**イブツ**となった古い制度を廃止する。（前の時代から残されたもの）

◆語彙編≪で意味も学ぼう

1 〔絞〕 訓 絞《し》める 音 絞《コウ》[絞首《コウシュ》]

2 〔倒産〕 訓 倒《たお》れる

3 〔簡易〕 訓 易《やさ》しい

4 〔版図〕 類 テリトリー・勢力圏《セイリョクケン》

5 〔押収〕 訓 押《お》さえる

6 〔海浜〕 訓 浜《はま》

7 〔換気〕 注 ×喚

8 〔均等〕 意 均＝ひとしい [□□《キンシツ》] ≫142・5 訓 等《ひと》しい

9 〔渉外〕 意 渉＝かかわる [□□《カンショウ》] ≫13・25／183・38

10 〔惜敗〕 訓 惜《お》しい

11 〔投票〕 意 票＝目印の札

12 〔遺物〕 意 遺＝のこす [□□《イコン》] ≫137・24

復習問題

□13 異なったシザから検討することも必要だ。
もの事を見る立場や姿勢
視座
意 視＝みる［□□《カンシ》］》119・15

□14 ◆ショヨの条件から導き出した結果を尊重する。
あたえられたもの・前提となる事実
所与
209・16
訓 与《あた》える

□15 独裁政治をテンプクするため同志を募る。
ひっくり返すこと・政府などをたおすこと
転覆
訓 転《ころ》ぶ・覆《くつがえ》す

□16 審査に通るためのフカケツな条件がある。
なくてはならないさま
不可欠
訓 欠《か》く

□17 周囲にメイワクをかけたことを丁重に謝罪した。
嫌な思いをしたり困ったりすること
迷惑
表現 迷惑千万《メイワクセンバン》＝非常に迷惑であること

□18 会議での彼女の発言は皆のジモクを集めた。
多くのひとの注意
耳目

□19 官民がヒョウリ一体となって開発を進めている。
おもてとうら
表裏
表現 表裏一体《ヒョウリイッタイ》＝相反する二つのものが大もとでは一つであること》284・12

□20 必要とあらば対決をもジさない構えである。
やめる・断わる
辞

□21 キジョウの空論を持ち出して得意になる。
つくえのうえ
机上
表現 机上《キジョウ》の空論《クウロン》＝実際には役に立たない意見》254・2

□22 彼を駆り立てたのはジュンゼンたる好奇心だ。
まさしくそれに違いないさま
純然

□23 貧しくともヘイオンな暮らしが有り難い。
変わったこともなくおだやかであるさま
平穏
表現 平穏無事《ヘイオンブジ》＝事件や事故もなく穏やかであるようす

□24 宇宙のセイセイについて新しい説を唱える。
ものができること
生成

□25 ジンリンにもとる行為を許さぬ社会をつくる。
ひととして守るべき道
人倫
意 倫＝みち
表現 人倫《ジンリン》にもとる＝人として従うべき正しい道に背くこと

■ 解答　8 均質　9 干渉　12 遺恨　13 監視

第**2**章

重要語 ランク C 【書き取り】⑯

1 **サイホウ**の上手な祖母が浴衣を作ってくれた。
布地をたって衣服などにぬい上げること

2 初期消火や**ヒナン**が極めてうまくいった。
災なんをさけて他の所へのがれること

3 集会のたびに校歌を**セイショウ**する習慣だ。
同じ旋律を多くの人が同時に歌うこと

4 欠員を**ホジュウ**しないと業務に支障を来す。
不足しているものをおぎなうこと

5 実験や観察を繰り返して**カセツ**を検証する。
◆ある事実をせつ明できるように、かりに立てたせつ

6 行政**カイカク**により省庁の再編が行われた。
あらため、かえること

7 役所の**ガイカク**団体の役員に就任した。
そと側のもの・そとのかこい

8 事件の合同**ソウサ**本部が設置される予定だ。
さがして取り調べること

9 降り積もる雪が木々に**ケショウ**を施した。
もののがい観を美しく飾ること

10 生徒会長として所信を**カイチン**する。
人まえで己の考えや意見を述べること

11 始めは**キイ**に思えた流行も見慣れてきた。
普通と様子が違っていて不思議なさま

12 明治政府は**ショクサン**興業政策を推進した。
さん業を盛んにすること

◆語彙編≪で意味も学ぼう

1 【裁縫】 訓 裁《た》つ・縫《ぬ》う

2 【避難】 訓 避《さ》ける

3 【斉唱】 意 斉＝ひとしい

4 【補充】 訓 補《おぎな》う

5 【仮説】 204・1 対 定説《テイセツ》

6 【改革】 意 革＝あらためる［□□《カクシン》］≫153・21／183・42／199・19

7 【外郭】 意 郭＝かこい［輪郭《リンカク》］≫8・7

8 【捜査】 訓 捜《さが》す

9 【化粧】 意 粧＝よそおう

10 【開陳】 意 陳＝のべる［□□《チンシャ》］≫141・21

11 【奇異】 訓 異《こと》

12 【殖産】 訓 殖《ふ》やす

復習問題

□ 13 勇ましい武者が戦場を縦横無尽に**カ**け回る。
速く走る

□ 14 近視眼的で**ゲンゼン**のものしか目に入らない。
目のまえにあること

□ 15 音楽家になるための**シシツ**に恵まれている。
うまれつきの性しつや才能

□ 16 狭い部屋に人がたくさんいて**チッソク**しそうだ。
呼吸がふさがりとまること

□ 17 方針転換によってアジア市場から**テッタイ**する。
陣地や拠点を引き払ってしりぞくこと

□ 18 卒業記念アルバムに思い出を書き**ソ**える。
付け加える

□ 19 彼女の行動は盲目的な母性愛の**ハツロ**といえる。
気持ちが自然と態度や行動にあらわれること

□ 20 地方新聞の**カタスミ**に私の記事が出る。
中央から離れたすみ

□ 21 **ボウギャク**の限りを尽くした君主を放逐する。
むごいことをして人を苦しめること

□ 22 船の**シイ**は深い霧のため見通しがきかない。
まわり

□ 23 宇宙の真理を**ツイキュウ**しようと日夜努力する。
学問などを尋ねきわめること

□ 24 責任逃れの**ゲンジ**を弄しているように見える。
ことば・ことば使い

□ 25 **セキヒン**洗うが如《ごと》しという状況で成育した。
きわめてまずしいこと

13 駆
14 現前
15 資質
16 窒息
17 撤退
18 添
19 発露
20 片隅
21 暴虐
22 四囲
23 追究
24 言辞
25 赤貧

13 音 駆《ク》［先駆《センク》］≫34・7
14 訓 現《あら》れる
15 類 素質《ソシツ》
16 意 窒＝ふさがる
17 意 撤＝とりはらう □□《テッキョ》≫161・14
18 音 添《テン》［添加《テンカ》］
19 意 露＝あらわす・あらわれる □□《バクロ》≫129・15
20 音 隅《グウ》［□□《イチグウ》］≫103・21
21 訓 虐《した》げる
22 訓 囲《かこ》う
23 注 ✕追求≫182・15 ✕追及≫59・22 182・13 別解 追窮
24 意 辞＝よぶんなものがない
25 表現 赤貧《セキヒン》洗《あら》うが如《ごと》し＝（洗い流したように何もなく）非常に貧しいこと

■ 解答　6 革新　10 陳謝　17 撤去　19 暴露　20 一隅

第2章 重要語 ランクC 【読み取り】①

◆語彙編 ≪で意味も学ぼう

□1 自分の部屋に**籠**もって試験勉強をする。
籠：入ったまま出ない
〔こ〕
音 籠《ロウ》[籠絡《ロウラク》]　訓 籠《かご》

□2 名人たちが具現した芸の**極意**の集大成。
極意：学問や芸事の奥義
〔ごくい〕

□3 私の父は服装にはいたって**無頓着**である。
無頓着：物事にこだわらず、気にしないこと
〔むとんちゃく〕
注「むとんじゃく」とも読む

□4 明治時代の青年は**貪欲**に新しい知識を吸収した。
貪欲：非常に欲が深いさま
〔どんよく〕
訓 貪《むさぼ》る

□5 神社仏閣の屋根を葺《ふ》くために檜《ひのき》の樹皮を**剝**ぐ。
剝ぐ：表面の部分をむきとる
〔は〕
音 剝《ハク》[剝製《ハクセイ》]　注「剥ぐ」とも書く

□6 晩年になって過ぎ去った青春の日々を**愛惜**する。
愛惜：名残惜しく思うこと
〔あいせき〕
訓 惜《お》しむ

□7 印象派の流れを**汲**む画家達の展覧会に行く。
汲む：思想、流儀、系統などを受け継ぐ
〔く〕
音 汲《キュウ》[汲汲《キュウキュウ》]

□8 村人は長老に向かって**恭**しく一礼した。
恭しく：礼儀正しく丁重である
〔うやうや〕
音 恭《キョウ》[□□《キョウジュン》] ≫39・20

□9 たなびく雲を**暁**の光が鮮やかに染める。
暁：夜明け・明け方
〔あかつき〕
音 暁《ギョウ》[□□《ツウギョウ》] ≫152・10/216・6

□10 軍事基地の存在がさまざまな問題を**惹起**する。
惹起：◆よくない出来事を引き起こすこと
〔じゃっき〕 216・7
訓 起《お》こす

□11 気球にヘリウムガスを**充塡**して上昇する。
充塡：空所を何かでふさぐこと
〔じゅうてん〕
意 塡＝ふさぐ・つめる

□12 出来上がりを想像しながら服の**生地**を見る。
生地：染色などの加工を施す前の布
〔きじ〕
訓 生《なま》

復習問題

□13 目新しい機能を搭載した商品が市場を**席巻**する。
◆激しい勢いで勢力範囲を広げること
せっけん
207・16
意 席＝むしろ・敷物

□14 共通の趣味をもった人同士の会話が**弾**む。
調子に乗って勢いづく
はず
音 弾《ダン》［□《シ》□《ダン》］≫102・4

□15 庶民の味方を**標榜**して選挙に出馬する。
主張を公然と掲げあらわすこと
ひょうぼう
意 榜＝立て札

□16 **瀕死**の重傷を負った怪我《けが》人を病院に搬送する。
今にも死にそうなこと
ひんし
意 瀕＝せまる

□17 寮の食事は毎日同じメニューで**辟易**した。
うんざりすること
へきえき
意 辟＝さける

□18 **隙間**風が入りこんできて足元がひんやりする。
物と物との間の少しあいている所
すきま

□19 欲望は満足とともに**逓減**していくのが普通だ。
次第に減少すること
ていげん
類 漸減《ゼンゲン》
注「逓」を「遁《トン》」と混同しない

□20 他国の文化に対する**蔑視**は決して許せない。
ばかにして見下すこと
べっし

□21 上着の**襟**に誇らしげに校章をつけている。
衣服の首のまわりの部分・またその部分にあてる布
えり
表現 襟《えり》を正《ただ》す＝態度を改めて気持ちを引き締める≫247・16

□22 厚手の**外套**を着ていても寒さが身にしみる。
防寒のために衣服の上に着るゆったりとした服
がいとう

□23 今度の台風の勢力範囲は**桁**外れに大きい。
数の位取り
けた
表現 桁外《けたはず》れ＝他からかけ離れていること

□24 **額縁**に入れると立派な絵に見えてくる。
絵画などを入れて掲げるための枠
がくぶち

□25 文献によれば平安時代には物《もの》の怪《け》が**跳梁**した。
◆好ましくないものが勝手な振る舞いをすること
ちょうりょう
208・5
表現 跳梁跋扈＝好ましくないものが我がもの顔にのさばり、はびこるようす

■解答 8 恭順 9 通暁 14 指弾

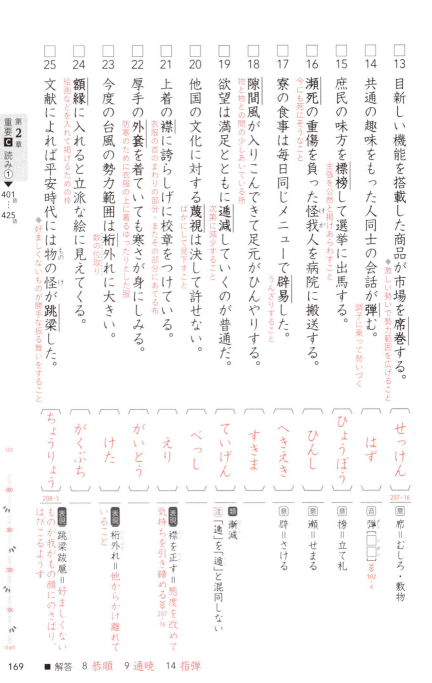

第2章 重要語【読み取り】②

ランク C

No.	問題文	意味	読み	語彙編で意味も学ぼう
1	渇水期にはごく**僅**かな降水量しかない。	きわめて少ないこと	わず	音 僅《キン》[僅少《キンショウ》]
2	都会という**雑駁**な場所に若者は消えていった。	雑然としてまとまりのないさま	ざっぱく	意 駁＝まだら
3	会議で議事進行を**司**るのは議長である。	役目としてそのことに当たる	つかさど	音 司《シ》[司会《シカイ》]
4	まるで**呪文**のように同じ言葉を繰り返す。	神秘的な力を持つ文句	じゅもん	意 呪＝のろう[□□《ジュバク》] >>130・7
5	公私を**峻別**し、責任をもって仕事にあたる。	厳しく区別すること	しゅんべつ	意 峻＝きびしい
6	どちらが**是**でどちらが非か決めがたい。	正しいこと	ぜ	意 是＝正しい[□□《ゼヒ》] >>123・20
7	権力者と民衆の**凄惨**な闘争を描いた小説を読む。	目を背けたくなるほどむごいようす	せいさん	訓 惨《みじ》め
8	**清冽**な水の中を魚が楽しそうに泳いでいる。	水がきよらかで冷たいさま	せいれつ	意 冽＝つめたい
9	周到に準備された計画に**綻**びが生じた。	縫い目がほどけること	ほころ	音 綻《タン》[□□《ハタン》] >>40・3
10	**内裏**には紫《し》宸殿《しんでん》や清涼殿などの建物がある。	天皇の住居としての御殿	だいり	訓 内《うち》
11	昔はいつも**傍**らに無二の親友の姿があった。	すぐ近く	かたわ	音 傍《ボウ》[□□《ボウカン》] >>83・21 212・5
12	彼が全く反省していないことに**愕然**とした。	非常に驚くさま	がくぜん	意 愕＝驚きあわてる

復習問題

□13 あれこれと逡巡しているうちに日が暮れた。
◆決断をためらってぐずぐずすること

□14 とても解決できないような難問に逢着した。
出くわすこと

□15 太陽を偉大なる神と見なして畏れの念を抱く。
敬いかしこまる気持ち

□16 事が思い通りに運ばないので苛立っている。
思い通りにならなくて落ち着かない

□17 敵を見つけたら甲高い声を出して知らせる。
声の調子が高く鋭い

□18 作業の進捗状況を毎日入念に点検する。
物事がはかどること

□19 本人乃至代理人の署名が必要とされる。
あるいは・または

□20 文章を咀嚼しながら読むことで思考を深める。
かみくだいて味わうこと

□21 公衆の面前で二人の男が罵りあっていた。
大声で非難する・悪口を言う

□22 裏切ると後で良心の呵責に苦しむことになる。
責めさいなむこと

□23 監視社会によって自由が危機に瀕する。
重大な事態が迫っている

□24 英雄の胸のすくような活躍に快哉を叫ぶ。
心から愉快で気分がすっきりすること

□25 敵に塩を送って助けるつもりは毛頭ない。
少しも

13（しゅんじゅん）
210・2
訓 巡《めぐ》る

14（ほうちゃく）
意 逢＝あう

15（おそ）
音 畏《イ》［□《イ》□《ケイ》］
≫84・7

16（いらだ）
意 苛＝いらいらする

17（かんだか）

18（しんちょく）
意 捗＝はかどる
対 □□《テイタイ》
≫27・17

19（ないし）

20（そしゃく）
意 咀＝なんどもかむ
嚼＝かむ

21（ののし）

22（かしゃく）
表現 良心《リョウシン》の呵責《カシャク》＝良心に責めさいなまれること
注 ×責《セキ》と読まない

23（ひん）

24（かいさい）

25（もうとう）
表現 毛頭《モウトウ》ない＝少しも意図はない
類 毫《ゴウ》も
≫280・7

■解答 4 呪縛 6 是非 9 破綻 11 傍観 15 畏敬 18 停滞

第2章

重要語 ランクC【読み取り】③

◆語彙編 <<< で意味も学ぼう

□1 彼はある日忽然と会社から姿を消してしまった。
突然・たちまち
（こつぜん）
類 突如《トツジョ》 >> 163・25
別解 こつねん

□2 隠されていた真実を知って私は驚愕した。
非常に驚くこと
（きょうがく）
訓 驚《おどろ》く

□3 古新聞や古雑誌をひもで括って古紙回収に出す。
ばらばらの物を一つにまとめること
（くく）
音 括《カツ》［□□《ガイカツ》］ >> 144・7

□4 立身出世してその功績を顕すことが目標だ。
広く世間に知らせる
（あらわ）
音 顕《ケン》［□□《ケンジ》］ >> 145・25

□5 はるばる遠くから来た客を懇ろにもてなす。
心がこもって丁寧なようす
（ねんご）
音 懇《コン》［□□《コンセツ》］ >> 139・15

□6 蚊取り線香に火をつけるためにマッチを擦る。
ある物に他の物を強くふれ合わせて動かす
（す）
音 擦《サツ》［□《マ》□《サツ》］ >> 38・9

□7 今回の勝利は不断の努力の賜物であった。
苦しい試練の後に得られる成果
（たまもの）
音 賜《シ》［恩賜《オンシ》］

□8 人間の記憶は悉く言葉に頼らざるをえない。
残らず・すべて
（ことごと）
音 悉《シツ》［知悉《チシツ》］

□9 酒を酌み交わす相手もいなくなってしまった。
器に入れて飲む
（く）
音 酌《シャク》［酌量《シャクリョウ》］

□10 切手や絵はがきなどを蒐集するのが趣味だ。
趣味や研究で集めること
（しゅうしゅう）
注「蒐」を「鬼《キ》」と混同しない
「収集」とも書く

□11 ある民族は動物を神として崇める信仰を持つ。
絶対的なものとして尊敬する
（あが）
音 崇《スウ》［崇拝《スウハイ》］ >> 28・2

□12 五摂家こそが藤原氏の嫡流であると言われる。
正当の血筋
（ちゃくりゅう）
意 嫡＝よつぎ

復習問題

□13 理に適った方法を採用すると円滑に事が運ぶ。
ちょうどよく合う
かな
音 適《テキ》［□《テキ》□《ギ》］≫138・12

□14 理想と現実の背馳があまりにも大きい。
◆食い違うこと・反対になること
はいち
204・8
意 馳＝はせる

□15 自分の意見に対する批判に強く反駁する。
他人の意見や批判に対して論じ返すこと
はんばく
意 駁＝せめただす

□16 力無く虚ろな眼差《まなざ》しを遠くに向けている。
ぼんやりしているさま
うつ

□17 無為無策のまま徒に歳月が流れるばかりである。
◆成果が上がらずに終えるさま
いたずら
270・6
音 徒《ト》［□《ト》□《ロウ》］≫37・15 206・7
注 「むだ」「あだ」とも読む

□18 父の集めた骨董が蔵にたくさん眠っている。
希少価値のある古美術品や古道具
こっとう

□19 彼方に小さな丘があり、その奥には海も見える。
あちらの方・遠くはなれた方
かなた
対 此方《こなた》
注 「あちら」「あなた」とも読む

□20 曇った窓硝子ごしに外の景色を眺める。
窓や器などに用いる透明で固い物質
がらす

□21 台本をもらったらすぐに台詞を頭に入れる。
芝居で劇中の人物として述べる言葉
せりふ
意 詞＝ことば
注 「科白」とも書く

□22 蚊が入らないよう蚊帳の裾をめくって中に入る。
物の下の部分
すそ

□23 情に脆い性質であることは自覚している。
衝撃に弱く壊れやすい
もろ
表現 情《じょう》に脆《もろ》い＝人を思いやる気持ちが強い

□24 部屋の中は湿っぽい空気が澱んでいた。
流れずにとどまる・底に沈んでたまる
よど

□25 岩壁を穿って石窟寺院が造られている。
穴をあける
うが
表現 穿《うが》った見方《みかた》＝物事の本質をとらえた鋭い見方

■ 解答 3 概括 4 顕示 5 懇切 6 摩擦 13 適宜 17 徒労

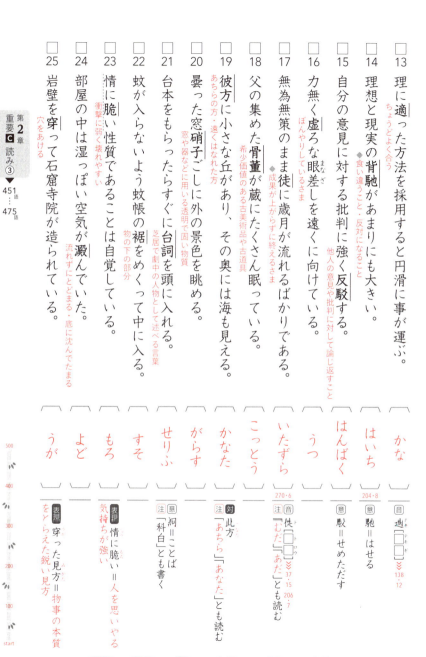

第**2**章

重要語

ランク **C**

【読み取り】④

◆**語彙編**≪で意味も学ぼう

□1 耳を澄ますと**微**かに虫の羽音が聞こえる。
やっと感じ取れる程度であるさま
〔かす〕
音 微《ビ》〔□《ビ》□《サイ》〕≫60・2

□2 生きることは**愉**しいとしみじみと感じる。
こころよい・よろこぶ
〔たの〕
音 愉《ユ》〔□《ユ》□《エツ》〕≫145・19

□3 一人暮らしの**侘**しい住まいを友人が訪ねてきた。
寂しくて心細いさま・貧しくてみすぼらしいさま
〔わび〕
注 ×詫

□4 日本近代文学の**嚆矢**は二葉《ふたば》亭《てい》四《し》迷《めい》の「浮雲《うきぐも》」だ。
◆物事の最初
〔こうし〕
208・2
意 嚆＝矢が鳴る

□5 仏像制作の最後の仕上げに玉眼を**嵌入**する。
はめ込むこと・はまり込むこと
〔かんにゅう〕
意 嵌＝はめる・はまる

□6 **律儀**な小心者が裏切るとは誰も思うまい。
極めて義理固いこと
〔りちぎ〕
音 律《リツ》〔□《キ》□《リツ》〕≫142・3
注 「律義」とも書く

□7 証拠が**捏造**されていたことが後日判明した。
◆ないものをあるように偽って作り上げること
〔ねつぞう〕
218・2
注 「デツゾウ」の慣用読み

□8 疑惑を**糺**そうとしたが果たせぬままだった。
物事の理非を明らかにする
〔ただ〕
注 「糾す」とも書く

□9 山間の**隘路**を通り抜けるのに四苦八苦した。
狭く通りにくい路・障害
〔あいろ〕
意 隘＝せまい

□10 過ぎ去った昔のことが**髣髴**として脳裏に蘇《よみがえ》る。
ありありと思い浮かぶさま
〔ほうふつ〕
注 「彷彿」とも書く

□11 面と向かって**罵倒**されたのには少々驚いた。
口汚くののしること
〔ばとう〕
訓 罵《ののし》る

□12 **仄**かな月明かりを頼りに夜道を出かけた。
かすか・ぼんやり
〔ほの〕

復習問題

□13 平家の**末裔**が住むという村が山中に点在する。
何代も後の子孫
（まつえい）
注 訓 末《すえ》「バッエイ」とも読む

□14 あたりを**憚る**ことなく大声で泣きたい気分だ。
◆気兼ねする
（はばか）
274・1

□15 因襲の**桎梏**から解放される日を心待ちにする。
◆行動を制限して自由を束縛するもの
（しっこく）
213・14
意 桎＝あしかせ・梏＝てかせ

□16 生き方がその人の振る舞いに**滲んで**いる。
表面にしみ出てくる
（にじ）

□17 他人を**誹謗**するつもりはかけらもない。
他人の悪口を言うこと
（ひぼう）
表現 誹謗中傷《ヒボウチュウショウ》＝でたらめな悪口を言って相手を傷つけること

□18 哲学書を**繙い**て人生について考えを巡らす。
本を開いて読む
（ひもと）

□19 駅前の古い商店街は昔の**名残**をとどめている。
後に残る気配や影響
（なごり）
表現 名残《なごり》惜《お》しい＝別れがつらい

□20 建て付けの悪い扉が開閉するたびに**軋む**。
物と物がこすれ合って音をたてる
（きし）

□21 思いがけない事態に遭遇して**狼狽**した。
うろたえること
（ろうばい）
表現 周章狼狽《シュウショウロウバイ》＝慌てふためく≫282・12

□22 **頸**を絞めつけられたように息ができなくなった。
脊椎動物の頭と胴をつなぐ部分
（くび）

□23 いくつかの解決策が議論の**組上**にのぼった。
まな板の上
（そじょう）
表現 組上《ソジョウ》に載《の》せる＝話題として取り上げさまざまに論じる

□24 王子様が**颯爽**と現れることを夢想する。
態度や行動などがきりっとしていてさわやかなさま
（さっそう）

□25 私は組織から裏切り者の**烙印**を押された。
金属製の印を焼き、物に押し当ててつけたしるし
（らくいん）
表現 烙印《ラクイン》を押《お》される＝消せない汚名を受ける

■ 解答 1 微細 2 愉悦 6 規律

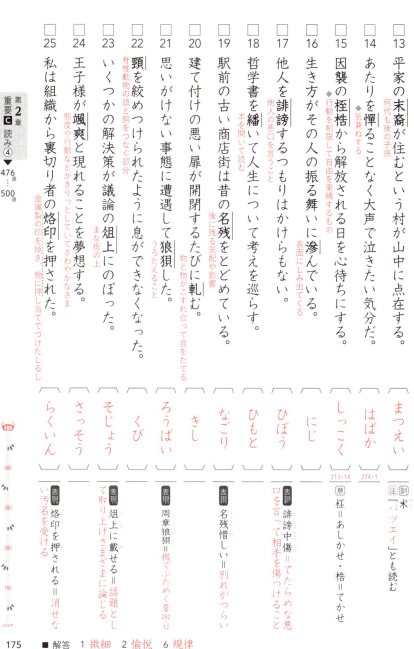

第2章 重要語 ランク C のまとめ

1 間違えやすい漢字

赤で示した箇所に注意して、正確に書こう。

漢字	注意点	参照
拐	突き抜けない	137・23「誘拐」
懇	①「豕」ではない ②「丶」不要	139・15「懇切」 172・5「懇ろ」
概	①「艮」ではない ②「L」のように一画で書くのではなく二画	144・7「概括」 158・2「一概」
励	①「丶」不要 ②「刀」ではない	144・10「激励」 154・9「励行」
衰	①横画は左右に突き抜ける ②二つ合わせて「衣」	145・23「盛衰」
喫	①「力」ではない ②「六」ではない	146・10「満喫」
窟	①「宀」ではない ②「厂」ではない	150・7「洞窟」
虐	①突き抜けない ②「ヨ」ではない 向きが逆	167・21「暴虐」

2 形が似ている漢字

次の文から漢字の誤りを一つずつ探して――を付け、正しい漢字に直そう。

□ 1 名画の復製を購入した。 142・8 〔複〕

□ 2 新首相が網紀粛正を行った。 147・25 〔綱〕

□ 3 新人が文壇に施風を巻き起こした。 154・7 〔旋〕

□ 4 クーデターの計画は未逐に終わった。 161・17 〔遂〕

□ 5 できる限り事を隠便に済ます。 162・8 〔穏〕

3 語句の意味

次の意味を表す語を［　］の語群からそれぞれ選び、正しい漢字に直そう。

□1 非常に手厳しいさま 155・19 〔痛烈〕

□2 深く没頭すること 160・12 〔沈潜〕

□3 手軽でやさしいさま 164・3 〔簡易〕

□4 物事がはかどること 171・18 〔進捗〕

カンイ　シンチョク　チンセン　ツウレツ

□5 ほまれ 136・10 〔栄誉〕

□6 やり方 150・11 〔流儀〕

□7 全く・全然 153・15 〔皆目〕

□8 一国の領土 164・4 〔版図〕

エイヨ　カイモク　ハント　リュウギ

4 表現

次の各文の〔　〕に当てはまる語句を、漢字を使って書こう。

□1 物質的な豊かさと文化の発展は〔軌〕を一にする。137・25

□2 彼の発表したドレスの斬新なデザインは一躍〔脚光〕を浴びた。155・23

□3 現場に出ずに〔机上〕の空論を持ち出してくるのは困ったものだ。165・21

□4 痩せた土地の農民は誰もが〔赤貧〕洗うが如《ごと》きありさまだった。167・25

□5 人生の大先輩の話は〔襟〕を正して聞かねばならない。169・21

コラム

選択肢の出題

◆選択肢の例文

私の作成している漢字データベースは、選択肢形式で問われている漢字のみならず、その問題の選択肢に用いられている語もすべて網羅している。選択肢形式の出題では、正答と誤答を合わせて四つか五つの選択肢を用意する場合が多い。六頁のコラムにあるように、選択肢形式の出題が約二割あるから、選択肢で用いられる語は、記述と選択肢形式の問題で問われている語と同等の量があることになる。無視できない量である。選択肢がどのように作成されているか、どんな特徴があるのか、考えてみたい。

◆選択肢形式の書き取り問題に選択肢で多く用いられる語

語	書き取り				読み取り	合計
	選択肢（正答）	選択肢（誤答）	記述形式での出題	選択肢形式での出題		
常軌	12	21	4			37
循環	2	30	11	9		52
賠償	3	27	4			34
周到	8	14	6	1		29
軌道	1	21	3	4		29
動揺	2	19	10	1	1	33
踏襲	8	12	7	8	2	37
寛容	2	18	6	3	1	30
基礎	3	17		1		21
喚起	3	16	32	16	1	68
措置	1	18	6	3	3	31
抑揚	8	11	8	1	1	29
阻止	5	14	8			27
核心	2	17	3	5		27
契約	8	11	3	2		24
批准	1	18	4		2	25
貢献	1	17	28	4		50

この表の語は、選択肢形式の書き取り問題で、選択肢として用いられることの多い語である。「選択肢（正答）」での出題と「選択肢（誤答）」での出題の二つを合計した数の多い順に並んでいる。

「喚起」と「貢献」の二つは選択肢に用いられるよりも記述で出題されることの方が多い語である。これらが問いとして取り上げられるとき、表現は様々であるが、選択肢として用いられる場合ではその語を含む典型的な表現が選ばれる。「喚起」を選択肢に用いる場合、ほぼ百%と言ってよいほど「注意を喚起する」が文例として用いられる。「貢献」が選択肢に用いられる場合は、「世界／社会／平和に貢献する」の三通りに限られる。

他は選択肢で用いられることの方が多い語である。「常軌」は他に記述形式の書き取り問題が四例あるのみで、他はすべて選択肢で用いられている。文例は限られており、「常軌」は記述形式の書き取り問題での出題も含めて「常軌を逸する」以外にない。「循環」は「血液／水／空気の循環」と、「市内を循環するバス」という文例がある。

また、出題の語と、その問題の選択肢で正答として用いられている語を見ると、特徴的な結びつきもある。「契約」が正答として用いられているときの出題はすべて「契機」で、「常軌」が正答となるときの出題は、一例を除き「軌跡」か「軌道（「無軌道」を含む）」である。

漢字編

第3章

似形・同音・同訓 300語

「徴」や「微」のように形が似ている漢字は、記述形式の書き取り問題で書き誤りがちです。この章ではそのような書き誤りやすい代表的な似形を取り上げています。また、同音異字や同音異義語、同訓異字が含まれる選択肢形式の問題では、同じ読みをもつ漢字をどれだけ知っているかが鍵となります。この章ではそのような同音や同訓の代表的なものも取り上げています。

第3章 似形・同音・同訓

【1 似形】①

1 赤は情熱の象**チョウ**。（代表的なしるし）

2 **ビ**妙な色彩の変化。（ふく雑で言い表しにくいさま）

3 制限を**カン**和する。（ゆるめること）

4 温**ダン**な土地である。（あたたかくおだやかなさま）

5 最大の**ブ**辱を受ける。（軽んじはずかしめること）

6 後**カイ**先に立たず。（後になってくやむこと）

7 大臣を更**テツ**する。（その役にある人を代えること）

8 **ソウ**迎バスで通う。（おくり迎え）

9 **ハク**情な仕打ちに泣く。（思いやりの気持ちに欠けること）

10 家計**ボ**をつける。（一家の収入や支出などを記入する帳面）

11 **オン**便に処理する。（事を荒立てないようにするさま）

12 気楽な**イン**居の身だ。（仕事をやめてのんびり暮らすこと）

1 徴　2 微　3 緩　4 暖　5 侮　6 悔　7 迭　8 送　9 薄　10 簿　11 穏　12 隠

13 勢力の均**コウ**を保つ。（釣り合いがとれていること）

14 意見が**ショウ**突する。（ぶつかること）

15 情勢を分**セキ**する。（細かく分けて調べること）

16 平和を**キ**念する。（心をこめていのること）

17 光が屈**セツ**する。（おれ曲がること）

18 生命の**ヤク**動を感じる。（いきいきとして勢いのあること）

19 日**ヨウ**日に出かける。（週の第一日で休日）

20 **ゲン**影を見る。（まぼろし）

21 **ヨウ**稚園に通う。（おさないこと）

22 貧**コン**とたたかう。（貧しく生活苦の状態）

23 原**イン**が判明した。（物事や状態を引き起こすもと）

24 敗戦で虜**シュウ**となる。（敵の捕虜）

13 衡　14 衝　15 析　16 祈　17 折　18 躍　19 曜　20 幻　21 幼　22 困　23 因　24 囚

25 □ 学校と家を往**フク**する。（行って戻ること）　復

26 □ 問題が**フク**雑になる。（こみ入って入りくんでいるさま）　複

27 □ 小麦を**サイ**培する。（植物を植え育てること）　栽

28 □ **サイ**判官を目指す。（法律に基づいた判断を行うこと）　裁

29 □ 連**サイ**記事を書く。（続き物として記事などをのせること）　載

30 □ 土**ジョウ**を改良する。（作物を育てる土）　壌

31 □ 令**ジョウ**に会う。（他人の娘を敬って呼ぶ語）　嬢

32 □ かなり**ジョウ**歩した。（相手にゆずること）　譲

33 □ 酒を**ジョウ**造する。（発酵の働きで酒などを造ること）　醸

34 □ 台風で床下**シン**水した。（水にひたること）　浸

35 □ 著作権を**シン**害する。（他人の権利などをおかすこと）　侵

36 □ 目**ヒョウ**を定める。（目的を達成するための目当て）　標

37 □ 大海で**ヒョウ**流する。（ただよい流れること）　漂

38 □ **ソ**先を尊敬する。（その家の先代以前の人々）　祖

39 □ **ソ**税を納入する。（国などが人民から法に基づき集めるお金）　租

40 □ 建設を**ソ**止する。（はばみとどめること）　阻

41 □ 左右から**キョウ**撃する。（はさみうちにすること）　挟

42 □ **キョウ**義に解釈する。（せまい方の意味）　狭

43 □ 友人を**ショウ**介する。（取り持ち引き合わせること）　紹

44 □ 式に**ショウ**待する。（客をまねいてもてなすこと）　招

45 □ ビルを破**カイ**する。（打ちこわすこと）　壊

46 □ **カイ**中時計を贈る。（ふところやポケットのうち）　懐

47 □ 紡**ショク**工場に勤める。（糸を紡ぐことと布をおること）　織

48 □ **ショク**員会議が始まる。（仕事を担当する人）　職

49 □ 新たな**ヘイ**害が生じる。（害となる悪いこと）　弊

50 □ 紙**ヘイ**が新しくなる。（紙のお金）　幣

第3章

似形・同音・同訓【2 同音】①

- □ 1 原文と対**ショウ**する。（てらし合わせること）
- □ 2 左右対**ショウ**の図形。（互いにつり合っていること）
- □ 3 研究の対**ショウ**となる。（目標となるもの・客体）
- □ 4 不**シン**な人物が逃げる。（疑わしいさま）
- □ 5 食欲不**シン**である。（いきおいがふるわないこと）
- □ 6 人間不**シン**になる。（しんじないこと）
- □ 7 会の**シュ**旨に賛同する。（目的や理由・述べようとする事柄）
- □ 8 論文の**シュ**旨をつかむ。（おもな意味）
- □ 9 暗**ショウ**に乗り上げる。（海中に隠れて見えない岩）
- □ 10 詩を暗**ショウ**する。（そらで覚えていうこと）
- □ 11 事件が時**コウ**になる。（一定の期間後こう力がなくなること）
- □ 12 時**コウ**の挨拶。（四季それぞれの天気のようす）

1 照　2 称　3 象　4 審　5 振　6 信　7 趣　8 主　9 礁　10 唱・誦　11 効　12 候

- □ 13 責任を追**キュウ**する。（責めて追い詰めること）
- □ 14 真理を追**キュウ**する。（学問などを尋ねきわめること）
- □ 15 利益を追**キュウ**する。（追いもとめること）
- □ 16 できばえに**カン**心する。（心に深くかんじること）
- □ 17 子どもの**カン**心を買う。（喜んでうれしいと思う心）
- □ 18 政治に**カン**心がある。（注意を払うこと・興味を持つこと）
- □ 19 サークルを主**サイ**する。（中心となって事に当たること）
- □ 20 県の主**サイ**する博覧会。（中心となってもよおすこと）
- □ 21 形**セイ**が有利である。（物事のなりゆき）
- □ 22 人格が形**セイ**される。（形が出来上がること）
- □ 23 **ゼン**後策を施す。（うまく後始末をすること）
- □ 24 **ゼン**後の見境がない。（物の順序・まえと後ろ）

13 及　14 究・窮　15 求　16 感　17 歓　18 関　19 宰　20 催　21 勢　22 成　23 善　24 前

番号	問題	意味	答え
□25	世論を**カンキ**する。	呼びおこすこと	喚起
□26	**カンキ**扇を回す。	空きの入れかえ	換気
□27	利益を**カンゲン**する。	もとに戻すこと	還元
□28	易しく**カンゲン**する。	いいかえること	換言
□29	**カンゲン**にだまされる。	相手の好みに合うようなことば	甘言
□30	自由を**キョウジュ**する。	うけ取って味わい楽しむこと	享受
□31	医学部の**キョウジュ**。	大学で真理をきわめおしえる人	教授
□32	携帯電話の**フキュウ**。	広く一般に行き渡ること	普及
□33	**フキュウ**の名作。	くちずに後世まで残ること	不朽
□34	技を**ケイショウ**する。	うけつぐこと	継承
□35	**ケイショウ**を鳴らす。	危険を知らせるために鳴らすかね	警鐘
□36	美しい**ケイショウ**の地。	けしきが優れていること	景勝
□37	指に**ケイショウ**を負う。	かるいきず	軽傷
□38	内政に**カンショウ**する。	口出しして従わせようとすること	干渉
□39	映画を**カンショウ**する。	芸術作品を理解し味わうこと	鑑賞
□40	問題の**カクシン**をつく。	物事の最も大切なところ	核心
□41	無罪を**カクシン**する。	固くしんじて疑わないこと	確信
□42	保守と**カクシン**。	従来のやり方を変えてあたらしくすること	革新
□43	**コウショウ**による決着。	取引のために話し合うこと	交渉
□44	**コウショウ**な話題。	程度がたかく上品であるさま	高尚
□45	時代**コウショウ**をする。	昔のことを調べ説明すること	考証
□46	進歩を**ソガイ**する。	さまたげること	阻害
□47	よそ者を**ソガイ**する。	仲間はずれにすること	疎外
□48	元大統領の**カイコ**録。	昔をふり返ること	回顧
□49	**カイコ**されて失業した。	やとっている人を辞めさせること	解雇
□50	**カイコ**趣味に没頭する。	昔のことをなつかしく思うこと	懐古

第3章 似形・同音・同訓【2 同音】②

□ 1 時代の**ヨウセイ**に従う。
強く願い求めること
要請

□ 2 体力を**ヨウセイ**する。
やしない育てること
養成

□ 3 発展の**キセキ**をたどる。
物事がたどってきたあと
軌跡

□ 4 **キセキ**的に助かった。
考えられない不思議な出来事
奇跡

□ 5 責任を**テンカ**する。
罪などを他人になすりつけること
転嫁

□ 6 薪《たきぎ》に**テンカ**する。
ひをともすこと
点火

□ 7 学術の**シンコウ**を図る。
物事を盛んにすること
振興

□ 8 議事が**シンコウ**する。
すすんでいくこと
進行

□ 9 **シンチョウ**に検討する。
注意ぶかく軽はずみでないさま
慎重

□ 10 意味**シンチョウ**な言葉。
ふかみがあって含蓄が多いこと
深長

□ 11 非難の**オウシュウ**。
互いにやりあうこと
応酬

□ 12 書類を**オウシュウ**する。
捜査機関が証拠を取り上げること
押収

□ 13 **イショウ**を凝らす。
物を作る上での工夫
意匠

□ 14 舞台**イショウ**に着替える。
いふく
衣装

□ 15 失敗に**ショウソウ**する。
いらだちあせること
焦燥

□ 16 時期**ショウソウ**な計画。
まだはやすぎること
尚早

□ 17 難局の**シュウシュウ**。
混乱をおさめること
収拾

□ 18 情報の**シュウシュウ**。
いろいろとあつめること
収集

□ 19 安全**ホショウ**は必要だ。
損害のないように守ること
保障

□ 20 人柄を**ホショウ**する。
確かだとうけあうこと
保証

□ 21 災害**ホショウ**金。
損害を金銭でつぐなうこと
補償

□ 22 病人を**カイホウ**する。
病人などの世話をすること
介抱

□ 23 人質を**カイホウ**する。
束縛をやめて自由にすること
解放

□ 24 門戸を**カイホウ**する。
あけたままにしておくこと
開放

- □ 25 調査を**イショク**する。（外部の人にゆだね頼むこと） 委嘱
- □ 26 肝臓を**イショク**する。（うつしかえること） 移植
- □ 27 **イショク**の人材。（他と違って、目立つ点があること） 異色
- □ 28 **シンギ**を確かめる。（まことといつわり） 真偽
- □ 29 原案を**シンギ**する。（詳しく検討し可否を決めること） 審議
- □ 30 誠実に**シンギ**を守る。（約束を守り務めを果たすこと） 信義
- □ 31 方針に**イギ**を唱える。（他と違う考え） 異議
- □ 32 **イギ**を正して整列する。（いかめしい作法通りのふるまい） 威儀
- □ 33 大きな**イギ**のある職業。（物事の有する価値） 意義
- □ 34 **エイセイ**状態がよくない。（清潔にすること） 衛生
- □ 35 月は地球の**エイセイ**だ。（惑せいの周囲をまわる天体） 衛星
- □ 36 全国に**ヘンザイ**する。（広くあちこちにあること） 遍在
- □ 37 富の**ヘンザイ**を正す。（かたよってあること） 偏在

- □ 38 製造**カテイ**に問題がある。（通りすぎた道筋） 過程
- □ 39 教育**カテイ**を調べる。（ある期間の学習の内容） 課程
- □ 40 重力が零と**カテイ**する。（事実と関わりなくかりに決めること） 仮定
- □ 41 契約を**コウシン**する。（古いものをあたらしく改めること） 更新
- □ 42 宇宙船と**コウシン**する。（通しんでやりとりすること） 交信
- □ 43 排出量を**キセイ**する。（決まりによりせい限すること） 規制
- □ 44 夏休みに**キセイ**する。（故郷にかえること） 帰省
- □ 45 **キセイ**服を購入する。（商品として出来上がっていること） 既製
- □ 46 教訓を**メイキ**する。（深く心にきざみつけて忘れないこと） 銘記
- □ 47 原材料を**メイキ**する。（はっきりと書くこと） 明記
- □ 48 暑さに**ヘイコウ**する。（困り果てること） 閉口
- □ 49 **ヘイコウ**感覚を失う。（つり合いがとれていること） 平衡
- □ 50 **ヘイコウ**四辺形を描く。（二直線がどこまでもまじわらないこと） 平行

番号	問題	意味	解答
□ 1	政党を**シジ**する。	考えに賛同して後押しすること	支持
□ 2	著名な教授に**シジ**する。	先生として敬い教えを受けること	師事
□ 3	恋人を**ショウカイ**する。	取りもち引き合わせること	紹介
□ 4	身元を**ショウカイ**する。	問い合わせること	照会
□ 5	防犯の**ホウサク**を立てる。	やろうと計画すること	方策
□ 6	今年の米は**ホウサク**だ。	さく物がよく実ること	豊作
□ 7	不動産を**トウキ**する。	権利公示のため帳簿に載せること	登記
□ 8	株の**トウキ**で失敗した。	もうけをねらっておこなう取り引き	投機
□ 9	ゴミを海洋に**トウキ**する。	なげすてること	投棄
□ 10	円が**トウキ**する。	物かやそう場が高くなること	騰貴
□ 11	貸し借りの**ソウサイ**。	反対の要素で差し引きして消すこと	相殺
□ 12	冠婚**ソウサイ**のマナー。	そうしきとまつり	葬祭
□ 13	**カイシン**のできばえだ。	こころにかなって満足すること	会心
□ 14	**カイシン**して出直す。	悪いこころをあらためること	改心
□ 15	売り切れ**ヒッシ**の商品。	かならずそうなること	必至
□ 16	**ヒッシ**に練習した。	全力をつくすさま	必死
□ 17	**ソウイ**工夫を重ねる。	新しい工夫や思いつき	創意
□ 18	住民の**ソウイ**に基づく。	すべての人の考え	総意
□ 19	流通**キコウ**を変革する。	組織・しくみ	機構
□ 20	**キコウ**文学を愛好する。	旅の間の見聞を書いたもの	紀行
□ 21	寒冷な**キコウ**だ。	その地域の天きなどの平均的な状態	気候
□ 22	**タイセイ**に影響はない。	だいたいの状況・世のなりゆき	大勢
□ 23	**タイセイ**を確立する。	組織されている全たいのありさま	体制
□ 24	着地の**タイセイ**に入る。	からだのかまえ	体勢

25 **ソウギョウ**時間の短縮。
き械をそうさして仕事をすること
操業

26 **ソウギョウ**五十周年。
会社や店を新しく始めること
創業

27 人生の**サイゴ**を迎える。
命の終わるとき
最期

28 列の**サイゴ**に並ぶ。
もっともあとであること
最後

29 人生の**テンキ**を迎える。
状況が変わるきっかけ
転機

30 メモを原簿に**テンキ**する。
書き写すこと
転記

31 **イシ**の弱い人。
物事を成し遂げようとするきもち
意志

32 反対の**イシ**を示す。
考え・おもうこと
意思

33 故人の**イシ**を尊重する。
亡くなった人の生前のこころざし
遺志

34 駐車を**ゲンキン**する。
固く差し止めること
厳禁

35 **ゲンキン**で購入する。
実際に通用する貨幣
現金

36 **チンツウ**な面もち。
深い悲しみで胸をいためるさま
沈痛

37 **チンツウ**剤を投与する。
いたみをしずめること
鎮痛

38 人類学を**センコウ**する。
せん門的に研究すること
専攻

39 書類**センコウ**をする。
才能などを調べてえらび出すこと
選考

40 独断**センコウ**する。
自分だけの判断で進めること
専行

41 頬が**コウチョウ**する。
血がのぼって赤みをおびること
紅潮

42 仕事は**コウチョウ**だ。
うまくいっていること
好調

43 落ち葉が**サンラン**する。
ばらばらにちらばること
散乱

44 ウミガメの**サンラン**。
たまごをうむこと
産卵

45 諸行**ムジョウ**の響き。
一切のものは定まりがないこと
無常

46 冷酷**ムジョウ**な仕打ち。
おもいやるこころがないこと
無情

47 原稿の**コウセイ**をする。
文字の誤りをただすこと
校正

48 **コウセイ**に判断する。
偏らず、ただしいさま
公正

49 支持率が急**コウカ**する。
さがること
降下

50 **コウカ**な物を買う。
値段のたかいさま
高価

第3章

似形・同音・同訓【3 同訓】①

□ 1 先例に**ナラ**う。（手本としてまねをする）
□ 2 ピアノを**ナラ**う。（教えられて身に付ける）
□ 3 思い**ワズラ**う。（あれこれと心をいためる）
□ 4 重い病気を**ワズラ**う。（病気になる）
□ 5 趣味に時間を**サ**く。（一部を分けて他の用途に当てる）
□ 6 包丁で魚の腹を**サ**く。（ひき破る）
□ 7 犬は鼻が**キ**く。（有こうに動き働く）
□ 8 薬がよく**キ**く。（作用やきき目があらわれる）
□ 9 警察が事情を**キ**く。（尋ねる・問う）
□ 10 友人の死を**イタ**む。（人の死を悲しみ嘆く）
□ 11 イワシはすぐ**イタ**む。（食べ物が腐る・物がきずつく）
□ 12 頭がズキズキと**イタ**む。（体に苦つうを感じる）

倣　習　煩　患　割　裂　利　効　聴・聞　悼　傷　痛

□ 13 過半数を**シ**める。（全体の中のある部分を有する）
□ 14 財布のひもを**シ**める。（力を加えて緩めない）
□ 15 真綿で首を**シ**める。（ひもなどを交ささせて括る）
□ 16 事務を**ト**る。（仕事や職務を行う）
□ 17 記念写真を**ト**る。（カメラなどでうつす）
□ 18 協力する方針を**ト**る。（選びとる）
□ 19 運転免許を**ト**る。（手に入れる）
□ 20 川で魚を**ト**る。（つかまえる）
□ 21 入学試験に**ノゾ**む。（直面する）
□ 22 合格を**ノゾ**む。（願う・期待する）
□ 23 ショパンの曲を**ヒ**く。（弦楽器や鍵盤楽器を演奏する）
□ 24 椅子を後ろへ**ヒ**く。（物に手をかけて手元へ近づける）

占　締　絞　執　撮　採　取　捕　臨　望　弾　引

□ 25 数々の名作を**アラワ**す。（文章や書物をしっ筆する）著

□ 26 白は平等を**アラワ**す。（特定の意味を伝え示す）表

□ 27 正体を**アラワ**す。（見えなかったものを見えるようにする）現

□ 28 他国の領土を**オカ**す。（不法に入り込む）侵

□ 29 危険を**オカ**す。（困難なことをあえてする）冒

□ 30 重大な過ちを**オカ**す。（決まりなどを破る）犯

□ 31 川の水が**ス**む。（濁りなくすきとおる）澄

□ 32 電話で話が**ス**む。（事が終わる）済

□ 33 広い家にひとりで**ス**む。（場所を定めて生活する）住

□ 34 静かにひとり酒を**ク**む。（器に入れて飲む）酌

□ 35 友人とコンビを**ク**む。（編成する・仲間になる）組

□ 36 魔が**サ**した。（ある種の心理的状況におちいる）差

□ 37 他言無用と釘《くぎ》を**サ**す。（突きとおす）刺

□ 38 土地の面積を**ハカ**る。（長さや面積を調べる）測

□ 39 政権の転覆を**ハカ**る。（企てる・もくろむ）謀

□ 40 時間を**ハカ**る。（数や時間を調べる）計

□ 41 会社が合理化を**ハカ**る。（具体的な方策を考える）図

□ 42 幼児の体重を**ハカ**る。（重さや容積を調べる）量

□ 43 電車を乗り**カ**える。（別の新しいものにする）換

□ 44 休みを振り**カ**える。（別のものととりかえる）替

□ 45 髪型を**カ**える。（今までと違った状態にする）変

□ 46 挙手をもって投票に**カ**える。（役目を他のものにさせる）代

□ 47 病院に付き**ソ**う。（つき従う）添

□ 48 会社の方針に**ソ**う。（並行した形で続いている）沿

□ 49 審議を**ヘ**て実行に移す。（その過程を通る）経

□ 50 腹が**ヘ**ると力が出ない。（少なくなる）減

第3章

似形・同音・同訓【3 同訓】②

1 保険の加入を**スス**める。（そうするように誘う）
2 彼を役員に**スス**める。（適当として採用するようにとく）
3 工事を**スス**める。（物事をはかどらせる）
4 のどが**カワ**く。（潤いがなくなり水分が欲しくなる）
5 洗濯物が**カワ**く。（水分や湿気がなくなる）
6 敵を目がけて弓を**イ**る。（弓で矢を飛ばす）
7 豆をフライパンで**イ**る。（鍋などに入れて火であぶる）
8 成長には努力が**イ**る。（必ようである）
9 税金を**オサ**める。（受け取り手に渡す）
10 権力を手中に**オサ**める。（中に入れる・手に入れる）
11 医学を**オサ**める。（学問や技芸を身に付ける）
12 国を**オサ**める。（支配し安定させる）

勧　薦　進　渇　乾　射　煎　要　納　収　修　治

13 ゲームでコインを**カ**ける。（金などを渡す取り決めをする）
14 馬が草原を**カ**ける。（速く走る）
15 研究に命を**カ**ける。（失敗したら大切なものを失う覚悟で行う）
16 皿の縁が**カ**ける。（一部分が不足して完全でなくなる）
17 川に橋を**カ**ける。（かけわたす）
18 椅子に腰**カ**ける。（他の物の上に置く）
19 生徒を家に**カエ**す。（元の所へ戻す）
20 手のひらを**カエ**す。（ひっくりかえして逆さまにする）
21 卒業記念品を**オク**る。（物を相手に与える）
22 選手に声援を**オク**る。（相手に届くようにする）
23 仏前に花を**ソナ**える。（神仏などに物をささげる）
24 災害に**ソナ**える。（準びを整える）

賭　駆　懸　欠　架　掛　帰　返　贈　送　供　備

No.	問題	意味	答え
25	人に**ア**う用事がある。	集まって対面する	会
26	二人は気が**ア**う。	ぴたりとあわさる	合
27	ひどい目に**ア**う。	好ましくないことに出あう	遭
28	言動を**ツツシ**む。	控えめにする	慎
29	**ツツシ**んで新年を祝う。	うやうやしくかしこまる	謹
30	新しい靴を**ハ**く。	はき物を足につける	履
31	煙突が煙を**ハ**く。	中のものを外へ出す	吐
32	家の前の道路を**ハ**く。	ほうきなどできれいにする	掃
33	肌のきめが**アラ**い。	細やかでない	粗
34	海の波が**アラ**い。	勢いが激しい	荒
35	民衆に真理を**ト**く。	道理を言う・せつ明する	説
36	難しい問題を**ト**く。	不明のものを明らかにする	解
37	砂糖をお湯に**ト**く。	液体に他の物をまぜて均質にする	溶
38	雑誌に記事を**ノ**せる。	新聞や雑誌などに文章などを発表する	載
39	母を駅まで車に**ノ**せる。	のり物に人や物を入れる	乗
40	私の友人は口が**カタ**い。	しっかりしていて確か	堅
41	父は頭が**カタ**い。	融通がきかない	固
42	ダイヤモンドは**カタ**い。	簡単に形も崩さない	硬
43	選手層が**アツ**い。	層をなして詰まっているさま	厚
44	**アツ**い夏が好きだ。	気温が著しく高いさま	暑
45	**アツ**い風呂に入る。	温度が著しく高いさま	熱
46	机の位置を**ウツ**す。	位置や時間を他に動かす	移
47	黒板の文章を**ウツ**す。	もとの字などを別の所に書く	写
48	スクリーンに**ウツ**す。	画像などを見えるようにする	映
49	血わき肉**オド**る。	喜びわくわくするさま	躍
50	フラメンコを**オド**る。	歌や曲にあわせて体を動かす	踊

コラム　漢字・語彙から読解へ

◆漢字力は国語力の基礎

漢字を学習する目的は、漢字問題の得点力アップだけではない。むしろ、現代文の読解力を向上させることにこそ、漢字学習の本質があると言っても過言ではない。現代文を読みこなすためのキーワードはたいてい漢字の熟語である。漢字の学習とは、現代文を読むための語彙力を身に付けることなのだ。

次の三つの例文を見てほしい。カタカナ部分の漢字と意味がすぐにわかるだろうか。

(1)　進歩をソガイする。
(2)　よそ者をソガイする。
(3)　利益第一の考え方が人間ソガイをもたらす。

漢字は二通り、(1)阻害、(2)・(3)疎外。漢字学習が進んだ人にとっては、難しいレベルではないだろう。さて、意味であるが、(1)が「邪魔をして進ませないこと」というのは問題ない。厄介なのは(2)と(3)である。次のように異なる。

(2)　疎外　仲間はずれにすること
(3)　疎外　人間が作った物や制度に支配されて、人間らしさを失うこと

大学入試の現代文で読解のためのキーワードとなるのは、間違いなく(3)の用法だろう。本書の利用法としては、漢字を書けるようになるだけでなく、意味も覚えてほしい。その際、意味のみを覚え込もうとするより、例文も身に付けるというやり方をおすすめしたい。定着度がアップすること請け合いである。

◆漢字と語彙のハイブリッド

前述の通り、漢字学習は現代文読解力向上に資するところ大である。第1章「最重要語」は、どの語をとっても、漢字得点力及び現代文読解力の向上のためには必須のものと言える。

本書の特徴の一つである語彙編は、現代文単語の本と比べても引けを取らない質と量を備えている。次に挙げる語は、第1章に加えて、第4章評論語のところにも出現する重要な語彙である。

依存・偶然・普遍・明瞭・喪失…対義語
懐疑・示唆・卓越・洞察・矛盾…重要語
カオス(混沌)・カテゴリー(範疇)・シンボル(象徴)
…カタカナ語

語彙編には他に「現代のキーワード」や「慣用句」「和語」「四字熟語」などがある。抜かりなく学習して、現代文対策を万全なものとしよう。

語彙編

第4章

評論語

▸ 350語 ◂
＋
60語

対義語は、対立する二つのものを論じる構造の文章でよく用いられるため、評論では頻出です。よって対義語を学習することは入試評論を正しく読むことの第一歩と言えます。また、評論では「逆説」や「恣意的」といった意味を理解しにくい語や、「俯瞰」や「敷衍」といった日常生活ではあまり耳にしない語、さらに「パラダイム」「グローバル」といったカタカナ語もよく用いられます。この章では、入試頻出の対義語120語、重要語130語、カタカナ語100語を、例文を通して学習できるようにしています。それに加え、小論文のテーマとして取り上げられるような現代的なキーワードについても60語収録しています。語彙学習の始めとしてここから取り組むとよいでしょう。

第4章 評論語

【1 対義語】①

※各組の右の文の**太字**を漢字に直しなさい。左の文の空欄には、右の文の**太字**の対義語が入ります。考えて漢字で書きなさい。

◆漢字編 <<<を確認しよう

1 問題点を挙げて**グタイテキ**に議論する。
（個たいが特有の性質・形を備えているさま）
答：具体的
類 具象的《グショウテキ》

2 近代では□概念が果たす役割が大きい。
（いくつかの物事の共通した性質を抜き出し、一般化して考えるさま）
答：抽象的
意 抽＝ぬきだす

3 音声言語は人類に**フヘン**的に存在する。
（すべてのものに当てはまること）
答：普遍
10・1
類 一般《イッパン》

4 各地域それぞれが持つ□性が文化をつくる。
（一部のものだけに当てはまること）
答：特殊
78・1
意 殊＝ことなる

5 唯一**ゼッタイ**的な存在として神を認める。
（他との比較を超越していること）
答：絶対
表現 絶対《ゼッタイ》評価《ヒョウカ》＝定められた目標の基準によって評価する方法

6 美醜などというものは□的な感覚である。
（他との関係の上に存在あるいは成立していること）
答：相対

7 普通の人間とは違った**カンセイ**を持っている。
（外からの刺激をかんじとる心の働き・見たり聞いたりする能力）
答：感性

8 有史以来人類は□を持った動物と言われる。
（物事を論り的に判断する能力）
答：理性
意 理＝ことわり
別解 知性・悟性

9 人類の歴史は**ソウゾウ**と破壊の繰り返しだ。
（新たにつくること）
答：創造
意 創＝はじめる

10 幼児は大人の行動を□して成長する。
（まねをすること）
答：模倣
17・17
意 倣＝ならう

11 経済の成長には**ヒツゼン**的な代償が伴う。
（かならずそうなること）
答：必然
訓 必《かなら》ず

12 □が重なって事態が思わぬ方向へ進展する。
（予期しない出来事が起こること）
答：偶然
35・14
意 偶＝たまたま

□13 近代科学は網羅的な**キャッカン**性を重視する。
一人の考え方から独立し、他の誰もに共通するものの見方
→ **客観** 関連 客体《キャクタイ》 ≫198・1

□14 個人の恣意的で□的な評価に任せない。
他の人に通用するとは限らない、自分一人の考えや感じ方
→ **主観** 関連 主体《シュタイ》 ≫198・2

□15 理詰めで**エンエキ**的に考える訓練をする。*
一般的な原理から具体を導くこと
→ **演繹** 意 繹＝ひきだす

□16 多くの出来事から□的に判断する。
個々の具体的な事実から一般的な法則を導き出すこと
→ **帰納** 78・2 訓 納《おさ》める

□17 彼は**ゲンジツ**から遊離した考えを持っている。
げんに事じつとして存在していること
→ **現実** 訓 現《あらわ》れる

□18 最後までねばり強く自分の□を追い求める。
考えられる最も素晴らしい状態
→ **理想** 意 理＝ことわり・道理

□19 優れた表現者は**ザンシン**な隠喩を発見する。
趣向が際立ってあたらしいさま
→ **斬新** 39・24 意 斬＝はなはだ・きわだって

□20 □な決まり文句はなるべく使わない。
ありふれて古くさく平凡であるさま
→ **陳腐** 25・14 意 陳＝ふるい

□21 成長するに従って**カモク**な青年となった。
ほとんどものを言わないさま
→ **寡黙** 55・16 意 寡＝すくない

□22 無用の□はかえって理解を妨げる。*
口数の多いこと
→ **饒舌** 86・9 意 饒＝ゆたか・おおい 別解 多弁

□23 親友と私はある秘密を**キョウユウ**している。
あることやものを二人以上できょう同で持つこと
→ **共有** 訓 共《とも》に

□24 大きなスペースを□するのは申し訳ない。
特定の人だけが所ゆうすること
→ **専有** 訓 専《もっぱ》ら

350 300 250 200 150 100 50 start

どれかな？(1) 営業から人事へ(異同・異動・移動)する。　解答は次ページ

第4章 評論語

【1 対義語】②

※各組の右の文の**太字**を漢字に直しなさい。左の文の空欄には、右の文の**太字**の対義語が入ります。考えて漢字で書きなさい。

◆漢字編《を確認しよう

□1 テーブルの脚を金具で床に**コテイ**する。
うごかないようにすること
固定
表現 固定観念《コテイカンネン》＝絶えず意識を支配し行動を決定する考え

□2 メンバーの編成は□的で一定していない。
さだまらずうごくこと
流動

□3 会議の行方は**コントン**[*]として予測がつかない。
物事の区別や成り行きがはっきりしないさま
混沌
42・12
類 カオス》225・17

□4 社会の□は法によって維持される。
望ましい状態を保つための順番や決まり
秩序
15・15
類 コスモス》225・13

□5 言葉を巧みに使い**キョコウ**の世界を作り上げる。
想像力によって本当にあることのように組み立てること
虚構
65・21
意 虚＝うそ・つくりごと
類 フィクション》220・5

□6 □に基づいて一連の騒動を検証する。
じっ際にあったこと柄
事実

□7 徐々に文明の衝突が**ケンザイ**化してくる。
はっきりと外に現れること
顕在
23・19
意 顕＝あきらか・あらわれる

□8 心の奥底にある□意識を呼び覚ます。
表面に現れず内にひそみ隠れていること
潜在
13・18
訓 潜《ひそ》む・潜《もぐ》る

□9 気持ちは**ゴウマン**と卑下の間を揺れ動いている。
おごり高ぶって人を見下すこと
傲慢
44・3
意 傲＝おごる

□10 批判には□に耳を傾けるのがよい。
控えめで素直なこと
謙虚
11・20
意 謙＝へりくだる

□11 人間の欲望をすべて**コウテイ**するのは危険だ。
認めること・価値があると判断すること
肯定
157・13
意 肯＝うなずく

□12 権威に対する□的な感情が蔓延《まんえん》している。
そうではないと打ち消すこと
否定
訓 否《いな》

■ 解答 (1) 異動　職務・勤務地などが変わること

□13 世界という概念は**アイマイ**であやふやなものだ。
はっきりしないこと

□14 事故で深い傷を負ったが意識は□だった。
はっきりしていること

□15 **カクイツ**的な教育が全国で行われている。
個性が無くすべて同じにそろえること・型にはまって似ていること

□16 生物の□性を大事に保持していく。
いろいろ異なっていて種類がおおいこと

□17 **キンチョウ**をほぐそうとあらゆる努力をする。
はりつめてゆるみのないこと

□18 精神的に□*してもとには戻らない。
ゆるむこと

□19 **ジュドウ**喫煙の被害が声高に叫ばれる。
他から働きかけられること

□20 待ちの姿勢ではなく□的に事に対処する。
自分から他に働きかけること

□21 俳句の**ホンシツ**を正岡子規《まさおかしき》は見抜いた。
物事に内在するそのもの独自の性しつ

□22 □の上辺だけを見て判断するのは禁物だ。
外面的にあらわれるもの

□23 商品の**セイサン**に投下された労働時間は膨大だ。
人間にとって役立つ物を作り出すこと

□24 新製品開発のため□者の動向を調査する。
人間が生きていくために物を使ってなくすこと

13 曖昧 ⇔ 14 明瞭
44・9 意 味＝くらい
25・20 意 瞭＝あきらか 別解 明確

15 画一 ⇔ 16 多様
意 画＝かぎる・くぎる

17 緊張 ⇔ 18 弛緩
16・11
89・17 訓 緩《ゆる》む

19 受動 ⇔ 20 能動
意 能＝はたらきかける

21 本質 ⇔ 22 現象
139・18 訓 現《あらわ》れる

23 生産 ⇔ 24 消費
訓 生《う》む・産《う》む
訓 費《つい》やす

どれかな？ (2) (過重・荷重・加重)労働に目を光らせる。 解答は次ページ

第4章 評論語【1 対義語】③

※各組の右の文の太字を漢字に直しなさい。左の文の空欄には、右の文の太字の対義語が入ります。考えて漢字で書きなさい。

◆漢字編《《を確認しよう

1 制御すべき**キャクタイ**として自然をとらえる。
認識や行動の対象となるもの
〔客体〕 類 対象《タイショウ》》182・3／209・17

2 道徳の拠《よ》り所は［　］としての自己である。
それ自たいの意志で行動し、行為や作用を他に及ぼす存在
〔主体〕

3 顧客の**カクトク**を巡って激しく競争する。
手に入れること
〔獲得〕 10・4 訓 獲《え》る

4 戦う前から既に戦意を［　］してしまった。
うしなうこと・なくすこと
〔喪失〕 9・21 訓 喪《も》

5 医療というものを過信し**イソン**し過ぎてきた。
他のものを頼りにすること
〔依存〕 35・20 意 依＝よる 注「イゾン」とも読む

6 子どもは小さくても［　］した人格を有する。
他に頼らないこと・束縛や支配を受けないこと
〔独立〕 訓 独《ひと》り

7 自然淘汰《とうた》は**シンカ**論の重要な考え方である。
しん歩し発展すること
〔進化〕

8 深海に生息するエビの目は［　］している。
しん歩以前の状態に戻ること
〔退化〕 訓 退《しりぞ》く

9 個人主義は**リコ**主義とは全く異なるものだ。
自分のり益だけを考え、他人のことは顧みないこと
〔利己〕 訓 己《おのれ》

10 道徳の代表的な徳目は「［　］性」である。
自分の事よりもほかの人のり益を第一に考えること
〔利他〕

11 *ケイジカのことは手で触って確かめられる。
知覚できるかたちをとって現れる物質的なもの
〔形而下〕 訓 而《しか》して

12 神や霊魂など［　］*学の問題を探究する。
人間の普通の感覚ではとらえられない、かたちを超越したもの
〔形而上〕

■ 解答 (2) 過重　限度を超えているようす

13 温かみのない**ムキテキ**な音が構内に反響する。
生命力が感じられないさま

14 歴史上の事件は□に結びついている。
部分が全体として結びついて一つの働きをなしているさま

無機的 ⇔ 有機的

関連 無機物《ムキブツ》

関連 有機物《ユーキブツ》

15 他から強制されることなく**ジリツ**的に行動する。
外部からの規制によらず、みずから立てた規りつに従うこと

16 じぶんの意志がなく専ら□により行動する。
みずからの意志でなく、ほかからの命令によって行動すること

自律 ⇔ 他律

注 ×自立（ひとりだちすること）

17 細部にこだわらず物事を**キョシテキ**にとらえる。
物事を大きくとらえて見るさま

18 注意深く□に計画の再検討を行う。
細かい点に注意して見るさま

巨視的 ⇔ 微視的

意 微＝かすか

19 技術の**カクシン**がかえって人間を追いつめる。
従来のやり方を変えてあたらしくしようとすること

20 現状維持を旨とする□的な態度を貫く。
伝統的なやり方や考え方を重んじてまもっていこうとすること

革新 ⇔ 保守

153・21

意 革＝あらたまる・あらためる

21 試験のできが悪くても決して**ヒカン**しない。
希望を失いかなしむこと・落胆すること

22 国の将来について□的な見通しを持つ。
物事のなりゆきをよい方に明るくとらえること

悲観 ⇔ 楽観

意 観＝考え・みかた

23 人間は*シガンにいる限り迷うものだ。
この世・生死を繰り返す迷いの世

24 □に到達したような悟りの境地を得る。
あの世・迷いを脱した悟りの境地

此岸 ⇔ 彼岸

130・11

意 此＝この

意 彼＝あの

どれかな？ (3) 美術館で名画を（観照・観賞・鑑賞）する。

解答は次ページ

第4章

評論語

【1 対義語】④

※各組の右の文の**太字**を漢字に直しなさい。左の文の空欄には、右の文の**太字**の対義語が入ります。考えて漢字で書きなさい。

◆漢字編《《《を確認しよう

1 仕掛けが実に**コウミョウ**にできている。
たくみであるさま

2 やり方が□でいつまでたっても完成しない。
へたでおとること

3 より精密な状況の**ブンセキ**が必要である。
細かくわけて調べること

4 全員の意見を□して解決策を練り上げる。
個々のものを一つにまとめること

5 **タテマエ**にこだわって物事が進展しない。
表向きの方針や考え

6 普段はおとなしい人の□を聞いた。
ほん当の気持ち・ほん心から出た言葉

7 **ボンヨウ**な人生でもよしとする態度でいたい。
特に優れたところがなく、ありきたりであるさま

8 若いころから□な才能の片鱗《へんりん》を見せていた。
普通より特に優れていること

9 予想外の**ケッカ**になってびっくり仰天した。
ある行為によって生じたもの

10 計画が失敗した□を徹底的に究明する。
物事や状態を引き起こすもと

11 皇帝による**イチゲン**的支配が崩壊する。
あらゆる物事の根源がただひとつであること

12 □的にとらえようとする視点が必要だ。
おおくの根源的な要素があること

---

1 巧妙 ⇔ 2 拙劣
15・23　訓 巧《たく》み　訓 拙《つたな》い　別解 稚拙》》45・23

3 分析 ⇔ 4 総合
156・8

5 建前 ⇔ 6 本音

7 凡庸 ⇔ 8 非凡
17・19　意 庸＝ふつう　別解 偉大》》116・4

9 結果 ⇔ 10 原因
訓 因《よ》る

11 一元 ⇔ 12 多元

■ 解答 (3) 鑑賞　芸術作品などを味わうこと

13 秘密を漏らすとは**ケイソツ**の誹《そし》りを免れない。
かるはずみなさま

14 臆病と□は似ているようだが異なる。
注意深く軽はずみでないさま

15 自己決定や自己責任の**ゲンソク**を徹底させる。
根本的な決まり

16 □や幅のある解釈を許す融通性がある。
普通のれいからはずれていること

17 **イチギ**的に決定することが困難な事象。
ひとつの意味しかないこと・根本・最も大事であること

18 広範囲かつ□的な概念を持つ語を操る。
ひとつのことにおおくの意味があること

19 **イタン**の説として世の中に認められない。
宗教、思想、学問の世界で、ただしいとされているものとひどく違う考え

20 王位の□な継承者であることを主張する。
ただしい系とう・オーソドックス

21 **キョギ**の申告は規則によって罰せられる。
うそいつわり

22 覆い隠された□が白日の下に曝《さら》される。
本当のこと

23 彼のもたらすものは**キチ**の情報ばかりだ。
すでにしっていること

24 □の領域へ足を踏み入れようとしている。
まだしらないこと

軽率 ↔ 慎重 (26・10)
訓 慎《つつし》む

原則 ↔ 例外
意 則＝きまり

一義 ↔ 多義
意 義＝いみ
関連 第一義的《ダイイチギテキ》

異端 ↔ 正統
表現 異端視《イタンシ》＝正しい系統からはずれたものと見なすこと

虚偽 ↔ 真実 (35・24)
訓 偽《いつわ》る・偽《にせ》

既知 ↔ 未知
訓 既《すで》に
訓 未《いま》だ

350 300 250 200 150 100 50 start

どれかな？ (4) 妥協案を(強硬・強攻・強行)に拒否する。 解答は次ページ

第4章

評論語【1 対義語】⑤

※各組の右の文の**太字**を漢字に直しなさい。左の文の空欄には、右の文の**太字**の対義語が入ります。考えて漢字で書きなさい。

◆漢字編<<<を確認しよう

1 自由の過剰を規制するために**ギム**がある。
その人の立場に応じてしなければならないこと
【義務】 訓 務《つと》める

2 自由と□を勝ち取るため多くの血が流れた。
あることをする自由や資格を持っていること
【権利】

3 大都市への電力の**キョウキュウ**は必須だ。
必ように応じて物を与えること
【供給】 144・9 訓 供《そな》える

4 豊かな社会では贅沢《ぜいたく》品の□が増大する。
必ようとして求めること
【需要】 80・1 意 需＝もとめる

5 金属という概念の**ガイエン**は鉄や銅などである。
ある概念が適用される事物全体の範囲
【外延】 訓 延《の》びる

6 科学者は学者という概念に□される。
中につつみ込んで持つこと
【内包】

7 連帯の意識は両者とも**キハク**なように思われる。
うすいこと・気持ちや意欲が弱いこと
【希薄】 19・18 意 希＝まれ 別解 稀薄

8 試合の残り時間を考えると、敗色が□だ。
こいこと・可能性が強いこと
【濃厚】 70・6 訓 濃《こ》い

9 申し出を**ショウダク**する旨の返事を書いた。
聞き入れること・受け入れること
【承諾】 29・24 訓 承《うけたまわ》る

10 不当な要求は断固□する姿勢を貫く。
聞き入れることなくはねつけること
【拒否】 56・2 訓 拒《こば》む 別解 拒絶 >>67・17

11 戦後社会を**キョウジテキ**な観点から議論する。
一定じ期における構造や要素を記述しようとするさま
【共時的】

12 女性の権利の拡張について□に考察する。
じ間の流れや変化に沿って記述しようとするさま
【通時的】

■ 解答 (4) 強硬 自分の考えを強く押し通そうとすること

13 **キンベン**な国民性が国の発展に大いに寄与する。
仕事などにまじめに励むさま

14 無気力で□な生活態度を改める。
なまけてだらしないさま

15 哲学は**コウショウ**なものであるとは限らない。
程度がたかく上品であるさま

16 かつて小説は□な読み物だとされていた。
程度がひくく下品であるさま

17 階層化が進行して貧富の差が**カクダイ**する。
ひろがりおおきくなること

18 工場の規模を□して合理化に努める。
ちぢめてちいさくすること

19 稼ぐための仕事は、**キョウギ**の仕事とも言える。
せまい方の意味

20 □に解釈すればあてはまる場合もある。
ひろい意味

21 若者の**カゲキ**な行動は大人に容認されにくい。
度を超えてはげしいこと

22 彼は物腰が柔らかく□な性格だ。
おだやかでしっかりしているさま

23 彼は機械の操作に**ジュクレン**している。
慣れていてじょうずなこと

24 トラブルの処理の仕方が□である。
不慣れで上達していないこと

---

13 勤勉 ⇔ 14 怠惰
- 勤勉 109・17 訓 勤《つと》める
- 怠惰 45・25 訓 怠《おこた》る・怠《なま》ける　別解 怠慢 ≫53・15

15 高尚 ⇔ 16 低俗
- 高尚 15・24 意 尚＝とうとぶ・たかい
- 低俗 意 俗＝いやしい　別解 野卑・下劣

17 拡大 ⇔ 18 縮小
- 拡大 154・6 意 拡＝ひろげる
- 縮小 訓 縮《ちぢ》む

19 狭義 ⇔ 20 広義
- 狭義 64・5 訓 狭《せま》い
- 広義 106・7 意 義＝いみ

21 過激 ⇔ 22 穏健
- 過激 訓 激《はげ》しい
- 穏健 105・19 訓 穏《おだ》やか

23 熟練 ⇔ 24 未熟
- 熟練 73・14
- 未熟 訓 熟《う》れる

どれかな？ (5) (極地・局地・極致)的に大雨が降った。
解答は次ページ

第4章 評論語

【2 重要語】①

※当てはまるものを選び、番号で答えなさい。

□1 「急がば回れ」という（①**仮説** ②**逆説**）には、社会に通用する真理が含まれている。

□2 具体的事実に基づかない（①**恣意的** ②**随意的**）な解釈は捨て去られるべきである。

□3 好き嫌いで判断せずに、（①**倫理的** ②**合理的**）に損得を計算して行動する方がよい。

□4 現地の人々は大自然の脅威の（①**特徴** ②**象徴**）としてワニの力の話を語り継いでいる。

□5 社長の談話は新製品開発の承認を（①**示唆** ②**示威**）すると社内で受け取られた。

□6 地価は下がらないという（①**逸話** ②**神話**）は長い間信じられてきた。

□7 古代と近代では時間の（①**観念** ②**理念**）はずいぶん異なっている。

□8 外国の文物は何であれ（①**背馳**《はいち》 ②**排斥**）するというのが当時の風潮であった。

---

1 ① 仮説《かせつ》＝仮に立てた説 ≫166・5 / **②** 逆説《ぎゃくせつ》＝矛盾するようで真理を含む説 ≫67・25

2 **①** 恣意的《しいてき》＝自分勝手なありさま / ② 随意的《ずいいてき》＝束縛や制限のないさま

3 ① 倫理的《りんりてき》＝道徳の規範に従うさま / **②** 合理的《ごうりてき》＝理屈にかなっているさま

4 ① 特徴《とくちょう》＝他と異なって目立つしるし ≫73・19 / **②** 象徴《しょうちょう》＝抽象的な事を具体物で示すこと・代表的なしるし ≫19・19/180・1

5 **①** 示唆《しさ》＝それとなく気づかせること ≫8・1 / ② 示威《じい》＝威力を示すこと

6 ① 逸話《いつわ》＝世間にあまり知られていない話 ≫69・16 / **②** 神話《しんわ》＝根拠なく信じ込まれ人々の考えなどを縛る事柄

7 **①** 観念《かんねん》＝物事に対するとらえ方や考え ≫155・22 / ② 理念《りねん》＝あるべき状態についての根本的な考え方

8 ① 背馳《はいち》＝食い違うこと・反対になること ≫173・14 / **②** 排斥《はいせき》＝押しのけ退けること ≫43・19

■ 解答 (5) 局地 限られた一定の場所

□9 歴史の中では自由と強制が（①**批准**　②**矛盾**）せずに溶け合っていることがある。

□10 創造には既成（①**概念**　②**通念**）にとらわれない柔軟な発想が大切である。

□11 ポイントを（①**敷設**　②**敷衍**《ふえん》）してわかりやすく説明しないと一般の聴衆には理解されにくい。

□12 （①**啓示**　②**啓蒙**《けいもう》）思想というのは、いわば上からの改革を目指すものに他ならない。

□13 生物の（①**多様性**　②**普遍性**）を維持するために外来種の繁殖を抑える措置をとる。

□14 多くの（①**実験**　②**経験**）を積んで子どもから大人へと成長してゆく。

□15 人の世ははかないものだという（①**無情**　②**無常**）観が日本人の心の奥に潜んでいる。

□16 近代を貫く行動（①**原理**　②**道理**）の一つとして功利主義を挙げることができる。

□17 官僚機構は上から下へ広がる（①**典型的**　②**類型的**）なツリー型の組織となっている。

---

①批准《ひじゅん》＝条約に同意すること ≫24・6
②矛盾《むじゅん》＝つじつまが合わないこと ≫15・18

①概念《がいねん》＝事物の本質をとらえる思考の形式 ≫16・4
②通念《つうねん》＝一般に共通して認められている考え

①敷設《ふせつ》＝装備や設備などを設置すること ≫47・16
②敷衍《ふえん》＝意味を押し広げて説明すること ≫41・24

①啓示《けいじ》＝神が人知の及ばない真理を示すこと ≫83・17
②啓蒙《けいもう》＝正しい知識を与えて教え導くこと ≫80・9

①多様性《たようせい》＝さまざまな種類があるさま
②普遍性《ふへんせい》＝すべての物事に通じる性質

①実験《じっけん》＝考えが正しいかどうか、試してみること
②経験《けいけん》＝実際にやってみること

①無情《むじょう》＝思いやる心がないこと ≫187・46
②無常《むじょう》＝一切の物は生滅変化して定まりがないこと ≫187・45

①原理《げんり》＝根本法則・世界の根源
②道理《どうり》＝筋道・道義

①典型的《てんけいてき》＝特徴や性質をよく表しているさま
②類型的《るいけいてき》＝ありふれていて特色のないさま

350
300
250
200
150
100
50
start

どれかな？(6)（好学・後学・向学）のため失敗談を聞く。

解答は次ページ

※当てはまるものを選び、番号で答えなさい。

□1 仕事を進める上ではよほど注意しないと思わぬ（①**欠陥** ②**陥穽**《かんせい》）にはまる恐れがある。

□2 小説や随筆などの（①**韻文** ②**散文**）と、詩や短歌などとは画然とした違いがある。

□3 饒舌《じょうぜつ》がかえって彼の（①**孤高** ②**孤独**）を浮き立たせているとは皮肉なことである。

□4 今までの世界観を（①**根本的** ②**宿命的**）に変革するような大きなうねりが来た。

□5 政治家は、新聞や雑誌やテレビなどのメディアでよく（①**諷喩**《ふうゆ》 ②**揶揄**《やゆ》）の対象となる。

□6 裏山の頂に立って眼下に見える家並みを（①**俯瞰**《ふかん》 ②**達観**）するのは爽快だ。

□7 たとえ取り組みが（①**功労** ②**徒労**）になろうとも、その過程にこそ意味がある。

□8 心の栄養となるさまざまな体験を経ることで人間の（①**端緒** ②**情緒**）は培われていく。

---

1 ①欠陥《けっかん》＝不足・不備 ≫23・23
②陥穽《かんせい》＝落とし穴・人を陥れるはかりごと ≫47・13

2 ①韻文《いんぶん》＝韻を用いる文・規律のある文
②散文《さんぶん》＝制限のない通常の文章

3 ①孤高《ここう》＝ひとり超然として高い理想を保つこと ≫144・11
②孤独《こどく》＝仲間がなくひとりぼっちであること ≫116・3

4 ①根本的《こんぽんてき》＝物事が成り立つ大もとにまで及ぶさま
②宿命的《しゅくめいてき》＝運命であって避けられないさま

5 ①諷喩《ふうゆ》＝たとえによって本義を推測させる比喩
②揶揄《やゆ》＝からかうこと・あざけること ≫45・19

6 ①俯瞰《ふかん》＝高いところから見下ろすこと ≫86・8
②達観《たっかん》＝悟りの境地に達すること

7 ①功労《こうろう》＝功績とそれに伴う労苦
②徒労《とろう》＝無駄な骨折り ≫37・15

8 ①端緒《たんしょ》＝物事の始まり・糸口 ≫32・6
②情緒《じょうちょ》＝折にふれて起きるさまざまな感情や気分 ≫69・19

■解答 (6) 後学　将来自分のためになる知識・学問

9 余計なものを一切（①**排除**　②**免除**）してすっきりとまとまったデザインに仕上がった。

10 個人の権利と（①**公共性**　②**共通性**）とのバランスをとりながら社会の制度を構築する。

11 世論の大勢から、現委員長が辞任するのは（①**不可逆**　②**不可避**）であると言わざるを得ない。

12 歌詞の内容は（①**劣等**　②**葛藤**）する青年の心情を描いたものである。

13 表現の仕方こそ異なるが、（①**畢竟**《ひっきょう》　②**畢生**《ひっせい》）両者の言わんとすることは同じだ。

14 歴史とは、人間によって営まれたものの総和であることは（①**自認**　②**自明**）である。

15 高僧は個人の損得を（①**卓越**　②**超越**）して世の衆生を救うために仏に仕える。

16 自社の環境にやさしい新製品がまたたく間に国内市場を（①**席巻**　②**圧巻**）した。

17 物質の（①**属性**　②**個性**）を調べるために検査用の器具を自ら考案した。

---

①排除《はいじょ》＝押しのけ取り除くこと ≫9・17
②免除《めんじょ》＝義務や役目を許し除くこと

①公共性《こうきょうせい》＝世の中全体の利益になる性質
②共通性《きょうつうせい》＝二つ以上のものに通じる性質

①不可逆《ふかぎゃく》＝元に戻れないこと
②不可避《ふかひ》＝避けられないこと

①劣等《れっとう》＝普通より劣っていること
②葛藤《かっとう》＝心中に相反するものがあって迷っている状態 ≫46・1

①畢竟《ひっきょう》＝つまるところ・結局 ≫126・3
②畢生《ひっせい》＝終生・死ぬまで

①自認《じにん》＝自分で認めること
②自明《じめい》＝証明の必要がなく明らかなこと ≫38・3

①卓越《たくえつ》＝抜きん出て優れていること ≫18・10
②超越《ちょうえつ》＝はるかに超えること・抜きん出ること ≫35・21

①席巻《せっけん》＝激しい勢いで勢力範囲を広げること ≫169・13
②圧巻《あっかん》＝全体の中で最も優れたもの ≫112・12

①属性《ぞくせい》＝事物の持っている性質や特徴
②個性《こせい》＝個体に特有の性質

どれかな？ (7) 詐欺師の（巧言・高言・公言）に惑わされる。

解答は次ページ

第4章

評論語【2 重要語】③

※当てはまるものを選び、番号で答えなさい。

□1 市民の生活実態は、政府の公式説明とはかなりの（①**反故**《ほご》 ②**齟齬**《そご》）がある。

□2 麻酔の使用は、日本では華岡青洲《はなおかせいしゅう》をもって（①**嚆**《こう》**矢**《し》 ②**後嗣**）とする。

□3 昨日はひどい腹痛に苦しんだが（①**一過性** ②**可塑性**）のもので今日は治った。

□4 痛み止めの効果が（①**接続** ②**持続**）する期間は限られているので、早急に治療する必要がある。

□5 治安が悪化して、夜になるとならず者が（①**跳躍** ②**跳梁**《ちょうりょう》）するようになった。

□6 高層ビルは風圧を受け流す（①**構造** ②**造詣**）で設計されている。

□7 地域の共同体の中には住んでいる者にしかわからない多くの暗黙の（①**前兆** ②**前提**）がある。

□8 （①**自我** ②**自負**）の確立が年々遅くなる傾向があると指摘されている。

---

1 ②
①反故《ほご》＝不要な役に立たないもの
②齟齬《そご》＝食い違い・行き違い ≫42・3

2 ①
①嚆矢《こうし》＝物事の最初 ≫174・4
②後嗣《こうし》＝あとつぎ

3 ①
①一過性《いっかせい》＝短い間に起こり消える性質
②可塑性《かそせい》＝変形しやすい性質

4 ②
①接続《せつぞく》＝つなぐこと・つながること
②持続《じぞく》＝保ち続けること

5 ②
①跳躍《ちょうやく》＝とび上がること ≫98・12
②跳梁《ちょうりょう》＝好ましくないものが勝手な振る舞いをすること ≫169・25

6 ①
①構造《こうぞう》＝しくみ・全体の関係の総称
②造詣《ぞうけい》＝学問や芸術についての深い知識や理解 ≫42・8

7 ②
①前兆《ぜんちょう》＝前触れ・きざし
②前提《ぜんてい》＝基礎となる判断・物事をなす土台 ≫69・18

8 ①
①自我《じが》＝他のものから区別した自己
②自負《じふ》＝自分の能力などに自信を持つこと ≫56・9

■解答 (7) 巧言 たくみに言い表したことば

□9 どちらの考えにも属さず（①**中枢** ②**中庸**）を守って私は生きていきたい。

□10 情報が（①**錯綜**《さくそう》 ②**錯乱**）していて被災地の正確な状況を把握することは非常に困難だ。

□11 確かな事実と証拠に基づく（①**推敲**《すいこう》 ②**推論**）でなければその主張は受け入れられない。

□12 商品を（①**過剰** ②**過重**）に包装するのは資源の保全のためにやめた方がよい。

□13 人間は自然を（①**制御** ②**制止**）しようとして河川にダムを建設した。

□14 多くの可能性を考えることなく（①**発作的** ②**短絡的**）に結論を導き出すのは危険だ。

□15 通説に対し（①**懐疑** ②**嫌疑**）の目を向けることが科学的態度の第一歩である。

□16 歴史的事実は（①**付与** ②**所与**）のものとしてそれをどう解釈するかが問題である。

□17 私が研究の（①**形象** ②**対象**）としているのは深海に住む一風変わった魚たちである。

---

9 ①中枢《ちゅうすう》＝主要となる大切な部分≫35・15 ②中庸《ちゅうよう》＝偏りがなく常に変わらないこと≫110・2

10 ①錯綜《さくそう》＝複雑に入り組むこと≫46・12 ②錯乱《さくらん》＝感情が入り混じって混乱すること

11 ①推敲《すいこう》＝詩歌や文章の字句を練り直すこと≫133・23 ②推論《すいろん》＝推理によって論を進めること

12 ①過剰《かじょう》＝適度を超えて多すぎるさま≫8・12 ②過重《かじゅう》＝負担などが限度を超えていること

13 ①制御《せいぎょ》＝思うように操ること≫58・1 ②制止《せいし》＝おさえとどめること

14 ①発作的《ほっさてき》＝思いがけない行動をするさま ②短絡的《たんらくてき》＝安易に結び付けて考えるさま

15 ①懐疑《かいぎ》＝疑いを持つこと≫24・4 ②嫌疑《けんぎ》＝罪を犯した事実があるのではないかと疑うこと≫113・20

16 ①付与《ふよ》＝授け与えること≫74・11 ②所与《しょよ》＝与えられたもの・前提となる事実≫165・14

17 ①形象《けいしょう》＝表にあらわれた形 ②対象《たいしょう》＝目標となるもの・客体≫182・3

どれかな？(8) 傾いた会社が（厚生・更生・更正）した。

解答は次ページ

評論語【2 重要語】④

※当てはまるものを選び、番号で答えなさい。

□1 売上の減少がこの商品に魅力のないことを（①**劇的** ②**端的**）に示している。

□2 会場の入り口で少し（①**逡巡**《しゅんじゅん》 ②**峻別**《しゅんべつ》）したが、意を決して中に入った。

□3 この島の人々は豊かな自然がもたらす恩恵を代々（①**享有** ②**享受**）してきた。

□4 中途半端に（①**妥協** ②**妥当**）せず、徹底的に闘うことを彼は選んだ。

□5 一代で会社を築いた社長が後継者選びに（①**無心** ②**腐心**）する。

□6 着眼点に重きをおいて採点する方針なので、作品の（①**巧緻** ②**巧拙**）は問わない。

□7 意地悪く対談相手の弱点を突くような（①**皮肉** ②**皮相**）たっぷりの挨拶をする。

□8 授業中（①**自意識** ②**無意識**）に独り言をつぶやいていることを友人に指摘された。

---

1 ②
①劇的《げきてき》＝変化に富み、感動などを起こすさま ≫97・17
②端的《たんてき》＝てっとり早く要点をとらえるさま ≫8・10

2 ①
①逡巡《しゅんじゅん》＝決断をためらってぐずぐずすること ≫171・13
②峻別《しゅんべつ》＝厳しく区別すること ≫170・5

3 ②
①享有《きょうゆう》＝生まれながらに持っていること
②享受《きょうじゅ》＝受け取って味わい楽しむこと ≫10・7／183・30

4 ①
①妥協《だきょう》＝折り合いをつけてまとめること ≫18・11
②妥当《だとう》＝適切であること ≫24・10

5 ②
①無心《むしん》＝人に金品をねだること
②腐心《ふしん》＝心を痛め悩ますこと ≫22・9

6 ②
①巧緻《こうち》＝手際よく巧みにできていること
②巧拙《こうせつ》＝じょうずなことへたなこと ≫79・24

7 ①
①皮肉《ひにく》＝遠回しの非難・あてこすり
②皮相《ひそう》＝上辺・表面 ≫161・19

8 ②
①自意識《じいしき》＝自分自身がどうであるかの意識
②無意識《むいしき》＝意識せず影響を与える心の深層

■解答 (8) 更生 もとの正常な状態に戻ること

□9 外部からの口出しを一切認めない（①**閉鎖** ②**連鎖**）的な組織は風通しが悪い。

□10 議会の審議が（①**形骸化** ②**概念化**）して、実質的な意味を持たなくなった。

□11 海峡を隔てて隣り合う両国の経済力には（①**抜本的** ②**圧倒的**）な差がある。

□12 日本の場合において、近代化はすなわち西洋化として（①**捨象** ②**表象**）される。

□13 人の忠告に耳を貸そうともしない（①**頑迷** ②**頑健**）な人間はいずれ壁にぶつかる。

□14 赤ん坊の柔らかい肌がダニや蚊に（①**過敏** ②**俊敏**）に反応して赤く腫れる。

□15 子どものときにトーマス・エジソンの伝記を読んで（①**触発** ②**誘発**）され、発明家を志した。

□16 管理社会の現在、ウェブ監視体制が確立される（①**偶然性** ②**蓋然性**）は小さくない。

□17 他人の善意を（①**弁解** ②**曲解**）して妙な勘ぐりをするのはよくない。

---

9 ①閉鎖《へいさ》＝閉じること・閉ざすこと ≫118・12　②連鎖《れんさ》＝次々につながっていること ≫16・1

10 ①形骸化《けいがいか》＝中身がなく形だけ残っているさま　②概念化《がいねんか》＝物事の特徴をとらえて表すこと

11 ①抜本的《ばっぽんてき》＝物事の根本から改めるさま　②圧倒的《あっとうてき》＝他とかけ離れてすぐれているさま

12 ①捨象《しゃしょう》＝共通性を取り出し他を捨てること ≫21・24　②表象《ひょうしょう》＝抽象的なものを具体的なもので表すこと ≫37・25

13 ①頑迷《がんめい》＝頑なで正しい判断ができないさま ≫136・1　②頑健《がんけん》＝体が極めて丈夫なさま

14 ①過敏《かびん》＝感じ方が強すぎること　②俊敏《しゅんびん》＝頭の働きがよく素早く行動できること

15 ①触発《しょくはつ》＝刺激して行動意欲などを誘起すること ≫24・12　②誘発《ゆうはつ》＝原因となり、誘い起こすこと ≫72・11

16 ①偶然性《ぐうぜんせい》＝たまたまその時にそうなる性質　②蓋然性《がいぜんせい》＝物事が起こる可能性の度合いや確率

17 ①弁解《べんかい》＝言い訳をすること　②曲解《きょっかい》＝わざとねじ曲げて解釈すること

どれかな？ (9)（試案・私案・思案）に暮れている。

解答は次ページ

第4章 評論語【2 重要語】⑤

※当てはまるものを選び、番号で答えなさい。

□1 猫は家と家との（①**境界** ②**境涯**）などおかまいなしに移動して生活している。

□2 陶器作りに熱中して（①**意趣** ②**意匠**）を凝らした作品を生み出している。

□3 真夏の太陽が（①**容赦** ②**容易**）なく照りつけて、砂浜の上はフライパンのように熱い。

□4 人が顔をどのように（①**認知** ②**認証**）しているのかということは心理学のテーマの一つだ。

□5 当事者でなく（①**参観** ②**傍観**）者は、とかく無責任な発言をしがちになる。

□6 引っ越しをした先の家の間取りが見慣れず（①**違和感** ②**異質感**）を覚える。

□7 （①**偏重** ②**偏狭**）な上司に反抗して、部下たちはみな会議室を出て行った。

□8 保守的な社会にあっては、既存の制度への順応が（①**美徳** ②**悪徳**）となる。

1 ①境界《きょうかい》＝土地や物事の境目 ≫159・19
②境涯《きょうがい》＝人が生きていく上で置かれている立場

2 ①意趣《いしゅ》＝意向・意地・理由・うらみ
②意匠《いしょう》＝物を作る上での工夫 ≫55・23／184・13

3 ①容赦《ようしゃ》＝手加減すること・許すこと ≫18・4
②容易《ようい》＝たやすいこと・やさしいこと ≫37・19

4 ①認知《にんち》＝ある事を認め知ること
②認証《にんしょう》＝正当性を公の機関が証明すること

5 ①参観《さんかん》＝その場に行って見ること
②傍観《ぼうかん》＝直接関わらずそばで見ること ≫83・21

6 ①違和感《いわかん》＝しっくりこない感じ
②異質感《いしつかん》＝性質が違う感じ

7 ①偏重《へんちょう》＝一方ばかりを重んじること ≫131・19
②偏狭《へんきょう》＝自分だけの狭い考えにとらわれるさま ≫58・3

8 ①美徳《びとく》＝道徳にかなった、ほめるべき立派な行為
②悪徳《あくとく》＝道義に背いた不正な行為

■解答 (9) 思案　あれこれと考えをめぐらすこと

□9 「正義」という言葉には、そうあるべきだという正しさが（①**恣意**　②**含意**）される。

□10 読書と哲学的（①**思索**　②**模索**）で毎日を平穏無事に過ごす生活が望みだ。

□11 市庁舎の玄関には市長の業績を称《たた》えるモニュメントが（①**端座**　②**鎮座**）している。

□12 その場にいた人たちの話題はいつしか景気対策に（①**収拾**　②**収斂**《しゅうれん》）していった。

□13 人間性に対する深い（①**洞察**　②**偵察**）に基づいて彼の哲学は成り立っている。

□14 宗教は魂の救いとなり得る反面、人間性に対する（①**桎梏**《しっこく》　②**慟哭**《どうこく》）ともなり得る。

□15 今回のチャリティーショーはその収益をみな社会に（①**往還**　②**還元**）するのが目的だ。

□16 隠者や世捨て人などは乱れた世を生き延びるために（①**韜晦**《とうかい》　②**懐柔**）する人々である。

□17 人情の（①**機微**　②**機敏**）に通じた劇作家の手によってすばらしい舞台が完成した。

---

9 ①恣意《しい》＝自分勝手な考え ≫41・16
②含意《がんい》＝表面には現れない意味内容 ≫23・18

10 ①思索《しさく》＝筋道を立てて深く考えること ≫22・7
②模索《もさく》＝試みながら手探りでさがし求めること ≫19・13

11 ①端座《たんざ》＝姿勢を正して座ること
②鎮座《ちんざ》＝どっかりと座っていること

12 ①収拾《しゅうしゅう》＝混乱をおさめること ≫33・18 184・17
②収斂《しゅうれん》＝収束すること・一点に集まること ≫44・5

13 ①洞察《どうさつ》＝よく見通すこと ≫10・8
②偵察《ていさつ》＝ひそかに様子を探ること ≫159・25

14 ①桎梏《しっこく》＝行動を制限して自由を束縛するもの ≫175・15
②慟哭《どうこく》＝悲しみのため声をあげて泣くこと

15 ①往還《おうかん》＝行ったり来たりすること ≫72・6
②還元《かんげん》＝もとに戻すこと ≫9・20 183・27

16 ①韜晦《とうかい》＝才能や地位などを隠すこと
②懐柔《かいじゅう》＝うまく扱って自分の思う通りに従わせること ≫124・5

17 ①機微《きび》＝微妙なおもむきや事情 ≫36・10
②機敏《きびん》＝状況に応じて素早く心と体を働かせること

どれかな？ ⑽ 新商品発表の（時季・時期・時機）を窺《うかが》う。　解答は次ページ

※当てはまるものを選び、番号で答えなさい。

□1 新しい監督が独自の理論と強い個性でチームを（①**牽引**《けんいん》 ②**牽制**《けんせい》）して優勝した。

□2 歴史的評価は難しく、（①**功徳** ②**功罪**）相半ばすると言われている。

□3 世間の常識から大きく（①**逸脱** ②**解脱**）した行いは白い眼《め》をもって迎えられる。

□4 （①**卑屈** ②**卑近**）な例を挙げて説明するとわかりやすい。

□5 腰を抜かすとは非常に驚くことの（①**比喩** ②**比肩**）として用いられることがある。

□6 文明に汚されることのない真に（①**無垢**《むく》 ②**無我**）である大自然など、架空のものだ

□7 出発の朝の雨は不吉な未来を（①**黙示** ②**暗示**）するかのようだった。

□8 一度失敗してしまったことを二度と繰り返さないよう（①**自戒** ②**自粛**）の言葉を胸に刻む。

---

①牽引《けんいん》＝大きな力で引っぱること ≫91・14
②牽制《けんせい》＝相手を監視、威圧して自由に行動させないこと

①功徳《くどく》＝現世や来世に幸福をもたらす善い行い
②功罪《こうざい》＝手柄と過ち・よい点と悪い点 ≫121・20

①逸脱《いつだつ》＝本筋からそれ外れること ≫14・1
②解脱《げだつ》＝煩悩の束縛を解いて悟りを開くこと

①卑屈《ひくつ》＝いじけて自分をいやしめるさま ≫83・20
②卑近《ひきん》＝手近でありふれているさま ≫64・12

①比喩《ひゆ》＝類似したものを借りて表現すること ≫154・2
②比肩《ひけん》＝同等のものとして並ぶこと

①無垢《むく》＝けがれのないさま ≫47・24
②無我《むが》＝無心であること、私欲がないこと

①黙示《もくし》＝暗黙のうちに意思を示すこと
②暗示《あんじ》＝それとなく知らせること

①自戒《じかい》＝自分で自分を戒めること ≫118・4
②自粛《じしゅく》＝自分で自分の行いを慎むこと

■解答 ⑽ 時機 何かを行うのに適当な機会

□9 高度経済成長を（①**契機** ②**有機**）として大気汚染が引き起こされた。

□10 絵文字や記号のようなものが漢字文化へと（①**昇進** ②**昇華**）していった。

□11 伝統と近代合理主義との（①**相克** ②**相殺**）に悩んだ知識人が数多くいた。

□12 本音と建前の（①**乖離**《かいり》 ②**背理**）は日本人には珍しいことではないと言われる。

□13 親とはぐれた子狐《こぎつね》があてもなく奥深い森の中を（①**彷彿**《ほうふつ》 ②**彷徨**《ほうこう》）している。

□14 直感にばかり頼って判断を下すと（①**無謬**《むびゅう》 ②**誤謬**《ごびゅう》）に陥る可能性がある。

□15 新聞や雑誌などの活字を（①**媒介** ②**触媒**）とする知のメディアは衰退することはない。

□16 神より我々人類に与えられた哲学上の解決すべき（①**命題** ②**勅命**）が多数存在する。

□17 日本には意識的に（①**強弁** ②**詭弁**《きべん》）を弄するという伝統はなかった。

---

①契機《けいき》＝きっかけ ≫9・23
②有機《ゆうき》＝各部分が互いに密接な関連をもっていること

①昇進《しょうしん》＝地位が昇り進むこと
②昇華《しょうか》＝より高度な状態に高められること ≫53・16

①相克《そうこく》＝互いに勝とうとして争うこと ≫101・25
②相殺《そうさい》＝反対の要素で差し引きして消すこと ≫143・19 186・11

①乖離《かいり》＝背き離れること ≫41・15
②背理《はいり》＝道理にもとり背くこと

①彷彿《ほうふつ》＝ありありと思い浮かぶこと
②彷徨《ほうこう》＝あてもなくうろつくこと

①無謬《むびゅう》＝誤りのないこと
②誤謬《ごびゅう》＝誤り・間違い ≫44・7

①媒介《ばいかい》＝間に立ってとりもつこと ≫8・4
②触媒《しょくばい》＝自身は変化せず他の物質の反応を進める物質 ≫32・3

①命題《めいだい》＝論理的な判断を言葉で表したもの
②勅命《ちょくめい》＝天皇の命令

①強弁《きょうべん》＝すじの通らないことを無理に言いはること
②詭弁《きべん》＝こじつけ・一見正しい偽りの論

どれかな？ (11)（自省・自制・自生）の念にかられる。
解答は次ページ

⑦

※当てはまるものを選び、番号で答えなさい。

□1 言葉の持つ（①**両義** ②**道義**）性はしばしば人間を混乱に陥れる。

□2 優れたリーダーとなるために、学業を修め、人格を（①**陶冶** ②**淘汰**《とうた》）する。

□3 寺田寅彦《てらだとらひこ》は熊本の五高時代に夏目漱石《なつめそうせき》の（①**陶酔** ②**薫陶**）を受けた。

□4 日本の社会が抱える様々な問題が一挙に（①**露呈** ②**吐露**）した。

□5 若者たちのはつらつとした顔には、気力が（①**静謐**《せいひつ》 ②**横溢**《おういつ》）している。

□6 彼ほど日本の古典に（①**通暁** ②**通底**）している人物を私は知らない。

□7 外務省が紛争地域への旅行に関して注意を（①**惹起**《じゃっき》 ②**喚起**）する。

□8 その青年は次第に進歩的な外国の思想に（①**傾倒** ②**倒錯**）していった。

---

1 **①両義**《りょうぎ》＝相反する二つの意味
②道義《どうぎ》＝人の踏み行うべき正しい道

2 **①陶冶**《とうや》＝性質や才能を鍛えて育てること ≫86・5
②淘汰《とうた》＝不要のものを除き去ること ≫47・18

3 ①陶酔《とうすい》＝うっとりと酔いしれること ≫21・18
②薫陶《くんとう》＝人徳によって影響を与え、よい方に導くこと ≫55・19

4 **①露呈**《ろてい》＝隠れているものが現れ出ること ≫11・14
②吐露《とろ》＝思いを隠さず述べること ≫25・22

5 ①静謐《せいひつ》＝静かでおだやかなこと ≫47・22
②横溢《おういつ》＝みなぎり、あふれるほど盛んなこと ≫45・17

6 **①通暁**《つうぎょう》＝すみずみまで知っていること ≫152・10
②通底《つうてい》＝表面は異なっているように見えて根底において通じていること ≫157・23

7 ①惹起《じゃっき》＝よくない出来事を引き起こすこと ≫168・10
②喚起《かんき》＝呼び起こすこと ≫8・3／183・25

8 **①傾倒**《けいとう》＝心を寄せること・熱中すること ≫32・2
②倒錯《とうさく》＝社会的規範に反し異常であること ≫60・3

■解答 (11) 自省 自分の言動を反省すること

□9 ささいなことに（①**拘束** ②**拘泥**）せずに大局を見て行動するのが望ましい。

□10 両チームの優勝争いの（①**趨勢**《すうせい》 ②**虚勢**）はほぼ見え、関心は得点王争いに移った。

□11 意識的に問題を（①**縮小化** ②**矮小化**《わいしょうか》）して考えることで前向きに生きる。

□12 敵の勢いに押されているチームを大声で必死に（①**鼓舞** ②**鼓吹**）した。

□13 国際交流が盛んになるとともにさまざまな（①**軋轢**《あつれき》 ②**瓦礫**《がれき》）やトラブルが生じる。

□14 人生の目的が定まらず（①**専制的** ②**刹那的**）な快楽を求めて日々を過ごす。

□15 西洋流の論理学や（①**訓辞** ②**修辞**）学は日本では発達しなかった。

□16 現実の世界がことごとく嘘《うそ》のように感じられて（①**厭世**《えんせい》 ②**隔世**）に傾いていく。

□17 言語を用いて世界を（①**変節** ②**分節**）化していく限り、言語ごとに世界観は異なる。

---

① 拘束《こうそく》＝行動の自由を制限すること ≫12・6
② 拘泥《こうでい》＝こだわること ≫45・24

① 趨勢《すうせい》＝動向・なりゆき ≫86・1
② 虚勢《きょせい》＝上辺ばかりの勢い・から威張り ≫102・1

① 縮小化《しゅくしょうか》＝縮めて小さくすること
② 矮小化《わいしょうか》＝小さく見せるようにすること

① 鼓舞《こぶ》＝励ましてやる気を起こさせること ≫27・25
② 鼓吹《こすい》＝意見を盛んに主張し、広めようとすること ≫90・4

① 軋轢《あつれき》＝仲が悪くなること・不和 ≫44・8
② 瓦礫《がれき》＝価値のないもののたとえ

① 専制的《せんせいてき》＝支配者などが独断で事を行うさま
② 刹那的《せつなてき》＝目の前の快楽を求めるさま

① 訓辞《くんじ》＝教えいましめる言葉
② 修辞《しゅうじ》＝言葉を効果的に使うこと ≫141・23

① 厭世《えんせい》＝この世を嫌なものと思うこと
② 隔世《かくせい》＝時代や世代がへだたっていること ≫75・25

① 変節《へんせつ》＝従来の主張を変えること
② 分節《ぶんせつ》＝区切りに分けて意味を与えること

どれかな？⑫ 上昇（試行・施行・志向）が強い選手。
解答は次ページ

第4章 評論語【2 重要語】⑧

※当てはまるものを選び、番号で答えなさい。

□1 日本語は男と女で使用する言語の（①異相 ②位相）がかなり違っている。

□2 証拠が（①醸造 ②捏造《ねつぞう》）されることがあってはならない。

□3 権利や義務といったものは、何をなすべきかという（①当為 ②有為）の問題として存在する。

□4 うまくごまかしたつもりだったが、博士はすぐに私の正体を（①看過 ②看破）した。

□5 施設を利用する人の（①便宜 ②時宜）を図る工夫が施されている。

□6 急速な近代化の（①迫害 ②弊害）が国の至るところに見受けられる。

□7 妹が（①殊勝 ②殊勲）な態度をするのは、決まっておねだりをするときだ。

□8 大衆を巻きこんだ運動が（①暫時 ②漸次）勢いを増して大きなうねりとなった。

---

② ①異相《いそう》＝普通とは違う人相や姿　②位相《いそう》＝変化する物が特定の場面でとる姿 ≫66・12

② ①醸造《じょうぞう》＝発酵の働きで酒などを造ること ≫81・13／181・33　②捏造《ねつぞう》＝ないものをあるように偽って作り上げること ≫174・7

① ①当為《とうい》＝当然そうするべきこと　②有為《ゆうい》＝才能のあること

② ①看過《かんか》＝見過ごすこと・大目に見ること ≫20・2　②看破《かんぱ》＝隠れている物事を見破ること ≫29・23

① ①便宜《べんぎ》＝都合のよいこと ≫14・5　②時宜《じぎ》＝ちょうどよい頃合い ≫99・22

② ①迫害《はくがい》＝苦しめ虐げること ≫102・5　②弊害《へいがい》＝害となる悪いこと ≫16・8／181・49

① ①殊勝《しゅしょう》＝けなげであるさま ≫104・7　②殊勲《しゅくん》＝際立って優れた手柄

② ①暫時《ざんじ》＝しばらく　②漸次《ぜんじ》＝次第に・だんだん ≫88・10

□9 暴動を（①**駆動**　②**扇動**）した罪で首謀者二人が裁判にかけられた。

□10 皇位継承の争いや異民族の侵入によりローマ帝国は徐々に（①**凋落**《ちょうらく》　②**陥落**）していった。

□11 強固に見えた両国の同盟があっという間に（①**氷解**　②**瓦解**）した。

①駆動《くどう》＝力を伝えて動かすこと »71・19
②扇動《せんどう》＝気持ちをあおってある行動をするよう仕向けること »132・9

①凋落《ちょうらく》＝落ちぶれること »127・18
②陥落《かんらく》＝攻め落とされること »115・22

①氷解《ひょうかい》＝疑念や恨みなどがすっかり消えること
②瓦解《がかい》＝一部の崩れから全体が崩れること »46・4

どれかな？⒀ 親の（威光・意向・移行）に従う。
解答は次ページ

【3 カタカナ語】①

※当てはまるものを選び、番号で答えなさい。

□1 民族の{①アイデンティティー ②アカウンタビリティー}は言語にある。

□2 戦後、世界中で{①ヒエラルキー ②イデオロギー}の対立が見られた。

□3 肉親への{①アンビシャス ②アンビバレント}な愛憎の感情に悩む。

□4 会話のユーモアや{①アイロニー ②トポロジー}のセンスを磨く。

□5 奇想天外な{①イマジネーション ②フィクション}を読むと心が躍る。

□6 翻訳には訳者の{①ニュアンス ②バイアス}がかかることがある。

□7 「急がば回れ」は{①コモンセンス ②パラドックス}の典型である。

□8 環境問題は{①パラドキシカル ②グローバル}な視点で対策を考える。

---

② ①アイデンティティー＝自己同一性・主体性 ②アカウンタビリティー＝説明責任

② ①ヒエラルキー＝身分階層制・位階制 ②イデオロギー＝政治や社会に対する考え方・思想傾向

② ①アンビシャス＝大志を抱いているさま ②アンビバレント＝両面価値・相反する二つの感情

① ①アイロニー＝皮肉・風刺 ②トポロジー＝位相(変化する物が特定の場面でとる姿)

② ①イマジネーション＝想像・想像力 ②フィクション＝虚構・つくりごと・小説

② ①ニュアンス＝微妙な差異・調子・色合い ②バイアス＝先入観・偏見(偏った物の見方)

② ①コモンセンス＝常識 ②パラドックス＝逆説(矛盾するようで真理を含む説)

② ①パラドキシカル＝逆説的な ②グローバル＝全地球的規模の 対 ローカル

■解答 ⑬ 意向　どうするかについての考え

□9 既成の秩序や価値を認めない{①エゴイズム ②ニヒリズム}が流行した。

□10 団結を図る手段として{①ナショナリズム ②アナーキズム}が利用される。

□11 すきのない{①ロジカル ②ローカル}な説明で相手を説き伏せる。

□12 長年同じ仕事を続けると{①マンネリズム ②センチメンタリズム}に陥る。

□13 聴衆は{①ステレオタイプ ②プロトタイプ}な演説にはあきあきしている。

□14 世代を超えて円滑な{①コミュニケーション ②イニシエーション}を図る。

□15 秀逸な{①メソッド ②メタファー}は表現にインパクトを与える。

□16 一つ一つの{①プロセス ②プロパガンダ}を経て、完成に至る。

□17 人や物の流れは{①ボーダーライン ②ボーダーレス}になってきた。

---

②①エゴイズム＝利己主義　ニヒリズム＝虚無主義

②①ナショナリズム＝国家主義・民族主義　アナーキズム＝無政府主義

②①ロジカル＝論理的な　ローカル＝地方の・その土地特有の　対 グローバル

②①マンネリズム＝型通りで独創性に欠けること　センチメンタリズム＝感傷的になりやすい心理的傾向

②①ステレオタイプ＝思考や行動が型にはまっていること　プロトタイプ＝原型・試作品・本質などを最もよく表したもの

②①コミュニケーション＝情報伝達・意思の疎通　イニシエーション＝通過儀礼（人生の節目に行われる儀礼）

②①メソッド＝方法・手順・体系　メタファー＝隠喩

②①プロセス＝過程・工程　プロパガンダ＝主義や主張などの宣伝

②①ボーダーライン＝境界線・境目　ボーダーレス＝境界や国境のない状態・あやふやなこと

350 300 250 200 150 100 50 start

どれかな？⑭ 事情通をもって（辞任・自認・自任）する。

解答は次ページ

※当てはまるものを選び、番号で答えなさい。

□1 色即是空《しきそくぜくう》は仏教の{①テーゼ ②アンチテーゼ}として有名である。

□2 {①バーチャルリアリティー ②リアリティー}の技術を活用した娯楽施設。

□3 青春の挫折を{①モノクローム ②グロテスク}なまでに描いた作品。

□4 睡眠の{①メカニズム ②メタレベル}を脳波によって解き明かす。

□5 国中の資産が{①ブルジョア ②プロレタリア}階級の手に握られている。

□6 駅舎は民話をモチーフにした{①ユニバーサル ②ユニーク}なものだ。

□7 私小説的{①リアリズム ②リリシズム}を離れて空想の世界に遊ぶ。

□8 世界の始まりに{①プレゼンス ②ロゴス}と神がすでに存在した。

---

②①テーゼ＝最初の命題・綱領
アンチテーゼ＝ある命題主張に対立する命題主張・反定立

②①バーチャルリアリティー＝仮想現実
リアリティー＝真実性・現実感

②①モノクローム＝単彩画・白黒の写真や映画
グロテスク＝異様なさま・不気味なさま・怪奇なさま

②①メカニズム＝機械装置・機構・組織
メタレベル＝より上位の次元・超越的な次元

②①ブルジョア＝資本家・金持ち
プロレタリア＝無産者・労働者

②①ユニバーサル＝普遍的・世界的
ユニーク＝独特なさま・独自なさま

②①リアリズム＝現実主義・写実主義
リリシズム＝叙情主義・叙情詩的なおもむきや味わい

②①プレゼンス＝存在感・影響力
ロゴス＝言葉・理性・論理
対 パトス（情念）

■解答 ⒁ 自任　自分をふさわしいものと思いこむこと

□9 ほとばしるような｛①バイブル ②パトス｝が物語全体に溢《あふ》れている。

□10 ｛①ロジック ②レトリック｝に習熟すれば達意の文章が書ける。

□11 AIで気候変動の｛①シミュレーション ②エスカレーション｝を行う。

□12 判官贔屓《ほうがんびいき》は日本人に共通の｛①モダニティー ②メンタリティー｝だ。

□13 イソップ物語には多くの｛①アレゴリー ②カテゴリー｝が含まれている。

□14 情報化社会では｛①フロンティア ②メディア｝が大きな影響力を持つ。

□15 知らない単語は｛①コンテクスト ②コンセンサス｝から判断する。

□16 組織のあり方を羊の群れとの｛①アパシー ②アナロジー｝で論じる。

□17 当然ながら神を冒瀆《ぼうとく》することは｛①ダミー ②タブー｝とされている。

---

①バイブル＝キリスト教の聖典・聖書
②パトス＝情念 対 ロゴス（言葉・理性・論理）

①ロジック＝論理・論理学
②レトリック＝修辞（言葉を効果的に使うこと）

①シミュレーション＝模擬実験
②エスカレーション＝段階的な拡大

①モダニティー＝現代性
②メンタリティー＝精神構造・心的傾向

①アレゴリー＝寓喩《ぐうゆ》・たとえ話
②カテゴリー＝範疇《はんちゅう》（物事の内容による分類）

①フロンティア＝辺境・最前線
②メディア＝手段・媒介物（特に情報媒体）

①コンテクスト＝文脈・脈絡
②コンセンサス＝意見の一致・合意

①アパシー＝無気力・無感動
②アナロジー＝類似・類推・相似

①ダミー＝替え玉・人形・人体模型
②タブー＝禁忌・呪術的宗教的な禁制

どれかな？⑮ 運転技術を（修得・習得・拾得）する。
解答は次ページ

③

※当てはまるものを選び、番号で答えなさい。

□1 有産階級と{①プロテスタント ②プロレタリアート}は対立する関係にある。

□2 資本主義とは異なる{①パースペクティブ ②オルタナティブ}を追求する。

□3 先行する名作の{①クオリティー ②パロディー}を個人的に作り楽しむ。

□4 {①オーソリティー ②マイノリティー}の意見も尊重されて然《しか》るべきである。

□5 性別役割分担に固執するのは{①スノビズム ②アナクロニズム}だ。

□6 孤独の美化は{①マキャベリズム ②ナルシシズム}への第一歩である。

□7 マーライオンはシンガポールの{①シグナル ②シンボル}だ。

□8 放水量を増減してダムの水位を{①コントロール ②フィードバック}する。

---

②
①プロテスタント＝(キリスト教の)新教徒・新教
②プロレタリアート＝労働者階級・無産階級 対 ブルジョアジー

②
①パースペクティブ＝遠近法
②オルタナティブ＝代案・あることの代わりにとる方法

②
①クオリティー＝品質・性質
②パロディー＝もじり・風刺化した作品

②
①オーソリティー＝権威(者)・大家
②マイノリティー＝少数派・少数民族 対 マジョリティ

②
①スノビズム＝俗物根性・紳士気取り
②アナクロニズム＝時代錯誤(時代の風潮に逆行していること)

②
①マキャベリズム＝手段を選ばないやり方
②ナルシシズム＝自己愛・自己陶酔・うぬぼれ

②
①シグナル＝合図・信号
②シンボル＝象徴(代表的なしるし)・記号

①
①コントロール＝制御・支配・調整
②フィードバック＝結果を原因に戻して反映させ、調整すること

□9 成果を得るために少しは｛①リスク ②モラル｝を冒す必要がある。

□10 時代によって必要とされる｛①デモクラシー ②リテラシー｝は異なる。

□11 近代における学問の｛①パラフレーズ ②パラダイム｝を明確に提示する。

□12 乳幼児の段階から｛①エゴ ②エスプリ｝はすでに芽生えている。

□13 人体は微小な｛①コスモポリタン ②コスモス｝と呼ぶことができる。

□14 幸福の｛①イズム ②イデア｝は本当の幸福を必ずしも規定しない。

□15 二つの選択肢の間で｛①ジレンマ ②トラウマ｝に陥っている。

□16 問題解決のために国際的で｛①マクロ ②マイナー｝な視点が必要だ。

□17 今日の政治状況は｛①ディスタンス ②カオス｝と呼ぶにふさわしい。

---

①リスク＝危険・冒険
②モラル＝道徳・倫理

①デモクラシー＝民主主義
②リテラシー＝その時代を生きるために最低限必要とされる能力

①パラフレーズ＝わかりやすく言い換えること
②パラダイム＝ある時代を特徴づける理論的枠組み・範例

①エゴ＝自己・自我
②エスプリ＝機知（とっさに対応できる鋭い才知）

①コスモポリタン＝世界市民・国際人
②コスモス＝秩序・整然とした宇宙 対 カオス

①イズム＝主義・説
②イデア＝理念（根本的な考え方）・観念（思い浮かべたことや考えたこと）

①ジレンマ＝板挟み（どちらとも決めかねること）
②トラウマ＝精神的外傷（恐怖やショックなどにより精神に受けた傷）

①マクロ＝巨視的・大きい 対 ミクロ
②マイナー＝規模や重要度が小さい・あまり知られていない

①ディスタンス＝距離・間隔
②カオス＝混沌《こんとん》（物事の区別などがはっきりしないさま）・無秩序 対 コスモス

どれかな？ ⑯ 減価（償却・消却・焼却）の費用を算出する。

解答は次ページ

評論語【3 カタカナ語】④

※当てはまるものを選び、番号で答えなさい。

□1 公害問題が多発して、{①エコノミー ②エコロジー}への関心が高まる。

□2 宗教上の{①スキーム ②ドグマ}を捨てて自分の心に素直に従う。

□3 新たな運動を成功に導くための{①スローガン ②スタンス}を掲げる。

□4 口の端に{①テクニカル ②シニカル}な笑みを浮かべて話した。

□5 港町に特有の{①アフォリズム ②エキゾティシズム}に心ひかれる。

□6 不況のせいか世の中を{①ペシミズム ②マテリアリズム}が覆っている。

□7 昔の書物は{①テイスト ②テクスト}を厳密に校訂して論じられた。

□8 個別具体的な{①ミクロ ②パラレル}の視点で物事を考える。

---

②（正解） ①エコノミー＝経済 ②エコロジー＝環境保護・生態学

②（正解） ①スキーム＝概要・体系的な枠組み ②ドグマ＝宗教上の教義・独断（思い込みでの判断）

①（正解） ①スローガン＝目標を簡潔に表した標語 ②スタンス＝心構え・態度

②（正解） ①テクニカル＝技術上の・専門的な ②シニカル＝皮肉な・冷笑的な 類 シニック

②（正解） ①アフォリズム＝格言・警句 ②エキゾティシズム＝異国情緒・異国趣味

①（正解） ①ペシミズム＝厭世《えんせい》主義・悲観論 ②マテリアリズム＝唯物論（すべてを物質に還元できるとする説）

②（正解） ①テイスト＝味わい・風味 ②テクスト＝原典・表現されたもの

①（正解） ①ミクロ＝微視的・小さい 対 マクロ ②パラレル＝平行な・よく似た傾向の

■解答 ⑯ 償却 償いとして返すこと

□9 現在でも{①モダニズム ②アニミズム}の信仰は残っている。

□10 業務提携により{①シナジー ②トートロジー}効果が期待できる。

□11 近代的思想から脱却を試みる{①モダン ②ポストモダン}の傾向。

□12 表情は言語よりも{①プリミティブ ②プログレッシブ}な形で心に訴える。

□13 物に超自然の力を認めるのが{①フェミニズム ②フェティシズム}である。

□14 単なる{①プラグマティズム ②オプティミズム}と希望は異なったものだ。

□15 古人の夢見た{①ユートピア ②コロニー}などどこにもない。

□16 結婚披露宴で学生時代の{①エピローグ ②エピソード}が紹介された。

□17 世紀末には{①デカダンス ②ナンセンス}の風潮が社会を覆う。

---

9 ①モダニズム＝近代主義・現代風　**②**アニミズム＝精霊崇拝・自然崇拝

10 **①**シナジー＝相乗作用　②トートロジー＝同語反復(同じ語を繰り返すこと)

11 ①モダン＝近代的・現代的　**②**ポストモダン＝脱近代・近代以降

12 **①**プリミティブ＝原始の・素朴な・根源の　②プログレッシブ＝進歩的なさま　対 コンサバティブ

13 ①フェミニズム＝女権拡張論・女性解放思想　**②**フェティシズム＝物神崇拝(物を神聖視すること)

14 ①プラグマティズム＝実用主義　**②**オプティミズム＝楽天主義・楽観論　対 ペシミズム

15 **①**ユートピア＝理想郷・桃源郷　②コロニー＝植民地

16 ①エピローグ＝結びの部分・納め口上　**②**エピソード＝挿話・逸話

17 **①**デカダンス＝退廃的な傾向・自堕落　②ナンセンス＝意味のないこと・ばかげたこと

どれかな？ (17) (焦心・小心・傷心)を癒すため旅に出る。

解答は次ページ

評論語【3 カタカナ語】⑤

※当てはまるものを選び、番号で答えなさい。

□1 過ぎ去った日々を懐かしんで{①ノスタルジー ②アンソロジー}に浸る。

□2 各人の{①パーソナリティー ②ホスピタリティー}を理解し、役割を割り振る。

□3 あらゆる情報を{①アナログ ②デジタル}データ化して利用する。

□4 調査では{①ストラテジー ②プライバシー}に立ち入らないようにする。

□5 新しい機械を導入する{①エレメント ②メリット}はたくさんある。

□6 人間の生活は{①コミュニティー ②コミュニケ}を基盤として営まれる。

□7 武士道とは武士の{①エートス ②エロス}を表すものである。

□8 社会的に作り出された性差を{①オーダー ②ジェンダー}と呼ぶ。

---

① ノスタルジー＝郷愁・過去の事物に対する思慕
② アンソロジー＝いろいろな作品を一定の主題や形式により集めたもの

① パーソナリティー＝人格・性格・個性
② ホスピタリティー＝丁重なもてなし・もてなしの心

① アナログ＝状態を連続的に変化する量で表すこと
② デジタル＝状態を段階的に区切って表すこと

① ストラテジー＝戦略・戦法
② プライバシー＝私生活・個人の生活を守る権利

① エレメント＝要素・成分
② メリット＝価値・利点・長所 対 デメリット

① コミュニティー＝地域社会・共同体
② コミュニケ＝共同声明・公式声明

① エートス＝(個人の)習性や性格・(社会の)道徳
② エロス＝性的な愛・自分を高めようとする理想的なものへの愛

① オーダー＝順序・秩序・注文
② ジェンダー＝社会的、文化的な性差

■解答 ⑰ 傷心 悲しく、心を痛めること

□9 時代の変わり目に{①シビリゼーション ②イノベーション}が行われる。

□10 不快な症状がなくなって{①カタルシス ②ペーソス}を感じた。

□11 基本の{①コントラスト ②コンセプト}をもとに人物像を設定する。

□12 私の師は己を律し{①スタティック ②ストイック}な生き方を貫いた。

□13 官僚社会を描いた{①カリカチュア ②カルチャー}を大衆が好んで見る。

□14 {①シャーマニズム ②ジャーナリズム}をにぎわす話題は移り変わる。

□15 青年の{①モーメント ②モラトリアム}が徐々に長くなりつつある。

□16 休日の夕暮れに{①アンニュイ ②アーカイブ}を感じることがある。

□17 難解な表現を多用する{①ヘテロドックス ②ペダンティック}な小説を読む。

---

①シビリゼーション＝文明
②イノベーション＝技術革新・新機軸

①カタルシス＝精神の浄化
②ペーソス＝もの悲しさ・哀愁

①コントラスト＝対照・対比
②コンセプト＝概念（ものの考え方・おおよその内容）・観念

①スタティック＝静的な・静止の 対 ダイナミック
②ストイック＝禁欲的・禁欲主義者

①カリカチュア＝戯画・風刺画
②カルチャー＝文化・教養

①シャーマニズム＝まじないを中心とする原始宗教
②ジャーナリズム＝出来事を報道し意見を述べる機関

①モーメント＝きっかけ・要因
②モラトリアム＝社会的成長に至るまでの準備期間

①アンニュイ＝退屈・倦怠《けんたい》
②アーカイブ＝記録を保管すること

①ヘテロドックス＝異端の・正統でない
②ペダンティック＝衒学《げんがく》的（学識をひけらかすさま）

どれかな？ ⒅ 小惑星から（史料・試料・飼料）を持ち帰る。
解答は次ページ

第4章 評論語【3 カタカナ語】⑥

※当てはまるものを選び、番号で答えなさい。

□1 小説が好きで、{①ジャンル ②ジャーナル}を問わず何でも読む。

□2 仮想通貨は{①インセンティブ ②インターネット}上での取引に用いられる。

□3 {①カリスマ ②カスタマー}からのクレームに丁寧に対応する。

□4 相手が{①コード ②モード}を解読できなければ意味は伝わらない。

□5 宇宙は有限か無限かという{①アンビション ②アンチノミー}に挑む。

□6 {①マスプロダクション ②マスメディア}の流す情報を鵜呑《うの》みにしない。

□7 時代の先端を行く{①モダン ②インモラル}な意匠を創出する。

□8 鶏が先か卵が先かという{①アポリア ②アプローチ}に出会う。

---

②①ジャンル＝種類・様式
ジャーナル＝定期刊行物・日誌

②①インセンティブ＝やる気を喚起させる刺激
インターネット＝大規模なコンピューター通信網

②①カリスマ＝大衆を心服させる超人的資質
カスタマー＝顧客(ひいきにしてくれる客)・取引先

②①コード＝規約・規定・符合・記号
モード＝様式・形式・態勢

②①アンビション＝野心・大望
アンチノミー＝二律背反(妥当である二つの命題が矛盾すること)

②①マスプロダクション＝大量生産
マスメディア＝大衆媒体・新聞やテレビなどの総称

②①モダン＝近代的・現代的
インモラル＝不道徳な・みだらな

②①アポリア＝解決できない難問・行き詰まり
アプローチ＝接近・働きかけ・取り組み

□9 幾何学的な{①シンメトリー ②テクノロジー}の美しい模様に見とれる。

□10 支配と服従を{①アウトプット ②アウフヘーベン}した緊密な関係を築く。

□11 自分の歌声に聞きほれて{①シンパシー ②エクスタシー}を感じる。

□12 困難なときでも常に{①パッシブ ②ポジティブ}な考え方を失わない。

□13 新陳代謝により組織の{①ダイナミズム ②バイオリズム}が維持される。

□14 {①ドラスチック ②アプリオリ}に人間には向上心があると仮定する。

□15 格差社会における人間性の回復が{①モチーフ ②アイコン}の映画だ。

---

9 ①（正解）シンメトリー＝左右対称・つりあい・均整
②テクノロジー＝科学技術

10 ①アウトプット＝出力・産出高 対 インプット
②（正解）アウフヘーベン＝止揚（より高次で統一すること）

11 ①シンパシー＝同情・共感
②（正解）エクスタシー＝恍惚《こうこつ》（心を奪われてうっとりすること）

12 ①パッシブ＝受動的 対 アクティブ
②（正解）ポジティブ＝積極的・肯定的 対 ネガティブ

13 ①（正解）ダイナミズム＝活力・力強さ
②バイオリズム＝規則正しく現れる生物学的現象の変化

14 ①ドラスチック＝徹底的な・過激な
②（正解）アプリオリ＝先験的・先天的 対 アポステリオリ

15 ①（正解）モチーフ＝題材・動機
②アイコン＝物事を簡単な絵や柄で記号化したもの

第4章 現代のキーワード

【1 情報化社会】

□1 **AI**《エーアイ》 ［Artificial Intelligence］

人工知能。自律的に学習し、判断、思考するコンピューターシステム。生成AIは膨大なデータを学習し、人間の指示で新たな文章、音声、画像、プログラムなどを作成する人工知能。

□2 **IoT**《アイオーティー》 ［Internet of Things］

モノのインターネット。あらゆるものに高度な通信機能が組み込まれ、インターネットを介して相互に情報伝達をする。

□3 **ビッグデータ** ［big data］

一般的なソフトウェアの能力を超えるほど巨大なサイズのデータの集合。

□4 **シンギュラリティー** ［singularity］

技術的特異点。人工知能（AI）が人間の知能を超える転換点。

□5 **クラウド** ［cloud］

インターネット上でソフトウェア、データベースなどの資源を利用できるサービスの中のサーバー群。

演習問題 空欄Ⓐ～Ⓔに当てはまる語を上の1～5から選べ。

従来パソコンにダウンロードまたはインストールして利用していたデータやソフトウェアを、［Ⓐ］を介して利用する技術や、モバイル機器などで収集された情報の集合である［Ⓑ］の活用、単なるデータ処理ではない、人間の知能に近い働きをする［Ⓒ］の登場により、あらゆるものがインターネットにつながる［Ⓓ］の可能性が広がった。例えば、製品への問い合わせ等の顧客対応に活用できるチャットボット《人間とテキストで対話をするコンピュータープログラム》などが登場し、業務のスリム化、コスト削減に寄与している。

［Ⓔ］が訪れるとされる二〇四五年頃には、人間の仕事が［Ⓒ］に奪われているかもしれない。人間とは何か、知性とは何か、人間の本質を改めて考えるべき時が到来している。

■ 解答 Ⓐ5 Ⓑ3 Ⓒ1 Ⓓ2 Ⓔ4

□6 **監《かん》視《し》社《しゃ》会《かい》**

一定の権力を持つ個人や組織によって個人の行動が常に監視されている社会。カメラなどによる直接の監視の他、住民記録、信用情報、さらには電話の盗聴、メールの監視などの、インターネット監視も含まれる。

□7 **フェイクニュース** [fake news]

マスメディアやソーシャルメディアなどの媒体によって流される虚偽の情報や報道。

□8 **フィルターバブル** [filter bubble]

検索エンジン上などで自分の観点に合わない情報からは隔離され、見たいものだけを見せられている状態。

□9 **デジタルディバイド** [digital divide]

インターネットやパソコン等の情報通信技術（ＩＣＴ）を利用できる者と利用できない者との間に生じる情報格差。

□10 **インターネットリテラシー** [internet literacy]

「ネットリテラシー」ともいう。インターネットを正しく活用するための知識や能力。

演習問題　空欄Ⓐ～Ⓔに当てはまる語を上の6～10から選べ。

情報化社会が進展し、モバイル機器やSNS《インターネット上で人間関係の構築を促進するサービス》などは我々の生活に欠かせないものになっている。このような情勢の中であらゆる個人情報がデジタル化されて管理されていたり、安全の名のもとに監視カメラが至る場所に設置されたりすることで、［Ⓐ］が到来していることを危惧する声もある。

様々なメディアの流す情報はすべて正しいとは限らず、［Ⓑ］の可能性も十分考慮しなければならない。また、自ら収集した情報も、［Ⓒ］により、自分が知りたい情報にだけ接している場合もあるため、うまく活用するには個人の［Ⓓ］の有無が重要になる。

そもそも地域間、収入や年齢などの違いがある個人間、また集団間、国際間の［Ⓔ］があり、一層その差は大きくなっていくと考えられる。

■解答　Ⓐ6　Ⓑ7　Ⓒ8　Ⓓ10　Ⓔ9

第4章 現代のキーワード

【2 国際】

□1 **ナショナリズム**［nationalism］
国家主義・民族主義。民族や国家の統一や独立、発展をめざす思想や運動のこと。自分の国や国民を重んじるあまり他国を排斥する傾向にある態度。

□2 **グローバリゼーション**［globalization］
グローバル化。国家や地域の枠を超えて地球規模で物事が広がっていくこと。

□3 **国際化**《こくさいか》
複数の国家が、自国と他国の違いを前提とした上で、相互に結びつきを強める事象全般のこと。明確に国境を持つ点で「グローバル化」と異なる。

□4 **テロリズム**［terrorism］
特定の政治的目的を達成するために暴力的な手段に訴えること。

□5 **紛争**《ふんそう》
個人や集団の間で対立する利益をめぐって起きる緊張状態、対立する勢力の武力衝突。

演習問題 空欄Ⓐ～Ⓔに当てはまる語を上の1～5から選べ。

近代になり、Ⓐという思想のもとに国民国家が成立し、人々は国家への帰属意識を持つようになった。しかし、東西の冷戦が終結すると、人やもの、情報などが世界中を行き来するようになり、国家と国家をつなぐⒷが進んだ。さらに国境に関係なく（ボーダーレスに）、地球規模で物事を進展させようとするⒸが広がっている。Ⓒにより、国際Ⓓも変化しつつある。国家と国家の対立ではなく、世界とその統一秩序に反する者との戦いという構図になってきた。その統一秩序に反する者が非合法な手段で行う暴力行為がⒺとして、社会（世界）に不安を与えている状況がある。

■ 解答　Ⓐ1　Ⓑ3　Ⓒ2　Ⓓ5　Ⓔ4

□6 **リベラル**［liberal］

個人の自由と権利、そして多様性を重視し、伝統や習慣にとらわれない立場。

□7 **排外主義**《はいがいしゅぎ》

他国や他民族の思想、文化生活様式を嫌って退け、敵対的態度をとること。

□8 **トランスナショナル**［transnational］

国家の枠組みを超え、一国の利害にとらわれることなく、相互に助け合うさま。

□9 **移民**《いみん》

本人の意思により、新たな生活、仕事を求めて外国に定住する者。

□10 **難民**《なんみん》**キャンプ**［a refugee camp］

天災や戦禍、政治的・宗教的迫害を避けるため、安全な場所、外国へ逃れた人々を受け入れて滞在させる施設。

演習問題　空欄Ⓐ～Ⓔに当てはまる語を上の6～10から選べ。

二十一世紀の今日になってもなお、世界各地で、戦禍や宗教的対立、紛争等の理由により、国境を越え、庇護《ひご》を求めて避難せざるを得ない人々がいる。彼らを受け入れるため、UNHCR《国連難民高等弁務官事務所》をはじめとする支援団体が［Ⓐ］を設置している。

祖国を後にする点は同じだが、自らの意思でよりよい生活、仕事を求めて外国へ行く［Ⓑ］の問題もある。彼らのアイデンティティーが、受け入れる側に［Ⓒ］を引き起こさせるなどの軋轢《あつれき》も生じる。

これら二つの国境を越える人々の移動については、国粋的、また保守的な姿勢ではなく、［Ⓓ］な立場でことに臨めば、解決の糸口をつかめるだろう。一国だけの問題ではなく、［Ⓔ］な社会連帯が必要とされている。

■解答　Ⓐ10　Ⓑ9　Ⓒ7　Ⓓ6　Ⓔ8

第4章 現代のキーワード

【3 多様性】

□1 **マイノリティー** [minority]
社会的少数派。単なる少数派ではなく弱者として扱われる場合に差別や抑圧が生まれる。

□2 **ジェンダーギャップ** [gender gap]
経済、教育、健康、政治参加などにおける男女間の格差。

□3 **ヘイトスピーチ** [hate speech]
人種、民族、宗教、セクシュアリティーなどの要素に基づいて、特定の個人や団体を攻撃、侮蔑、脅迫するような言動。

□4 **LGBT**《エルジービーティー》
Lesbian（女性同性愛者）、Gay（男性同性愛者）、Bisexual（両性愛者）、Transgender（性別越境者）、それぞれの英語の頭文字をあわせたセクシュアルマイノリティー（性的少数者）の総称。

□5 **フェミニズム** [feminism]
男女の平等と性差別のない社会をめざし、女性の社会的、経済的、政治的地位の向上をめざす思想、及びその思想に基づく運動。

演習問題 空欄Ⓐ～Ⓔに当てはまる語を上の1～5から選べ。

性差別の解消に向けては、古くは十九世紀頃から女性の権利拡張を目指す［Ⓐ］運動が起こった。二〇〇六年からは、非営利財団の世界経済フォーラムが世界［Ⓑ］報告書を公表しているが、日本はG7《主要先進国の七か国》の中でも指数の上昇幅が小さいという結果が出ている。

課題は性差別の解消だけではない。社会の分断について、民族や宗教などに対する偏見をもとに対立をあおる言説である［Ⓒ］を規制する法律が、わが国で二〇一六年に、また性的［Ⓓ］への理解をすすめるための、いわゆる［Ⓔ］理解増進法が二〇二三年に成立した。

このように法整備が進む一方で、人種や宗教の違いによる差別、障がい者や［Ⓔ］など、［Ⓓ］に対する差別も未《いま》だ残り、誰もが生きやすい社会への課題は多い。

■ 解答　Ⓐ5　Ⓑ2　Ⓒ3　Ⓓ1　Ⓔ4

□6 **ダイバーシティー** [diversity]

人材の多様性を認め、積極的に労働市場で採用、活用しようという考え方。

□7 **インクルーシブ教育《きょういく》** [inclusive education]

障がいの有無にかかわらず、すべての子どもがともに学び、必要に応じた支援を受けることのできる教育。

□8 **ユニバーサルデザイン** [universal design]

すべての人が使いやすいように作られた製品、情報、環境のデザインのこと。

□9 **ノーマライゼーション** [normalization]

社会的弱者が、社会の主流となっている状態にできるだけ近い日常生活を得られるようにすること。

□10 **男女共同参画社会《だんじょきょうどうさんかくしゃかい》**

男女が互いを尊重し、性別にかかわらず個性と能力を発揮し、喜びや責任を分かち合うことができる社会。

演習問題 空欄Ⓐ～Ⓔに当てはまる語を上の6～10から選べ。

国家においては、異なる民族の文化を等しく尊重し、共存を積極的に図ろうとする多文化主義（文化多元主義）や、企業や社会においては、多様な人材を積極的に採用しようとする［Ⓐ］の考えや、性別による固定的な役割分担にとらわれず、すべての人が活躍できる［Ⓑ］をめざすなど、それぞれの生活や価値観に合った生き方を認められる社会にしようという動きがある。

私たちの周りでも、年齢や障がいの有無などに関係なく使える［Ⓒ］の製品やバリアフリーの観点で設計された施設などが多くなってきている。また、希望する誰もが合理的配慮のもと、地域の通常学級で学べる［Ⓓ］など、すべての人が「普通の暮らし」を得られるようにという［Ⓔ］の考えも広まっている。

■解答 Ⓐ6 Ⓑ10 Ⓒ8 Ⓓ7 Ⓔ9

第4章 現代のキーワード

【4 政治経済】

□1 FTA《エフティーエー》・EPA《イーピーエー》［Free Trade Agreement・Economic Partnership Agreement］

FTA（自由貿易協定）は、二か国以上の国や地域が関税の撤廃、削減を定める協定。EPA（経済連携協定）は、関税だけでなく知的財産の保護や投資ルールの整備なども含めた協定。

□2 ポピュリズム［populism］

大衆迎合主義。一般大衆の利益や願望や不安を利用して、既存の政治体制や知識層と対決しようとする政治姿勢。

□3 SDGs《エスディージーズ》［Sustainable Development Goals］

持続可能な開発目標。十七の分野からなり、すべての国が二〇三〇年までに達成すべきとされる。

□4 オーバーツーリズム［overtourism］

観光地に旅行者が著しく増加して、地域住民の生活や環境に対して、受忍限度を超える負の影響を与えること。

□5 インバウンド消費《しょうひ》［inbound tourism consumption］

訪日外国人観光客による、日本国内での消費活動。

演習問題　空欄Ⓐ～Ⓔに当てはまる語を上の1～5から選べ。

二〇一五年の国連サミットで「持続可能な開発のための2030アジェンダ」が採択された。この文書の中核を成すのが［Ⓐ］で、解決すべき様々な課題がグローバルな視点で示されている。

世界各国では新たな国際協調ネットワークを築こうと［Ⓑ］の締結が進められている。日本が参加しているTPP《環太平洋パートナーシップ協定》もその動きの一つである。それと同時に［Ⓒ］が台頭して、自国第一主義を声高に唱える政治家が出現し、摩擦を生んでいる。

観光産業は、少子高齢社会が進み、縮小傾向が続く日本市場において有力な成長産業である。［Ⓓ］は日本経済の牽引《けんいん》役としての役割を担っているが、一方で［Ⓔ］がもたらすマイナス面も看過することはできない。

■解答　Ⓐ3　Ⓑ1　Ⓒ2　Ⓓ5　Ⓔ4

【5 環境】

□1 **パリ協定《きょうてい》** [Paris Agreement]

二〇一五年にパリで開催された国連気候変動枠組条約第二十一回締約国会議において採択された、気候変動抑制に関する多国間の協定。

□2 **サステイナビリティー** [sustainability]

持続可能性。自然環境との良好な関係を保ちつつ、人間の文明的な生活と社会を維持すること。

□3 **エシカル消費《しょうひ》** [ethical consumption]

倫理的消費。SDGsの目標の一つ「つくる責任　つかう責任」につながる、社会や環境に配慮した消費行動。

□4 **カーボンニュートラル** [carbon neutral]

温室効果ガスの排出量と同じだけの量を吸収または除去し、差引きで「全体として」ゼロにすること。ネットゼロともいう。

□5 **エルニーニョ現象《げんしょう》** [El Niño events]

太平洋中部、東部の赤道付近で海面水温が平年より高くなり、その状態が一年程度続く現象。海面水温が低い状態が続くのは「ラニーニャ現象」。

演習問題　空欄Ⓐ～Ⓔに当てはまる語を上の1～5から選べ。

温室効果ガスを排出し続けた結果、温暖化が進行し、太平洋中部、東部の［Ⓐ］やラニーニャ現象などが高い頻度で発生するようになり、遠く離れた日本に異常気象をもたらすようになった。

二〇一五年に採択された［Ⓑ］は、先進国及び市場経済移行国にのみ温室効果ガスの排出量削減が課せられていた京都議定書に代わり、途上国を含むすべての参加国が二〇二〇年以降、排出量削減をめざす国際的枠組みである。日本は二〇五〇年までに温室効果ガスの排出を全体としてゼロにする［Ⓒ］を目指している。

「今がよければいい」ではなく、将来にわたり、豊かな社会や自然環境を保ち続けるためにも「つかう責任」を自覚し、［Ⓓ］を心がけ、循環型社会への転換をめざして［Ⓔ］を追求することが求められる。

■解答　Ⓐ5　Ⓑ1　Ⓒ4　Ⓓ3　Ⓔ2

【6 科学医療】

□1 **生命倫理《せいめいりんり》**

人間の生と死に医療がどのように関わるべきかを考えるもの。

□2 **バイオテクノロジー**［biotechnology］

生物工学。生物学の知見を医療等に応用する技術。

□3 **ゲノム編集《へんしゅう》**［genom editing］

酵素を用い、ゲノムを構成するDNAを切断したり置き換えたりして、遺伝子を書き換える技術。

□4 **iPS《アイピーエス》細胞《さいぼう》**［induced pluripotent stem cell］

人工多能性幹細胞。各種の組織や臓器に分化する多能性幹細胞を、体細胞から人工的に作り出したもの。

□5 **インフォームドコンセント**［informed consent］

医師が検査や治療を行う前に、患者にその内容をわかりやすく説明し、患者の同意を得ること。

演習問題 空欄Ⓐ〜Ⓔに当てはまる語を上の1〜5から選べ。

分子生物学が発展し、生命現象の解明が進む中で［Ⓐ］は新しい段階に入ったと言える。人間が生命現象に関与できる範囲が広がるとともに、［Ⓑ］の問題がクローズアップされている。臓器移植において脳死を人間の死と認めるという問題や人為的にDNA配列を操作する［Ⓒ］のリスクもこれに関わる。

医療現場では、患者の自己決定を尊重するために［Ⓓ］を重視するようになったが、患者が治療内容を充分に理解すること、医療職が患者の権利を尊重することへの課題も残る。

医療への応用で見ると、ノーベル生理学・医学賞を受賞した山中伸弥《やまなかしんや》博士が作製方法を発見した［Ⓔ］は、再生医療《失われた組織などを再生させる医療》への道を大きく切り開き、現在も実用化に向けた様々な研究や臨床実験が進んでいる。

■ 解答　Ⓐ2　Ⓑ1　Ⓒ3　Ⓓ5　Ⓔ4

【7 生活】

□1 **無縁社会《むえんしゃかい》**

人と人との関係が希薄になり、孤立する人が増えている社会。

□2 **少子高齢社会《しょうしこうれいしゃかい》**

十五歳未満の年少人口の総人口に占める割合が低く、六十五歳以上の老年人口の総人口に占める割合が高い社会。出生率の低下と、平均寿命の伸長による。

□3 **ひきこもり**

自宅や自室に長期間閉じこもり、家族以外の人との交流をほとんどしない状態が続くこと。ひきこもりの子を持つ家庭が高齢化し、八十代の親が五十代の子の面倒を見ているという「八〇五〇問題」も起きている。

□4 **ヤングケアラー** [young carer]

本来大人が担うと想定されている家事や家族の世話などが日常化している子ども。

□5 **ウェルビーイング** [well-being]

人々が身体的、精神的、社会的に良好な状態にあること。

演習問題 空欄Ⓐ～Ⓔに当てはまる語を上の1～5から選べ。

地縁や血縁を基盤とする共同体、あるいは世間は、人の姿が目に見える形で、濃密なつながりのあるコミュニティとして存在していた。しかし、現代の日本は、[Ⓐ]や孤独死など、家族や共同体とのつながりが希薄な[Ⓑ]となりつつある。また、[Ⓒ]の到来で、増加する高齢者の介護問題などから本来大人が担うべき家事や家族の世話を担っている[Ⓓ]の存在が浮き彫りとなった。当事者の心身の健康を守り、教育を保障し、孤立を防ぐために、ソーシャルワーカー（社会福祉の仕事に携わる専門家）との連携が望まれる。

そのような中での労働環境や、ポストコロナ（新型コロナウイルス感染症拡大時の経験を受けて、生活様式や価値観が変化した状況）における個人と社会との関わりの観点から、もともとは一九四八年のWHO憲章（世界保健機関が定めた健康を増進するための協定）にすでにあった考え方であるが、[Ⓔ]が最近特に注目されている。

■解答　Ⓐ3　Ⓑ1　Ⓒ2　Ⓓ4　Ⓔ5

第4章 現代のキーワード

【8 労働】

□1 **働《はたら》き方改革《かたかいかく》**

少子高齢社会による生産年齢人口の減少、働き方のニーズの多様化を踏まえ、労働者の福利を損なうことなく、少ない労働人口で効率的に働くことや各人の事情に合わせた柔軟な働き方の選択ができることをめざす改革。

□2 **格差社会《かくさしゃかい》**

社会的地位や収入の面で個人の努力では埋められないほどの差が生じ、その差が固定化した社会。

□3 **テレワーク**〔telework〕

ICT（情報通信技術）を利活用し、職場から離れた場所で勤務すること。在宅勤務、リモート・ワークとも言う。

□4 **エッセンシャルワーカー**〔essential worker〕

医療、福祉や保育、運輸や物流、小売業、公共機関など、日常生活や社会インフラに不可欠な仕事を担っている人々。

□5 **ワーク・ライフ・バランス**〔work-life balance〕

仕事と生活の調和。仕事の責任を果たすとともに家庭や地域においても人生の各段階で多様で豊かな生き方ができることをめざす。

演習問題　空欄Ⓐ～Ⓔに当てはまる語を上の1～5から選べ。

政府の新自由主義的な経済政策により、非正規雇用が増大し、［Ⓐ］が出現した。年功序列や終身雇用を特徴とする従来の日本型雇用が変容する中で労働時間、休暇、待遇などの面で適正化を図るため、二〇一八年に［Ⓑ］関連法が成立した。労働者が自身の［Ⓒ］をデザインし、豊かに生きることができる社会を実現することが必要である。

（新自由主義：規制をとどめて自由競争をすすめる考え）

二〇一九年末からの新型コロナウイルス感染症拡大によるパンデミックは社会に大きな爪痕を残した。この中で、密を避けるため［Ⓓ］が推奨された。その結果、働き方の選択肢が増え、［Ⓑ］関連法の趣旨を部分的に実現させた。また、コロナ禍で［Ⓔ］の存在が注目され、人手不足や低賃金傾向の課題が取りざたされるようになった。

（パンデミック：感染症が世界の複数の地域で同時に大流行すること）

■ 解答　Ⓐ2　Ⓑ1　Ⓒ5　Ⓓ3　Ⓔ4

【9 文化】

□1 **文化相対主義**《ぶんかそうたいしゅぎ》

文化には絶対的な価値基準は存在しないとして、多様な文化を尊重する考え方。

□2 **コード**［code］

特定の文化の中で規定されるルールや慣例。

□3 **エスニシティー**［ethnicity］

国民国家の中で、固有の文化、言語、伝統などを共有する集団が持つ独自の仲間意識。共通の出自、慣習、言語、地域、宗教、身体特徴など、「民族」という言葉ではとらえきれない内容を含んでいる。

□4 **標準語**《ひょうじゅんご》

国家が規範として人為的に定めて国民に使用させる言語。

□5 **国語**《こくご》

国家が定めた国民の公用語。特に国民が自分たちの言葉であると意識している際に用いられる。

演習問題 空欄Ⓐ～Ⓔに当てはまる語を上の1～5から選べ。

私たちの物の見方や行動は文化によって規定されている。例えば挨拶の時に日本では相手への敬意を表し、敵意のないことを示すためにお辞儀をするが、西洋では握手をする。これはⒶが違うためである。

かつては西洋の文化を中心とする見方がなされていたが、どの文化にも価値があるとするⒷや、一つの社会（国家）に多様な文化の存在を認める多文化主義（文化多元主義）が広がっている。従来の民族という言葉ではくくりきれないⒸを理解することも文化を考える上で重要である。

また、文化においては言語も重要である。日本では、幼い頃から習得する母語とⒹがほぼイコールであるが、そうではない国も多い。明治期に話す・書く際の規範として作られたⒺと対比して語られてきた方言も、再評価されている。

■ 解答 Ⓐ2 Ⓑ1 Ⓒ3 Ⓓ5 Ⓔ4

コラム 現代語のいろいろ

私なりに現代語を整理し、重要度に従って次のように命名して「1 知らないと恥」「2 知ってて当然」「3 知らないと損」「4 知ってると得」の四段階に分けた。

1〜3は、知っていることが前提で、重要度により命名した。それに対し4は必ずしも知っていることが前提とされていない。『知らなきゃ損する現代語555』というタイトルのもとにまとめ、コラム等も書いた。本書の語彙編はその成果を利用して作成してある。紙幅の関係で現代語を整理した成果を本書にすべて反映させることはできなかったが、語彙の説明の例をいくつか示しておきたい。

修辞《しゅうじ》――「知らないと恥」レベル

▼言葉を上手に使って、美しく表現すること。レトリック（rhetoric）。別に歯の浮いたような美辞麗句を並べるわけではなく、読者との意思の疎通をはかるにはどのように表現すれば最も適当かを考えることなのである。修辞学というものは日本ではあまり発達しなかったようだ。言葉を使って相手に気持ちを伝えるのではなく、「以心伝心」を重んじているからであろうか。

アイデンティティー（identity）――「知らないと恥」レベル

▼一口で訳すと、自己同一性。自分が自分であること。心理学では「同一性」、社会学では「存在証明」、哲学では「主体性」という訳も用いられるようである。人格的同一性と、歴史的連続性の双方を含む。日本人には馴染《なじ》みのうすい考え方であった。国際的な会合等の時に、役員や報道関係者に発行される「IDカード」というものがある。「アイデンティティー・カード（identity card）」の略で、身分証明書のことである。

混沌《こんとん》（渾沌《こんとん》）――「知ってて当然」レベル

▼中国の古典『荘子《そうじ》』に、渾沌という名の帝の顔がのっぺらぼうだったので、目、鼻、耳、口の七つの穴をあけてやったところ、その渾沌なる者は死んでしまったという話がある。まさしく目鼻のつかない、未分化で訳のわからない状態を混沌（渾沌）と言うのであることがこれでわかる。カタカナ語で言うと、カオス（chaos）。

文章を読んでいて、知らない言葉があったらどうするか。文脈から見当をつけて済ますことが多いだろう。正確に知りたければ辞書を引けばよい。だが、入試で自信を持って答えるためには、キーワードの意味を確実に知っている必要がある。辞書を引くことは許されていないのだから。

語彙編

第5章

慣用句・和語・四字熟語 500語

慣用句・和語・四字熟語が用いられた文章も入試ではよく出題されます。この章では、入試頻出でかつ常識的に覚えておきたい慣用句（一部故事成語・ことわざを含む）200語、和語100語、四字熟語200語を、例文を通して学習できるようにしています。和語では正解以外の選択肢の別の表現を下段に示しましたので、合わせて覚え、語彙力をさらにアップさせましょう。

第5章 慣用句・和語・四字熟語【1 慣用句】①

※当てはまるものを選び、番号で答えなさい。

□1 意見を言ったことが**やぶ**（①か ②へび ③ねずみ）になり、当番を任されてしまった。

□2 **情けは**（①人 ②我 ③主）**のためならず**なので、困っている人を見たら助けよう。

□3 失敗の懸念は（①深 ②杞《き》 ③内）**憂**に終わってほっと胸をなで下ろした。

□4 国道沿いの二つのスーパーが顧客の獲得に（①命 ②鎬《しのぎ》 ③刃）**を削って**いる。

□5 粘り強い調停工作が（①功 ②巧 ③工）**を奏して**和平条約が結ばれた。

□6 委員会での彼女の**的を**（①得 ②見 ③射）た発言には誰もがうなずいた。

□7 家族関係の変化は社会全体の変容と（①軌 ②器 ③帰）**を一にする**。

□8 この失敗を**他山の**（①木 ②石 ③草）として、後輩たちが成長することを願う。

---

1 ② **やぶへび**＝余計なことをしてかえって災いを招くこと

2 ① **情《なさ》けは人《ひと》のためならず**＝人に親切にしておけば、巡り巡って自分によい報いが来る

3 ② **杞憂《きゆう》**＝取り越し苦労

4 ② **鎬《しのぎ》を削《けず》る**＝はげしく争う

5 ① **功《こう》を奏《そう》する**＝目的どおりに物事を成し遂げて成果を得る

6 ③ **的《まと》を射《い》る**＝ポイントをついている

7 ① **軌《き》を一《いつ》にする**＝やり方や行き方が同じである

8 ② **他山《たざん》の石《いし》**＝自分の修養に役立つ他人の言動

□9 好条件で転職の誘いを受けたが（①**二の** ②**勇み** ③**駆け**）**足を踏ん**でいる。

□10 目撃者の話には、（①**負** ②**腑**《ふ》 ③**布**）**に落ちない**点がいくつもある。

□11 金がすべての世の中だなんて、**身も**（①**蓋** ②**形** ③**頭**）**もない**ことを言うね。

□12 **急がば**（①**通れ** ②**転べ** ③**回れ**）というから、基礎から学習することが上達への近道である。

□13 **犬の**（①**遠** ②**陰** ③**弱**）**吠**《ぼ》**え**のようなまねはしないで堂々と言うべきだ。

□14 趣味に（①**手** ②**腰** ③**うつつ**）**を抜かし**て仕事をおろそかにする。

□15 商品の宣伝文句を（①**烏**《う》 ②**鳩**《はと》 ③**鵜**《う》）**呑**《の》**みにせ**ず、自分で調べることを心がける。

□16 聴衆は（①**襟** ②**服** ③**袖**）**を正し**、涙をふきながら語り部《べ》の話に聞き入った。

□17 今の状況をうまく説明することができず適当に**お**（①**湯** ②**茶** ③**水**）**を濁し**た。

9 ① 二《に》の足《あし》を踏《ふ》む＝どうしようかとためらう

10 ② 腑《ふ》に落《お》ちない＝納得できない

11 ① 身《み》も蓋《ふた》もない＝露骨すぎて味わいがない

12 ③ 急《いそ》がば回《まわ》れ＝時間がかかっても確実な方法をとる方が、早く目的に到達できるということ

13 ① 犬《いぬ》の遠《とお》吠《ぼ》え＝臆病な者が陰で虚勢を張ったり他人を攻撃したりすること

14 ③ うつつを抜《ぬ》かす＝あることに熱中して本心を失う

15 ③ 鵜《う》呑《の》みにする＝物事の内容をよく理解せずそのまま受け入れる

16 ① 襟《えり》を正《ただ》す＝気持ちを引き締め改まった態度をとる

17 ② お茶《ちゃ》を濁《にご》す＝いい加減なことを言ってその場をごまかす

どれかな？(19)（心機・新奇・新規）一転、新学期を迎える。
解答は次ページ

第5章

慣用句・和語・四字熟語

【1 慣用句】②

※当てはまるものを選び、番号で答えなさい。

□1 心の（①琴 ②錦 ③筋）**線に触れる**言葉を聞いて涙がこぼれた。

□2 忙しいのでそんな（①愚 ②痴 ③知）**にもつかない**話に付き合っているひまはない。

□3 一度見たら忘れないと言う彼の記憶力の良さには（①腕 ②管 ③舌）**を巻く**。

□4 新しいデザインの洋服に**食**（①枝 ②志 ③指）**が動い**た。

□5 藤原定家《ふじわらのていか》の有名な歌はすこぶる（①人後 ②人口 ③人工）**に膾炙《かいしゃ》して**いる。

□6 友人が困っているのに、（①舌 ②瞳 ③手）**をこまねい**ているわけにはいかない。

□7 舞台俳優の大げさな演技が（①鼻 ②耳 ③口）**につく**。

□8 **百聞は**（①万感 ②一見 ③千慮）**に如《し》かず**というから、実物を確かめてみるのが最もよい。

---

1 ① 2 ① 3 ③ 4 ③ 5 ② 6 ③ 7 ① 8 ②

琴線《きんせん》に触《ふ》れる＝素晴らしいものに触れて感銘を受けること

愚《ぐ》にもつかない＝全くばかげている

舌《した》を巻《ま》く＝驚き感心して言葉も出ない

食指《しょくし》が動《うご》く＝何かをしたいという気持ちが起こる

人口《じんこう》に膾炙《かいしゃ》する＝広く世の中に知られている

手《て》をこまねく＝何もしないで傍観している

鼻《はな》につく＝見たり聞いたりするといやになること

百聞《ひゃくぶん》は一見《いっけん》に如《し》かず＝何度も人から聞くより、実際に自分の目で確かめてみた方がよくわかるということ

■ **解答** ⑲ 心機　心の持ち方

9 事件の捜査は完全に（①裏　②袋　③横）**小路**に入り込んでしまった。

10 人為的ミスから生じた事故は、**枚挙に**（①**いとま**　②**ひま**　③**すきま**）**がない**。

11 富士山の（①**明**　②**名**　③**命**）**状し難い**美しさにうっとりとした。

12 俳句の**門外**（①**巻**　②**官**　③**漢**）でも芭蕉《ばしょう》の名前は知っている。

13 人口の減少によって多くの学校は統合を**余**（①**義**　②**儀**　③**議**）**なく**されている。

14 **一寸の虫にも五分の**（①**魂**　②**塊**　③**肝**）と言うから、戦うのに楽な相手などいない。

15 社長はいつもの**決まり**（①**言葉**　②**文句**　③**口上**）で年頭の挨拶を終えた。

16 **光陰**（①**魔**　②**夢**　③**矢**）**の如**《ごと》**し**で、あっという間に紅顔の美少年が白髪の老人になった。

17 **郷に入っては**（①**子**　②**郷**　③**長**）**に従え**をモットーにこれまで生きてきた。

9 ②
10 ①
11 ②
12 ③
13 ②
14 ①
15 ②
16 ③
17 ②

袋小路《ふくろこうじ》＝行き止まりになっている小路、転じて物事が行き詰まっていること

枚挙《まいきょ》**にいとまがない**＝たくさんあるので数え切れない

名状《めいじょう》**し難**《がた》**い**＝物事のありさまを言葉で表現しにくい

門外漢《もんがいかん》＝その道の専門家ではない人

余儀《よぎ》**ない**＝それ以外に方法がない・やむを得ない

一寸《いっすん》**の虫**《むし》**にも五分**《ごぶ》**の魂**《たましい》＝小さく弱いものにも意地はあるので侮ってはならないということ

決《き》**まり文句**《もんく》＝ある場面でいつも使われる型にはまった言葉

光陰矢《こういんや》**の如**《ごと》**し**＝月日のたつのが早いことのたとえ

郷《ごう》**に入**《い》**っては郷**《ごう》**に従**《したが》**え**＝新しい土地に来たら、その土地の風俗や習慣に従うべきであるということ

どれかな？ (20) 責任感の強さが彼の（真情・身上・信条）だ。

解答は次ページ

【1 慣用句】③

※当てはまるものを選び、番号で答えなさい。

□1 出品作はどれも**五十歩**（①**万歩**　②**百歩**　③**一歩**）で賞を与えるレベルになかった。

□2 面白い映画だったが、主人公が最後に言った言葉は（①**猫**　②**竜**　③**蛇**）**足**だった。

□3 私の弟子は大きな業績をあげ、まさに**出**（①**藍**　②**獄**　③**国**）**の誉れ**というべきだ。

□4 今回発表した絵は彼の数多くの作品の中の（①**赤**　②**黒**　③**白**）**眉**である。

□5 新人ながら彼女のセンスには皆が**一**（①**日**　②**目**　③**足**）**置い**ている。

□6 将棋ソフトが二勝したが、第三戦では名人が勝ち、**一**（①**矢**　②**紙**　③**指**）**を報い**た。

□7 敵の数が多いとはいえ（①**烏**《う》　②**鳥**　③**鶏**）**合の衆**で恐れるに足りない。

□8 発表が終わると**間**（①**発**　②**髪**　③**鉢**）**を容**《い》**れず**質問の手が挙がった。

---

1 ②　**五十歩百歩**《ごじっぽひゃっぽ》＝わずかな違いはあるが本質的には同じであること

2 ③　**蛇足**《だそく》＝なくてよいもの・あとから付け加える余計なもの

3 ①　**出藍**《しゅつらん》**の誉**《ほま》**れ**＝弟子がその師よりも優れていること

4 ③　**白眉**《はくび》＝同類の中で最も優れたもの

5 ②　**一目置**《いちもくお》**く**＝相手の力量を認めて敬意を表する

6 ①　**一矢**《いっし》**を報**《むく》**いる**＝相手の攻撃に対して少しでも反撃する

7 ①　**烏合**《うごう》**の衆**《しゅう》＝規律のない寄せ集めの群衆

8 ②　**間髪**《かんはつ》**を容**《い》**れず**＝少しも間をおかず、即座に

■ 解答 ⒇ 身上　その人本来の値打ち

□9 優勝を逃して（①目　②肩　③腕）**を落とす**選手たちを、応援団は拍手で称《たた》えた。
②　**肩《かた》を落《お》とす**＝ひどく落胆する

□10 肝心な点になると**言葉を**（①汚　②濁　③冒）**し**て態度をはっきりさせなかった。
②　**言葉《ことば》を濁《にご》す**＝わざとあいまいにごまかして言う

□11 十分な準備をせずに失敗したことを悔やんでも（①後　②前　③中）**の祭り**だ。
①　**後《あと》の祭《まつ》り**＝手遅れで取り返しがつかないこと

□12 人に**後ろ**（①指　②髪　③姿）**をさされる**ようなことは何もしていない。
①　**後《うし》ろ指《ゆび》をさす**＝陰で人の悪口を言う

□13 **手に**（①涙　②汗　③水）**を握る**接戦をものにして我がチームは勝利をおさめた。
②　**手《て》に汗《あせ》を握《にぎ》る**＝はらはらし興奮するさま

□14 経済状態による学力格差は、教育分野における**焦**（①尾　②美　③眉）**の急**の課題である。
③　**焦眉《しょうび》の急《きゅう》**＝事態が非常に差し迫っていること

□15 **雀《すずめ》の**（①涙　②汗　③涎《よだれ》）ほどの額だが、世の中の役に立つことを願って寄付をした。
①　**雀《すずめ》の涙《なみだ》**＝ごくわずかなこと

□16 ふだん無口な父も愛犬の話になると**相好を**（①戻　②崩　③外）**して**喜んでいた。
②　**相好《そうごう》を崩《くず》す**＝顔をほころばせる・にこにこする

□17 生徒会長の（①虎　②亀　③鶴）**の一声**でポスターの図案が決定した。
③　**鶴《つる》の一声《ひとこえ》**＝衆人を否応《いやおう》なく従わせる権威者の一言

どれかな？ (21) 今回の実験には（清算・精算・成算）がある。　解答は次ページ

【1 慣用句】④

※当てはまるものを選び、番号で答えなさい。

□1 新チームは（①**破竹** ②**松竹** ③**破綻**《はたん》）**の勢い**で連勝街道を突っ走っている。

□2 なんとか（①**馬** ②**牛** ③**羊**）**脚を露**《あら》**わす**ことなく調査を乗り切ることができた。

□3 増税を巡って与野党の対立が深まり、国会は**抜き**（①**消し** ②**差し** ③**出し**）**ならない**状況だ。

□4 小論文や作文では、（①**紙** ②**指** ③**紋**）**切り型**の表現を使いすぎないよう注意する。

□5 **立て板に**（①**水** ②**釘**《くぎ》 ③**糊**《のり》）の弁舌に圧倒されて誰も口を挟めなかった。

□6 私の仲間は**和して**（①**同** ②**動** ③**導**）**ず**というつきあい方をしている。

□7 あとわずかのところで怪盗を取り逃がし、探偵は（①**へそ** ②**ほぞ** ③**みぞ**）**を噛**《か》**んだ**。

□8 いろいろな資格試験に挑んだが、一つも合格せず（①**虻**《あぶ》 ②**蟻**《あり》 ③**蠅**《はえ》）**蜂**《はち》**取らず**になった。

---

1 ① 破竹《はちく》の勢《いきお》い＝激しく止めがたい勢い

2 ① 馬脚《ばきゃく》を露《あら》わす＝隠していたことが露見する

3 ② 抜《ぬ》き差《さ》しならない＝どうにもならない

4 ③ 紋切《もんき》り型《がた》＝決まり切った型どおりで新味のないこと

5 ① 立《た》て板《いた》に水《みず》＝流暢《りゅうちょう》でよどみのないようす

6 ① 和《わ》して同《どう》ぜず＝人と協調はするが安易に賛同しない

7 ② ほぞを噛《か》む＝後悔する

8 ① 虻蜂取《あぶはちと》らず＝あれもこれもと狙って一つも得られない

■ **解答** ㉑ 成算 成功する見込み

□9 隣家からの延焼で財産は一夜にして（①鳥 ②烏《う》 ③羽）**有に帰し**た。

□10 従兄弟と私は（①瓜《うり》 ②顔 ③芋）**二つ**で、よく本当の兄弟と間違えられた。

□11 人口は同じくらいなのに両国の経済力には（①空**海** ②**砂漠** ③**雲泥**）**の差**がある。

□12 自分は天才だと（①**臆面** ②**体面** ③**赤面**）**もなく**言い放った若者が、世界一の称号を得た。

□13 絶妙なパスで逆転ゴールを演出し、初出場の選手に（①**実** ②**花** ③**虹**）**を持たせ**た。

□14 先発を外されたが、試合全体を見る目を持てたことは**怪我《けが》の**（①**功名** ②**巧妙** ③**光明**）だ。

□15 **絵に描いた**（①**餅** ②**飯** ③**飴《あめ》**）にならないよう、現実味のある計画を立てる。

□16 二人は長年にわたり好敵手でありながら**肝**（①**膵《すい》** ②**腎** ③**胆**）**相照らす**仲である。

□17 **眼光紙**（①**杯** ②**牌《はい》** ③**背**）**に徹す**という意気込みで参考文献を読破した。

---

9 ②
10 ①
11 ③
12 ①
13 ②
14 ①
15 ①
16 ③
17 ③

烏《う》有《ゆう》に帰《き》す＝火災でなにもかもなくなる

瓜《うり》二《ふた》つ＝親子・兄弟などの容姿がそっくりであるさま

雲泥《うんでい》の差《さ》＝二つのものの間に大きな隔たりがあること

臆面《おくめん》もない＝気後れや遠慮をするようすがない

花《はな》を持《も》たせる＝相手を立てて名誉や栄光を譲る

怪《け》我《が》の功名《こうみょう》＝失敗がかえって良い結果を生むこと

絵《え》に描《か》いた餅《もち》＝実現の見込みのないものや役に立たないもののたとえ

肝胆相照《かんたんあいて》らす＝互いに心の底まで打ち明けて親しく交わる

眼光紙背《がんこうしはい》に徹《てっ》す＝本を読んで字句の意味だけでなく深意を読み取る

どれかな？㉒ キリスト教を（伝導・伝道・電動）する。

解答は次ページ

第5章 慣用句・和語・四字熟語【1 慣用句】⑤

※当てはまるものを選び、番号で答えなさい。

□1 恩人の**顔に**（①薬 ②色 ③泥）**を塗る**ことのないよう、自制する。

□2 彼の言うことは（①砂上 ②机上 ③空中）**の空論**で実現性に乏しい。

□3（①機 ②気 ③期）**の利いた**せりふは言えないので、思いを込めて花束を贈った。

□4 財布を落としたうえに事故にあうとは、**泣きっ面に**（①蚊 ②蠅《はえ》 ③蜂）だ。

□5 与党候補者同士が票を奪い合う中、野党候補者が（①漁 ②猟 ③御）**夫の利**を得て当選した。

□6 戦国の武将はいかにも（①喉《のど》 ②眼 ③胸）**に一物あり**そうな顔つきをしている。

□7 念願の初優勝に万感（①脳 ②胸 ③心）**に迫り**、何も言えなくなった。

□8 過ちに気づけば**君子は**（①象 ②虎 ③豹《ひょう》）**変す**というように改めればよい。

1 ③ **顔《かお》に泥《どろ》を塗《ぬ》る**＝恥をかかせて面目を失わせる

2 ② **机上《きじょう》の空論《くうろん》**＝頭の中だけで考えて実際には役に立たない考え

3 ② **気《き》の利《き》いた**＝細かいところまで注意が及んでいる・しゃれている

4 ③ **泣《な》きっ面《つら》に蜂《はち》**＝不運や不幸が重なることのたとえ

5 ① **漁夫《ぎょふ》の利《り》**＝両者が争っているすきに第三者が利益を横取りすること

6 ③ **胸《むね》に一物《いちもつ》**＝心中にたくらみを抱いていること

7 ② **胸《むね》に迫《せま》る**＝ある思いが強く押し寄せて感動する

8 ③ **君子《くんし》は豹変《ひょうへん》す**＝立派な人は過ちに気づけばすぐによい行いに変える

□9 自然を破壊する現代文明に対し、**警**（①告 ②笛 ③**鐘**）**を鳴らし**続けた。

③

警鐘《けいしょう》を鳴《な》らす＝広く社会に警告をする

□10 （①**鶴亀** ②**犬猿** ③**牛馬**）**の仲**の二人が勝利のために協力し合った。

②

犬猿《けんえん》の仲《なか》＝仲の悪いもののたとえ

□11 兄弟喧嘩《けんか》をすると母は必ず幼い弟の（①**肩** ②**腕** ③**肘《ひじ》**）**を持っ**たものだった。

①

肩《かた》を持《も》つ＝味方になって援助する・ひいきする

□12 （①**竜** ②**蛙《かえる》** ③**虎**）**の子**の貯金をはたいて特等席のチケットを手に入れた。

③

虎《とら》の子《こ》＝非常に大事にしている金品

□13 このあたりで（①**花** ②**根** ③**葉**）**無し草**のような生活をやめよう。

②

根無《ねな》し草《ぐさ》＝漂い動いて定まらない物事や確かな拠《よ》り所のない生活のたとえ

□14 （①**歯** ②**腰** ③**体**）**が浮く**ようなお世辞を言われ、まんざらでもない顔をしている。

①

歯《は》が(の)浮《う》く＝見え透いた追従やきざな言葉を聞いて不快になる

□15 **歯に**（①**綿** ②**衣《きぬ》** ③**絹**）**着せぬ**発言と独特のユーモアで人気の高いコメディアン。

②

歯《は》に衣《きぬ》着《き》せぬ＝思っていることを遠慮なく率直に言う

□16 固い信念を持っているので、世間のうわさなど**歯**（①**茎** ②**牙** ③**齢**）**にもかけない**。

②

歯牙《しが》にもかけない＝無視して問題にしない

□17 気を持たせておいて返事を引き延ばすのは、**蛇の**（①**見** ②**半** ③**生**）**殺し**だ。

③

蛇《へび》の生殺《なまごろ》し＝物事に着手して決着をつけずに放置する

どれかな？㉓ 人目を引く(独創・独奏・独走)的な作品。

解答は次ページ

第5章 慣用句・和語・四字熟語【1 慣用句】⑥

※当てはまるものを選び、番号で答えなさい。

□1 **衆寡**（①**適** ②**敵** ③**摘**）**せず**との言葉通りアリの大群には獣もかなわない。

□2 便利な道具は人間を怠け者にもする**諸刃**《もろは》**の**（①**鋏**《はさみ》 ②**鋸**《のこぎり》 ③**剣**）である。

□3 納得のいかない顔つきで**小首を**（①**かしげ** ②**まわし** ③**もたげ**）ていた。

□4 殿様の（①**常軌** ②**定規** ③**情誼**《じょうぎ》）**を逸し**た行動に家臣たちは困り果てていた。

□5 友人が買うというので、高額なチケットを私も（①**尻**《しり》 ②**軽** ③**跳**）**馬に乗っ**て買ってしまった。

□6 計画の変更はまさに**寝耳に**（①**息** ②**栓**《せん》 ③**水**）のことで、対応を迫られた。

□7 普段の行いから周囲の人々の支持を得られずに**進**（①**展** ②**退** ③**化**）**きわまっ**た。

□8 昔のことはすべて（①**水** ②**川** ③**海**）**に流し**て将来のために協力しよう。

---

1 ② **衆寡敵**《しゅうかてき》**せず**＝少人数では多人数にかなわない

2 ③ **諸刃**《もろは》**の剣**《つるぎ》＝役に立つと同時に危険も伴うもの

3 ① **小首**《こくび》**をかしげる**＝不審に思ったり不思議に思ったりする

4 ① **常軌**《じょうき》**を逸**《いっ》**する**＝常識では考えられない行動をする

5 ① **尻馬**《しりうま》**に乗**《の》**る**＝無批判に他人に従って行動する

6 ③ **寝耳**《ねみみ》**に水**《みず》＝思いがけないことが起こり、ひどく驚くこと

7 ② **進退**《しんたい》**きわまる**＝どうにもならない苦境に陥る

8 ① **水**《みず》**に流**《なが》**す**＝過去のことをなかったことにする

■ **解答** ㉓ 独創 独自に、今までにないものを作ること

9 交渉は順調に進んでいるので（①涙 ②油 ③水）を差すような行為はやめてほしい。
③
水《みず》を差《さ》す＝順調に進んでいるのに邪魔をする

10 経済の動向に関する彼の指摘は（①正鵠《せいこく》 ②性格 ③正確）を射たものである。
①
正鵠《せいこく》を射《い》る＝核心を突く

11 油断していたら、思わぬところから（①指 ②網 ③足）をすくわれた。
③
足《あし》をすくう＝相手のすきにつけ入って失敗や敗北に導く

12 どうにも（①種 ②馬 ③虫）が好かないと思っていたが、話してみると楽しい人だった。
③
虫《むし》が好《す》かない＝何となく気にくわない

13 やっと病院に着いたが、傷ついた鳩《はと》はすでに（①虫 ②蚤《のみ》 ③魚）の息だった。
①
虫《むし》の息《いき》＝今にも絶えてしまいそうな弱々しい呼吸

14 （①勘 ②虫 ③神）の知らせで電車を一本遅らせ、事故を免れることができた。
②
虫《むし》の知《し》らせ＝何となく嫌なことが起こりそうな予感

15 瞬く間に（①当確 ②統覚 ③頭角）をあらわして第一人者となった。
③
頭角《とうかく》をあらわす＝学識や才能が人より優れている

16 漁船の網に（①媒体 ②具体 ③得体）の知れない不思議な生き物がかかった。
③
得体《えたい》の知《し》れない＝本当の姿や性質がわからない

17 どんな質問にも（①仕方 ②やるせ ③如才）なく答え、面接官によい印象を与えた。
③
如才《じょさい》ない＝気が利いていて抜かりがない

どれかな？ ㉔ 夕立に（遭・会・合）って濡《ぬ》れてしまった。
解答は次ページ

【1 慣用句】⑦

※当てはまるものを選び、番号で答えなさい。

□1 彼女とは初対面で話したときから旧知の間柄のように（①馬 ②犬 ③猫）**が合った**。

□2 これで最後だと覚悟を決めて（①排 ②廃 ③背）**水の陣**で試験に臨んだ。

□3 スマートフォンの普及がテレビの視聴率低下に（①迫 ②拍 ③薄）**車をかけた**。

□4 新しい映画の主役として新人俳優に**白羽の**（①角 ②扇 ③矢）**が立った**。

□5 皆と仲よくしようとすると、（①八 ②百 ③双）**方美人**と言われるので困る。

□6 善戦むなしく敗れた者につい同情してしまうのは（①判官《ほうがん》 ②依怙《えこ》 ③身）**贔屓**《びいき》によるものだ。

□7 あまりにも不作法な振る舞いに、皆（①唇 ②眉 ③頬）**をひそめ**ている。

□8 今度の試合でライバルの（①鼻 ②目 ③額）**をあかそ**うと猛練習をした。

---

1 ①　**馬**《うま》**が合**《あ》**う**＝気が合う・意気投合する

2 ③　**背水**《はいすい》**の陣**《じん》＝一歩も退くことのできない覚悟で物事に当たること

3 ②　**拍車**《はくしゃ》**をかける**＝物事の進み方を一段と早める

4 ③　**白羽**《しらは》**の矢**《や》**が立**《た》**つ**＝多くの中から選ばれる

5 ①　**八方美人**《はっぽうびじん》＝皆からよく思われようと振る舞う人

6 ①　**判官贔屓**《ほうがんびいき》＝弱い立場の人に同情して応援すること

7 ②　**眉**《まゆ》**をひそめる**＝心配事や不快感により顔をしかめる

8 ①　**鼻**《はな》**をあかす**＝優位の相手を出し抜いてあっと言わせる

□ 9 私のアイドル好きは**病**（①**脊椎**《せきつい》 ②**孔孟**《こうもう》 ③**膏肓**《こうこう》）**に入る**状態になってしまった。

③

病膏肓《やまいこうこう》**に入**《い》**る**＝物事に熱中してどうしようもなくなる

□ 10 君の説明を聞いて**目から**（①**睫**《まつげ》 ②**涙** ③**鱗**《うろこ》）**が落ちる**ように情勢がよくわかった。

③

目《め》**から鱗**《うろこ》**が落**《お》**ちる**＝今までわからなかったことが突然わかるようになる

□ 11 今回彼に新しく与えられたポストは（①**手** ②**役** ③**駒**）**不足**の感がある。

②

役不足《やくぶそく》＝力量に対して役目が軽すぎること

□ 12 金のことで人に頭を下げるのは（①**眉間** ②**世間** ③**沽券**《こけん》）**に関わる**。

③

沽券《こけん》**に関**《かか》**わる**＝体面や品位に差し支える

□ 13 大事なことを（①**棚** ②**藪**《やぶ》 ③**森**）**から棒**に言われてとまどった。

②

藪《やぶ》**から棒**《ぼう》＝だしぬけに物事を行うたとえ

□ 14 結婚披露宴に白いドレスで参列して**顰蹙**《ひんしゅく》**を**（①**貸す** ②**売る** ③**買う**）。

③

顰蹙《ひんしゅく》**を買**《か》**う**＝人が眉をひそめるような言動をして嫌われ軽蔑される

□ 15 蔵書を（①**しらみ** ②**のみ** ③**だに**）**つぶし**に調べ、手がかりとなる古文書を発見した。

①

しらみつぶし＝どんな小さなことでも見逃さず一つ一つ丁寧にするさまのたとえ

□ 16 彼は（①**めじり** ②**まなじり** ③**まぶた**）**を決し**て上司に抗弁した。

②

まなじりを決《けっ》**する**＝怒ったり決意をしたりしたときに目を大きく見開く

□ 17 手仕事の丁寧さではやはり先輩に**一**（①**秋** ②**旦** ③**日**）**の長**がある。

③

一日《いちじつ》**の長**《ちょう》＝経験や技能が他人より少し優れている

どれかな？ ㉕ 表彰式で国旗を（上・挙・揚）げる。

解答は次ページ

第**5**章

慣用句・和語・四字熟語【1 慣用句】⑧

※当てはまるものを選び、番号で答えなさい。

□1 アイドルブームにあやかり、（①牛　②背　③雨）**後の筍**《たけのこ》のように多くのグループがデビューした。

□2 市長が（①大　②逆　③横）**車を押し**たが、市議会の反対により市庁舎新築計画は頓挫した。

□3 兄の口答えが**火に**（①油　②水　③砂）**を注ぐ**結果となって、母の怒りが頂点に達した。

□4 彼女の情感豊かなバイオリン独奏に、審査員は（①兜《かぶと》　②帽子　③殻）**を脱いだ**。

□5 相手を**完**（①布　②膚　③符）**なきまでに**論破して論争に終止符を打った。

□6 貴公子たちは、姫君の（①関　②歓　③感）**心を買おう**とさまざまなプレゼントを贈った。

□7 技術もないのに口だけは一人前だった昔を思い出し、（①汗　②厚　③尊）**顔の至り**である。

□8 恩師の言葉を人生の道しるべとして（①腎　②脳　③肝）**に銘じる**。

---

1. ③　**雨後**《うご》**の筍**《たけのこ》＝似たような物事が次々と発生するさま
2. ③　**横車**《よこぐるま》**を押**《お》**す**＝筋の通らないことを無理に押し通す
3. ①　**火**《ひ》**に油**《あぶら》**を注**《そそ》**ぐ**＝勢いの激しいものに、さらに勢いを加える
4. ①　**兜**《かぶと》**を脱**《ぬ》**ぐ**＝相手の実力を認め降参する
5. ②　**完膚**《かんぷ》**なきまで(に)**＝徹底的に
6. ②　**歓心**《かんしん》**を買**《か》**う**＝相手の気に入られるよう努める
7. ①　**汗顔**《かんがん》**の至**《いた》**り**＝非常に恥ずかしく感じること
8. ③　**肝**《きも》**に銘**《めい》**じる**＝心に深く刻みつけるように記憶して忘れない

□ 9 彼とは子どものときからの付き合いで（①**気** ②**情** ③**理**）**の置けない**間柄だ。

③

□ 10 王に諫言《かんげん》して（①**逆睫**《げきしょう》 ②**逆鱗**《げきりん》 ③**触角**）**に触れ**た大臣が、地下牢《ろう》に幽閉された。

②

□ 11 キャリアは浅いが、実力を発揮して組織を（①**馬** ②**豚** ③**牛**）**耳る**立場になった。

③

□ 12 夫婦喧嘩《げんか》は（①**鼠**《ねずみ》 ②**猫** ③**犬**）**も食わぬ**と言うから放っておく方がいいだろう。

③

□ 13 大掃除をしてきれいに片づけたのにしばらくすると**元の**（①**世阿弥**《ぜあみ》 ②**観阿弥**《かんあみ》 ③**木阿弥**《もくあみ》）だ。

③

□ 14 観客は（①**固唾** ②**生唾** ③**汗水**）**を呑**《の》**ん**で次の一手を待っていた。

①

□ 15 偉大とされている芸術家も若いころはアルバイトで**糊**《こ》（①**口** ②**粉** ③**塗**）**を凌**《しの》**い**でいたものだ。

①

□ 16 情報関連産業の分野において外国企業の**後**（①**刃** ②**陣** ③**塵**《じん》）**を拝す**ことになった。

③

□ 17 若者の勉学に対する意欲は頼もしく、まことに**後**（①**制** ②**世** ③**生**）**畏るべし**である。

③

---

9 ① 気《き》の置《お》けない＝遠慮や気遣いをしなくてよい

10 ② 逆鱗《げきりん》に触《ふ》れる＝目上の人をひどく怒らせる

11 ③ 牛耳《ぎゅうじ》る＝思いのままに支配する

12 ③ 犬《いぬ》も食《く》わぬ＝ばかばかしくて誰も相手にしない

13 ③ 元《もと》の木阿弥《もくあみ》＝努力して良くしたものが元の悪い状態に戻る

14 ① 固唾《かたず》を呑《の》む＝緊張して事のなりゆきを見守る

15 ① 糊口《ここう》を凌《しの》ぐ＝かろうじて生計を立てる

16 ③ 後塵《こうじん》を拝《はい》す＝後れを取る

17 ③ 後生畏《こうせいおそ》るべし＝若い者は努力により進歩向上に著しいものがある

どれかな？ ㉖ 知事に（宛・当・充）てて手紙を書く。

解答は次ページ

【1 慣用句】⑨

※当てはまるものを選び、番号で答えなさい。

□1 つい（①指 ②足 ③口）がすべって大事な秘密を他人にもらしてしまった。

□2 詐欺師の口（①車 ②調 ③上）に乗って大損をするところだった。

□3 亡くなった祖母は口八丁（①頭 ②脳 ③手）八丁のやり手だった。

□4 ピアノが欲しいけれど、今の私には高（①値 ②嶺《ね》 ③音）の花だ。

□5 どんなすばらしい計画も財政的な裏付けがなくては所詮《しょせん》（①氷 ②水 ③砂）上の楼閣だ。

□6 新監督はチームを立て直そうと努力したが、ついに（①球 ②匙《さじ》 ③賽《さい》）を投げた。

□7 研究を充実させるために三（①顧 ②雇 ③個）の礼を尽くして人材をスカウトする。

□8 この問題は私には難しすぎてとても（①歯 ②顔 ③腹）が立たない。

---

1 ③ 口《くち》がすべる＝言ってはならないことをうっかり言う

2 ① 口車《くちぐるま》に乗《の》る＝うまい言い回しにだまされる

3 ③ 口八丁手八丁《くちはっちょうてはっちょう》＝言うこともすることも達者なこと

4 ② 高嶺《たかね》の花《はな》＝遠くからあこがれるだけで自分にはほど遠いもののたとえ

5 ③ 砂上《さじょう》の楼閣《ろうかく》＝長続きしないこと・実現不可能な計画

6 ② 匙《さじ》を投《な》げる＝改善の見込みがないと断念する

7 ① 三顧《さんこ》の礼《れい》＝地位のある人が、賢人に仕事を引き受けてもらうために礼を尽くすこと

8 ① 歯《は》が立《た》たない＝力量の差がありすぎたり程度が高すぎたりして立ち向かうことができない

□ 9 **耳が**（①**広い** ②**痛い** ③**重い**）言葉で気の緩みを戒めてくれる人こそ大切にするべきだ。

②

耳《みみ》が痛《いた》い＝他人の話が自分の弱点を突いていて聞くのがつらい

□ 10 過去に日本人は、多くの外国の文物を**自家**（①**印** ②**薬** ③**灯**）**籠中の物**としてきた。

②

自家薬籠中《じかやくろうちゅう》の物《もの》＝思うように使いこなせる物事

□ 11 いつまでたっても（①**煮え** ②**燃え** ③**消え**）**切らない**彼の態度に愛想をつかした。

①

煮《に》え切《き》らない＝考えや態度がはっきりしない

□ 12 **蛇の道は**（①**藪**《やぶ》 ②**闇** ③**蛇**）で、泥棒の手口は泥棒が一番よく知っている。

③

蛇《じゃ》の道《みち》は蛇《へび》＝同類の者のすることは同類の者がよく知っていること

□ 13 取材を申し込んだが、**取りつく**（①**やま** ②**しま** ③**ひま**）**もなく**追い返された。

②

取《と》りつくしまもない＝とげとげしく、受け入れる態度が見られないさま

□ 14 （①**天** ②**手** ③**添**）**塩にかけて**育てた米を、おいしく食べてもらいたい。

②

手塩《てしお》にかける＝自ら面倒をみて大事に育てる

□ 15 慎み深さは（①**習い** ②**学び** ③**行い**）**性となる**要素が大きいと言われる。

①

習《なら》い性《せい》となる＝習慣がついに生まれつきの性質のようになる

□ 16 **重箱の**（①**墨** ②**角** ③**隅**）**をつつく**ような質問で討論の時間を浪費してはならない。

③

重箱《じゅうばこ》の隅《すみ》をつつく＝細かいことまでやかましく言うことのたとえ

□ 17 **象牙の**（①**塔** ②**城** ③**堂**）にこもる学者には、市井の人の思いが伝わっていないようだ。

①

象牙《ぞうげ》の塔《とう》＝俗世間と関わらず研究に没頭している学者の研究生活

500
400
300
200
100
start

どれかな？ (27) 腹の傷は手術の（跡・後・痕）だ。

解答は次ページ

慣用句・和語・四字熟語

【1 慣用句】⑩

※当てはまるものを選び、番号で答えなさい。

□1 会社の業績が数年で劇的に向上したという報告は**真っ**（①**白**　②**黒**　③**赤**）**な嘘《うそ》**だった。

□2 技術はまだまだが練習量だけは**人**（①**後**　②**望**　③**前**）**に落ちない**。

□3 二つの派閥が**水と**（①**火**　②**岩**　③**油**）のように反発し合っている。

□4 趣味のことに（①**話**　②**足**　③**水**）**を向ける**と、おじさんは釣りの話をたくさんしてくれた。

□5 教室では物静かな彼が、野球部では（①**水**　②**餌**　③**所**）**を得た魚**のように躍動している。

□6 （①**生**　②**正**　③**性**）**懲りもなく**いたずらを繰り返していたのは、カラスだった。

□7 （①**清水《きよみず》**　②**平泉《ひらいずみ》**　③**歌舞伎**）**の舞台から飛び降りる**つもりで、海外の大学に進学した。

□8 最高賞受賞の知らせは**青天の**（①**氷雨《ひさめ》**　②**霹靂《へきれき》**　③**干魃《かんばつ》**）で、たちまち大騒ぎになった。

1 ③ **真《ま》っ赤《か》な嘘《うそ》**＝全くのでたらめ

2 ① **人後《じんご》に落《お》ちない**＝他人に劣らない

3 ③ **水《みず》と油《あぶら》**＝互いに反発し合って融和しないことのたとえ

4 ③ **水《みず》を向《む》ける**＝相手の関心をある方向へ向けるように誘う

5 ① **水《みず》を得《え》た魚《うお》**＝ふさわしい場所で生き生きと活躍することのたとえ

6 ③ **性懲《しょうこ》りもなく**＝同じ過ちを繰り返しても改めずに

7 ① **清水《きよみず》の舞台《ぶたい》から飛《と》び降《お》りる**＝一大決心をして物事を行う

8 ② **青天《せいてん》の霹靂《へきれき》**＝突然の変動・大事件

■ **解答** ㉗ 痕　傷や、もののあとかた

□9 彼は（①**色** ②**折り** ③**のし**）**紙つき**の名選手だと、日本中の野球ファンが思っている。

□10 老人たちの語る昔話を**相づちを**（①**打ち** ②**踏み** ③**吹き**）ながら聞いてみた。

□11 **棚から**（①**目薬** ②**牡丹餅**《ぼたもち》 ③**小判**）を待つより、自分でこつこつ努力するほうが確実だ。

□12 服装には関心がないので、**着た切り**（①**雀**《すずめ》 ②**燕**《つばめ》 ③**家鴨**《あひる》）でも一向にかまわない。

□13 泊めてもらったうえに食事まで要求するとは、ずいぶん（①**話** ②**味** ③**虫**）**がいい**ね。

□14 （①**魚** ②**草** ③**虫**）**も殺さぬ**顔をして裏ではかなりの悪事を働いている。

□15 彼女のアドバイスは**頂門の一**（①**新** ②**針** ③**心**）で、なかなか素直には受け入れ難い。

□16 不況で給料がなかなか上がらないところへ、物価高が（①**仇**《あだ》 ②**追い** ③**迎え**）**討ちをかける**。

□17 今日の地位を築くまでには（①**土** ②**渡** ③**塗**）**炭の苦しみ**をなめてきた。

9 ② 10 ① 11 ② 12 ① 13 ③ 14 ③ 15 ② 16 ② 17 ③

折《お》り紙《がみ》つき＝確かな値打ちがあるものとして定評があること

相《あい》づちを打《う》つ＝相手の話に調子を合わせてうなずく

棚《たな》から牡丹餅《ぼたもち》＝思いがけない幸運に出会うこと

着《き》た切《き》り雀《すずめ》＝着ている服の他には着替えを持っていないこと

虫《むし》がいい＝身勝手でずうずうしいこと

虫《むし》も殺《ころ》さぬ＝極めておとなしいさま

頂門《ちょうもん》の一針《いっしん》＝人の急所をついた戒め

追《お》い討《う》ちをかける＝弱っているところにさらに打撃を与える

塗炭《とたん》の苦《くる》しみ＝泥にまみれ火に焼かれるような苦しみ

どれかな？ ㉘ 腹痛の原因は（悼・傷・痛）んだ料理だ。 解答は次ページ

【1 慣用句】 ⑪

※当てはまるものを選び、番号で答えなさい。

□1 雨宿りをしていると友人が車で通りかかり、**渡りに**（①**橋** ②**水** ③**船**）と乗せてもらった。

③

渡《わた》りに船《ふね》＝困っているときに好都合な条件が与えられること

□2 長年（①**当** ②**到** ③**等**）**閑に付さ**れてきた課題に、いよいよ取り組む時期がきた。

③

等閑《とうかん》に付《ふ》す＝いい加減にして放っておく

□3 初売りは物を並べておけば何でも売れ、まさに**濡《ぬ》れ手で**（①**泡** ②**粟《あわ》** ③**淡**）の状況であった。

②

濡《ぬ》れ手《て》で粟《あわ》＝苦労せずに多くの利益を得ること

□4 昨今は**猫も**（①**椅子《いす》** ②**杓子《しゃくし》** ③**梯子《はしご》**）**も**政治評論家になったような顔をしている。

②

猫《ねこ》も杓子《しゃくし》も＝誰も彼も

□5 先生の前では（①**猫** ②**犬** ③**熊**）**をかぶっている**が、彼はなかなかのくせ者だ。

①

猫《ねこ》をかぶる＝本性を隠しておとなしくみせかける

□6 彼には何度言っても（①**馬** ②**狐《きつね》** ③**狸《たぬき》**）**の耳に念仏**でこちらもうんざりする。

①

馬《うま》の耳《みみ》に念仏《ねんぶつ》＝何を言っても無駄であること

□7 （①**孫** ②**馬子** ③**嫁**）**にも衣装**で、ドレスを着た妻がまるで女優のように見えた。

②

馬子《まご》にも衣装《いしょう》＝どんな人間でも外面を飾れば立派に見えることのたとえ

□8 **背に**（①**腹** ②**胸** ③**顔**）**はかえられない**ので、家宝を売って生活費にあてた。

①

背《せ》に腹《はら》はかえられない＝差し迫ったことのために他のことを犠牲にするのもやむを得ない

■ 解答 ㉘ 傷 物が傷ついたり、腐ったりする

□ 9 単独で高い山に登るのは、死と（①背中 ②巡り ③抱き）合わせである。

①

背中合《せなかあ》わせ＝物事が裏表の関係にあること

□ 10 突然後ろから呼びとめられた少女は、鳩《はと》が（①水 ②豆 ③無）鉄砲を食ったような顔をした。

②

鳩《はと》が豆鉄砲《まめでっぽう》を食《く》ったよう＝突然の出来事に驚いて、目を丸くしているさま

□ 11 真剣に相談したのに（①口 ②目 ③鼻）であしらわれて失望した。

③

鼻《はな》であしらう＝相手をばかにしたような態度で接する

□ 12 喫煙は（①煙害 ②百害 ③重害）あって一利なしの悪習である。

②

百害《ひゃくがい》あって一利《いちり》なし＝悪いことばかりで良いことが少しもない

□ 13 気まぐれで買った宝くじが当選するなんて、まさに瓢箪《ひょうたん》から（①駒 ②種 ③水）の出来事だ。

①

瓢箪《ひょうたん》から駒《こま》＝意外なことやあり得ないことが起こること

□ 14 互いの腹を（①探り ②調べ ③計り）合った後、本当の信頼関係が生まれる。

①

腹《はら》を探《さぐ》る＝人の心中をそれとなくうかがう

□ 15 （①腹水 ②覆水 ③復水）盆に返らずで、両者のパートナーシップはもはや修復困難だ。

②

覆水盆《ふくすいぼん》に返《かえ》らず＝済んだことは取り返しがつかない

□ 16 （①気 ②機 ③木）に縁《よ》りて魚を求むるが如《ごと》き見当違いの計画には賛成できない。

③

木《き》に縁《よ》りて魚《うお》を求《もと》む＝方法を誤ると目的を達成できないことのたとえ

□ 17 変更を繰り返して木に（①苔《こけ》 ②枝 ③竹）を接いだような計画になった。

③

木《き》に竹《たけ》を接《つ》ぐ＝不調和で筋道が通らない

どれかな？ (29) 的を（射・入・鋳）た指摘に皆が納得した。

解答は次ページ

第5章 慣用句・和語・四字熟語

【1 慣用句】⑫

※当てはまるものを選び、番号で答えなさい。

□ 1 新聞記者は社会の（①鉄 ②銅 ③木）鐸《たく》となることが求められている。

③ **木鐸《ぼくたく》**＝世に警告を発し、教え導く人

□ 2 私の母は甘い物が大好きで、特に羊羹《ようかん》には（①目 ②耳 ③息）**がない**。

① **目《め》がない**＝度を超えて好きである

□ 3 担当者の（①踏み ②勇み ③乱れ）**足**で予定より早く情報を公開したら、大騒動となった。

② **勇《いさ》み足《あし》**＝調子に乗ってやりすぎ、失敗すること

□ 4 **李下《りか》に**（①冠 ②襟 ③裾《すそ》）**を正さず**と言うから店内では不審な行動を慎む。

① **李下《りか》に冠《かんむり》を正《ただ》さず**＝人に疑われるような行為をしてはいけない

□ 5 こちらからは何度も手紙を書いているのに（①梨 ②桃 ③柿）**のつぶて**だ。

① **梨《なし》のつぶて**＝連絡をしても相手からは返事のないこと

□ 6 ミスをしたのは私なのに、あなたに謝られると**立つ**（①場 ②岩 ③瀬）**がない**。

③ **立《た》つ瀬《せ》がない**＝周囲の人に対し自分の立場がない

□ 7 今まで何度も負けた相手にやっと勝てたので**溜飲《りゅういん》を**（①下げ ②上げ ③巻い）た。

① **溜飲《りゅういん》を下《さ》げる**＝胸のつかえがおりて気分がよくなる

□ 8 一度失敗したからといって**羹《あつもの》に懲りて膾《なます》を**（①吐く ②吹く ③引く）ようでは進歩がない。

② **羹《あつもの》に懲《こ》りて膾《なます》を吹《ふ》く**＝一度の失敗に懲りて必要以上に用心する

■ 解答 ㉙ 射　弓で矢を放つ・的にあてる

□9 こんなに苦いお茶をおいしいだなんて（①**蓼**《たで》 ②**だて** ③**田で**）**食う虫も好き好き**だね。

□10 **蟷螂**《とうろう》**の**（①**泡** ②**斧**《おの》 ③**角**）と言われても、納得できないことには反対の声を上げ続ける。

□11 尊敬する評論家の（①**物腰** ②**顰**《ひそ》**み** ③**容姿**）**に倣い**、新聞三紙の読み比べを続けている。

□12 計画の頓挫を知った社長は（①**怒** ②**喜** ③**哀**）**髪冠を衝**《つ》**く**勢いだった。

□13 裁判となったハラスメント事例は、（①**大** ②**高** ③**氷**）**山の一角**にすぎない。

---

9. ①
蓼《たで》食《く》う虫《むし》も好《す》き好《ず》き＝人の好みはさまざまだということ

10. ②
蟷螂《とうろう》の斧《おの》＝はかない抵抗

11. ②
顰《ひそ》みに倣《なら》う＝人のまねをして失敗すること。転じて、人のまねをすることを謙遜して言う

12. ①
怒《ど》髪《はつ》冠《かんむり》を衝《つ》く（怒髪天《てん》を衝く）＝怒りの甚だしいありさま

13. ③
氷山《ひょうざん》の一角《いっかく》＝物事全体のほんのわずかな部分

どれかな？(30) 大学でインド哲学を（治・修・収）める。
解答は次ページ

【2 和語】①

※**太字**の語の意味を後から選び、番号で答えなさい。

□1 **あたかも**自分の手柄のように語る。
①素早く ②平然と ③まるで

□2 果物全般**なかんずく**リンゴが大好きだ。
①とりわけ ②同じに ③残らず全部

□3 好調なときには**えてして**失敗しがちなものだ。
①何度も ②とかく ③目立って

□4 今度の試験は**おしなべて**出来がいい。
①すべて同様に ②ほんの少し ③かなり

□5 哲学が敬遠される**所以**《ゆえん》はその難解さにある。
①移り変わり ②理由 ③いわれ

□6 **徒**《いたずら》**に**時間だけが過ぎる。
①不注意に ②慌ただしく ③無駄に

□7 手を挙げて**おもむろに**口を開く。
①静かにゆっくりと ②突然 ③直ちに

□8 私がリーダーとは**おこがましい**。
①横柄だ ②身の程知らずだ ③おかしくてたまらない

---

1 ③ ①＝「さっさと」 ②＝「ぬけぬけと」

2 ① ②＝「一律に」 ③＝「ことごとく」

3 ② ①＝「頻《しき》りに」 ③＝「めっきりと」

4 ① ②＝「いささか」 ③＝「甚だ」

5 ② ①＝「沿革」 ③＝「由来」

6 ③ ①＝「うっかりと」 ②＝「そそくさと」

7 ① ②＝「出し抜けに」 ③＝「すぐさま」

8 ② ①＝「頭《ず》が高い」 ③＝「臍《へそ》で茶を沸かす」

■解答 ㉚ 修 学問などを身につける

□9 私の先生は**まさしく**この分野の第一人者だ。
①おそらく　②ひょっとすると　③間違いなく

□10 試合前は楽勝だと**高を括って**いた。
①かまわず放っておく　②実質以上に高く評価する　③見くびる

□11 長年の謎を彼は**いとも**簡単に解き明かした。
①たいへん　②この上なく　③とりわけ

□12 彼の年齢で引退するのは**いかにも**早すぎる。
①少し　②どう考えても　③非常に

□13 批評は**ともすれば**単なる悪口に変質してしまう。
①そうなりやすいさま　②そうなるかもしれないさま　③必ずそうなるさま

□14 誘いを**にべもなく**断られた。
①愛想が全くなく　②手抜かりがなく　③思いやりがある

□15 両者の関係を修復することは**もはや**不可能である。
①もとのまま　②すぐさま　③今となっては

□16 **俄《にわか》に**大粒の雨が降り出した。
①時を移さずすぐに　②出し抜けに　③ごく短い時間に

□17 **かろうじて**生活が成り立つくらいの収入はある。
①すらすらと　②やっとのことで　③予想通り

9 ③　10 ③　11 ①　12 ②　13 ①　14 ①　15 ③　16 ②　17 ②

9 ①＝「多分」 ②＝「もしかして」
10 ①＝「見捨てる」 ②＝「買いかぶる」
11 ②＝「こよなく」 ③＝「なかんずく」
12 ①＝「やや」 ③＝「とても」
13 ②＝「あるいは」 ③＝「きっと」
14 ②＝「如才ない」 ③＝「情け深い」
15 ①＝「依然」 ②＝「早速」
16 ①＝「直ちに」 ③＝「瞬く間に」
17 ①＝「順調に」 ③＝「案の定」

どれかな？ (31) 壁に絵を(掛・駆・賭)ける。

解答は次ページ

第5章 慣用句・和語・四字熟語

【2 和語】②

※**太字**の語の意味を後から選び、番号で答えなさい。

□1 **かけがえのない**人を失った。
①手落ちがない ②非常に大切な ③見苦しい

□2 バーゲン会場は**さながら**戦場のようだ。
①すべて同様に ②いくらか ③まるで

□3 この筆跡は**紛れもなく**彼のものだ。
①すみずみまで ②明白に ③思うに

□4 指名されて**おずおずと**答える。
①こわごわと ②腹を立てて ③元気なく

□5 遊びに**かまけて**仕事をおろそかにする。
①一つに関わって他を顧みない ②うんざりする ③終始没頭する

□6 今に天下をとると**うそぶく**。
①あやふやにごまかす ②大きなことを言う ③きっぱりと言う

□7 誰に対しても**かたくなに**口を閉ざす。
①徹底的に ②まじめに ③ひねくれて頑固に

□8 いまのままでは成功は**覚束《おぼつか》ない**。
①たやすい ②疑わしい ③普通の方法ではできない

---

1 ② ①=「抜け目がない」 ③=「みっともない」

2 ③ ①=「おしなべて」 ②=「若干」

3 ② ①=「くまなく」 ③=「蓋《けだ》し」

4 ① ②=「ぷんぷんと」 ③=「しょんぼりと」

5 ① ②=「辟易《へきえき》する」 ③=「明け暮れる」

6 ② ①=「言葉を濁す」 ③=「言い切る」

7 ③ ①=「飽くまでも」 ②=「几帳面《きちょうめん》に」

8 ② ①=「朝飯前」 ③=「一筋縄ではいかない」

□9 基礎練習を**ないがしろ**にしてはいけない。
①からかうこと　②無責任に扱うこと　③軽んずること

□10 占い師が**まがまがしい**予言をする。
①不吉な　②我慢ならないほど嫌味な　③いい加減な

□11 知らぬが仏とは**いみじくも**言ったものだ。
①期待通りに都合よく　②厚かましく　③非常にうまく

□12 庭の**たたずまい**に主の趣味が表れている。
①ありさま　②つくろった外観　③むごたらしいさま

□13 人の欠点を**あげつらう**。
①そのままにする　②言い立てる　③あれこれ心配する

□14 昼食後しばし**まどろむ**。
①うとうと眠る　②座ったまま眠る　③ぐっすり眠る

□15 駅まで**およそ**五分の道のりだ。
①実際に　②大雑把に　③ひどく急いで

□16 **たわいない**話をして暇をつぶす。
①意味のない　②あてにならない　③とりとめのない

□17 毎日**あくせく**働いている。
①ひたむきに　②せかせかと余裕なく　③力の限り

第5章 2 和語 2
218語…234語

---

9 ③　①＝「揶揄《やゆ》」②＝「投げやり」
10 ①　②＝「鼻持ちならない」③＝「ちゃらんぽらんな」
11 ③　①＝「まんまと」②＝「しゃあしゃあと」
12 ①　②＝「見せかけ」③＝「惨状」
13 ②　①＝「棚に上げる」③＝「気を揉《も》む」
14 ①　②＝「居眠りする」③＝「熟睡する」
15 ②　①＝「掛け値なしに」③＝「息せき切って」
16 ③　①＝「無意味」②＝「頼りない」
17 ②　①＝「一途《いちず》に」③＝「精一杯」

どれかな？ ㉜ 薬がよく（効・利・聴）いて症状が改善した。　解答は次ページ

第5章 慣用句・和語・四字熟語【2 和語】③

※**太字**の語の意味を後から選び、番号で答えなさい。

□1 人目を**憚《はばか》る**ように過ごした。
①思い巡らす ②手加減する ③気兼ねする

□2 今日の母親は**すこぶる**機嫌がいい。
①非常に ②普段と違って ③これ以上なく

□3 商売を**なおざり**にして遊んでいる。
①いい加減 ②丁寧 ③詳細

□4 話を聞くと**やにわに**飛び出した。
①ゆっくりと ②抜け目なく ③いきなり

□5 彼の才能は**つとに**知られていた。
①遅かれ早かれ ②早くから ③その頃

□6 名を呼ばれて**やおら**立ち上がった。
①急に ②よろめいて ③ゆっくりと

□7 彼の言うのも**あながち**嘘《うそ》ではないかもしれない。
①必ずしも ②少しも ③本当は

□8 事件の真相を**つまびらか**にする。
①ちょうどよい具合 ②細かいところまで明白 ③荒っぽくいい加減

---

1 ③ ①＝「思慮する」 ②＝「容赦する」

2 ① ②＝「いつになく」 ③＝「この上なく」

3 ① ②＝「念入り」 ③＝「つぶさ」

4 ③ ①＝「やおら」 ②＝「ちゃっかりと」

5 ② ①＝「早晩」 ③＝「当時」

6 ③ ①＝「ついと」 ②＝「ふらふらと」

7 ① ②＝「微塵《みじん》も」 ③＝「実は」

8 ② ①＝「ほどほど」 ③＝「ぞんざい」

□ 9 四歳の姉が**けなげ**に妹をあやしている。
①一生懸命に努めるさま ②ずうずうしいさま ③慌ただしいさま

□ 10 **ありきたり**の表現しか思いつかない。
①思いがけないこと ②常識の枠をはみ出ていること ③珍しくないこと

□ 11 **えもいわれぬ**香りがただよう。
①言葉で表せないほどよい ②満足できる ③何の価値もない

□ 12 相手は**したたかな**人物である。
①ぐずぐずして決断が鈍い ②手強《てごわ》い ③感じやすく激しやすい

□ 13 仕事を**そつなく**こなす。
①抜かりなく ②どっちつかずで不十分に ③残さずどこまでも

□ 14 **うらぶれた**姿を旧友に見せたくない。
①にらみ合う ②支度をして待つ ③落ちぶれてみじめになる

□ 15 不作法を**たしなめる**。
①厳しく責める ②不適切な言動を戒める ③罪や責任を非難する

□ 16 **さかしら**な口出しによって話がもつれた。
①分を超えて出過ぎた ②利口ぶった ③丁寧で礼儀正しい

□ 17 警察に協力するに**やぶさかでない**。
①なかなかしようとしない ②極めてたちが悪い ③快くする

9 ① 10 ③ 11 ① 12 ② 13 ① 14 ③ 15 ② 16 ② 17 ③

9 ②＝「ふてぶてしく」 ③＝「そそくさと」
10 ①＝「突飛」 ②＝「型破り」
11 ②＝「会心の」 ③＝「ろくでもない」
12 ①＝「優柔不断」 ③＝「血の気が多い」
13 ②＝「中途半端に」 ③＝「徹底的に」
14 ①＝「反目する」 ②＝「待ちかまえる」
15 ①＝「油を絞る」 ③＝「糾弾する」
16 ①＝「僭越《せんえつ》」 ③＝「慇懃《いんぎん》」
17 ①＝「尻が重い」 ②＝「あくどい」

どれかな？ (33) 真相を(究・窮・極)めるため調査を続ける。
解答は次ページ

【2 和語】④

※**太字**の語の意味を後から選び、番号で答えなさい。

□1 世の中**ままならない**ことが多い。
①手がかりもない ②品行がよくない ③思い通りにならない

□2 素人の**たわごと**と受け取られた。
①責任逃れの言葉 ②口先だけの言葉 ③ばかげた言葉

□3 新しい時代の**息吹**《いぶき》を感じる。
①睡眠時呼気とともに出る音 ②活動の気配 ③せきばらい

□4 底知れぬ恐怖に**おののく**。
①恐れふるえる ②びっくりする ③苦しくて体が動く

□5 古都の**ゆかしい**風情が観光客を魅了する。
①気高くて立派な ②上品で心ひかれる ③威厳のある

□6 **むさくるしい**ところですがぜひお立ち寄りください。
①だらしなく不潔な ②ひどく派手な ③洗練された

□7 多様な意見が入り乱れて**かまびすしい**。
①まじめくさっている ②煩雑で面倒だ ③やかましい

□8 **けんもほろろ**にあしらわれた。
①冷ややかなさま ②大げさなさま ③ひきしまって勇ましいさま

---

1 ③
2 ③
3 ②
4 ①
5 ②
6 ①
7 ③
8 ①

---

1 ①＝「取りつくしまもない」 ②＝「ふしだらな」
2 ①＝「逃げ口上」 ②＝「空言《くうげん》」
3 ①＝「いびき」 ③＝「謦咳《けいがい》」
4 ②＝「驚く」 ③＝「悶《もだ》える」
5 ①＝「高尚な」 ③＝「犯しがたい」
6 ②＝「けばけばしい」 ③＝「垢《あか》抜けた」
7 ①＝「もっともらしい」 ②＝「わずらわしい」
8 ②＝「仰々しい」 ③＝「りりしい」

■解答 (33) 究 調査・研究を続けて本質を明らかにする

□9 人間の心理を**穿《うが》った**解説を披露する。
①意図的にゆがめた ②本質をとらえた ③しつこい

□10 **はしたない**振る舞いを反省する。
①だらしなく不潔だ ②生意気だ ③下品で見苦しい

□11 母のくどいお説教に**辟易《へきえき》**した。
①うんざりする ②もだえ悩む ③戸惑い処置に困る

□12 **はからずも**旧友に再会した。
①残念なことには ②思いがけず ③思った通り

□13 拍手喝采を浴びて**はにかむ**。
①元気をなくす ②恥じらう ③ひどく慌てる

□14 休暇をとることに**後ろめたい**気持ちはない。
①恥ずかしい ②いまいましい ③気が引ける

□15 **しかつめらしい**挨拶は抜きで、本題に入る。
①よそよそしい ②形式的で堅苦しい ③薄情な

□16 人の道に**もとる**行いは決してしない。
①道理に背く ②うまくだます ③味方を裏切る

□17 **のっぴきならない**用事で欠席した。
①避けられない ②はかどらない ③珍しくない

---

9 ②
①=「歪曲《わいきょく》した」 ③=「執拗《しつよう》な」

10 ③
①=「むさくるしい」 ②=「しゃらくさい」

11 ①
②=「煩悶《はんもん》」 ③=「当惑」

12 ②
①=「惜しむらくは」 ③=「果たして」

13 ②
①=「意気消沈する」 ③=「慌てふためく」

14 ③
①=「照れくさい」 ②=「胸糞《むなくそ》が悪い」

15 ②
①=「水くさい」 ③=「つれない」

16 ①
②=「一杯食わす」 ③=「寝返りを打つ」

17 ①
②=「埒《らち》があかない」 ③=「ありきたり」

どれかな？ (34) 暴徒の反乱を（静・鎮・沈）める。
解答は次ページ

第5章 慣用句・和語・四字熟語【2 和語】⑤

※**太字**の語の意味を後から選び、番号で答えなさい。

□1 駅前に**たむろする**人の姿が徐々に少なくなった。
①集まってくる ②時間を費やす ③群れ集まる

□2 今日は運動会なのに**あいにく**雨が降り出した。
①いつの間にか ②都合悪く ③うまくいけば

□3 写真だけが亡き友を偲《しの》ぶ**よすが**となる。
①断ち切れない縁 ②確かな証拠 ③頼りや助け

□4 **やみくもに**努力しても成果は上がらない。
①むやみに ②人知れず ③いやいやながら

□5 **はしなくも**賞をいただくことができた。
①思った通り ②思いがけず ③不思議にも

□6 そういうことが**まま**ある。
①しばらくの間 ②出し抜けに ③時として

□7 ごまかそうという気は**みじんもない**。
①少しもない ②確実にある ③少ししかない

□8 試合に負けて**すごすごと**帰った。
①腹を立てて ②慌ただしく ③元気なく

1 ③ ①＝「参集する」 ②＝「過ごす」

2 ② ①＝「いつしか」 ③＝「あわよくば」

3 ③ ①＝「腐れ縁」 ②＝「裏付け」

4 ① ②＝「こっそり」 ③＝「不承不承《ふしょうぶしょう》」

5 ② ①＝「案の定」 ③＝「奇《く》しくも」

6 ③ ①＝「暫時」 ②＝「俄《にわか》に」

7 ① ②＝「厳存する」 ③＝「数えるほどしかない」

8 ③ ①＝「ぷんぷんと」 ②＝「そそくさと」

□9 環境への配慮は**とりも直さず**人類の未来を守ることなのだ。
①すなわち ②すぐに ③どうかすると

□10 **いかがわしい**もうけ話にうっかり乗ってはならない。
①愚か ②疑わしい ③ひねくれて片意地な

□11 用件だけ伝えると**そそくさと**立ち去った。
①慌ただしく ②元気なく ③平然と

□12 彼は**ひとかどの**人物だ。
①つまらない ②平凡な ③優れた

□13 **なまじ**自信があったのがいけなかった。
①度を越して ②中途半端に ③特別に

□14 ひどい雨で**あまつさえ**雷も鳴り出した。
①その上 ②とりわけ ③ほんの少し

□15 忙中閑ありとは**蓋《けだ》し**名言である。
①やはり ②ひょっとすると ③思うに

□16 **ありてい**に言えば合格したということだ。
①徹底的 ②見当違い ③ありのまま

□17 **いやしくも**武士たるものに二言はない。
①まるで ②仮にも ③とりわけ

9 ① ②＝「直ちに」③＝「ややもすれば」
10 ② ①＝「浅はか」③＝「かたくな」
11 ① ②＝「すごすごと」③＝「けろりと」
12 ③ ①＝「陳腐な」②＝「月並みの」
13 ② ①＝「あまりに」③＝「ことに」
14 ① ②＝「ことのほか」③＝「いささか」
15 ③ ①＝「果たして」②＝「事によると」
16 ③ ①＝「徹頭徹尾」②＝「とんちんかん」
17 ② ①＝「あたかも」③＝「なかんずく」

どれかな？ ㉟ 百年続いた店を（占・絞・閉）めた。

解答は次ページ

第5章

慣用句・和語・四字熟語【2 和語】⑥

※**太字**の語の意味を後から選び、番号で答えなさい。

□1 な**すべ**もなく立ちつくす。
①手段　②確かなあかし　③見通し

□2 **よしんば**誤りだとしても私は彼を支持する。
①十分に　②たとえ　③はっきり

□3 我が身の不遇を**かこつ**。
①つい不平をもらす　②気に留めない　③恨み嘆き愚痴を言う

□4 家中**くまなく**探したが見つからなかった。
①すみずみまで　②一つ一つ丁寧に　③必死に

□5 **からくも**危険を逃れた。
①やっとのことで　②うまい具合に　③たまたま

□6 **期せずして**二人の考えが一致した。
①思った通り　②思いがけなく　③残念なことに

□7 私は**毫**《ごう》**も**痛みを感じない。
①いかにも　②残すところなく　③少しも

□8 私にできることは**せいぜい**これくらいだ。
①最大限　②地道に　③少なくとも

---

1 ①　2 ②　3 ③　4 ①　5 ①　6 ②　7 ③　8 ①

---

1 ②＝「確証」 ③＝「目処《めど》」
2 ①＝「よくよく」 ③＝「きっぱり」
3 ①＝「こぼす」 ②＝「度外視する」
4 ②＝「しらみつぶしに」 ③＝「血眼《ちまなこ》になって」
5 ②＝「幸い」 ③＝「偶然」
6 ①＝「案の定」 ③＝「惜しむらくは」
7 ①＝「さも」 ②＝「こぞって」
8 ②＝「こつこつ」 ③＝「せめて」

■解答 ㉟ 閉　営業をやめる

□9 共同経営者の最近の言動を**訝《いぶか》しむ**。
①不審に思う　②悪い意味に考える　③羨ましく思う

□10 途中で手を引くのは無責任なこと**夥《おびただ》しい**。
①爽やかだ　②大げさだ　③甚だしい

□11 君の将来を思って**あえて**苦言を呈する。
①たまたま　②喜んで　③強いて

□12 彼は**てらい**のない、よい文章を書く。
①知った振りをすること　②才知をひけらかすこと　③もったいぶること

□13 約束違反を**なじる**。
①寛大に処置する　②遠回しに皮肉を言う　③過失などを責め問いつめる

□14 主人公の最後のせりふは**言わずもがな**だと批判された。
①証明の必要がなく明白　②言わない方がいい　③間違えるはずなく明らか

□15 朝から**気もそぞろ**で授業に身が入らない。
①あっけにとられて我を忘れるさま　②うれしくて落ち着かないさま　③他のことが気になって落ち着かないさま

9 ①　10 ③　11 ③　12 ②　13 ③　14 ②　15 ③

9 ②＝「勘繰る」 ③＝「やっかむ」
10 ①＝「すがすがしい」 ②＝「仰々しい」
11 ①＝「偶然」 ②＝「快く」
12 ①＝「知ったかぶり」 ③＝「気取り」
13 ①＝「大目に見る」 ②＝「あてこする」
14 ①＝「自明」 ③＝「紛れもない」
15 ①＝「茫然《ぼうぜん》自失《じしつ》」 ②＝「わくわくと」

どれかな？ (36) 老後の趣味に俳句を（進・勧・薦）める。
解答は次ページ

① 四字熟語

※四字熟語を完成させ、読み方を答えなさい。

1 荒**トウ**無稽な小説を書く。
2 **オカ**目八目で彼に助言を乞う。
3 臥薪嘗**タン**の日々を過ごす。
4 杓子**ジョウ**規に考える。
5 千**ザイ**一遇の大チャンス。
6 同工異**キョク**の作品である。
7 面従腹**ハイ**の態度をとる。
8 君と僕は一蓮托**ショウ**だ。
9 起死**カイ**生の策を打つ。
10 **コウ**言令色に惑わされない。
11 山紫**スイ**明の景勝地。
12 詰問されて周章**ロウ**狽した。

1 荒唐無稽・こうとうむけい　根拠がなく現実離れしてでたらめであるさま
2 傍(岡)目八目・おかめはちもく　当事者よりも第三者の方が冷静に正しく判断できること
3 臥薪嘗胆・がしんしょうたん　目的を達成するために苦心し努力を重ねること
4 杓子定規・しゃくしじょうぎ　決まり切ったやり方で処理して融通のきかないこと
5 千載一遇・せんざいいちぐう　千年に一度しか巡り合えないほどまれな、絶好の機会
6 同工異曲・どうこういきょく　見かけは違っているが中身は大体同じであること
7 面従腹背・めんじゅうふくはい　表面は従うように見せかけて内心は逆らっていること
8 一蓮托生・いちれんたくしょう　良くも悪くも行動や運命をともにすること
9 起死回生・きしかいせい　絶望的な状況を好転させ立ち直らせること
10 巧言令色・こうげんれいしょく　口先だけの優しい言葉や顔つきで人にこびへつらうこと
11 山紫水明・さんしすいめい　自然の景色が美しく清らかなこと
12 周章狼狽・しゅうしょうろうばい　慌てふためくこと

■解答 (36) 勧　相手に何かをするように誘いかける

- □13 手練手**クダ**の限りを尽くす。
  手練手管・てれんてくだ
  人をだまして操る技術上の工夫や方法
- □14 本**マツ**転倒の謗《そし》りを免れない。
  本末転倒・ほんまつてんとう
  重要なこととつまらないことを取り違えて扱うこと
- □15 和魂洋**サイ**で国造りをする。
  和魂洋才・わこんようさい
  日本的精神をもって西洋の学問を身に付けるべきだということ
- □16 温**コ**知新を信条とする。
  温故知新・おんこちしん
  昔のことを研究して新しい理解や知識を得ること
- □17 うまく換**コツ**奪胎する。
  換骨奪胎・かんこつだったい
  既存の作品の形式や着想を利用し新しい作品を作ること
- □18 七転八**トウ**の苦しみ。
  七転八倒・しちてんばっとう（しってんばっとう）
  ひどい苦しみのためのたうち回ること
- □19 不**エキ**流行の精神を学ぶ。
  不易流行・ふえきりゅうこう
  永遠に不変なものと時代に応じた新しさの根本は同じであること
- □20 一意**セン**心に勉強する。
  一意専心・いちいせんしん
  一つのことにひたすら集中する
- □21 悪党を一網打**ジン**にする。
  一網打尽・いちもうだじん
  悪人などを一度に全員捕らえること
- □22 思わぬ事態に**ウ**往左往する。
  右往左往・うおうさおう
  慌てふためいて混乱状態になること
- □23 紆余曲**セツ**の末に決定した。
  紆余曲折・うよきょくせつ
  事情が複雑に込み入って、いろいろ変わること
- □24 自らを夏炉冬**セン**と自嘲する。
  夏炉冬扇・かろとうせん
  時節に合わず役に立たないもののたとえ
- □25 **カン**善懲悪の小説を読む。
  勧善懲悪・かんぜんちょうあく
  善いことをすすめ悪行を懲らしめること

どれかな？ (37) 重役の任に（堪・絶・耐）える人物を推す。

解答は次ページ

【3 四字熟語】②

※四字熟語を完成させ、読み方を答えなさい。

□1 喜ドン哀楽の激しい人。

□2 キョウ天動地の事件が起こる。

□3 群ユウ割拠の戦国時代。

□4 コ視眈眈と王座を狙う。

□5 宿題に四苦ハッ苦する。

□6 今回の失敗は自ゴウ自得だ。

□7 四メン楚歌の辛《つら》い状況。

□8 心キ一転して勉学に励む。

□9 泰然自ジャクと難局に対する。

□10 徹トウ徹尾主張を曲げない。

□11 馬ジ東風と聞き流す。

□12 官と民が表リ一体で取り組む。

---

1 喜怒哀楽・きどあいらく　喜び、いかり、悲しみ、楽しみなど人間のさまざまな感情

2 驚天動地・きょうてんどうち　世間をあっとおどろかせること

3 群雄割拠・ぐんゆうかっきょ　多くの実力者が勢力を張り合って対抗すること

4 虎視眈眈・こしたんたん　油断なく機会をうかがっているようす

5 四苦八苦・しくはっく　事が思うように運ばずに非常に苦しむこと

6 自業自得・じごうじとく　自分のした悪い行いの報いを自分が受けること

7 四面楚歌・しめんそか　周囲を敵に包囲されて孤立していること

8 心機一転・しんきいってん　あることをきっかけに気持ちをよい方に切り替えること

9 泰然自若・たいぜんじじゃく　ゆったりと落ち着いて物事に動じないさま

10 徹頭徹尾・てっとうてつび　初めから終わりまで考えを変えないようす

11 馬耳東風・ばじとうふう　人の意見や批評を気にせず聞き流すこと

12 表裏一体・ひょうりいったい　無関係に見えるものが根本では密接なつながりがあること

■解答 (37) 堪　それに値する力をもっている

13 不**ソク**不離の関係にある。
不即不離・ふそくふり
つかず離れず適度な距離を保っていること

14 彼の計画は竜頭**ダ**尾だ。
竜頭蛇尾・りゅうとうだび（りょうとうだび）
初めは勢いが盛んだが終わりがふるわないこと

15 現場は**ア**鼻叫喚の巷《ちまた》と化した。
阿鼻叫喚・あびきょうかん
悲惨な状況の中で泣き叫ぶようす

16 解決策を暗中模**サク**する。
暗中模（摸）索・あんちゅうもさく
見通しのない状態であれこれ手探りでやってみること

17 一罰百**カイ**の意味を持つ処罰。
一罰百戒・いちばつひゃっかい
罪を犯した者を一人罰して多くの人のいましめとすること

18 一騎当**セン**の強者である。
一騎当千・いっきとうせん
人でせん人の敵を相手に戦えるほど強いこと

19 一触**ソク**発の状態にある。
一触即発・いっしょくそくはつ
ちょっとしたきっかけで大ごとになりそうな危険な状態

20 一石二**チョウ**の妙案。
一石二鳥・いっせきにちょう
つの行為で同時に二つの利益を得ること

21 一知**ハン**解の知識を話す。
一知半解・いっちはんかい
少し知っているだけで物事を十分に理解していないこと

22 一朝一**セキ**には身に付かぬ。
一朝一夕・いっちょういっせき
極めて短い時間のこと

23 彼女の働きは快刀乱**マ**だ。
快刀乱麻・かいとうらんま
複雑に絡み合ってこじれたことを、手際よく処理すること

24 対策は**カッ**靴掻痒の感がある。
隔靴掻痒・かっかそうよう
物事の核心に触れられず、歯がゆいこと

25 旧態**イ**然とした官僚組織。
旧態依然・きゅうたいいぜん
昔のままで進歩や変化が見られないさま

どれかな？ ㊳ 型紙にそって生地を（絶・断・裁）つ。

解答は次ページ

第5章 慣用句・和語・四字熟語

【3 四字熟語】③

※四字熟語を完成させ、読み方を答えなさい。

- □ 1 **コウ**顔無恥の振る舞い。
- □ 2 呉**エツ**同舟で仕事を進める。
- □ 3 **コ**色蒼然とした神社。
- □ 4 光と色が渾然一**タイ**となる。
- □ 5 三寒四**オン**を繰り返す。
- □ 6 弱**ニク**強食は自然の掟《おきて》だ。
- □ 7 諸行無**ジョウ**は世の習いだ。
- □ 8 信**ショウ**必罰を徹底する。
- □ 9 **シン**謀遠慮を重ねる。
- □ 10 仲間と切磋琢**マ**する。
- □ 11 大**タン**不敵な行動をする。
- □ 12 朝三**ボ**四の乱世を生き抜く。

- 厚顔無恥・こうがんむち　恥知らずであつかましいようす
- 呉越同舟・ごえつどうしゅう　仲の悪いもの同士が同席したり協力したりすること
- 古色蒼然・こしょくそうぜん　ふるめかしい趣のあるようす
- 渾然一体・こんぜんいったい　さまざまなものが混じり合って区別がつかないさま
- 三寒四温・さんかんしおん　冬季に寒い日が三日続くと暖かい日が四日ほど続くということ
- 弱肉強食・じゃくにくきょうしょく　強い者が弱い者を滅ぼして繁栄すること
- 諸行無常・しょぎょうむじょう　世の中のすべてのものは変化していて不変なものはないこと
- 信賞必罰・しんしょうひつばつ　功績のある者には褒美を与え、罪を犯した者は罰すること
- 深謀遠慮・しんぼうえんりょ　将来のことまで見通してふかく思慮を巡らし計画をすること
- 切磋琢磨・せっさたくま　仲間同士が競い合って向上すること・学問や修養に励むこと
- 大胆不敵・だいたんふてき　度胸があって敵や物事を恐れないようす
- 朝三暮四・ちょうさんぼし　言葉巧みに人をだますこと・目先にとらわれ本質を失うこと

■ 解答 (38) 裁　衣服を仕立てるために布地を切る

□13 波瀾**バン**丈の生涯であった。
波瀾万丈・はらんばんじょう
物事の展開が多様で変化に富んでいること

□14 風**コウ**明媚な土地に住みたい。
風光明媚・ふうこうめいび
自然の景色が清らかで美しいこと

□15 孟**ボ**三遷の教えを守る。
孟母三遷・もうぼさんせん
子どもの教育には環境が大切であることのたとえ

□16 夜郎**ジ**大な考えに陥る。
夜郎自大・やろうじだい
自分の力量を知らずに仲間の間だけで威張ること

□17 考えを理**ロ**整然と説明する。
理路整然・りろせいぜん
話や考えの筋道が整っているようす

□18 初対面で意気**トウ**合する。
意気投合・いきとうごう
気持ちがぴったり合うこと

□19 一日千**シュウ**の思いで待つ。
一日千秋・いちじつせんしゅう（いちにちせんしゅう）
時間が長く感じられて非常に待ち遠しいこと

□20 一**ヨウ**来復の時を待つ。
一陽来復・いちようらいふく
悪いことの後に幸運が巡ってくること

□21 一**セ**一代の大勝負をする。
一世一代・いっせいちだい
生のうちに一度しかないこと

□22 **ウ**為転変は世の常だ。
有為転変・ういてんぺん
世の中は移り変わって一定の状態にならないこと

□23 **ガ**竜点睛を欠いている。
画竜点睛・がりょうてんせい（がりゅうてんせい）
物事の最後の重要な仕上げ

□24 父は頑**コ**一徹の職人だった。
頑固一徹・がんこいってつ
頑なで思い込んだことを押し通すようす

□25 気**ウ**壮大な計画を語る。
気宇壮大・きうそうだい
心の持ち方が大きく立派なこと

どれかな？ (39) 希望していた仕事に(着・就・付)いた。

解答は次ページ

【3 四字熟語】④

※四字熟語を完成させ、読み方を答えなさい。

□1 危機一パツで助かった。
□2 行ジュウ坐臥故郷を思う。
□3 その論は牽強フ会に過ぎる。
□4 乾坤イッ擲の大企画。
□5 堅ニン不抜の覚悟を持つ。
□6 行ウン流水の境地に至る。
□7 古コン東西よくある現象。
□8 真相は今なお五里ム中だ。
□9 衆人カン視の中、脱出した。
□10 出ショ進退を明らかにする。
□11 小シン翼翼として生きてきた。
□12 試合中に人事不セイに陥った。

1 危機一髪・ききいっぱつ　ほんのわずかな差で危機に陥るような危ない状態
2 行住坐臥・ぎょうじゅうざが　普段・日常や日常の立ち居振る舞い
3 牽強付(附)会・けんきょうふかい　都合のよいように無理やり理屈をこじつけること
4 乾坤一擲・けんこんいってき　運命をかけてのるかそるかの大勝負をすること
5 堅忍不抜・けんにんふばつ　我慢強く耐えしのんで動揺しないこと
6 行雲流水・こううんりゅうすい　物事に執着せず自然にまかせること
7 古今東西・ここんとうざい　いつでもどこでも
8 五里霧中・ごりむちゅう　状況が把握できずどうしたらよいかわからないこと
9 衆人環視・しゅうじんかんし　多くの人が周りを取り囲んで見ていること
10 出処進退・しゅっしょしんたい　職にとどまることと退くこと・自分の身の振り方
11 小心翼翼・しょうしんよくよく　気が小さくてびくびくしているようす
12 人事不省・じんじふせい　意識不明、こん睡状態になること

■解答 (39) 就　ある地位や職に身を置く

□13 出し抜かれて**切シ**扼腕する。
切歯扼腕・せっしやくわん
はぎしりをし、腕を握りしめること・非常に悔しがるさま

□14 適**ザイ**適所に人員を配置する。
適材適所・てきざいてきしょ
その人の才能にふさわしい地位や仕事につけること

□15 半信半**ギ**で話を聞く。
半信半疑・はんしんはんぎ
半ば信じ、半ばうたがうこと

□16 家族のため**フン**骨砕身する。
粉骨砕身・ふんこつさいしん
骨身を削って力の限り努力すること

□17 満身**ソウ**痍の身である。
満身創痍・まんしんそうい
手ひどく痛めつけられること・全身傷だらけのようす

□18 この広告は**ヨウ**頭狗肉だ。
羊頭狗肉・ようとうくにく
見かけは立派だが中身が伴わないこと

□19 質実剛**ケン**の校風が誇りだ。
質実剛健・しつじつごうけん
飾り気がなく、まじめでしっかりしていること

□20 自暴自**キ**な態度を叱られた。
自暴自棄・じぼうじき
やけを起こし投げやりになること

□21 **セイ**廉潔白な候補者を選ぶ。
清廉潔白・せいれんけっぱく
心がきよらかで私欲のないこと

□22 **セン**学非才を顧みず努める。
浅学非才・せんがくひさい
学問が未熟で才能が乏しいこと(自分を謙遜していう表現)

□23 理非**キョク**直を明確にする。
理非曲直・りひきょくちょく
道理にかなった正しいことと間違ったこと

□24 空前**ゼツ**後の大ヒット商品。
空前絶後・くうぜんぜつご
過去にもこれからもないような珍しいこと

□25 逆転勝利に狂喜乱**ブ**する。
狂喜乱舞・きょうきらんぶ
非常に喜んで体全体で表すようす

500 400 300 200 100 start

どれかな？ (40) 先祖代々の家業を(継・次・接)いだ。

解答は次ページ

第5章

慣用句・和語・四字熟語【3 四字熟語】⑤

※四字熟語を完成させ、読み方を答えなさい。

□1	神は森羅**バンショウ**に宿る。	森羅万象	しんらばんしょう	宇宙に存在するすべてのもの
□2	**シコウ**錯誤して改良する。	試行錯誤	しこうさくご	いろいろとこころみて失敗を重ねながら進歩していくこと
□3	**イク**同音に反対した。	異口同音	いくどうおん	複数の人がくちをそろえて同じことを言うこと
□4	以心**デンシン**で通じ合う。	以心伝心	いしんでんしん	言葉によらず互いの気持ちが通じ合うこと
□5	傍若**ブジン**な態度をとる。	傍若無人	ぼうじゃくぶじん	周囲を気にせず勝手気ままに振る舞うさま
□6	優劣の差は**イチモク**瞭然だ。	一目瞭然	いちもくりょうぜん	ひとめではっきりとわかるさま
□7	**カチョウ**風月を愛《め》でる。	花鳥風月	かちょうふうげつ	自然の美しい風物のこと
□8	二律**ハイハン**に苦しむ。	二律背反	にりつはいはん	互いに矛盾する二つの命題が同程度の正当性をもち主張されること
□9	主張が**ジカ**撞着に陥る。	自家撞着	じかどうちゃく	同じ人の言動のつじつまが合わないこと
□10	**ショウ**末節にこだわる。	枝葉末節	しようまっせつ	本筋から外れた取るに足りないこと
□11	人の好みは**センサ**万別だ。	千差万別	せんさばんべつ（せんさまんべつ）	さまざまなものがそれぞれ違っていること
□12	大義**メイブン**が立たない。	大義名分	たいぎめいぶん	行動の根拠となるもっともな道理や理由付け

■解答 (40) 継　前の者のあとを受けてその仕事を続けて行う

- 13 権威にフワ雷同する。
  付（附）和雷同・ふわらいどう
  自分の意見を持たずむやみに他人の説に同調すること
- 14 唯一ムニの解決策である。
  唯一無二・ゆいいつむに
  ただ一つだけあって他にはないこと
- 15 一念ホッキして資格を取る。
  一念発起・いちねんほっき
  あることを成し遂げようと決心すること
- 16 試験の結果にイッキ一憂する。
  一喜一憂・いっきいちゆう
  状況が変化するたびによろこんだり心配したりすること
- 17 ゴンゴ道断の振る舞い。
  言語道断・ごんごどうだん
  言葉で表現できないほどであること・もっての他であること
- 18 正真ショウメイの黒真珠。
  正真正銘・しょうしんしょうめい
  間違いなく本物であること
- 19 シンシュツ鬼没のどろぼう。
  神出鬼没・しんしゅつきぼつ
  自由自在に現れたり隠れたりして所在がつかめないこと
- 20 ゼッタイ絶命の大ピンチ。
  絶体絶命・ぜったいぜつめい
  逃れようのないほどの危機にあること
- 21 タントウ直入に尋ねる。
  単刀直入・たんとうちょくにゅう
  遠回しに言わずにいきなり話の本題に入ること
- 22 猪突モウシンの勢いで進む。
  猪突猛進・ちょとつもうしん
  一つのことに向かってすさまじい勢いで向こう見ずに進むこと
- 23 当意ソクミョウの受け答え。
  当意即妙・とういそくみょう
  その場の状況に応じてうまく機転をきかすさま
- 24 上司に阿諛ツイショウする。
  阿諛追従・あゆついしょう
  人におもねって大いにこびへつらうこと
- 25 意気ヨウヨウと引き上げる。
  意気揚揚・いきようよう
  得意で元気いっぱいのようす

500
400
300
200
100
start

どれかな？ ⑷① 両者を和解させようと（勤・務・努）める。

解答は次ページ

⑥

※四字熟語を完成させ、読み方を答えなさい。

□1 一期**イチエ**の不思議な縁。
〔一期一会・いちごいちえ〕
いっ生にいち度あるかどうかの不思議な機かい

□2 懸念は雲散**ムショウ**した。
〔雲散霧消・うんさんむしょう〕
跡形もなくきえ去ってしまうこと

□3 **キショウ**転結を整える。
〔起承転結・きしょうてんけつ〕
物事の順序や組み立て

□4 裏切りで**ギシン**暗鬼になる。
〔疑心暗鬼・ぎしんあんき〕
うたがいだすと何でもないことまで不安に恐ろしく感じること

□5 遺訓を**キンカ**玉条とする。
〔金科玉条・きんかぎょくじょう〕
大切に守るべき規則や信条

□6 **シュビ**一貫した主張である。
〔首尾一貫・しゅびいっかん〕
初めから終わりまで態度や方針が変わらないこと

□7 二人の説は**ダイドウ**小異だ。
〔大同小異・だいどうしょうい〕
細かい点は異なるが全体的にはほぼおなじこと

□8 妹は**テンシン**爛漫な性格だ。
〔天真爛漫・てんしんらんまん〕
飾り気がなく無邪気であるさま

□9 **ニソク**三文で本を売る。
〔二束(足)三文・にそくさんもん〕
値段が非常に安いことのたとえ

□10 **ビジ**麗句をつらねる。
〔美辞麗句・びじれいく〕
上辺だけうつくしく飾り立てた中身のない言葉

□11 無為**トショク**の日々を送る。
〔無為徒食・むいとしょく〕
仕事もしないでぶらぶらと遊び暮らすこと

□12 主将の**メンボク**躍如たる活躍。
〔面目躍如・めんぼくやくじょ（めんもくやくじょ）〕
いかにもその人にふさわしく立派であること

□13 **リンキ**応変な処置。

□14 **イイ**諾諾と上司の命令に従う。

□15 一病**ソクサイ**で体に気を配る。

□16 一視**ドウジン**の心で接する。

□17 ローマ帝国の**エイコ**盛衰。

□18 我田**インスイ**の主張をする。

□19 興味**シンシン**で見つめる。

□20 企画案は**ギョクセキ**混交だ。

□21 捲土**チョウライ**を期す。

□22 孤立**ムエン**の育児は辛《つら》い。

□23 出来映えを自画**ジサン**する。

□24 **ジユウ**闊達に振る舞う。

□25 食の好みは十人**トイロ**だ。

臨機応変・りんきおうへん
状況に応じて適切な処置をとること

唯唯諾諾・いいだくだく
少しも抵抗せずに他人の言いなりになるさま

一病息災・いちびょうそくさい
一つくらい病気のある方がかえって長生きするということ

一視同仁・いっしどうじん
すべての人を差別なく平等に扱うこと

栄枯盛衰・えいこせいすい
さかえることと衰えること

我田引水・がでんいんすい
自分に都合のよいように物事を進めること

興味津津・きょうみしんしん
後から後から興味がわいてきて尽きないさま

玉石混交（淆）・ぎょくせきこんこう
よいものと悪いものが混じっている状態

捲土重来・けんどちょうらい（けんどじゅうらい）
一度失敗した者が再び盛り返すこと

孤立無援・こりつむえん
たったひとりで周囲からの助けがないようす

自画自賛・じがじさん
自分で自分をほめること

自由闊達・じゆうかったつ
物事にこだわらず思い通りに行動し、のびのびしているようす

十人十色・じゅうにんといろ
考え、好み、性格は人によってそれぞれ異なること

どれかな？(42) 黒髪に白いリボンが(映・生・栄)える。

解答は次ページ

第5章 慣用句・和語・四字熟語

【3 四字熟語】⑦

※四字熟語を完成させ、読み方を答えなさい。

1 シュンプウ駘蕩とした人柄。
2 ジュンプウ満帆な学生生活。
3 シリ滅裂な文章を修正する。
4 シンショウ棒大に話す。
5 スイセイ夢死の一生。
6 景色が千変バンカする。
7 丁丁ハッシと渡り合う。
8 テンイ無縫の傑作だ。
9 技術はニッシン月歩である。
10 吉報にハガン一笑した。
11 漱石《そうせき》は博覧キョウキの人だ。
12 ユウズウ無碍に対処する。

1 〔春風駘蕩・しゅんぷうたいとう〕はるかぜが穏やかに吹くように人柄が温厚であるさま
2 〔順風満帆・じゅんぷうまんぱん〕物事が滞りなく進むようす
3 〔支離滅裂・しりめつれつ〕ばらばらでまとまりのないさま
4 〔針小棒大・しんしょうぼうだい〕物事を大げさに言うこと
5 〔酔生夢死・すいせいむし〕これといった価値のあることをせず一しょうを終わること
6 〔千変万化・せんぺんばんか〕さまざまに変化すること
7 〔丁丁発止・ちょうちょうはっし〕互いに激しく議論を戦わせるさま
8 〔天衣無縫・てんいむほう〕技巧のあとがなく自然で美しいこと
9 〔日進月歩・にっしんげっぽ〕絶え間なくしん歩していること
10 〔破顔一笑・はがんいっしょう〕かおをほころばせてにっこり笑うこと
11 〔博覧強記・はくらんきょうき〕広く書物を読み、いろいろな知識があること
12 〔融通無碍・ゆうずうむげ〕生き方や考え方が何にもとらわれずに自由であること

■解答 (42) 映 調和して引き立つ

□13 権威は有名**ムジツ**と化した。
有名無実・ゆうめいむじつ
名前ばかりで中身の伴わないこと

□14 親は子の**リッシン**出世を願う。
立身出世・りっしんしゅっせ
社会的に高い地位に就いて名声を得ること

□15 忍者が暗中**ヒヤク**する。
暗中飛躍・あんちゅうひやく
人に知られぬようひそかに工作し活動すること

□16 負けて意気**ショウチン**した。
意気消沈・いきしょうちん
元気がなくしょげているようす

□17 一味**ドウシン**の間柄となる。
一味同心・いちみどうしん
同じ心になって力を合わせること・その人々

□18 夫婦は一心**ドウタイ**だ。
一心同体・いっしんどうたい
心もからだも一つのような強い結び付き

□19 **イットウ**両断で解決する。
一刀両断・いっとうりょうだん
思い切って明快に処理すること

□20 因果**オウホウ**の死生観。
因果応報・いんがおうほう
善行や悪行のむくいは必ずやって来るということ

□21 慇懃**ブレイ**な対応は不愉快だ。
慇懃無礼・いんぎんぶれい
表面はれい儀正しく丁寧だが、内面では尊大であること

□22 汗牛**ジュウトウ**の蔵書数。
汗牛充棟・かんぎゅうじゅうとう
蔵書数が非常に多いことのたとえ

□23 **ガンメイ**固陋な人を説得する。
頑迷固陋・がんめいころう
がん固に古い考えにこだわり、柔軟性のないこと

□24 奇想**テンガイ**な考え。
奇想天外・きそうてんがい
普通では思いつかないほど変わっているさま

□25 曲学**アセイ**の徒を排除する。
曲学阿世・きょくがくあせい
真理を曲げて権力やせ間が気に入るような言動をとること

どれかな？ ㈿ ハンカチで顔の汗を（噴・拭・吹）く。

解答は次ページ

第5章

慣用句・和語・四字熟語

【3 四字熟語】⑧

※四字熟語を完成させ、読み方を答えなさい。

□1 忠告を虚心**タンカイ**に聞く。
虚心**坦懐**・きょしんたんかい
わだかまりがなくさっぱりしているようす

□2 吉報に欣喜**ジャクヤク**する。
欣喜**雀躍**・きんきじゃくやく
小おどりして歓喜すること

□3 軽佻**フハク**な番組は見ない。
軽佻**浮薄**・けいちょうふはく
軽々しく浅はかであるさま

□4 公序**リョウゾク**に反する行為。
公序**良俗**・こうじょりょうぞく
社会的に妥当性が認められている道徳観

□5 孤軍**フントウ**の大活躍。
孤軍**奮闘**・こぐんふんとう
助けもなくひとりで懸命に努力すること

□6 嘘《うそ》から**ジジョウ**自縛に陥る。
自縄自縛・じじょうじばく
じ分の言動でじ分じ身の身動きがとれなくなること

□7 党は四分**ゴレツ**の状態になる。
四分**五裂**・しぶんごれつ（しぶごれつ）
秩序なくばらばらになること

□8 データを**シュシャ**選択する。
取捨選択・しゅしゃせんたく
よいものを選びとり悪いものをすてること

□9 **シンザン**幽谷のように静かだ。
深山幽谷・しんざんゆうこく
人里離れた奥深いやまや谷

□10 **セイコウ**雨読の生活をする。
晴耕雨読・せいこううどく
世間のことに縛られない自由な境遇の気ままな生活

□11 生殺**ヨダツ**の権を握る。
生殺**与奪**・せいさつよだつ
他人を自分の思い通りにできること

□12 生生**ルテン**は人生の常だ。
生生**流転**・せいせいるてん（しょうじょうるてん）
すべてのものは絶えず変化していくこと

■解答 ⑷3 拭　紙や布でこすって汚れを取りきれいにする

□13 前代**ミモン**の出来事だ。
【前代未聞】ぜんだいみもん
今までにきいたこともないような珍しいことや大変な出来事

□14 「優勝する」と大言**ソウゴ**する。
【大言壮語】たいげんそうご
できもしない大きなことを大威張りで言うこと

□15 方針が朝令**ボカイ**である。
【朝令暮改】ちょうれいぼかい
命令や方針が頻繁に変わって一定にならないこと

□16 電光**セッカ**の早業である。
【電光石火】でんこうせっか
動作が極めて素早いさま

□17 仕事で東奔**セイソウ**する。
【東奔西走】とうほんせいそう
ある目的のためあちこち忙しく駆け回ること

□18 内憂**ガイカン**に悩まされる。
【内憂外患】ないゆうがいかん
内にもそとにも心配事があること

□19 **ニロク**時中緊張している。
【二六時中】にろくじちゅう
日中・いつも

□20 **ボウコ**馮河の勇をふるう。
【暴虎馮河】ぼうこひょうが
血気にはやって無謀で命知らずな行動をすること

□21 **ムミ**乾燥な物語を読む。
【無味乾燥】むみかんそう
内容が乏しく面白みのないさま

□22 **メイキョウ**止水で過ごす。
【明鏡止水】めいきょうしすい
邪念がなく静かに澄み切った心境

□23 優柔**フダン**な態度を戒める。
【優柔不断】ゆうじゅうふだん
ぐずぐずしてなかなか決められないさま

□24 用意**シュウトウ**な計画。
【用意周到】よういしゅうとう
十分に用意が整っているようす

□25 公平な**ロンコウ**行賞を行う。
【論功行賞】ろんこうこうしょう
てがら（功績）の程度に応じてそれにふさわしい賞を与えること

コラム　「入試漢字」とは

◆入試で出題される漢字とは

巻末の折込みにある「**書き・読みベスト100**」を見てどう感じるだろうか？　ほとんどが知っている言葉だと思うが、「いくつか知らない言葉がある」と感じる人も多いのではないだろうか。

常用漢字は、小学校で一〇二六字、中学校で一一一〇字を学習し、高校入学までには二一三六字の常用漢字をすべて学習し終えることになっている。高校では、常用漢字の「特別な読み、用法のごく狭い読み」と、常用外の漢字の中でも日常で使用されるものを学習する。だから、**入試では「常用漢字＋常用外の日常的に使用されるもの」は問われる**ことになる。

◆字体の許容について

例えば、「謎」という字は、情報機器等では二点シンニョウで表示される。一方、「迷」は一点シンニョウだ。手書きでは「謎」のシンニョウを一点シンニョウで書いても許容される。「遜」「遡」も同様だ。また、しょくへんでも「餌」「餅」を、手書きで「飼」と同じ字体で「餌」「餅」と書くのも許容される。

◆解答をどの字形で書くか

現在の元号である「令和」の「令」の字体を下に三つ示した。右の二つは「令」の字を手書きしたときにどこまでが同じ文字として許容されるかを示したものである。一番右が教科書に出てくる書体を手書きにした字形、真ん中は「明朝体」を手書きした字形だ。どちらも「許容字体」とされているので、**入試では、教科書で習った通りの一番右、明朝体をまねて書いた真ん中、どちらも〇になる**だろう。

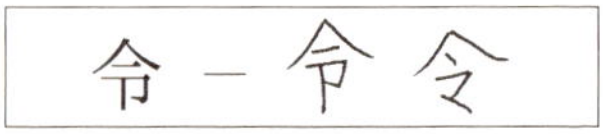

◆漢字の運命と入試

一九六六年に、当時の文部大臣が国語審議会の総会で、「国語の表記は、漢字かな交じり文によることを前提とする」と述べるまでは、漢字廃止の議論が行われていた。戦後間もない一九四六年に「当用漢字表」一八五〇字が告示されたが、「当用」とは「さしあたって」という意味であり、その後漢字は廃止するというのが、当時における方向性であった。現在、「常用漢字表」に装いを変え、大幅に字数を増やしている。漢字を愛好している人も多い。漢字の持つ力は、日本語をよりよい言語へと高めるのに、役立つに違いない。大学入試国語の中で、重要な地位を占め続けるだろう。

索引

上は頁数
下は問題番号

漢字・熟語

＊太字で示した語は漢字編と語彙編〔正解・選択肢〕の両方に出ている語です。

あ

- 曖昧（あいまい）44/9
- 挨拶（あいさつ）73/20
- 哀惜（あいせき）140/9
- 愛惜（あいせき）168/6
- 哀悼（あいとう）148/3
- 隘路（あいろ）197/9
- 会う（あう）174/25
- 合う（あう）191/26
- 遭う（あう）191/27
- 仰ぐ（あおぐ）122/11
- 煽る（あおる）87/17
- 暁（あかつき）172/11
- 崇める（あがめる）168/4
- 諦める（あきらめる）100/11
- 悪徳（あくとく）212/8
- 欺く（あざむく）59/16
- 鮮やか（あざやか）100/7
- 焦る（あせる）149/23
- 厚い（あつい）191/43
- 暑い（あつい）191/44
- 熱い（あつい）191/45
- 圧巻（あっかん）207/16
- 圧倒的（あっとうてき）17/24
- 圧倒（あっとう）211/17
- 軋轢（あつれき）217/24
- 侮る（あなどる）90/1
- 浴びる（あびる）150/25 ・44/8
- 溢れる（あふれる）41/1
- 網（あみ）72/25
- 操る（あやつる）44/5
- 過ち（あやまち）127/32
- 粗い（あらい）191/33
- 荒い（あらい）191/34
- 抗う（あらがう）43/14
- 予め（あらかじめ）128/18
- 顕す（あらわす）189/32
- 表す（あらわす）172/4
- 現す（あらわす）189/27
- 慌てる（あわてる）125/18 ・132/12
- 安易（あんい）161/33
- 案外（あんがい）115/21
- 行脚（あんぎゃ）148/1
- 暗礁（あんしょう）214/7
- 暗示（あんじ）182/9
- 暗唱（誦）（あんしょう）182/10
- 安泰（あんたい）66/7
- 安堵（あんど）84/4
- 安寧（あんねい）132/2
- 暗黙（あんもく）18/4

い

- 威圧（いあつ）80/6
- 意外（いがい）140/5
- 威嚇（いかく）65/3
- 鋳型（いがた）86/3
- 遺憾（いかん）161/1 ・58/4
- 移管（いかん）20/15
- 異議（いぎ）185/31
- 意義（いぎ）185/32
- 憤り（いきどおり）47/33
- 依拠（いきょ）9/33
- 偉業（いぎょう）112/22
- 幾重（いくえ）64/2
- 畏敬（いけい）125/3
- 遺恨（いこん）137/4
- 委細（いさい）94/1
- 潔い（いさぎよい）141/24
- 意志（いし）187/31
- 意思（いし）187/32
- 遺志（いし）187/33
- 維持（いじ）9/4
- 礎（いしずえ）158/9
- 異質感（いしつかん）212/2
- 意趣（いしゅ）212/4
- 委縮（いしゅく）212/2
- 意匠（いしょう）107/16 ・184/13
- 衣装（いしょう）55/23 ・73/25
- 委嘱（いしょく）184/14
- 移植（いしょく）185/25
- 異色（いしょく）185/27・185/26
- 威信（いしん）103/18
- 維新（いしん）162/5
- 偉人（いじん）144/3
- 為政（いせい）21/23
- 位相（いそう）11/13
- 異相（いそう）218/18 ・66/12
- 依存（いぞん）218/5 ・35/20
- 偉大（いだい）198/4
- 委託（いたく）105/22
- 徒に（いたずらに）270/6
- 悼む（いたむ）188/6
- 傷む（いたむ）188/10
- 痛む（いたむ）201/19
- 異端（いたん）158/2 ・133/15・173/17
- 異義（いぎ）201/33
- 一隅（いちぐう）103/21
- 一元（いちげん）200/1
- 著しい（いちじるしい）40/11
- 一過性（いっかせい）208/10
- 一括（いっかつ）148/3
- 一喝（いっかつ）59/2
- 一環（いっかん）63/15
- 一貫（いっかん）112/17
- 一挙（いっきょ）90/6
- 慈しむ（いつくしむ）122/5
- 一瞬（いっしゅん）77/19
- 一斉（いっせい）
- 一掃（いっそう）60/8
- 逸話（いつわ）69/18
- 一端（いったん）14/3
- 逸脱（いつだつ）214/3
- 意図（いと）204/40
- 営み（いとなみ）127/24
- 否む（いなむ）156/27
- 委任（いにん）153
- 違反（いはん）121/16
- 意表（いひょう）142/18
- 畏怖（いふ）276/6
- 息吹（いぶき）57/41
- 遺物（いぶつ）164
- 戒める（いましめる）22/5 ・133
- 否応（いやおう）41
- 癒やす（いやす）149/22
- 異様（いよう）171/5
- 依頼（いらい）35
- 苛立つ（いらだつ）190/17
- 威力（いりょく）190/10
- 煎る（いる）143/6
- 射る（いる）154/20
- 要る（いる）212/17
- 遺漏（いろう）61/16
- 違和（いわ）158/35
- 違和感（いわかん）180/34
- 陰影（いんえい）136/6
- 因果（いんが）180/34
- 隠居（いんきょ）158/15
- 陰険（いんけん）136/6
- 陰湿（いんしつ）144/5
- 因襲（いんしゅう）151/23
- 韻文（いんぶん）206/13
- 隠蔽（いんぺい）46/2
- 陰謀（いんぼう）163/10

う

- 迂回（うかい）91/19
- 窺う（うかがう）173/49
- 穿つ（うがつ）116/46
- 渦中（かちゅう）191/47
- 移す（うつす）191/48
- 写す（うつす）191/5
- 映す（うつす）155/46
- 訴える（うったえる）173/47
- 虚ろ（うつろ）43/48
- 疎い（うとい）123/18
- 促す（うながす）87/17
- 頷く（うなずく）168/8
- 奪う（うばう）45/18
- 倦む（うむ）85/14
- 恭しい（うやうやしい）28/4
- 羨む（うらやむ）147/20
- 潤い（うるおい）121/17

え

- 営為（えいい）63/16
- 鋭意（えいい）185/35
- 栄冠（えいかん）185/34
- 影響（えいきょう）63/16
- 衛星（えいせい）111/25
- 衛生（えいせい）122/6
- 映像（えいぞう）144/6

詠嘆《えいたん》 117・20
英断《えいだん》 80・7
鋭敏《えいびん》 28・5
栄誉《えいよ》 136・10
鋭利《えいり》 82・10
会釈《えしゃく》 90・2
閲覧《えつらん》 67・13
会得《えとく》 130・4
襟《えり》 169・21
縁《えん》 95・17
演繹《えんえき》 195・15
宴会《えんかい》 162・1
遠隔《えんかく》 79・25
円滑《えんかつ》 17・14
援助《えんじょ》 145・21
厭世《えんせい》 217・16
援用《えんよう》 35・13

お

横溢《おういつ》 45・17／216・5
往々《おうおう》 81・16
往還《おうかん》 72・6／213・15
横行《おうこう》 58・12
応酬《おうしゅう》 24・3／184・11
押収《おうしゅう》 164・5／184・12
旺盛《おうせい》 36・9
往復《おうふく》 181・25
横柄《おうへい》 57・23
往来《おうらい》 95・18
覆う《おおう》 40・2
大雑把《おおざっぱ》 90・6
侵す《おかす》 91・16／189・28
冒す《おかす》 189・29
犯す《おかす》 189・30
憶測《おくそく》 142・9
臆病《おくびょう》 149・17
贈る《おくる》 190・21
送る《おくる》 190・22
怠る《おこたる》 89・23
納める《おさめる》 190・9
収める《おさめる》 190・10
修める《おさめる》 190・11
治める《おさめる》 190・12
汚染《おせん》 80・2
襲う《おそう》 56・6
畏れ《おそれ》 171・15
穏やか《おだやか》 112・5
陥る《おちいる》 19・17
貶める《おとしめる》 85・18
躍る《おどる》 191・49
踊る《おどる》 191・50
夥しい《おびただしい》 85・20／281・10
脅かす《おびやかす》 40・7
帯びる《おびる》 70・2
溺れる《おぼれる》 155・20
面影《おもかげ》 152・1
赴く《おもむく》 41・21
思惑《おもわく》 133・18
音響《おんきょう》 160・1
恩恵《おんけい》 15・19
穏健《おんけん》 105・19／203・22
温厚《おんこう》 146・11
温床《おんしょう》 53・21
温暖《おんだん》 180・4
穏当《おんとう》 117・21
穏便《おんびん》 162・8／180・11

か

外延《がいえん》 202・5
改革《かいかく》 166・6
外郭《がいかく》 166・7
概括《がいかつ》 144・7
回帰《かいき》 125・15
皆既《かいき》 147・21
懐疑《かいぎ》 24・4／209・15
回顧《かいこ》 32・10／183・48
解雇《かいこ》 183・49
懐古《かいこ》 183・50
介護《かいご》 114・5
悔恨《かいこん》 33・21
開墾《かいこん》 95・15
開催《かいさい》 78・11
快哉《かいさい》 171・24
介在《かいざい》 21・16
懐柔《かいじゅう》 124・5／213・16
会心《かいしん》 186・13
改心《かいしん》 186・14
解析《かいせき》 107・17
蓋然性《がいぜんせい》 211・16
階層《かいそう》 119・22
回想《かいそう》 159・23
開拓《かいたく》 108・6
慨嘆《がいたん》 78・12
懐中《かいちゅう》 147・24／181・46
開陳《かいちん》 166・10
該当《がいとう》 70・12
外套《がいとう》 169・22
介入《かいにゅう》 53・24
概念《がいねん》 16・4／205・10
概念化《がいねんか》 211・10
該博《がいはく》 108・7
回避《かいひ》 12・3
海浜《かいひん》 164・6
介抱《かいほう》 74・5／184・22
解放《かいほう》 184・23
開放《かいほう》 184・24
解剖《かいぼう》 146・2
皆無《かいむ》 18・1
壊滅《かいめつ》 114・6
皆目《かいもく》 153・15
乖離《かいり》 41・15／215・12
戒律《かいりつ》 99・14
界隈《かいわい》 133・16
帰す《かえす》 190・19
返す《かえす》 190・20
顧みる《かえりみる》 42・4
換える《かえる》 189・43
替える《かえる》 189・44
変える《かえる》 189・45
代える《かえる》 189・46
瓦解《がかい》 46・4／219・11
抱える《かかえる》 112・4
掲げる《かかげる》 54・7
果敢《かかん》 21・15
佳境《かきょう》 100・6
画一《かくいつ》 197・15
架空《かくう》 18・3
覚悟《かくご》 33・24
画策《かくさく》 62・11
拡散《かくさん》 59・17
確執《かくしつ》 137・18
確証《かくしょう》 120・7
核心《かくしん》 20・3／183・40
確信《かくしん》 94・4／183・41
革新《かくしん》 153・21／183・42／199・19
隔世《かくせい》 75・25／217・16
覚醒《かくせい》 113・17
隔絶《かくぜつ》 23・20
愕然《がくぜん》 170・12
拡大《かくだい》 154・6／203・17
格段《かくだん》 38・4
拡張《かくちょう》 75・21
格闘《かくとう》 151・14
獲得《かくとく》 10・4／198・3
格納《かくのう》 113・13
額縁《がくぶち》 169・24
隔離《かくり》 30・10
確立《かくりつ》 141・20
閣僚《かくりょう》 163・18
家計簿《かけいぼ》 180・10
過激《かげき》 203・21
賭ける《かける》 156・4／190・13
駆ける《かける》 167・13／190・14
懸ける《かける》 190・15
欠ける《かける》 190・16
架ける《かける》 190・17
掛ける《かける》 190・18
加減《かげん》 151・13
過酷《かこく》 30・4
禍根《かこん》 98・7
呵責《かしゃく》 171・22
過重《かじゅう》 209・12
過剰《かじょう》 8・12／209・12
牙城《がじょう》 132・5
課す《かす》 116・2
微か《かすか》 174・1
稼ぐ《かせぐ》 77・13
仮説《かせつ》 166・5／204・1
過疎《かそ》 53・25
可塑《かそ》 159・16
可塑性《かそせい》 208・3
堅い《かたい》 191・40
固い《かたい》 191・41
硬い《かたい》 191・42
頑な《かたくな》 127・13
固唾《かたず》 91・25
片隅《かたすみ》 167・20
象る《かたどる》 127・16
偏る《かたよる》 85・21
傍ら《かたわら》 170・11

か

加担 かたん 65/22
家畜 かちく 162/6
渦中 かちゅう 37/13
割愛 かつあい 115/22
画期的 かっきてき 54/17
活況 かっきょう 159/17
括弧 かっこ 124/17
確固 かっこ 139/16
格好 かっこう 61/19
喝采 かっさい 130/11
割譲 かつじょう 163/22
褐色 かっしょく 145/23
闊達 かったつ 89/18
合致 がっち 101/12
葛藤 かっとう 46/1 207/18
喝破 かっぱ 160/8
渇望 かつぼう 44/20
活躍 かつやく 112/9
糧 かて 41/39
活路 かつろ 185/2
過程 かてい 185/39
課程 かてい 185/38
仮定 かてい 74/40
稼働 かどう 173/13
奏でる かなでる 37/17 173/12
適う かなう 88/9
彼方 かなた 211/20
過敏 かびん 25/19
貨幣 かへい 19/23
我慢 がまん 195/21
寡黙 かもく 55/16

醸す かもす 41/14
殻 から 69/22
硝子 がらす 173/20
絡む からむ 40/4
駆る かる 4/20
華麗 かれい 217/20
瓦礫 がれき 105/20
渇く かわく 190/25
乾く かわく 149/18 190/16
為替 かわせ 131/16
勘 かん 153/25
勘案 かんあん 152/25
簡易 かんい 164/7
含意 がんい 23/18 213/16
看過 かんか 20/2 218/6
感慨 かんがい 22/18
間隔 かんかく 65/2
簡易 かんい 52/6
喚起 かんき 8/3 183/25 216/11
歓喜 かんき 36/26
換気 かんき 25/7
緩急 かんきゅう 107/9
環境 かんきょう 139/14
感興 かんきょう 99/13
頑強 がんきょう 132/6
歓迎 かんげい 78/7
間隙 かんげき
簡潔 かんけつ 183/7
還元 かんげん 9/20 183/27 213/15

換言 かんげん 183/28
甘言 かんげん 183/21
頑健 がんけん 183/18
看護 かんご 211/18
頑固 がんこ 113/20
刊行 かんこう 59/20
勧告 かんこく 163/20
閑散 かんさん 142/21
監視 かんし 54/15
甘受 かんじゅ 96/25
監修 かんしゅう 131/16
干渉 かんしょう 102/17
鑑賞 かんしょう 13/25 183/28
感傷 かんしょう 37/18 146/18
勘定 かんじょう 20/39
頑丈 がんじょう 159/24 182/20
関心 かんしん 182/17
歓心 かんしん 182/21
肝心 かんじん 206/9
完遂 かんすい 200/3
陥穽 かんせい 47/13 137/4
歓声 かんせい 194/13
敢然 かんぜん 120/6
感性 かんせい 77/17
簡素 かんそ 35/17
乾燥 かんそう

歓待 かんたい 102/9
寛大 かんだい 34/9
甲高い かんだかい 171/16
簡単 かんたん 119/12
間断 かんだん 150/16
勘違い かんちがい 110/14
含蓄 がんちく 50/3
鑑定 かんてい 94/8
貫通 かんつう 82/24
監督 かんとく 13/14
貫徹 かんてつ 99/23
感得 かんとく 103/24
嵌入 かんにゅう 174/17
堪忍 かんにん 175/20
観念 かんねん 29/23 155/22 204/20
看板 かんばん 218/20
完膚 かんぷ 97/12
完璧 かんぺき 131/20
陥没 かんぼつ 71/21
緩慢 かんまん 129/9
感銘 かんめい 182/16
頑迷 がんめい 136/1 109/20
喚問 かんもん 66/14
勧誘 かんゆう 70/20
関与 かんよ 15/21
寛容 かんよう 152/2
肝要 かんよう 155/19
慣用 かんよう 219/10
元来 がんらい

官吏 かんり 137/19
官僚 かんりょう 124/20
慣例 かんれい 104/3
還暦 かんれき 29/13
緩和 かんわ 180/14

き

軌異 きい 137/19
奇異 きい 124/20
起因 きいん 61/10
帰依 きえ 166/11
記憶 きおく 137/7
幾何 きか 99/23
飢餓 きが 107/3
戯画 ぎが 96/9
機会 きかい 89/8
奇怪 きかい 150/6
気概 きがい 107/3
企画 きかく 103/20
規格 きかく 119/10
帰還 きかん 58/5
基幹 きかん 12/20
器官 きかん 42/21
祈願 きがん 103/1
危機 きき 104/12 116/6
希求 ききゅう 77/14
戯曲 ぎきょく 188/20
利く きく 188/1
効く きく 188/2
〈聞く〉きく 60/14
危惧 きぐ 27/14
帰結 きけつ

危険 きけん 79/13
権限 けんげん 124/9
棄権 きけん 57/7
機嫌 きげん 186/13
機構 きこう 186/3
紀行 きこう 57/1
気候 きこう 133/20
技巧 ぎこう 99/15
記載 きさい 63/6
刻む きざむ 168/20
兆し きざし 99/3
記載 きさい 133/20
擬似 ぎじ 71/13
議事 ぎじ 155/20
儀式 ぎしき 165/4
軋む きしむ 175/20
机上 きじょう 107/20
擬人 ぎじん 66/21
築く きずく 168/4
既成 きせい 19/20 185/7
寄生 きせい 185/20
規制 きせい 185/1
帰省 きせい 114/44
既製 きせい 114/2 71/20
犠牲 ぎせい 155/20
軌跡 きせき 184/1
奇跡 きせき 184/20
機先 きせん 36/1
偽善 ぎぜん 158/2
基礎 きそ 109/23
起草 きそう

規則 きそく

帰属《きぞく》……31・24
既存《きそん》……32・4
擬態《ぎたい》……153・16
鍛える《きたえる》……54・11
既知《きち》……201・23
帰着《きちゃく》……122・10
基調《きちょう》……101・13
吉凶《きっきょう》……148・4
拮抗《きっこう》……43・18
喫する《きっする》……124・4
屹立《きつりつ》……85・24
基底《きてい》……105・13
規定《きてい》……141・22
企図《きと》……26・9
軌道《きどう》……16・2
危篤《きとく》……107・18
祈念《きねん》……103・20／180・16
疑念《ぎねん》……137・21
帰納《きのう》……78・2／195・16
希薄《きはく》……19・18／202・7
揮発《きはつ》……57・18
奇抜《きばつ》……52・9
規範《きはん》……14・11
基盤《きばん》……12・1
忌避《きひ》……11・19
機微《きび》……36・10／213・17
踵《きびす》……129・23
機敏《きびん》……213・17
起伏《きふく》……56・1
義憤《ぎふん》……75・19
詭弁《きべん》……215・17
規模《きぼ》……36・5
奇妙《きみょう》……157・22
義務《ぎむ》……202・1
逆説《ぎゃくせつ》……67・25／204・1
客体《きゃくたい》……198・1
虐待《ぎゃくたい》……116・6
客観《きゃっかん》……195・13
脚光《きゃっこう》……155・23
嗅覚《きゅうかく》……88・2
究極《きゅうきょく》……39・22
窮屈《きゅうくつ》……26・3
休憩《きゅうけい》……80・8
救済《きゅうさい》……97・13
窮する《きゅうする》……95・25
及第《きゅうだい》……71・17
糾弾《きゅうだん》……18・8
窮地《きゅうち》……146・4
旧弊《きゅうへい》……117・23
究明《きゅうめい》……146・3
丘陵《きゅうりょう》……138・2
寄与《きよ》……63・22
器用《きよう》……120・2
脅威《きょうい》……11・16
驚異《きょうい》……63・21
境界《きょうかい》……159・19／212・1
境涯《きょうがい》……212・1
驚愕《きょうがく》……172・2
狭義《きょうぎ》……64・5／181・42／203・19
行儀《ぎょうぎ》……143・25
供給《きょうきゅう》……144・9／202・3
胸襟《きょうきん》……67・23
境遇《きょうぐう》……56・5
挟撃《きょうげき》……181・41
教訓《きょうくん》……158・5
凝固《ぎょうこ》……76・9
恐慌《きょうこう》……70・8
強硬《きょうこう》……152・6
教唆《きょうさ》……65・19
凝視《ぎょうし》……29・22
共時的《きょうじてき》……202・11
享受《きょうじゅ》……10・7／183・30／210・3
教授《きょうじゅ》……183・31
郷愁《きょうしゅう》……32・5
恐縮《きょうしゅく》……139・22
凝縮《ぎょうしゅく》……18・6
恭順《きょうじゅん》……39・20
強靭《きょうじん》……87・22
矯正《きょうせい》……56・11
業績《ぎょうせき》……96・4
驚嘆《きょうたん》……60・5
境地《きょうち》……142・12
共通性《きょうつうせい》……207・10
仰天《ぎょうてん》……56・8
脅迫《きょうはく》……124・3
恐怖《きょうふ》……143・14
強弁《きょうべん》……215・17
興味《きょうみ》……97・18
共鳴《きょうめい》……54・2
共有《きょうゆう》……195・23
享有《きょうゆう》……210・3
強要《きょうよう》……111・16
享楽《きょうらく》……57・13
郷里《きょうり》……114・3
狭量《きょうりょう》……55・18
強烈《きょうれつ》……156・11
虚偽《きょぎ》……35・24／201・21
極限《きょくげん》……125・17
極端《きょくたん》……20・11
極致《きょくち》……59・14
虚構《きょこう》……65・21／196・5
巨視的《きょしてき》……199・17
去就《きょしゅう》……57・19
巨匠《きょしょう》……94・9
虚勢《きょせい》……102・1／217・10
拒絶《きょぜつ》……67・17
挙措《きょそ》……131・22
許諾《きょだく》……147・13
曲解《きょっかい》……211・17
拠点《きょてん》……30・1
挙動《きょどう》……73・24
拒否《きょひ》……56・2／202・10
許容《きょよう》……66・1
距離《きょり》……80・12
義理《ぎり》……125・25
規律《きりつ》……142・3
器量《きりょう》……83・16
儀礼《ぎれい》……75・13
亀裂《きれつ》……63・18
岐路《きろ》……31・13
疑惑《ぎわく》……160・5
際立つ《きわだつ》……91・15
極める《きわめる》……117・22
禁忌《きんき》……32・9
均衡《きんこう》……13・20／180・13
近郊《きんこう》……102・2
均質《きんしつ》……142・5
謹慎《きんしん》……106・6
均整《きんせい》……119・21
琴線《きんせん》……105・25
緊張《きんちょう》……16・11／197・17
均等《きんとう》……164・8
勤勉《きんべん》……109・17／203・13
吟味《ぎんみ》……43・22
緊密《きんみつ》……33・16
金融《きんゆう》……94・2
近隣《きんりん》……73・13

く

悔いる《くいる》……95・20
空虚《くうきょ》……72・7
空襲《くうしゅう》……140・7
偶然《ぐうぜん》……35・14／194・12
偶然性《ぐうぜんせい》……211・16
空疎《くうそ》……25・24
偶像《ぐうぞう》……73・16
空洞《くうどう》……148・5
偶発《ぐうはつ》……112・3
寓話《ぐうわ》……160・6
括る《くくる》……172・3
具現《ぐげん》……64・4
駆使《くし》……8・9
苦渋《くじゅう》……77・17
駆除《くじょ》……148・8
崩れる《くずれる》……19・25
癖《くせ》……82・8
具体的《ぐたいてき》……194・1
砕く《くだく》……96・6
愚痴《ぐち》……159・22
駆逐《くちく》……12・12
朽ちる《くちる》……154・11
覆す《くつがえす》……33・17
屈指《くっし》……113・15
屈折《くっせつ》……98・2／180・17
屈託《くったく》……131・25
駆動《くどう》……71・19／219・9
功徳《くどく》……214・2
愚鈍《ぐどん》……155・24
頸《くび》……175・22
与する《くみする》……129・25
汲む《くむ》……168・7
酌む《くむ》……172・9／189・34
組む《くむ》……189・35
工面《くめん》……129・19
供養《くよう》……88・7
繰る《くる》……65・24
愚劣《ぐれつ》……140・11
企て《くわだて》……73・22
訓辞《くんじ》……217・15
薫陶《くんとう》……55・19／216・3
君臨《くんりん》……19・16

語	読み	頁
訓練	くんれん	140・12
け		
経緯	けいい	11・22
経過	けいか	104・21
敬遠	けいえん	81・24
警戒	けいかい	19・21
契機	けいき	9・23／211・10
警句	けいく	205・18
経験	けいけん	58・24
敬虔	けいけん	59・18
傾向	けいこう	113・24
迎合	げいごう	150・11
警告	けいこく	13・9
渓谷	けいこく	13・6
揭載	けいさい	198・34
啓示	けいじ	83・17／205・21
形而上	けいじじょう	30・34
形而下	けいじか	198・34
継承	けいしょう	183・34
傾斜	けいしゃ	17・25／183
警鐘	けいしょう	14・25／183・35
景勝	けいしょう	209・21
軽傷	けいしょう	183・22
形象	けいしょう	182・21
形成	けいせい	182・22
継続	けいぞく	66・24
軽率	けいそつ	201・13
携帯	けいたい	159・20
境内	けいだい	88・19
傾聴	けいちょう	71・25／162・7
警笛	けいてき	216・11
傾倒	けいとう	32・2／216・10
系統	けいとう	82・12
軽薄	けいはく	19・11
啓発	けいはつ	131・6
系譜	けいふ	26・12
敬服	けいふく	101・12
軽侮	けいぶ	205・24
啓蒙	けいもう	80・9／205・6
契約	けいやく	148・12
経由	けいゆ	110・6
揭揚	けいよう	97・17／46・10
経路	けいろ	141・24
稀有	けう	144・10
劇的	げきてき	210・23／214・20
激励	げきれい	169・23
化粧	けしょう	200・23
桁	けた	214
解脱	げだつ	206・23
結果	けっか	149・17
欠陥	けっかん	70・3
結構	けっこう	14・6
傑作	けっさく	70・3
欠如	けつじょ	53・17
結晶	けっしょう	107・24
結節	けっせつ	139・24
結託	けったく	125・11
潔癖	けっぺき	32・2／55・20
懸念	けねん	31・23
気配	けはい	141・8
険悪	けんあく	55・20
懸案	けんあん	141・8
権威	けんい	24・1
牽引	けんいん	180・91／200・14
原因	げんいん	180・23
幻影	げんえい	67
嫌悪	けんお	209
厳格	げんかく	149・20
嫌疑	けんぎ	113／148・12
原義	げんぎ	37
研究	けんきゅう	196・23
言及	げんきゅう	187・7
謙虚	けんきょ	11／187・6
厳禁	げんきん	34
顕現	けんげん	36・3
堅固	けんご	136・23
健康	けんこう	159・19
原稿	げんこう	196・23
顕在	けんざい	79
検索	けんさく	145・7
言辞	げんじ	167・19
堅実	けんじつ	60・17
現実	げんじつ	195・24
高価	こうか	187・50
降下	こうか	183・49
好悪	こうお	137・17
光陰	こういん	138・1
語彙	ごい	85・23
故意	こい	73・17
こ		
原理	げんり	205・16
権利	けんり	202・2
倹約	けんやく	57・17
幻滅	げんめつ	149・4
賢明	けんめい	31・6
懸命	けんめい	30・10
厳密	げんみつ	15・14
顕微	けんび	143・14
検討	けんとう	24・8
顕著	けんちょ	8・1
原則	げんそく	201
幻想	げんそう	114・18
現前	げんぜん	167・4
厳然	げんぜん	54・4
源泉	げんせん	63・1
牽制	けんせい	214・18
懸垂	けんすい	121・8
献身	けんしん	139・18／108・8
現象	げんしょう	197・7
謙譲	けんじょう	120・10
顕彰	けんしょう	71・8
検証	けんしょう	38・11
厳粛	げんしゅく	27・18
交信	こうしん	185・42
更新	こうしん	185・41
口上	こうじょう	155・24
恒常	こうじょう	23・9
考証	こうしょう	67・21／183・13
交渉	こうしょう	183・44／183・15
高尚	こうしょう	203
控除	こうじょ	98・12
講釈	こうしゃく	158・3
後嗣	こうし	208・8
嚆矢	こうし	174・4／208・13
格子	こうし	161・7
行使	こうし	71・11
交錯	こうさく	14・8
功罪	こうざい	121・20／71・1
貢献	こうけん	30・20
高潔	こうけつ	62・3
攻撃	こうげき	207・4
公共性	こうきょうせい	139・15
号泣	ごうきゅう	82・13
恒久	こうきゅう	106・7／203・7
広義	こうぎ	10・18
抗議	こうぎ	68・6
講義	こうぎ	147・11
綱紀	こうき	111・21
郊外	こうがい	180・20
後悔	こうかい	121・25／111
豪華	ごうか	100
効率	こうりつ	28・9
高揚	こうよう	54・10
被る	こうむる	42・11
巧妙	こうみょう	15・23／200・1
傲慢	ごうまん	44・3／196・9
候補	こうほ	77・2
興奮	こうふん	36・3
広範	こうはん	33・1
勾配	こうばい	122・3
購買	こうばい	94・3
荒廃	こうはい	52・5
購入	こうにゅう	74・3
高騰	こうとう	84・6／180・6
更迭	こうてつ	45・24／217・24
拘泥	こうでい	157・13／196・13
肯定	こうてい	149・5
硬直	こうちょく	187・3
好調	こうちょう	22・1
紅潮	こうちょう	210・6
構築	こうちく	143・20
巧緻	こうち	217・6
光沢	こうたく	208・16
拘束	こうそく	12・6／75・6
構造	こうぞう	210・20
抗争	こうそう	33
構想	こうそう	217
功績	こうせき	208
巧拙	こうせつ	79・24
公正	こうせい	33・48
校正	こうせい	187・47

合理的《ごうりてき》 204・3
興隆《こうりゅう》 125・16
考慮《こうりょ》 125・19
荒涼《こうりょう》 120・1
恒例《こうれい》 94・10
功労《こうろう》 206・7
呼応《こおう》 146・5
枯渇《こかつ》 11・15
顧客《こきゃく》 64・1
極意《ごくい》 168・2
刻印《こくいん》 27・19
虚空《こくう》 144・8
酷使《こくし》 157・14
酷似《こくじ》 39・16
酷暑《こくしょ》 144・12
克服《こくふく》 12・8
克明《こくめい》 14・10
孤高《ここう》 144・11／206・3
誇示《こじ》 32・7
固辞《こじ》 107・20
固執《こしゅう》 21・23
故障《こしょう》 98・5
呼称《こしょう》 113・16
鼓吹《こすい》 90・4／217・12
個性《こせい》 207・17
誇張《こちょう》 21・17
滑稽《こっけい》 84・12
忽然《こつぜん》 172・1
骨董《こっとう》 173・18
固定《こてい》 196・1
鼓動《こどう》 141・14
孤独《こどく》 116・3／206・3
悉く《ことごとく》 172・8
殊に《ことに》 126・1
拒む《こばむ》 39・23
誤謬《ごびゅう》 44・7／215・14
鼓舞《こぶ》 27・25／217・12
籠もる《こもる》 168・1
顧問《こもん》 162・11
固有《こゆう》 65・17
雇用《こよう》 66・5
娯楽《ごらく》 98・3
凝らす《こらす》 42・6
孤立《こりつ》 73・21
顧慮《こりょ》 54・8
懲りる《こりる》 133・14
声高《こわだか》 87・18
婚姻《こんいん》 121・24
根幹《こんかん》 35・16
困窮《こんきゅう》 103・19
根拠《こんきょ》 17・22
権化《ごんげ》 90・3
根源《こんげん》 81・17
痕跡《こんせき》 13・21
懇切《こんせつ》 139・15
根絶《こんぜつ》 146・6
渾然《こんぜん》 85・25
献立《こんだて》 160・7
魂胆《こんたん》 94・5
昆虫《こんちゅう》 117・24
根底《こんてい》 116・7
混同《こんどう》 105・24
混沌《こんとん》 42・12／196・3
困難《こんなん》 140・8
根本的《こんぽんてき》 206・4
混迷《こんめい》 76・10
建立《こんりゅう》 129・18

さ

差異《さい》 82・5
細工《さいく》 122・2
際限《さいげん》 36・2
最期《さいご》 187・27
最後《さいご》 187・28
催促《さいそく》 39・17
採択《さいたく》 163・23
裁断《さいだん》 119・17
苛む《さいなむ》 126・11
栽培《さいばい》 27・13／181・27
裁判《さいばん》 153・17／181・28
裁縫《さいほう》 166・1
細胞《さいぼう》 158・7
災厄《さいやく》 81・25
採用《さいよう》 143・16
裁量《さいりょう》 58・2
遮る《さえぎる》 46・2
遡る《さかのぼる》 40・1
詐欺《さぎ》 31・22
割く《さく》 89・14／188・5
裂く《さく》 188・6
作為《さくい》 115・23
索引《さくいん》 57・16
削減《さくげん》 68・12
錯誤《さくご》 15・13
搾取《さくしゅ》 14・4
削除《さくじょ》 147・14
錯綜《さくそう》 46・12／209・10
錯乱《さくらん》 209・10
策略《さくりゃく》 110・5
蔑む《さげすむ》 126・8
避ける《さける》 33・25
些細《ささい》 47・17
査察《ささつ》 157・15
詐称《さしょう》 148・10
差す《さす》 189・36
刺す《さす》 189・37
挫折《ざせつ》 64・6
撮影《さつえい》 79・23
錯覚《さっかく》 12・5
刷新《さっしん》 76・3
颯爽《さっそう》 175・24
察知《さっち》 57・24
殺到《さっとう》 72・4
雑踏《ざっとう》 81・23
雑駁《ざっぱく》 170・2
殺戮《さつりく》 87・14
諭す《さとす》 85・16
砂漠《さばく》 57・15
茶飯《さはん》 83・23
妨げる《さまたげる》 25・23
些末《さまつ》 44・4
晒す《さらす》 43・17
参観《さんかん》 212・5
散見《さんけん》 116・8
残酷《ざんこく》 77・15
散策《さんさく》 68・3
残滓《ざんし》 87・23
暫時《ざんじ》 218・8
参照《さんしょう》 59・19
斬新《ざんしん》 39・24／195・19
山積《さんせき》 138・5
暫定《ざんてい》 130・5
散文《さんぶん》 206・2
散漫《さんまん》 101・19
参与《さんよ》 106・2
散乱《さんらん》 187・43
産卵《さんらん》 187・44

し

恣意《しい》 41・16／213・9
四囲《しい》 167・22
示威《じい》 204・5
自意識《じいしき》 210・8
恣意的《しいてき》 204・2
自我《じが》 208・8
自戒《じかい》 118・4／214・8
資格《しかく》 152・8
弛緩《しかん》 89・17／197・18
此岸《しがん》 199・23
指揮《しき》 55・25
時宜《じぎ》 99・22／218・5
時雨《しぐれ》 47・25
刺激《しげき》 31・15
資源《しげん》 147・15
嗜好《しこう》 44・6
志向《しこう》 106・8
時効《じこう》 182・11
時候《じこう》 182・12
示唆《しさ》 8・1／204・5
視座《しざ》 165・13
子細《しさい》 100・3
思索《しさく》 22・7／213・10
四肢《しし》 100・4
支持《しじ》 138・6／186・1
師事《しじ》 157・16／186・2
資質《ししつ》 167・15
事実《じじつ》 196・6
自粛《じしゅく》 214・8
支障《ししょう》 34・6
至上《しじょう》 70・10
指針《ししん》 110・8
辞す《じす》 165・20
自炊《じすい》 120・12
鎮める《しずめる》 127・20
辞す《じす》 165・20
市井《しせい》 43・24
姿勢《しせい》 97・16
施設《しせつ》 70・9
慈善《じぜん》 152・9
持続《じぞく》 208・4
次第《しだい》 129・22
慕う《したう》 90・12
支度《したく》 89・16
滴る《したたる》 86・4
指弾《しだん》 102・4
疾患《しっかん》 71・20
漆器《しっき》 162・12
質疑《しつぎ》 121・13

しもん～しめる

漢字	よみ	
諮問	しもん	115・14
耳目	じもく	165・19
絞める	しめる	74・3／188・18
締める	しめる	117・14／188・14
占める	しめる	38・3／207・13
自明	じめい	14・13
使命	しめい	120・11／161・20
紙幣	しへい	204・14
至福	しふく	14・21
紙幅	しふく	181・3
自負	じふ	56・9／208・2
縛る	しばる	162・5
指標	しひょう	155・25
暫く	しばらく	8・8
凌ぐ	しのぐ	43・25
自認	じにん	128・25
至難	しなん	207・8
指摘	してき	78・13
執拗	しつよう	13・14
疾病	しっぺい	133・2
執筆	しっぴつ	46・29
実践	じっせん	64・23
疾走	しっそう	125・24
実態	じったい	52・19
叱責	しっせき	108・19
桎梏	しっこく	175・15／213・14
漆黒	しっこく	130・14
実験	じっけん	205・14

しや～じゅうそく

漢字	よみ	
充足	じゅうそく	106・9
習俗	しゅうぞく	67・19
十全	じゅうぜん	81・18
修繕	しゅうぜん	55・17
集積	しゅうせき	67・22
終生	しゅうせい	149・25
就職	しゅうしょく	163・9
従順	じゅうじゅん	98・10
収集	しゅうしゅう	184・17／172・12
蒐集	しゅうしゅう	213・12
収拾	しゅうしゅう	33・18
従事	じゅうじ	71・22
修辞	しゅうじ	217・21
習慣	しゅうかん	76・3
収穫	しゅうかく	141・23／39・21
縦横	じゅうおう	77・29
周縁	しゅうえん	110・21
終焉	しゅうえん	45・5
秀逸	しゅういつ	71・1
雌雄	しゆう	94・15
斜陽	しゃよう	163・24
邪魔	じゃま	20・12
射程	しゃてい	216・12
惹起	じゃっき	168・10／129・24
若干	じゃっかん	21・12
遮断	しゃだん	211・12
捨象	しゃしょう	24・20
釈然	しゃくぜん	125・20
視野	しや	163・16

しゅし～じゅうぞく

漢字	よみ	
趣旨	しゅし	182・2
主旨	しゅし	182・19
主催	しゅさい	182・22
主宰	しゅさい	182・19
首肯	しゅこう	109・2
趣向	しゅこう	103・18
殊勲	しゅくん	218・23
熟練	じゅくれん	73・14／203・15
宿命的	しゅくめいてき	206・7
縮小化	しゅくしょうか	217・10
縮小	しゅくしょう	203・3
珠玉	しゅぎょく	89・15
主観	しゅかん	195・24
収斂	しゅうれん	44・15／213・15
襲名	しゅうめい	124・3
周名	しゅうめい	109・25
充満	じゅうまん	34・15
周辺	しゅうへん	109・25
修復	しゅうふく	20・15
執念	しゅうねん	34・18
柔軟	じゅうなん	59・14
重篤	じゅうとく	61・10
拾得	しゅうとく	195・13
周到	しゅうとう	89・23
執着	しゅうちゃく	59・23
周知	しゅうち	34・14
収奪	しゅうだつ	59・13
渋滞	じゅうたい	61・10
従属	じゅうぞく	101・15

しゅしゃ～しょうかい

漢字	よみ	
紹介	しょうかい	34・2
昇華	しょうか	53・16／215・10
照応	しょうおう	72・9
掌握	しょうあく	170・5／54・5
峻別	しゅんべつ	210・2
俊敏	しゅんびん	211・10
順応	じゅんのう	154・21
潤沢	じゅんたく	171・13／21・5
純然	じゅんぜん	165・22
純粋	じゅんすい	21・21
逡巡	しゅんじゅん	42・2
遵守	じゅんしゅ	22・9
準拠	じゅんきょ	53・5
循環	じゅんかん	118・8
瞬間	しゅんかん	122・15
潤滑	じゅんかつ	141・14
巡回	じゅんかい	105・23
手腕	しゅわん	80・1／202・7
狩猟	しゅりょう	170・8
需要	じゅよう	65・3
呪文	じゅもん	130・7
首尾	しゅび	197・7
呪縛	じゅばく	130・7
受懐	じゅかい	104・7／198・7
述懐	じゅっかい	218・7
主体	しゅたい	218・2
殊勝	しゅしょう	34・2
取捨	しゅしゃ	2・2

しょうかい～しょうそく

漢字	よみ	
消息	しょうそく	77・20
醸造	じょうぞう	81・13／218・8
肖像	しょうぞう	181・33／35・19
尚早	しょうそう	121・23／184・3
焦燥	しょうそう	52・4
饒舌	じょうぜつ	86・3／195・14
定石	じょうせき	138・20
醸成	じょうせい	24・7
精進	しょうじん	215・5
昇進	しょうしん	68・3
成就	じょうじゅ	121・9
照射	しょうしゃ	24・4
詳細	しょうさい	98・13
証左	しょうさ	115・5
称号	しょうごう	130・8
小康	しょうこう	4・4
証拠	しょうこ	13・55
衝撃	しょうげき	105・10
常軌	じょうき	164・7
召喚	しょうかん	20・2
昇格	しょうかく	186・8
渉外	しょうがい	186・3
障害	しょうがい	22・181／43
生涯	しょうがい	121・22
照会	しょうかい	121

しょうたい～しょうれい

漢字	よみ	
招待	しょうたい	181・44
常態	じょうたい	95・23
承諾	しょうだく	73・18／202・4
招致	しょうち	29・24／104・7
冗談	じょうだん	28・10
情緒	じょうちょ	206・19
象徴	しょうちょう	69・19
冗長	じょうちょう	204・4
焦点	しょうてん	35・8
譲渡	じょうと	180・1／97・7
常套	じょうとう	19・12／39・9
常道	じょうどう	45・3
衝突	しょうとつ	11・1／153・11
消費	しょうひ	180・3
焦眉	しょうび	197・13
障壁	しょうへき	161・11
譲歩	じょうほ	17・3
賞味	しょうみ	150・19
照明	しょうめい	103・13
消滅	しょうめつ	36・4
消耗	しょうもう	62・10
剰余	じょうよ	145・8
称揚	しょうよう	81・19
渉猟	しょうりょう	66・8
奨励	しょうれい	10・11

除去（じょきょ）78・9
職員（しょくいん）181・48
殖産（しょくさん）166・12
触媒（しょくばい）32・3／215・15
触発（しょくはつ）24・12
徐行（じょこう）211・15
書斎（しょさい）64・13
所作（しょさ）43・12
叙述（じょじゅつ）157・6
徐々（じょじょ）62・12
所産（しょさん）59・15
所詮（しょせん）89・15
処置（しょち）148・2
助長（じょちょう）157・12
庶民（しょみん）116・4
署名（しょめい）153・16
所与（しょよ）165・14／209・12
自律（じりつ）199・16
熾烈（しれつ）84・16
素人（しろうと）42・15
代物（しろもの）86・14
仕業（しわざ）87・9
人為（じんい）99・24
深遠（しんえん）149・7
進化（しんか）198・35
侵害（しんがい）129・21／185・28
真偽（しんぎ）13／185・28
審議（しんぎ）185・29
信義（しんぎ）185・30

真剣（しんけん）36・7
振興（しんこう）184・7
新興（しんこう）19・7
進行（しんこう）184・2
深刻（しんこく）25・7
審査（しんさ）77・2
診察（しんさつ）162・19
辛酸（しんさん）63・4
真摯（しんし）201・4
真実（しんじつ）128・25
斟酌（しんしゃく）119・22
進取（しんしゅ）88・7
尋常（じんじょう）70・3
浸食（しんしょく）96・2
心酔（しんすい）181・34
浸水（しんすい）151・5
神髄（しんずい）143・5
親戚（しんせき）17・4
新鮮（しんせん）33・23
迅速（じんそく）201・14
甚大（じんだい）184・9
慎重（しんちょう）26・10／184・9
深長（しんちょう）171・2
進捗（しんちょく）8・14
振動（しんどう）81・2
侵入（しんにゅう）97・20
審判（しんぱん）108・20
侵犯（しんぱん）146・11
審美（しんび）30・3

〔す〕

辛抱（しんぼう）34・1
信奉（しんぽう）91・5
辛辣（しんらつ）165・18
尽力（じんりょく）99・6
人倫（じんりん）204・18
親和（しんわ）165・6
神話（しんわ）204・20
推移（すいい）52・6
随意的（ずいいてき）133・23／40・2
遂行（すいこう）209・4
推敲（すいこう）204・6
水準（すいじゅん）153・10
随所（ずいしょ）20・2
推奨（すいしょう）209・18
推進（すいしん）108・13
推薦（すいせん）150・2
衰退（すいたい）156・22
出納（すいとう）66・12
随伴（ずいはん）118・6
衰微（すいび）209・1
推論（すいろん）36・13
数奇（すうき）217・28
趨勢（すうせい）86・1／44・14
崇拝（すうはい）154・12
据える（すえる）169・18
隙（すき）44・18
隙間（すきま）154・6
勧める（すすめる）169・2

〔せ〕

進める（すすめる）109・24
薦める（すすめる）190・1
裾（すそ）190・2
廃れる（すたれる）173・2
統べる（すべる）111・3
隅（すみ）91・24
澄む（すむ）97・31
済む（すむ）189・32
住む（すむ）189・3
擦る（する）172・6
寸暇（すんか）113・18
是（ぜ）
性格（せいかく）124・6
生還（せいかん）138・2
請求（せいきゅう）104・3
制御（せいぎょ）58・1／170・6
精神（せいしん）124・2
生硬（せいこう）170・2
整合（せいごう）143・6
精魂（せいこん）63・2
制裁（せいさい）157・4
凄惨（せいさん）65・20
生産（せいさん）170・18
制止（せいし）197・20
静寂（せいじゃく）105・20
脆弱（ぜいじゃく）86・3
成熟（せいじゅく）155・16
斉唱（せいしょう）166・3
清浄（せいじょう）119・23

盛衰（せいすい）200・5
生成（せいせい）59・9
成績（せいせき）142・4
整然（せいぜん）123・20
精緻（せいち）141・9
精度（せいど）173・20
正否（せいひ）28・6
正統（せいとう）69・20
静謐（せいひつ）47・22／23・20
清貧（せいひん）34・8
征服（せいふく）182・38
精密（せいみつ）182・35
制約（せいやく）187・38
清冽（せいれつ）187・39
昔日（せきじつ）107・40
積年（せきねん）11・20
惜敗（せきはい）196・8
赤貧（せきひん）218・6
寂寥（せきりょう）90・8
是正（ぜせい）104・9
席巻（せっけん）169・7／207・14
切実（せつじつ）74・14
折衝（せっしょう）111・19
拙速（せっそく）139・9
接続（せつぞく）208・9
絶対（ぜったい）194・9
折衷（せっちゅう）42・9
節度（せつど）108・23

刹那（せつな）87・13
切迫的（せっぱくてき）217・13
摂理（せつり）38・13
拙劣（せつれつ）59・9
是認（ぜにん）200・5
是非（ぜひ）142・4
迫る（せまる）123・20
台詞（せりふ）141・9
繊維（せんい）173・20
先鋭（せんえい）23・20
旋回（せんかい）69・20
先駆（せんく）28・6
善後（ぜんご）182・38
前後（ぜんご）182・35
選考（せんこう）187・38
専行（せんこう）187・39
宣告（せんこく）107・40
繊細（せんさい）11・20
潜在（せんざい）13・18／196・8
漸次（ぜんじ）10・18／218・6
漸進的（ぜんしんてき）88・10／90・8
宣誓（せんせい）104・9
専制的（せんせいてき）111・14
選択（せんたく）157・14
先端（せんたん）208・9
前兆（ぜんちょう）208・7
前提（ぜんてい）69・18／138・9
宣伝（せんでん）219・9
扇動（せんどう）132・9

浅薄 せんぱく 84・8
旋風 せんぷう 154・7
全幅 ぜんぷく 162・5
羨望 せんぼう 46・6
鮮明 せんめい 95・22
専門 せんもん 75・23
専有 せんゆう 195・24
旋律 せんりつ 53・13
戦慄 せんりつ 130・2
鮮烈 せんれつ 68・4
洗練 せんれん 18・7

そ

添う そう 189・47
沿う そう 189・48
創意 そうい 186・17
総意 そうい 186・18
憎悪 ぞうお 118・8
総括 そうかつ 37・14
想起 そうき 83・22
操業 そうぎょう 187・25
創業 そうぎょう 187・26
遭遇 そうぐう 9・14
送迎 そうげい 180・8
造詣 ぞうけい 42・8／208・6
総合 そうごう 200・4
相克 そうこく 101・25／215・11
荘厳 そうごん 53・23
操作 そうさ 26・1
捜査 そうさ 166・8
相殺 そうさい 143・19／186・11／215・11
葬祭 そうさい 186・12
捜索 そうさく 66・2
創始 そうし 157・21
掃除 そうじ 83・18
相似 そうじ 118・7
喪失 そうしつ 9・21／198・4
操縦 そうじゅう 71・13
創出 そうしゅつ 103・23
装飾 そうしょく 52・11
増殖 ぞうしょく 13・15
壮絶 そうぜつ 151・16
創造 そうぞう 194・9
相対 そうたい 194・6
壮大 そうだい 136・12
装置 そうち 37・21
荘重 そうちょう 133・21
想定 そうてい 75・24
贈呈 ぞうてい 124・10
遭難 そうなん 147・16
挿入 そうにゅう 73・15
早晩 そうばん 158・11
増幅 ぞうふく 28・1
相貌 そうぼう 89・22
聡明 そうめい 160・2
壮麗 そうれい 138・10
挿話 そうわ 85・19
添える そえる 167・18
疎遠 そえん 31・23
阻害 そがい 15・16／183・46
疎外 そがい 32・8／183・47
削ぐ そぐ 126・5
即座 そくざ 38・5
促進 そくしん 20・1
属性 ぞくせい 207・17
即席 そくせき 111・20
束縛 そくばく 18・5
即物 そくぶつ 121・21
側面 そくめん 113・19
齟齬 そご 42・3／208・1
損なう そこなう 54・9
素材 そざい 160・10
粗雑 そざつ 100・1
阻止 そし 16・12／181・40
組織 そしき 140・1
咀嚼 そしゃく 171・20
訴訟 そしょう 32・1
俎上 そじょう 175・23
租税 そぜい 69・13／181・39
礎石 そせき 62・1
祖先 そせん 111・24／181・38
措置 そち 16・6
疎通 そつう 29・18
即興 そっきょう 101・20
即効 そっこう 123・23
率先 そっせん 150・10
措定 そてい 152・3
供える そなえる 190・23
備える そなえる 190・24
素朴 そぼく 13・16
粗末 そまつ 37・13
粗野 そや 33・19
素養 そよう 143・18
尊厳 そんげん 62・6
損傷 そんしょう 110・10

た

退化 たいか 198・8
大概 たいがい 132・10
待機 たいき 101・21
耐久 たいきゅう 68・9
対極 たいきょく 100・9
待遇 たいぐう 38・2
退屈 たいくつ 61・24
体系 たいけい 123・14
太古 たいこ 101・16
滞在 たいざい 102・6
対峙 たいじ 43・16
代謝 たいしゃ 107・25
対処 たいしょ 123・25
対照 たいしょう 13・14／182・1
対称 たいしょう 182・2
対象 たいしょう 182・3／209・17
代償 だいしょう 27・15
大勢 たいせい 186・22
体制 たいせい 186・23
体勢 たいせい 186・24
堆積 たいせき 34・8
怠惰 たいだ 45・25／203・14
代替 だいたい 16・3
大胆 だいたん 38・1
台頭 たいとう 83・24
怠慢 たいまん 53・15
内裏 だいり 170・10
多寡 たか 123・21
多岐 たき 56・10
多義 たぎ 201・18
妥協 だきょう 18・11／210・4
卓越 たくえつ 18・10／207・15
託す たくす 29・16
託宣 たくせん 151・24
巧み たくみ 57・20
妥結 だけつ 154・8
長ける たける 87・16
多元 たげん 200・12
蛇行 だこう 152・7
多彩 たさい 141・16
携わる たずさわる 40・9
尋ねる たずねる 125・23
惰性 だせい 88・6
糺す ただす 174・8
佇む たたずむ 128・11
漂う ただよう 19・24
達観 たっかん 206・6
建前 たてまえ 200・5
妥当 だとう 24・10／210・4
辿る たどる 42・1
掌 たなごころ 126・6
愉しい たのしい 174・2
魂 たましい 104・6
賜物 たまもの 172・7
駄目 だめ 155・21
多様 たよう 197・16
多様性 たようせい 205・13
堕落 だらく 18・9
他律 たりつ 199・16
戯れる たわむれる 106・3
担架 たんか 99・16
団塊 だんかい 99・25
弾劾 だんがい 88・5
端座 たんざ 213・11
探索 たんさく 60・6
単純 たんじゅん 143・20
端緒 たんしょ 32・6／206・8
誕生 たんじょう 156・1
談笑 だんしょう 108・5
丹精 たんせい 63・20
端正 たんせい 115・18
嘆息 たんそく 97・14
端的 たんてき 8・10／210・1
耽読 たんどく 127・17
丹念 たんねん 23・16
断片 だんぺん 136・2
担保 たんぽ 30・9
短絡 たんらく 160・11
短絡的 たんらくてき 209・14
鍛錬 たんれん 65・14

ち

逐一 ちくいち 114・10
畜産 ちくさん 115・24
蓄積 ちくせき 10・12
知見 ちけん 32・12
稚拙 ちせつ 45・23
秩序 ちつじょ 15・15／196・4
窒素 ちっそ 162・9

窒息 ちっそく 167・16
巷 ちまた 127・14
血眼 ちまなこ 127・23
緻密 ちみつ 30・7
致命的 ちめいてき 141・23
嫡流 ちゃくりゅう 172・12
治癒 ちゆ 137・12
仲介 ちゅうかい 108・12
中核 ちゅうかく 69・19
仲裁 ちゅうさい 141・20
抽出 ちゅうしゅつ 16・22
中傷 ちゅうしょう 16・8
抽象 ちゅうしょう 24・1
抽象的 ちゅうしょうてき 96・3
衷心 ちゅうしん 194・2
中枢 ちゅうすう 35・15／132・11
紐帯 ちゅうたい 209・20
中庸 ちゅうよう 110・9／91・20
超越 ちょうえつ 35・21／209・9
懲戒 ちょうかい 207・14
徴候 ちょうこう 122・13
彫刻 ちょうこく 79・14
徴収 ちょうしゅう 124・8
聴衆 ちょうしゅう 143・22
調整 ちょうせい 120・13
挑戦 ちょうせん 101・17
彫琢 ちょうたく 127・19

調度 ちょうど 136・4
挑発 ちょうはつ 74・3
重宝 ちょうほう 111・21
眺望 ちょうぼう 56・3
跳躍 ちょうやく 208・5
凋落 ちょうらく 98・12／219・10
潮流 ちょうりゅう 23・25
跳梁 ちょうりょう 127・18
勅命 ちょくめい 169・25／215・10
貯蔵 ちょぞう 77・12
貯蓄 ちょちく 162・7
治療 ちりょう 79・18
鎮圧 ちんあつ 119・23
鎮座 ちんざ 213・19
陳謝 ちんしゃ 141・13
沈潜 ちんせん 160・12
珍重 ちんちょう 99・14
沈痛 ちんつう 187・36
鎮痛 ちんつう 187・37
沈殿 ちんでん 151・17
陳腐 ちんぷ 25・14／195・20
沈黙 ちんもく 96・8
陳列 ちんれつ 101・22

つ

追及 ついきゅう 59・22／182・13
追究（窮） ついきゅう 167・23／182・14
追求 ついきゅう 182・15
追随 ついずい 69・20
追悼 ついとう 105・3
費やす ついやす 96・18
墜落 ついらく 160・3
通暁 つうぎょう 152・10／216・10
通底 つうてい 157・23／202・3
痛烈 つうれつ 216・3
司る つかさどる 205・25
憑く つく 155・15
繕う つくろう 170・3
培う つちかう 129・22
慎む つつしむ 84・2
綴る つづる 12・1
都度 つど 191・22
募る つのる 21・3
潰す つぶす 116・16
摘む つむ 116・2
紡ぐ つむぐ 40・13
詰める つめる 124・4
貫く つらぬく 131・24

て

提供 ていきょう 140・2
提携 ていけい 81・2
締結 ていけつ 95・14
逓減 ていげん 169・3
抵抗 ていこう 28・12
体裁 ていさい 88・3
偵察 ていさつ 159・25
提唱 ていしょう 213・15
抵触 ていしょく 81・3
呈する ていする 117・24
低俗 ていぞく 203・7
停滞 ていたい 27・13
丁寧 ていねい 17・13
堤防 ていぼう 161・22
低迷 ていめい 94・8
適宜 てきぎ 118・13
摘出 てきしゅつ 138・14
敵対 てきたい 76・22
摘発 てきはつ 161・13
撤回 てっかい 96・3
撤退 てったい 72・7
徹底 てってい 22・8／161・3
撤廃 てっぱい 10・13
転嫁 てんか 67・22
点火 てんか 184・22
展開 てんかい 101・8
転換 てんかん 34・15
転機 てんき 87・24
転記 てんき 187・24
典拠 てんきょ 148・30
典型 てんけい 10・7
典型的 てんけいてき 205・17
添削 てんさく 26・6
点滴 てんてき 82・2
転倒 てんとう 147・23
天然 てんねん 163・3
伝播 でんぱ 47・15
転覆 てんぷく 165・3
展覧 てんらん 118・5

と

当為 とうい 218・5
動員 どういん 158・21
倒壊 とうかい 24・3
当該 とうがい 140・14
統括 とうかつ 213・20
等閑 とうかん 53・14
登記 とうき 69・23
投機 とうき 186・9
投棄 とうき 186・19
動機 どうき 186・5
騰貴 とうき 213・16
同義 どうぎ 142・19
道義 どうぎ 61・3
統御 とうぎょ 114・3
洞窟 どうくつ 16・9
凍結 とうけつ 137・19
投稿 とうこう 213・3
統合 とうごう 38・4
慟哭 どうこく 216・13
搭載 とうさい 213・13
倒錯 とうさく 60・3
洞察 どうさつ 10・3
倒産 とうさん 164・6
投資 とうし 109・21
踏襲 とうしゅう 11・9
搭乗 とうじょう 147・22
陶酔 とうすい 21・18／216・6
闘争 とうそう 145・22
淘汰 とうた 47・18／216・3
到達 とうたつ 55・15
到底 とうてい 16・3
透徹 とうてつ 31・2
唐突 とうとつ 23・15
踏破 とうは 94・23
逃避 とうひ 99・19
投票 とうひょう 164・14
透明 とうめい 83・14
陶冶 とうや 86・5／13・19
動揺 どうよう 53・12
到来 とうらい 205・16
道理 どうり 26・13
同僚 どうりょう 62・19
当惑 とうわく 191・12
説く とく 191・35
解く とく 191・4
溶く とく 64・9
特異 とくい 194・15
独裁 どくさい 109・15
特殊 とくしゅ 78・1
督促 とくそく 204・4
特徴 とくちょう 73・19
匿名 とくめい 23・18
独立 どくりつ 198・6

遂げる《とげる》……33・14
渡航《とこう》……148・12
途上《とじょう》……158・12
土壌《どじょう》……52・4／181・30
塗装《とそう》……147・17
途端《とたん》……31・14
突如《とつじょ》……163・25
徒党《ととう》……80・10
滞り《とどこおり》……46・7
唱える《となえる》……47・14
途方《とほう》……17・13
乏しい《とぼしい》……75・18
伴う《ともなう》……71・21
捉える《とらえる》……90・11
撮る《とる》……96・7／188・17
執る《とる》……132・8／188・16
採る《とる》……188・18
取る《とる》……188・19
捕る《とる》……188・20
奴隷《どれい》……110・11
吐露《とろ》……25・22／216・4
徒労《とろう》……37・15／206・7
貪欲《どんよく》……168・4

な

乃至《ないし》……171・19
内省《ないせい》……123・16
内包《ないほう》……202・6
眺める《ながめる》……10・5
慰める《なぐさめる》……26・7
嘆く《なげく》……136・3
和む《なごむ》……86・6
名残《なごり》……175・19
馴染み《なじみ》……127・25
懐かしい《なつかしい》……142・10
納得《なっとく》……26・4
怠ける《なまける》……116・11
滑らか《なめらか》……154・10
倣う《ならう》……40・11／188・1
習う《ならう》……188・2

に

賑わう《にぎわう》……126・2
濁る《にごる》……61・18
滲む《にじむ》……175・16
日曜日《にちようび》……180・19
担う《になう》……40・5
如実《にょじつ》……46・8
俄に《にわかに》……126・12／271・16
任意《にんい》……61・20
認証《にんしょう》……212・4
忍耐《にんたい》……61・25
認知《にんち》……212・4

ぬ

縫う《ぬう》……150・8
拭う《ぬぐう》……90・9

ね

捏造《ねつぞう》……174・7／218・2
狙う《ねらう》……82・6
懇ろ《ねんごろ》……172・5
粘着《ねんちゃく》……151・18
念頭《ねんとう》……29・17

の

濃厚《のうこう》……70・6／202・8
能動《のうどう》……197・20
濃密《のうみつ》……110・12
脳裏《のうり》……54・3
軒《のき》……142・2
載せる《のせる》……191・39
乗せる《のせる》……191・38
覗く《のぞく》……128・6
臨む《のぞむ》……138・3／188・21
望む《のぞむ》……188・22
罵る《ののしる》……171・21
暖簾《のれん》……126・7

は

把握《はあく》……8・8
廃屋《はいおく》……159・13
俳諧《はいかい》……133・24
媒介《ばいかい》……8・4／215・15
廃棄《はいき》……75・17
配偶者《はいぐうしゃ》……106・10
廃止《はいし》……98・6
輩出《はいしゅつ》……58・6
排除《はいじょ》……9・17／207・9
賠償《ばいしょう》……15・17
背信《はいしん》……140・3
陪審《ばいしん》……54・1
排斥《はいせき》……43・19／204・8
倍増《ばいぞう》……153・24
排他《はいた》……78・4
媒体《ばいたい》……20・4
配置《はいち》……136・5
背馳《はいち》……173・14／204・8
背反《はいはん》……151・19
培養《ばいよう》……55・20
背理《はいり》……215・12
配慮《はいりょ》……28・6
破壊《はかい》……27・20／181・45
測る《はかる》……189・38
謀る《はかる》……189・39
計る《はかる》……189・40
図る《はかる》……189・41
量る《はかる》……189・42
破棄《はき》……68・5
波及《はきゅう》……64・10
履く《はく》……191・30
吐く《はく》……191・31
掃く《はく》……191・32
剥ぐ《はぐ》……168・5
迫害《はくがい》……102・5／218・6
育む《はぐくむ》……47・19
博識《はくしき》……39・19
拍車《はくしゃ》……28・7
拍手《はくしゅ》……124・11
薄情《はくじょう》……180・9
迫真《はくしん》……65・16
漠然《ばくぜん》……12・2
剥奪《はくだつ》……91・23
伯仲《はくちゅう》……104・3
薄氷《はくひょう》……139・23
舶来《はくらい》……114・12
暴露《ばくろ》……129・15
派遣《はけん》……58・9
覇権《はけん》……97・25
弾む《はずむ》……169・14
派生《はせい》……30・5
破綻《はたん》……40・3
発揮《はっき》……9・15
発現《はつげん》……118・2
発酵《はっこう》……156・6
伐採《ばっさい》……27・21
発祥《はっしょう》……78・10
抜本的《ばっぽんてき》……211・11
発露《はつろ》……167・19
罵倒《ばとう》……174・11
甚だ《はなはだ》……85・13
憚る《はばかる》……175・14／274・1
阻む《はばむ》……61・22
波紋《はもん》……144・3
孕む《はらむ》……85・22
範囲《はんい》……39・13
繁栄《はんえい》……34・1
反映《はんえい》……64・11
繁華《はんか》……121・15
盤石《ばんじゃく》……88・12
繁盛《はんじょう》……103・16
繁殖《はんしょく》……76・8
反芻《はんすう》……87・20
判然《はんぜん》……105・14
万全《ばんぜん》……154・5
伴奏《ばんそう》……152・11
範疇《はんちゅう》……43・13
版図《はんと》……164・4
半端《はんぱ》……144・1
反駁《はんばく》……173・15
繁忙《はんぼう》……139・17
繁茂《はんも》……83・19
蛮勇《ばんゆう》……137・14
汎用《はんよう》……130・3
氾濫《はんらん》……46・9
伴侶《はんりょ》……113・23

ひ

悲哀《ひあい》……161・15
被害《ひがい》……147・18
控える《ひかえる》……25・18
比較《ひかく》……80・3
悲観《ひかん》……199・21
彼岸《ひがん》……130・11／199・24
卑近《ひきん》……64・12／214・4
惹く《ひく》……87・24
弾く《ひく》……188・23
引く《ひく》……188・24
卑屈《ひくつ》……83・20／214・4
卑下《ひげ》……113・21
比肩《ひけん》……214・5
微細《びさい》……60・2
悲惨《ひさん》……30・2
微視的《びしてき》……199・18
批准《ひじゅん》……24・6／205・9
皮相《ひそう》……161・19／210・7
密か《ひそか》……128・8
潜む《ひそむ》……40・8
肥大《ひだい》……61・14
浸す《ひたす》……41・13
悲嘆《ひたん》……152・12
畢竟《ひっきょう》……126・3／207・13

ひ

語	読み	頁
必至	ひっし	186・15
必死	ひっし	186・15
必定	ひつじょう	90・16
必須	ひっす	67・9
畢生	ひっせい	207・13
必然	ひつぜん	194・14
筆致	ひっち	111・14
匹敵	ひってき	14・1
否定	ひてい	196・7
美徳	びとく	212・2
批評	ひひょう	166・8
皮肉	ひにく	210・4
避難	ひなん	112・7
批判	ひはん	109・2
疲弊	ひへい	117・16
響く	ひびく	35・12
皮膚	ひふ	175・8
疲労	ひろう	200・12
非凡	ひぼん	158・12
誹謗	ひぼう	180・2
暇	ひま	65・2
秘密	ひみつ	175・8
微妙	びみょう	25・17
罷免	ひめん	16・18
繙く	ひもとく	214・4
飛躍	ひやく	219・11
比喩	ひゆ	154・2
氷解	ひょうかい	111・15
標識	ひょうしき	112・9
描写	びょうしゃ	37・25
表象	ひょうしょう	211・12
表彰	ひょうしょう	74・6

語	読み	頁
漂着	ひょうちゃく	156・16
標的	ひょうてき	76・23
漂泊	ひょうはく	97・1
標榜	ひょうぼう	165・23
表裏	ひょうり	181・15
漂流	ひょうりゅう	104・37
肥沃	ひよく	41・16
翻す	ひるがえす	17・4
披露	ひろう	119・20
敏感	びんかん	100・10
貧困	ひんこん	180・20
瀕死	ひんし	169・16
便乗	びんじょう	119・2
瀕する	ひんする	171・16
頻度	ひんど	111・21
頻発	ひんぱつ	81・9
頻繁	ひんぱん	8・21

ふ

語	読み	頁
風潮	ふうちょう	57・21
諷喩	ふうゆ	206・15
敷衍	ふえん	205・4 / 41・24
負荷	ふか	60・13
不可欠	ふかけつ	207・11
不可逆	ふかぎゃく	165・16
不可避	ふかひ	207・11
不可分	ふかぶん	118・3
普及	ふきゅう	206・6
不朽	ふきゅう	183・32
俯瞰	ふかん	183・33
複雑	ふくざつ	181・26

語	読み	頁
福祉	ふくし	114・4
服従	ふくじゅう	113・23
覆水	ふくすい	109・25
複製	ふくせい	142・14
含む	ふくむ	149・3
膨らむ	ふくらむ	61・22
耽る	ふける	128・23
負債	ふさい	58・2
扶助	ふじょ	36・10
腐心	ふしん	130・4 / 118・11
侮辱	ぶじょく	182・23 / 22・9
普請	ふしん	182・6 / 52・5
不振	ふしん	60・1
不信	ふしん	131・23
付随	ふずい	131・18
不測	ふそく	205・11
敷設	ふせつ	145・11
風情	ふぜい	123・22
不断	ふだん	75・3
負担	ふたん	14・21
蓋し	けだし	152・14
復興	ふっこう	41・13
払拭	ふっしょく	108・4
沸騰	ふっとう	102・23
舞踏	ぶとう	147・19
懐	ふところ	88・8
赴任	ふにん	26・12

語	読み	頁
腐敗	ふはい	70・11
侮蔑	ぶべつ	70・10 / 10・1
普遍性	ふへんせい	111・17
普遍	ふへん	194・7
踏む	ふむ	205・11
不毛	ふもう	110・1
浮遊	ふゆう	153・20
富裕	ふゆう	82・10
付与	ふよ	106・2 / 74・11
扶養	ふよう	209・6
舞踊	ぶよう	73・20
震える	ふるえる	151・23
雰囲気	ふんいき	83・13
憤慨	ふんがい	29・20
奮起	ふんき	59・9
分岐	ぶんき	22・2
紛糾	ふんきゅう	56・5
紛失	ふんしつ	153・16
噴出	ふんしゅつ	112・20
分析	ぶんせき	200・3 / 156・8
分節	ぶんせつ	217・24
紛争	ふんそう	234・5 / 79・16
奮闘	ふんとう	161・16

へ

語	読み	頁
平穏	へいおん	165・23
弊害	へいがい	218・6
平衡	へいこう	185・49
閉口	へいこう	185・48
平行	へいこう	185・50

語	読み	頁
併合	へいごう	151・11
閉鎖	へいさ	118・12
平生	へいぜい	211・15
閉塞	へいそく	112・14
辟易	へきえき	84・7 / 169・17
隔たり	へだたり	277・24
蔑視	べっし	75・20
経る	へる	169・7
弁解	べんかい	189・10
減る	へる	211・20
返還	へんかん	115・15
変換	へんかん	159・12
便宜	べんぎ	218・6
偏狭	へんきょう	212・21
辺境	へんきょう	58・5
偏見	へんけん	161・22
偏向	へんこう	185・23
遍在	へんざい	68・11
偏在	へんざい	123・2
変節	へんせつ	131・19
変遷	へんせん	212・10
偏重	へんちょう	6・1 / 131・19
変哲	へんてつ	81・13
変貌	へんぼう	122・1
変容	へんよう	109・13

ほ

語	読み	頁
遍歴	へんれき	101・23
防衛	ぼうえい	101・23
萌芽	ほうが	45・14

語	読み	頁
崩壊	ほうかい	9・19
妨害	ぼうがい	62・7
包括	ほうかつ	17・15
傍観	ぼうかん	59・7
放棄	ほうき	212・19 / 83・21
忘却	ぼうきゃく	60・7
暴虐	ぼうぎゃく	167・7
冒険	ぼうけん	66・6
彷徨	ほうこう	216・7
方策	ほうさく	186・7
豊作	ほうさく	115・15
忙殺	ぼうさつ	60・5
奉仕	ほうし	22・10
報酬	ほうしゅう	88・3
豊穣	ほうじょう	181・1 / 79・20
紡織	ぼうしょく	80・4
紡績	ぼうせき	11・4
包摂	ほうせつ	84・11
呆然	ぼうぜん	9・1
膨大	ぼうだい	128・1
放逐	ほうちく	131・13
逢着	ほうちゃく	171・14
膨張	ぼうちょう	28・4
方途	ほうと	125・13
冒頭	ぼうとう	21・22
抱負	ほうふ	79・19
報復	ほうふく	137・16
髣髴	ほうふつ	174・10
彷彿	ほうふつ	215・13

方便《ほうべん》 156・9
抱擁《ほうよう》 115・20
包容《ほうよう》 146・1
飽和《ほうわ》 81・22
捕獲《ほかく》 68・1
補完《ほかん》 78・5
墨守《ぼくしゅ》 118・1
撲滅《ぼくめつ》 100・12
反故《ほご》 208・1
誇る《ほこる》 95・14
綻び《ほころび》 170・9
補佐《ほさ》 74・7
保守《ほしゅ》 199・20
補充《ほじゅう》 166・4
保障《ほしょう》 29・15／184・19
保証《ほしょう》 37・22／184・20
補償《ほしょう》 184・21
舗装《ほそう》 120・5
勃興《ぼっこう》 111・22
発作的《ほっさてき》 209・14
発端《ほったん》 53・19
没頭《ぼっとう》 67・24
施す《ほどこす》 46・3
哺乳《ほにゅう》 67・16
仄か《ほのか》 174・12
本質《ほんしつ》 197・21
奔走《ほんそう》 106・12
本音《ほんね》 200・6
奔放《ほんぽう》 63・24
翻訳《ほんやく》 62・3
凡庸《ぼんよう》 17・19／200・7
翻弄《ほんろう》 43・23

ま

枚挙《まいきょ》 31・17
埋没《まいぼつ》 27・16
賄う《まかなう》 86・7
紛れる《まぎれる》 23・22
摩擦《まさつ》 38・9
魔術《まじゅつ》 139・24
末裔《まつえい》 175・13
抹消《まっしょう》 123・22
免れる《まぬかれる》 42・9
稀《まれ》 84・4
蔓延《まんえん》 91・13
漫画《まんが》 108・3
満喫《まんきつ》 146・10
慢性《まんせい》 119・13
漫然《まんぜん》 106・5

み

磨く《みがく》 61・21
惨め《みじめ》 132・1
未熟《みじゅく》 203・24
未遂《みすい》 161・17
未曾有《みぞう》 41・23
未知《みち》 201・24
未踏《みとう》 115・25
脈絡《みゃくらく》 36・8
魅了《みりょう》 22・10
魅力《みりょく》 20・5
未練《みれん》 77・14
魅惑《みわく》 53・20

む

無為《むい》 133・25
無意識《むいしき》 210・8
無縁《むえん》 104・4
無我《むが》 214・6
無機的《むきてき》 199・13
無垢《むく》 47・24／214・6
無邪気《むじゃき》 78・6
矛盾《むじゅん》 15・18／205・9
無償《むしょう》 72・10
無常《むじょう》 187・45／205・15
無情《むじょう》 187・46／205・15
寧ろ《むしろ》 128・5
無心《むしん》 210・5
夢想《むそう》 151・22
無造作《むぞうさ》 89・13
無駄《むだ》 38・6
無頓着《むとんちゃく》 168・3
虚しい《むなしい》 91・21
旨《むね》 47・20
無謬《むびゅう》 215・14
無謀《むぼう》 30・6

め

銘《めい》 105・23
銘柄《めいがら》 107・13
銘記《めいき》 99・23／185・46
明記《めいき》 185・47
明晰《めいせき》 128・9
命題《めいだい》 215・16
名誉《めいよ》 139・25
明瞭《めいりょう》 25・20／197・14
迷惑《めいわく》 165・17
滅多《めった》 157・20
愛でる《めでる》 126・10
免除《めんじょ》 207・9
面倒《めんどう》 72・3

も

猛威《もうい》 67・20
盲従《もうじゅう》 122・5
妄想《もうそう》 58・7
毛頭《もうとう》 171・25
網膜《もうまく》 39・25
網羅《もうら》 31・18
猛烈《もうれつ》 21・25
朦朧《もうろう》 91・22
模擬《もぎ》 149・13
黙示《もくし》 214・7
目標《もくひょう》 181・36
模索《もさく》 19・13／213・10
専ら《もっぱら》 86・10
模範《もはん》 56・12
模倣《もほう》 17・17／194・10
模様《もよう》 102・10
催す《もよおす》 131・24
漏れる《もれる》 117・19
脆い《もろい》 173・23

や

躍如《やくじょ》 83・25
躍動《やくどう》 180・18
厄介《やっかい》 10・2
躍起《やっき》 106・1
雇う《やとう》 136・7
野蛮《やばん》 159・15
野暮《やぼ》 132・3
揶揄《やゆ》 45・19／206・5

ゆ

唯一《ゆいいつ》 31・16
由緒《ゆいしょ》 30・12
有為《ゆうい》 218・3
優越《ゆうえつ》 136・6
優雅《ゆうが》 107・23
誘拐《ゆうかい》 137・23
勇敢《ゆうかん》 145・18
有機《ゆうき》 215・9
遊戯《ゆうぎ》 120・6
有機的《ゆうきてき》 199・14
悠久《ゆうきゅう》 39・15
優遇《ゆうぐう》 122・4
幽玄《ゆうげん》 121・16
融合《ゆうごう》 19・14
融通《ゆうずう》 23・15
誘致《ゆうち》 37・16
悠長《ゆうちょう》 25・21
誘導《ゆうどう》 112・11
誘発《ゆうはつ》 72・11／211・15
幽閉《ゆうへい》 52・8
雄弁《ゆうべん》 72・12
猶予《ゆうよ》 21・19
遊離《ゆうり》 102・7
憂慮《ゆうりょ》 115・14
幽霊《ゆうれい》 143・24
誘惑《ゆうわく》 96・9
愉悦《ゆえつ》 145・19
所以《ゆえん》 127・15／270・5
愉快《ゆかい》 66・6
歪める《ゆがめる》 126・4
遊山《ゆさん》 113・25
譲る《ゆずる》 32・11
委ねる《ゆだねる》 84・9
癒着《ゆちゃく》 79・22
由来《ゆらい》 56・7
緩い《ゆるい》 89・15
揺れる《ゆれる》 33・15

よ

余韻《よいん》 102・11
容易《ようい》 37・19／212・3
溶解《ようかい》 82・7
擁護《ようご》 10・10
容姿《ようし》 80・5
容赦《ようしゃ》 18・4／212・3
要請《ようせい》 16・10／184・1
養成《ようせい》 184・2
様相《ようそう》 55・24
幼稚《ようち》 76・4／180・21
擁立《ようりつ》 69・14
要領《ようりょう》 76・7
余暇《よか》 153・14
余儀《よぎ》 12・4
預金《よきん》 140・4
抑圧《よくあつ》 37・20
抑制《よくせい》 28・8
抑揚《よくよう》 15・22
余剰《よじょう》 110・3

寄席《よせ》 132・2
余地《よち》 29・19
澱む《よどむ》 173・24
余念《よねん》 151・25
蘇る《よみがえる》 45・21
余裕《よゆう》 38・10

ら

礼賛《らいさん》 133・20
烙印《らくいん》 175・25
落胆《らくたん》 31・25
楽観《らっかん》 199・22
羅列《られつ》 68・2

り

理屈《りくつ》 154・3
利己《りこ》 198・9
履行《りこう》 130・9
利潤《りじゅん》 57・22
理性《りせい》 194・8
理想《りそう》 195・18
利他《りた》 198・10
離脱《りだつ》 95・16
律儀《りちぎ》 174・6
立脚《りっきゃく》 156・10
理念《りねん》 204・7
理不尽《りふじん》 82・4
隆起《りゅうき》 103・22
流儀《りゅうぎ》 150・11
隆盛《りゅうせい》 24・8
流暢《りゅうちょう》 128・1
流動《りゅうどう》 196・2
留保《りゅうほ》 69・23
領域《りょういき》 55・22
両義《りょうぎ》 216・1
領分《りょうぶん》 142・6
療養《りょうよう》 145・20
虜囚《りょしゅう》 180・24
履歴《りれき》 37・23
臨界《りんかい》 140・5
輪郭《りんかく》 8・7
臨床《りんしょう》 129・17
臨場《りんじょう》 117・25
隣接《りんせつ》 97・24
林立《りんりつ》 64・9
倫理的《りんりてき》 204・3

る

類型的《るいけいてき》 205・17
類似《るいじ》 107・15
類推《るいすい》 119・14
累積《るいせき》 62・4
流転《るてん》 100・2
流布《るふ》 41・17

れ

例外《れいがい》 201・16
励行《れいこう》 154・9
冷酷《れいこく》 82・9
霊魂《れいこん》 137・17
令嬢《れいじょう》 181・31
隷属《れいぞく》 83・15
冷淡《れいたん》 103・17
霊長《れいちょう》 123・24
列挙《れっきょ》 117・18
劣等《れっとう》 207・12
廉価《れんか》 131・15
連携《れんけい》 150・12
連鎖《れんさ》 16・1／211・9
連載《れんさい》 152・5／181・29
憐憫《れんびん》 86・12
連綿《れんめん》 25・19

ろ

楼閣《ろうかく》 114・1
朗読《ろうどく》 96・10
狼狽《ろうばい》 175・21
浪費《ろうひ》 34・4
露骨《ろこつ》 63・15
露呈《ろてい》 11・14／216・4
論旨《ろんし》 136・8

わ

歪曲《わいきょく》 42・2
矮小《わいしょう》 91・18
矮小化《わいしょうか》 217・11
弁える《わきまえる》 128・7
枠《わく》 38・7
湧く《わく》 90・8
惑星《わくせい》 144・2
僅か《わずか》 170・1
煩う《わずらう》 188・3
患う《わずらう》 188・4
煩わしい《わずらわしい》 89・18
侘しい《わびしい》 174・3

索引

上は頁数
下は問題番号

カタカナ語

ア行

アーカイブ 229・16
アイコン 231・15
アイデンティティー 220・1
アイロニー 220・4
アウトプット 231・10
アウフヘーベン 231・10
アカウンタビリティー 220・1
アナーキズム 221・10
アナクロニズム 224・5
アナログ 228・3
アナロジー 223・16
アニミズム 227・9
アパシー 223・16
アフォリズム 226・5
アプリオリ 231・14
アプローチ 230・8
アポリア 230・8
アレゴリー 223・13
アンソロジー 228・1
アンチテーゼ 222・1
アンチノミー 230・5
アンニュイ 229・16
アンビシャス 220・3
アンビション 230・5
アンビバレント 220・3
イズム 225・14
イデア 225・14
イデオロギー 220・2
イニシエーション 221・14
イノベーション 229・9
イマジネーション 220・5
インセンティブ 230・2
インターネット 230・2
インターネットリテラシー 233・10
インフォームドコンセント 240・5
インモラル 230・7
ウェルビーイング 241・5
エキゾティシズム 226・5
エクスタシー 231・11
エゴ 225・12
エゴイズム 221・9
エコノミー 226・1
エコロジー 226・1
エスカレーション 223・11
エスニシティー 243・3
エスプリ 225・12
エッセンシャルワーカー 242・4
エートス 228・7
エピソード 227・16
エピローグ 227・16
エレメント 228・5
エロス 228・7
オーソリティー 224・4
オーダー 228・8
オーバーツーリズム 238・4
オプティミズム 227・14
オルタナティブ 224・2

カ行

カーボンニュートラル 239・4
カオス 225・17
カスタマー 230・3
カタルシス 229・10
カテゴリー 223・13
カリカチュア 229・13
カリスマ 230・3
カルチャー 229・13
クオリティー 224・3
クラウド 232・5
グローバリゼーション 234・2
グローバル 220・8
グロテスク 222・3
コード 230・4／243・2
コスモス 225・13
コスモポリタン 225・13
コミュニケ 228・6
コミュニケーション 221・14
コミュニティー 228・6
コモンセンス 220・7
コロニー 227・15
コンセプト 229・11
コンセンサス 223・15
コンテクスト 223・15
コントラスト 229・11
コントロール 224・8

サ行

サステイナビリティー 239・2
ジェンダー 228・8
ジェンダーギャップ 236・2
シグナル 224・7
シナジー 227・10
シニカル 226・4
シビリゼーション 229・9
シミュレーション 223・11
ジャーナリズム 229・14
ジャーナル 230・1
シャーマニズム 229・14
ジャンル 230・1
ジレンマ 225・15
シンギュラリティー 232・4
シンパシー 231・11
シンボル 224・7
シンメトリー 231・9
スキーム 226・2
スタティック 229・12
スタンス 226・3
ステレオタイプ 221・13
ストイック 229・12
ストラテジー 228・4
スノビズム 224・5
スローガン 226・3
センチメンタリズム 221・12

タ行

ダイナミズム 231・13
ダイバーシティー 237・6
タブー 223・17

索引

上は頁数
下は問題番号

現代のキーワード

ア行

IoT《アイオーティー》 …… 232・2
iPS細胞《アイピーエスさいぼう》 …… 240・4
EPA《イーピーエー》 …… 238・1
移民《いみん》 …… 235・9
インクルーシブ教育《インクルーシブきょういく》 …… 237・7
インターネットリテラシー …… 233・10
インバウンド消費《インバウンドしょうひ》 …… 238・5
インフォームドコンセント …… 240・5
ウェルビーイング …… 241・5
AI《エーアイ》 …… 232・1
エシカル消費《エシカルしょうひ》 …… 239・3
SDGs《エスディージーズ》 …… 238・3
エスニシティー …… 243・3
エッセンシャルワーカー …… 242・4
FTA《エフティーエー》 …… 238・1
LGBT《エルジービーティー》 …… 236・4
エルニーニョ現象《エルニーニョげんしょう》 …… 239・5
オーバーツーリズム …… 238・4

カ行

カーボンニュートラル …… 239・4
格差社会《かくさしゃかい》 …… 242・2
監視社会《かんししゃかい》 …… 233・6
クラウド …… 232・5
グローバリゼーション …… 234・2
ゲノム編集《ゲノムへんしゅう》 …… 240・3
コード …… 230・4／243・2
国語《こくご》 …… 243・5
国際化《こくさいか》 …… 234・3

サ行

サステイナビリティー …… 239・2
ジェンダーギャップ …… 236・2
少子高齢社会《しょうしこうれいしゃかい》 …… 241・2
シンギュラリティー …… 232・4
生命倫理《せいめいりんり》 …… 240・1

タ行

ダイバーシティー …… 237・6
男女共同参画社会《だんじょきょうどうさんかくしゃかい》 …… 237・10
デジタルディバイド …… 233・9
テレワーク …… 242・3
テロリズム …… 234・4
トランスナショナル …… 235・8

ナ行

ナショナリズム …… 221・10／234・1
難民キャンプ《なんみんキャンプ》 …… 235・10
ノーマライゼーション …… 237・9

ハ行

バイオテクノロジー …… 240・2
排外主義《はいがいしゅぎ》 …… 235・7
働き方改革《はたらきかたかいかく》 …… 242・1
パリ協定《パリきょうてい》 …… 239・1
ひきこもり …… 241・3
ビッグデータ …… 232・3
標準語《ひょうじゅんご》 …… 243・4
フィルターバブル …… 233・8
フェイクニュース …… 233・7
フェミニズム …… 227・13／236・5
文化相対主義《ぶんかそうたいしゅぎ》 …… 243・1
紛争《ふんそう》 …… 234・5
ヘイトスピーチ …… 236・3
ポピュリズム …… 238・2

マ行

マイノリティー …… 224・4／236・1
無縁社会《むえんしゃかい》 …… 241・1

ヤ行

ヤングケアラー …… 241・4
ユニバーサルデザイン …… 237・8

ラ行

リベラル …… 235・6

ワ行

ワーク・ライフ・バランス …… 242・5

索引

上は頁数
下は問題番号

慣用句

あ行

- 相づちを打つ（あいづちをうつ）257／11
- 足をすくう（あしをすくう）265／10
- 羹に懲りて膾を吹く（あつものにこりてなますをふく）250／6
- 後の祭り（あとのまつり）250／5
- 虻蜂取らず（あぶはちとらず）259／10
- 勇み足（いさみあし）247／12
- 急がば回れ（いそがばまわれ）268／3
- 一日の長（いちじつのちょう）252／8
- 一目置く（いちもくおく）251／11
- 一矢を報いる（いっしをむくいる）268／8
- 一寸の虫にも五分の魂（いっすんのむしにもごぶのたましい）251／12
- 後ろ指をさす（うしろゆびをさす）247／14
- 鵜呑みにする（うのみにする）247／15
- 馬が合う（うまがあう）258／1
- 馬の耳に念仏（うまのみみにねんぶつ）266／6
- 烏有に帰す（うゆうにきす）253／9

か行

- 瓜二つ（うりふたつ）253／10
- 雲泥の差（うんでいのさ）257／16
- 得体の知れない（えたいのしれない）253／15
- 絵に描いた餅（えにかいたもち）247／16
- 襟を正す（えりをただす）265／15
- 追い討ちをかける（おいうちをかける）253／16
- 折り紙つき（おりがみつき）247／11
- 臆面もない（おくめんもない）265／8
- お茶を濁す（おちゃをにごす）254／12
- 顔に泥を塗る（かおにどろをぬる）267／3
- 固唾を呑む（かたずをのむ）260／7
- 肩を落とす（かたをおとす）260／4
- 肩を持つ（かたをもつ）260／11
- 兜を脱ぐ（かぶとをぬぐ）255／4
- 汗顔の至り（かんがんのいたり）251／11
- 眼光紙背に徹す（がんこうしはいにてっす）254／2
- 間髪を容れず（かんはつをいれず）253／7
- 肝胆相照らす（かんたんあいてらす）267／17
- 完膚なきまで（に）（かんぷなきまでに）260／5
- 歓心を買う（かんしんをかう）250／6
- 机上の空論（きじょうのくうろん）260／1
- 木に竹を接ぐ（きにたけをつぐ）250／7
- 木によりて魚を求む（きによりてうおをもとむ）261／12
- 気の置けない（きのおけない）247／13
- 気が利いた（きがきいた）249／14
- 決まり文句（きまりもんく）254／3
- 肝に銘じる（きもにめいじる）261／9
- 杞憂（きゆう）246／16
- 牛耳る（ぎゅうじる）260／8
- 漁夫の利（ぎょふのり）249／15
- 清水の舞台から飛び降りる（きよみずのぶたいからとびおりる）254／5
- 軌を一にする（きをいつにする）261／11
- 琴線に触れる（きんせんにふれる）246／8
- 口が過ぎる（くちがすぎる）248／2
- 口車に乗る（くちぐるまにのる）264／3
- 口八丁手八丁（くちはっちょうてはっちょう）262／7
- 愚にもつかない（ぐにもつかない）262／2
- 君子は豹変す（くんしはひょうへんす）248／3
- 警鐘を鳴らす（けいしょうをならす）246／2
- 逆鱗に触れる（げきりんにふれる）264／3
- 怪我の功名（けがのこうみょう）254／2
- 光陰矢のごとし（こういんやのごとし）248／2
- 犬猿の仲（けんえんのなか）255／17
- 後塵を拝する（こうじんをはいする）261／9
- 後生畏るべし（こうせいおそるべし）253／16
- 郷に入っては郷に従え（ごうにいってはごうにしたがえ）255／17
- 功を奏する（こうをそうする）261／16
- 小首をかしげる（こくびをかしげる）250／10
- 沽券に関わる（こけんにかかわる）259／17
- 糊口を凌ぐ（ここうをしのぐ）256／4
- 五十歩百歩（ごじっぽひゃっぽ）264／8
- 言葉を濁す（ことばをにごす）249／17

さ行

- 砂上の楼閣（さじょうのろうかく）262／5
- 匙を投げる（さじをなげる）262／2
- 三顧の礼（さんこのれい）262／4
- 歯牙にもかけない（しがにもかけない）255／16
- 自家薬籠中の物（じかやくろうちゅうのもの）263／3
- 舌を巻く（したをまく）248／5
- 鎬を削る（しのぎをけずる）246／4
- 蛇の道は蛇（じゃのみちはへび）263／2
- 衆寡敵せず（しゅうかてきせず）256／1
- 重箱の隅をつつく（じゅうばこのすみをつつく）263／16
- 出藍の誉れ（しゅつらんのほまれ）250／3
- 常軌を逸する（じょうきをいっする）256／16
- 性懲りもなく（しょうこりもなく）264／14
- 焦眉の急（しょうびのきゅう）251／8
- 食指が動く（しょくしがうごく）257／4
- 如才ない（じょさいない）258／10
- 白羽の矢が立つ（しらはのやがたつ）259／15
- しらみつぶし（しらみつぶし）256／5
- 尻馬に乗る（しりうまにのる）248／5
- 人口に膾炙する（じんこうにかいしゃする）264／2
- 進退きわまる（しんたいきわまる）251／15
- 人後に落ちない（じんごにおちない）257／10
- 雀の涙（すずめのなみだ）264／8
- 正鵠を射る（せいこくをいる）267／9
- 青天の霹靂（せいてんのへきれき）264／8
- 背中合わせ（せなかあわせ）267／9

た行

- 背に腹はかえられない（せにはらはかえられない）…… 266 8
- 象牙の塔（ぞうげのとう）…… 263 17
- 相好を崩す（そうごうをくずす）…… 251 16
- 高嶺の花（たかねのはな）…… 262 4
- 他山の石（たざんのいし）…… 246 4
- 蛇足（だそく）…… 250 2
- 立つ瀬がない（たつせがない）…… 268 4
- 立て板に水（たていたにみず）…… 268 6
- 蓼食う虫も好き好き（たでくうむしもすきずき）…… 252 5
- 棚から牡丹餅（たなからぼたもち）…… 265 9
- 頂門の一針（ちょうもんのいっしん）…… 269 11
- 鶴の一声（つるのひとこえ）…… 263 14
- 手塩にかける（てしおにかける）…… 251 13
- 手に汗を握る（てにあせをにぎる）…… 248 15
- 手をこまねく（てをこまねく）…… 251 6
- 頭角をあらわす（とうかくをあらわす）…… 257 2
- 等閑に付す（とうかんにふす）…… 266 10
- 蟷螂の斧（とうろうのおの）…… 269 2
- 塗炭の苦しみ（とたんのくるしみ）…… 269 15
- 怒髪冠を衝く（どはつかんむりをつく）…… 269 7
- 虎の子（とらのこ）…… 255 12
- 取りつくしまもない（とりつくしまもない）…… 263 13

な行

- 情けは人のためならず（なさけはひとのためならず）…… 254 4
- 泣きっ面に蜂（なきっつらにはち）…… 246 2
- 梨のつぶて（なしのつぶて）…… 268 5
- 習い性となる（ならいせいとなる）…… 247 15
- 煮え切らない（にえきらない）…… 263 11
- 二の足を踏む（にのあしをふむ）…… 247 11
- 抜き差しならない（ぬきさしならない）…… 263 15
- 濡れ手で粟（ぬれてであわ）…… 252 1
- 猫も杓子も（ねこもしゃくしも）…… 266 11
- 猫をかぶる（ねこをかぶる）…… 266 3
- 根無し草（ねなしぐさ）…… 255 3
- 寝耳に水（ねみみにみず）…… 256 6

は行

- 背水の陣（はいすいのじん）…… 258 2
- 歯が立たない（はがたたない）…… 255 3
- 歯が（の）浮く（はが（の）うく）…… 258 4
- 馬脚を露わす（ばきゃくをあらわす）…… 250 7
- 拍車をかける（はくしゃをかける）…… 252 3
- 白眉（はくび）…… 256 11
- 破竹の勢い（はちくのいきおい）…… 255 8
- 八方美人（はっぽうびじん）…… 258 5
- 鳩が豆鉄砲を食ったよう（はとがまめでっぽうをくったよう）…… 258 10
- 鼻であしらう（はなであしらう）…… 267 3
- 鼻につく（はなにつく）…… 248 6
- 鼻をあかす（はなをあかす）…… 255 7
- 花を持たせる（はなをもたせる）…… 253 8
- 歯に衣着せぬ（はにきぬきせぬ）…… 253 12
- 腹を探る（はらをさぐる）…… 269 3
- 顰みに倣う（ひそみにならう）…… 260 3
- 火に油を注ぐ（ひにあぶらをそそぐ）…… 267 3
- 百害あって一利なし（ひゃくがいあっていちりなし）…… 267 12
- 百聞は一見に如かず（ひゃくぶんはいっけんにしかず）…… 248 8
- 氷山の一角（ひょうざんのいっかく）…… 269 13
- 瓢箪から駒（ひょうたんからこま）…… 267 13
- 顰蹙を買う（ひんしゅくをかう）…… 259 14
- 覆水盆に返らず（ふくすいぼんにかえらず）…… 259 7
- 袋小路（ふくろこうじ）…… 249 9
- 腑に落ちない（ふにおちない）…… 247 15
- 蛇の生殺し（へびのなまごろし）…… 255 7
- 判官贔屓（ほうがんびいき）…… 258 10
- 木鐸（ぼくたく）…… 268 17
- ほぞを噛む（ほぞをかむ）…… 252 7

ま行

- 枚挙にいとまがない（まいきょにいとまがない）…… 249 10
- 馬子にも衣装（まごにもいしょう）…… 266 7
- 真っ赤な嘘（まっかなうそ）…… 264 1
- 的を射る（まとをいる）…… 246 6
- まなじりを決する（まなじりをけっする）…… 259 16
- 眉をひそめる（まゆをひそめる）…… 258 7
- 水と油（みずとあぶら）…… 264 3
- 水に流す（みずにながす）…… 256 3
- 水を得た魚（みずをえたうお）…… 264 5
- 水を差す（みずをさす）…… 257 9
- 水を向ける（みずをむける）…… 264 4
- 身も蓋もない（みもふたもない）…… 263 9
- 耳が痛い（みみがいたい）…… 247 11
- 虫がいい（むしがいい）…… 265 13
- 虫が好かない（むしがすかない）…… 257 12
- 虫の息（むしのいき）…… 257 13
- 虫の知らせ（むしのしらせ）…… 257 14
- 虫も殺さぬ（むしもころさぬ）…… 265 14
- 胸に一物（むねにいちもつ）…… 254 6
- 胸に迫る（むねにせまる）…… 254 14
- 名状し難い（めいじょうしがたい）…… 254 6
- 目から鱗が落ちる（めからうろこがおちる）…… 249 11
- 元の木阿弥（もとのもくあみ）…… 268 2
- 諸刃の剣（もろはのつるぎ）…… 261 10
- 門外漢（もんがいかん）…… 256 3
- 紋切り型（もんきりがた）…… 249 2

や行

- 役不足（やくぶそく）…… 252 4
- 藪から棒（やぶからぼう）…… 259 13
- 藪蛇（やぶへび）…… 259 3
- 病膏肓に入る（やまいこうこうにいる）…… 246 1
- 余儀ない（よぎない）…… 259 13
- 横車を押す（よこぐるまをおす）…… 259 2

ら行

- 李下に冠を正さず（りかにかんむりをたださず）…… 268 4
- 溜飲を下げる（りゅういんをさげる）…… 268 7

わ行

- 和して同ぜず（わしてどうぜず）…… 252 6
- 渡りに船（わたりにふね）…… 266 1

索引

上は頁数
下は問題番号

和語

あ行

か行

さ行

た行

な行

は行

ま行

や行

索引

上は頁数
下は問題番号

四字熟語

あ行

阿鼻叫喚《あびきょうかん》 285・15
阿諛追従《あゆついしょう》 291・24
暗中飛躍《あんちゅうひやく》 295・15
暗中模(摸)索《あんちゅうもさく》 285・16
唯唯諾諾《いいだくだく》 293・14
意気消沈《いきしょうちん》 295・16
意気投合《いきとうごう》 287・18
意気揚揚《いきようよう》 291・25
異口同音《いくどうおん》 290・3
以心伝心《いしんでんしん》 290・4
一意専心《いちいせんしん》 283・20
一期一会《いちごいちえ》 292・1
一日千秋《いちじつせんしゅう(いちにちせんしゅう)》 287・19
一念発起《いちねんほっき》 291・15
一罰百戒《いちばつひゃっかい》 285・17
一病息災《いちびょうそくさい》 293・15
一味同心《いちみどうしん》 295・17
一網打尽《いちもうだじん》 283・21
一目瞭然《いちもくりょうぜん》 290・6
一陽来復《いちようらいふく》 287・20
一蓮托生《いちれんたくしょう》 282・8
一喜一憂《いっきいちゆう》 291・16
一騎当千《いっきとうせん》 285・18
一視同仁《いっしどうじん》 293・16
一触即発《いっしょくそくはつ》 285・19
一心同体《いっしんどうたい》 295・18
一世一代《いっせいちだい》 287・21
一石二鳥《いっせきにちょう》 285・20
一知半解《いっちはんかい》 285・21
一朝一夕《いっちょういっせき》 285・22
一刀両断《いっとうりょうだん》 295・19
因果応報《いんがおうほう》 295・20
慇懃無礼《いんぎんぶれい》 295・21
有為転変《ういてんぺん》 287・22
右往左往《うおうさおう》 283・22
紆余曲折《うよきょくせつ》 283・23
雲散霧消《うんさんむしょう》 292・2
栄枯盛衰《えいこせいすい》 293・17
傍(岡)目八目《おかめはちもく》 282・2
温故知新《おんこちしん》 283・16

か行

快刀乱麻《かいとうらんま》 285・23
臥薪嘗胆《がしんしょうたん》 282・3
花鳥風月《かちょうふうげつ》 290・7
隔靴搔痒《かっかそうよう》 285・24
我田引水《がでんいんすい》 293・18
画竜点睛《がりょうてんせい(がりゅうてんせい)》 287・23
夏炉冬扇《かろとうせん》 283・24
汗牛充棟《かんぎゅうじゅうとう》 295・22
頑固一徹《がんこいってつ》 287・24
換骨奪胎《かんこつだったい》 283・17
勧善懲悪《かんぜんちょうあく》 283・25
頑迷固陋《がんめいころう》 295・23
気宇壮大《きうそうだい》 287・25
危機一髪《ききいっぱつ》 288・1
起死回生《きしかいせい》 282・9
起承転結《きしょうてんけつ》 292・3
疑心暗鬼《ぎしんあんき》 292・4
奇想天外《きそうてんがい》 295・24
喜怒哀楽《きどあいらく》 284・1
旧態依然《きゅうたいいぜん》 285・25
狂喜乱舞《きょうきらんぶ》 289・25
行住坐臥《ぎょうじゅうざが》 288・2
驚天動地《きょうてんどうち》 284・2
興味津津《きょうみしんしん》 293・19
曲学阿世《きょくがくあせい》 295・25
玉石混交(淆)《ぎょくせきこんこう》 293・20
虚心坦懐《きょしんたんかい》 296・1
金科玉条《きんかぎょくじょう》 292・5
欣喜雀躍《きんきじゃくやく》 296・2
空前絶後《くうぜんぜつご》 289・24
群雄割拠《ぐんゆうかっきょ》 284・3
軽佻浮薄《けいちょうふはく》 296・3
牽強付(附)会《けんきょうふかい》 288・3
乾坤一擲《けんこんいってき》 288・4
捲土重来《けんどちょうらい(けんどじゅうらい)》 293・21
堅忍不抜《けんにんふばつ》 288・5
行雲流水《こううんりゅうすい》 288・6
厚顔無恥《こうがんむち》 286・1
巧言令色《こうげんれいしょく》 282・10
公序良俗《こうじょりょうぞく》 296・4
荒唐無稽《こうとうむけい》 282・1
呉越同舟《ごえつどうしゅう》 286・2
孤軍奮闘《こぐんふんとう》 296・5
古今東西《ここんとうざい》 288・7
虎視眈眈《こしたんたん》 284・4
古色蒼然《こしょくそうぜん》 286・3
孤立無援《こりつむえん》 293・22
五里霧中《ごりむちゅう》 288・8
言語道断《ごんごどうだん》 291・17
渾然一体《こんぜんいったい》 286・4

さ行

三寒四温《さんかんしおん》 286・5
山紫水明《さんしすいめい》 282・11
自画自賛《じがじさん》 293・23
自家撞着《じかどうちゃく》 290・9
四苦八苦《しくはっく》 284・5
試行錯誤《しこうさくご》 290・2
自業自得《じごうじとく》 284・6
自縄自縛《じじょうじばく》 296・6
七転八倒《しちてんばっとう(しってんばっとう)》 283・18
質実剛健《しつじつごうけん》 289・19
四分五裂《しぶんごれつ(しぶごれつ)》 296・7
自暴自棄《じぼうじき》 289・20
四面楚歌《しめんそか》 284・7
杓子定規《しゃくしじょうぎ》 282・4
弱肉強食《じゃくにくきょうしょく》 286・6
自由闊達《じゆうかったつ》 293・24
周章狼狽《しゅうしょうろうばい》 282・12
衆人環視《しゅうじんかんし》 288・9
十人十色《じゅうにんといろ》 293・25
取捨選択《しゅしゃせんたく》 296・8
出処進退《しゅっしょしんたい》 288・10

首尾一貫《しゅびいっかん》……292・6
春風駘蕩《しゅんぷうたいとう》……294・1
順風満帆《じゅんぷうまんぱん》……294・2
正真正銘《しょうしんしょうめい》……291・18
小心翼翼《しょうしんよくよく》……288・11
枝葉末節《しようまっせつ》……290・10
諸行無常《しょぎょうむじょう》……286・7
支離滅裂《しりめつれつ》……294・3
心機一転《しんきいってん》……284・8
深山幽谷《しんざんゆうこく》……296・9
人事不省《じんじふせい》……288・12
神出鬼没《しんしゅつきぼつ》……291・19
信賞必罰《しんしょうひつばつ》……286・8
針小棒大《しんしょうぼうだい》……294・4
深謀遠慮《しんぼうえんりょ》……286・9
森羅万象《しんらばんしょう》……290・1
酔生夢死《すいせいむし》……294・5
晴耕雨読《せいこううどく》……296・10
生殺与奪《せいさつよだつ》……296・11
生生流転《せいせいるてん（しょうじょうるてん）》……296・12
清廉潔白《せいれんけっぱく》……289・21
切磋琢磨《せっさたくま》……286・10
切歯扼腕《せっしやくわん》……289・13
絶体絶命《ぜったいぜつめい》……291・20
浅学非才《せんがくひさい》……289・22
千載一遇《せんざいいちぐう》……282・5
千差万別《せんさばんべつ（せんさまんべつ）》……290・11
前代未聞《ぜんだいみもん》……297・13
千変万化《せんぺんばんか》……294・6

た行

大義名分《たいぎめいぶん》……290・12
大言壮語《たいげんそうご》……297・14
泰然自若《たいぜんじじゃく》……284・9
大胆不敵《だいたんふてき》……286・11
大同小異《だいどうしょうい》……292・7
単刀直入《たんとうちょくにゅう》……291・21
朝三暮四《ちょうさんぼし》……286・12
丁丁発止《ちょうちょうはっし》……294・7
朝令暮改《ちょうれいぼかい》……297・15
猪突猛進《ちょとつもうしん》……291・22
適材適所《てきざいてきしょ》……289・14
徹頭徹尾《てっとうてつび》……284・10
手練手管《てれんてくだ》……283・13
天衣無縫《てんいむほう》……294・8
電光石火《でんこうせっか》……297・16
天真爛漫《てんしんらんまん》……292・8
当意即妙《とういそくみょう》……291・23
同工異曲《どうこういきょく》……282・6
東奔西走《とうほんせいそう》……297・17

な行

内憂外患《ないゆうがいかん》……297・18
二束（足）三文《にそくさんもん》……292・9
日進月歩《にっしんげっぽ》……294・9
二律背反《にりつはいはん》……290・8
二六時中《にろくじちゅう》……297・19

は行

破顔一笑《はがんいっしょう》……294・10
博覧強記《はくらんきょうき》……294・11
馬耳東風《ばじとうふう》……284・11
波瀾万丈《はらんばんじょう》……287・13
半信半疑《はんしんはんぎ》……289・15
美辞麗句《びじれいく》……292・10
表裏一体《ひょうりいったい》……284・12
風光明媚《ふうこうめいび》……287・14
不易流行《ふえきりゅうこう》……283・19
不即不離《ふそくふり》……285・13
付（附）和雷同《ふわらいどう》……291・13
粉骨砕身《ふんこつさいしん》……289・16
暴虎馮河《ぼうこひょうが》……297・20
傍若無人《ぼうじゃくぶじん》……290・5
本末転倒《ほんまつてんとう》……283・14

ま行

満身創痍《まんしんそうい》……289・17
無為徒食《むいとしょく》……292・11
無味乾燥《むみかんそう》……297・21
明鏡止水《めいきょうしすい》……297・22
面従腹背《めんじゅうふくはい》……282・7
面目躍如《めんぼくやくじょ（めんもくやくじょ）》……292・12
孟母三遷《もうぼさんせん》……287・15

や行

夜郎自大《やろうじだい》……287・16
唯一無二《ゆいいつむに》……291・14
優柔不断《ゆうじゅうふだん》……297・23
融通無碍《ゆうずうむげ》……294・12
有名無実《ゆうめいむじつ》……295・13
用意周到《よういしゅうとう》……297・24
羊頭狗肉《ようとうくにく》……289・18

ら行

立身出世《りっしんしゅっせ》……295・14
理非曲直《りひきょくちょく》……289・23
竜頭蛇尾《りゅうとうだび（りょうとうだび）》……285・14
理路整然《りろせいぜん》……287・17
臨機応変《りんきおうへん》……293・13
論功行賞《ろんこうこうしょう》……297・25

わ行

和魂洋才《わこんようさい》……283・15

初　版第1刷発行　2010年11月10日
初　版第3刷発行　2011年 2 月25日
第 2 版第1刷発行　2012年 1 月 1 日
第 2 版第8刷発行　2014年 3 月20日
第 3 版第1刷発行　2015年 1 月 1 日
第 3 版第2刷発行　2015年 4 月 1 日
改訂版 第 4 版第1刷発行　2015年 9 月 1 日
改訂版 第 4 版第5刷発行　2017年 4 月 1 日
改訂版 第 5 版第1刷発行　2017年10月 1 日
改訂版 第 5 版第2刷発行　2018年11月 1 日
三訂版 初　版第1刷発行　2019年10月10日
三訂版 初 版第12刷発行　2024年 1 月 1 日
四訂版 初　版第1刷発行　2024年10月 1 日

入試頻出漢字 ＋ 現代文重要語彙

TOP 2500 四訂版

著　　者　谷本 文男

発 行 者　前田 道彦

発 行 所　株式会社 いいずな書店
〒110-0016
東京都台東区台東1-32-8　清鷹ビル4F
TEL 03-5826-4370
振替 00150-4-281286
ホームページ　https://www.iizuna-shoten.com

印刷・製本　日経印刷株式会社

◆ 装丁／BLANC design inc. 阿部ヒロシ
◆ 組版・レイアウト／有限会社 マーリンクレイン

ISBN978-4-86460-936-4 C7081

乱丁・落丁本はお取替えいたします。
本書の内容を無断で複写・複製することを禁じます。

大学が複数示されているのは、過去に複数回出題されたことを示します。

	関西学院大学
	防衛大学校
	熊本県立大学
	山梨大学
	津田塾大学
	埼玉大学
	関西学院大学
	岐阜大学
	愛知教育大学
	亜細亜大学
	白百合女子大学
	明治学院大学
	釧路公立大学
	成城大学
	南山大学
	千葉大学
	成城大学
	釧路公立大学
	亜細亜大学
	東京経済大学
	福井県立大学
	明治大学
	関西学院大学
	岐阜大学
	青山学院大学
	熊本県立大学
	立命館大学
	静岡文化芸術大学
	釧路公立大学
	関西学院大学
	釧路公立大学
	東京経済大学
	関西学院大学
有	成城大学
	早稲田大学
	神奈川大学
	成城大学
	愛知教育大学
	小樽商科大学
	青山学院大学
	聖心女子大学
	愛知県立大学
	愛媛大学
	都留文科大学
	法政大学
	西南学院大学
	成城大学
	防衛大学校
	関西学院大学
	静岡文化芸術大学
	成蹊大学
	高知工科大学
	小樽商科大学
	立教大学
	佛教大学
	福岡女子大学
	津田塾大学
	尾道大学
	防衛大学校
	立命館大学
	東北福祉大学
	尾道市立大学
	名古屋大学
	広島修道大学
	日本大学
	早稲田大学
	学習院女子大学
	関西学院大学
	信州大学
	奈良教育大学
	千葉大学
	学習院大学
	高知工科大学
	日本女子大学
	琉球大学
	防衛大学校
	北海学園大学
	関西学院大学
	釧路公立大学
	成城大学
	弘前大学
	関西学院大学
	東京経済大学
	福岡女子大学
	立命館大学
く	成城大学
	玉川大学
	法政大学
	早稲田大学
	愛知大学
	東京学芸大学
	佛教大学
	津田塾大学
	関西学院大学
31 素人《しろうと》	岐阜大学
	清泉女子大学
	甲南大学
	山形大学
	弘前大学
	聖心女子大学
	中京大学
	埼玉大学
	信州大学
32 被る 蒙る《こうむ》	東京学芸大学
	埼玉大学
	成城大学
	甲南大学
	青山学院大学
	東京経済大学
	福岡女子大学
	奈良教育大学
	鹿児島大学
33 造詣《ぞうけい》	立命館大学
	東京経済大学
	立命館大学
	南山大学
	学習院大学
	釧路公立大学
	関西学院大学
	埼玉大学
	明治学院大学
34 抗《あらが》う	関西学院大学
	成蹊大学
	甲南大学
	釧路公立大学
	聖心女子大学
	愛知教育大学
	北海学園大学
	福岡教育大学
	名古屋市立大学
35 拮抗《きっこう》	立命館大学
	都留文科大学
	東洋英和女学院大学
	名古屋大学
	岐阜大学
	福岡女子大学
	香川大学
	昭和女子大学
	弘前大学
36 顧《かえり》みる	成城大学
	京都教育大学
	埼玉大学
	九州産業大学
	高崎経済大学
	高崎経済大学
	熊本県立大学
	岐阜大学
	熊本県立大学
37 凝《こ》らす	防衛大学校
	白百合女子大学
	玉川大学
	宇都宮大学
	聖心女子大学
	関西学院大学
	愛知大学
	関西学院大学
	埼玉大学
38 折衷《せっちゅう》	京都府立大学
	関西学院大学
	明治学院大学
	聖心女子大学
	山口大学
	釧路公立大学
	関西学院大学
	青森公立大学
	甲南大学
39 免《まぬか》れる	岐阜大学
	愛媛大学
	佛教大学
	熊本県立大学
	青森公立大学
	玉川大学
	防衛大学校
	香川大学
	神戸女学院大学
40 範疇《はんちゅう》	成城大学
	立命館大学
	法政大学
	防衛大学校
	愛知教育大学
	津田塾大学
	愛知県立大学
	関東学院大学
	名古屋市立大学
	弘前大学
41 混沌 渾沌《こんとん》	愛知大学
	千葉大学
	防衛大学校
	札幌学院大学
	佛教大学
	西南学院大学
	東京経済大学
	愛知教育大学
	成城大学
	関西学院大学
42 晒す 曝す《さら》	津田塾大学
	高崎経済大学
	防衛大学校
	西南学院大学
	岐阜大学
	琉球大学
	立教大学
	関西学院大学
	弘前大学
43 対峙《たいじ》	千葉大学
	名古屋大学
	防衛大学校
	東京経済大学
	明治大学
	名古屋大学
	釧路公立大学
	尾道市立大学
	弘前大学
	神奈川大学
44 暫《しばら》く	和洋女子大学
	関西学院大学
	立教大学
	香川大学
	南山大学
	防衛大学校
	琉球大学
	熊本県立大学
	佛教大学
45 遵守 順守《じゅんしゅ》	防衛大学校
	青山学院大学
	東北福祉大学
	埼玉大学
	熊本県立大学
	東洋英和女学院大学
	同志社女子大学
	関西学院大学
	青山学院大学
	福井県立大学
46 享受《きょうじゅ》	札幌大学
	防衛大学校
	高崎経済大学
	白百合女子大学
	京都女子大学
	信州大学
	愛媛大学
	福井県立大学
47 隔《へだ》たり	防衛大学校
	津田塾大学
	青森公立大学
	札幌学院大学
	大妻女子大学
	岐阜大学
	香川大学
	香川大学
48 痕跡《こんせき》	立教大学
	立命館大学
	名古屋市立大学
	北海学園大学
	名古屋大学
	長崎大学
	福岡女子大学
	白百合女子大学
49 吟味《ぎんみ》	東京経済大学
	岐阜大学
	埼玉大学
	札幌学院大学
	津田塾大学
	東京学芸大学
	岐阜大学
	名古屋大学
50 促《うなが》す	防衛大学校
	高知大学
	東京学芸大学
	山口大学
	釧路公立大学
	名古屋大学
	白百合女子大学
	愛媛大学